人生职场需要熟知必懂的实用管理培训课程

为你插上管理素质提升的翅膀

企业管理者的123个实招

臧修生 著

中国铁道出版社有限公司
CHINA RAILWAY PUBLISHING HOUSE CO., LTD.

图书在版编目(CIP)数据

为你插上管理素质提升的翅膀:企业管理者的123个实招/臧修生著.—北京:中国铁道出版社,2013.5 (2020.11重印)

ISBN 978-7-113-16472-0

Ⅰ.①为… Ⅱ.①臧… Ⅲ.①企业管理 Ⅳ.①F270

中国版本图书馆CIP数据核字(2013)第090613号

书　　名:为你插上管理素质提升的翅膀:企业管理者的123个实招
作　　者:臧修生

策划编辑:陈小刚
责任编辑:冯海燕　张荣君　**电话**:(010) 51873193
封面设计:冯龙彬
责任校对:王　杰
责任印制:高春晓

出版发行:中国铁道出版社有限公司(100054,北京市西城区右安门西街8号)
网　　址:http://www.tdpress.com
印　　刷:三河市宏盛印务有限公司
版　　次:2013年5月第1版　2020年11月第6次印刷
开　　本:787 mm×1 092 mm　1/16　印张:20　字数:310千
书　　号:ISBN 978-7-113-16472-0
定　　价:39.00元

前言
PREFACE

有人提出：管理，管理，只有理清楚了才能管好。俗话说得在理：“没有金刚钻，不揽瓷器活。”确实，管理是一门高深的学问，是一种驾驭企业职场的实用智慧，它本身来自日常生产经营活动中管人理事的具体章法。现实管理中，有的困惑司空见惯，有的麻烦炙手可热，有的“疑难杂症”千丝万缕，有些事端难以捋顺、摆平……而这就需要我们领导者、管理者在面对纷繁复杂的事务时，能够辨别轻重缓急，注重兼情顾理，拿捏尺度分寸，厘清是非利弊。而做到这一点，最为关键和急迫的是我们手头上是否有若干个信手可得，可供选择的实用、实在、实操的“鲜招”、“妙计”。有了它，从小处说，能搬石去障、药到“病”除、“愁云”消散、职场通达；从大处讲，可以提升实力，成就事业，打造人生，成为一个能在市场经济大潮中纵横驰骋的成功领导者、管理者。

本书将要告诉你，作为一名管理者，如何赢得缘分，做好本职，读懂上下左右，做到纵贯横通，将“夹心饼干”变成“管理高手”；你对自身潜力的“低估”必须改变，思维需创新，智能应发掘，拥有了心智“金钥匙”，才可开启管理“棘手门”；你对职场管理“软实力”怎么用？领导无形，管理有道，“润物无声胜有声”，隐性管理术是你赢人心、做企业的“通行证”；作为职场管理新职，勤充电、多历练，才拥有高起点，富恒心、务当下是赢在起跑线上的实用“诀窍”；第一管理是安全，危机掌控应无“病”早防，关口前移，理性应对，“小心驶得万年船”；“兵头将尾”战法最实在，“三位一体”讲凝聚，“四梁八柱”成合力，“漏斗型”的绩效管理最合理、最给力。

这本书是实战的结晶，也是本人数年来在管理者培训课堂上讲授的十几门管理课、心理课的分篇内容。作为培训教材，书中所讲篇目力求贴近现场、贴近实际，尽力摒弃枯燥、空泛的赘言说教，通过深入浅出、生动实用的口语化表达风格，以及案例和讲授相结合的方式，回答大家的所思所想、所疑所惑，并引发读者更多的思考和感悟。

本书在撰写筹划过程中，参考借鉴了一些资料和实例，由于通信渠道所限，未能逐一沟通联系。在此，对各位著作者及所有提供帮助的人士表示衷心感谢！著书期间，邢永忠、王洋、徐冰、潘晓艳、王静等培训基地的领导和同事从各方面给予了大力支持，在此一并表示谢意。

2013 年 4 月

目录
CONTENTS

第一章　沟通协调篇——一门让职场纵贯横通赢人缘的课程

1. 管理者要当好“夹心饼干”

中层管理者在企业中承担着承上启下、上传下达的重任，是一个具有鲜明时代气息的群体。从位置上讲，中层干部是处在组织序列的“夹心饼干”，他们的角色是多维的、多重的。有人说，他们处在四纬度的空间，面对上级是将，面对下级是帅，面对同级是同事，面对客户角色又有不同。这个“夹心饼干”的角色不好当，上挤下压，干好了左右逢源，外香内甜；干不好上司怪罪你，下属嘟囔你，“风箱里的老鼠——两头受气”，甚至“粉身碎骨”，最后落个“猪八戒照镜子——里外不是人”。

谈到管理者的素质，沟通协调能力是摆在前列的。美国沃尔玛总裁说：“没有有效的沟通，就没有有效的管理”。世界上最大的电器公司的总裁几年前到中国考察访问，央视主持人采访时问他：作为一个管理者最重要的能力是什么？他回答：“沟通”。他工作40%的时间是用来同下属沟通的，可见沟通的重要性。一个中层管理者对沟通的作用、效果要懂，更要清楚沟通的全方位性——上行沟通、下行沟通、平行沟通。那么，沟通和协调是什么关系？应该说，沟通是协调的前提，协调寓于沟通之中，两者你中有我，我中有你，先通后调，边调边通。两种能力在管理者素质的秤盘上占有非常的位置，不可小视，不同凡响，低估了了不得，欠缺了不得了，起码不能做到领导、下属、同级三满意。有一句说得好：“在一切管理中，人的管理是最小的管理单位，也是最深的管理术”。班组长班前点名发现一名员工迟到了半小时，等这名员工上岗时肯定找他说叨说叨，问明缘由，这不就将沟通具体到一个人的最小管理单位吗？

至于最深层的管理术，过去有这么一个真实的故事：某医院有一外科大夫医术精湛，号称“一把刀”，后来上级领导发现其亦有管理才能，破格提拔为院长。两年后，其朋友造访并与之调侃：“院长大人，你觉得当院长与当外科大夫哪个更好呢?”院长直言相告：“如果有来生的话，我下辈子还要当一名外科医生！”朋友不解：“为什么？当官多好啊！”院长一语中的：“因为医人的肉体比医人的思想容易多啦！别人说我是‘一把刀’，实际外科医生是熟练工，人的五脏六腑是一样的，假如不一样了，那肯定是这人长了东西。开刀去除后，一天一个样。‘得病如山倒，病愈如抽丝’，那是讲的内科。但管理人就不一样，百人百性啊！”

由此可见，沟通协调占时间最多，操心费力很复杂，本身也是一门高深的管理术。

2. 同领导沟通有秘诀

大家知道，我们不管处在什么工作岗位，对工作认可度怎么样，都由上级领导决定，领导能不能赏识你、重视你、肯定你，“大闸把”让人家攥着哩！事业成功不成功决定权是领导。上司可以助你一臂之力，成为你的“梯子”，你可以借梯上房，借梯上楼；上司也可能撒手不理，把你“晾”起来；上司也可能给你系一下“鞋带”，成为你职场上最大的“拦路虎”，老百姓常讲，“不怕领导打击报复，就怕领导系鞋带”。曾有人说，我们仨同学同时毕业，一块儿入厂，一块儿入党，一块儿当的副科长，某天走在一个职场的十字路口，领导突然对我讲，“小张，你鞋带开了，我给你系一下鞋带。”系鞋带的工夫，另两个同学就捷足先登了，今后我仕途上就一步赶不上，步步赶不上，有时甚至就南辕北辙啦！

上司会扮演什么角色，关键在你与他建立什么样的关系，在很大程度上取决于你对上司的态度，也就是沟通的如何，用什么心态同他相处。这应了一句名言：“职场为人，关键是角色适应；工作处世，无非是进退修养。”同上司沟通有什么秘诀？主要有六句话：信赖要打牢；得失不计较；责备不在意；请示有必要；交往讲时机；建议要提好。

3. 让领导常念你的好

同领导打交道，你在他心目中的位置很重要。这就要打牢相互信任的基础，有互信的根基。日本学者士光敏夫在《信赖的基础》一书中有一段话：(1)要站在对方的立场思考事物；(2)确实遵守约定；(3)言行必须一致；(4)彼此经常沟通；(5)多想对方的难处。只要将上边的对方改成"领导"就有了让领导信赖的基础。某车站有个让领导挠头的人，外号"滚刀肉"，大错不犯，小错不断，当班擅离职守，不服批评反把车间主任打伤了。对这人该不该处理？怎么处理？处理吧，是烫手的"山芋"，肯定胡搅蛮缠；不处理又不足以平民愤。有个中层干部提出，可以处理他，但处理前要同上级有关部门通通气，让上级心里有底，以免后患。领导感觉主意好就采纳了，结果不出所料，这个人到处上访告状，但因做工作在先，所以告状没成大气候。唯一让领导头疼的是他经常坐在车站正职办公室撒赖不走，影响办公。有位科长又给领导出了个主意，说这人不怕站内的，不怕上级来人，就怕公安出面。领导有疑惑："他虽然扰乱工作秩序，但到不了拘留的程度，不好办"。科长出招："公安会给他个警告通知书"。结果招数很灵，这人很快变成"霜打的茄子——蔫了"。公安在不违法的情况下，达到了让他就范收敛的效果。主要领导对这一方法很赏识，对出这两个主意的中层干部肯定就信赖了。一个中层干部经常要清楚，当下领导磨盘压手的事是什么？马踩车的事有哪些？适时出手相助。这正应了《孙子兵法》所言："上下同欲者胜"。

4. 不计得失无牢骚

一个管理者不要当打小主意的人，不要当斤斤计较的人，不要当没利不早起的人，不要当有功就索取的人。

假如上月工资条发下来，奖金少了100元，这月一看工资条，奖金减发150元，员工们见状议论纷纷："奖金月月见少，没法给媳妇交待啊！""一发工资来气，工资条擦屁股太细"。你视而不见不行，不吭不哈不行，如果随声附和几句，牢骚话传到大领导那里，你才当了三年副科长，三句牢骚话就把你任职三年的功绩全抵消了，领导更在意你背着他讲了什么，做了什么，领导会在你名字后面打上一个大大的问号，你把问号拉直变成感叹号没有两三年的工夫可不成。奖金为什么减发？你应该问一下劳资部门，返回来再做大家的疏导工作才对，人云亦云不符合你的角色。

毛泽东有诗为证："牢骚太盛防肠断，风物长宜放眼量"，是讲牢骚话太多会肝肠寸断的，肠子会悔青的。古人曰："人生不如意事十之有八九，与人言无二三"，是讲人办十件事，有八九件会磕磕绊绊，不会一帆风顺，心想事成。但这些琐碎麻烦事，切不可逢人乱讲。对任何人都不要随便挑剔，也不要随意发牢骚。有三种人的牢骚不可随意发：一是大老板的牢骚不要发，因为“大有大的难处”；二是老婆或老公的牢骚不要发，“当面教子，背后教妻”；三是下属的牢骚不要随意发，“当面指不足，背后说长处”。

5. 笑对领导批评

领导的责备往往有多种原因，可能是你出的主意站位不高，无法采纳；可能是你一时不慎，捅了点娄子；可能领导正有烦恼，“有气不打一处来”；可能是有人打“小报告”，偏听偏信，对你有点误解。对此，一不要急于解释，应放一放再说，“冷处理”，回头找个机会，领导冷不丁来到你的办公室，你在认账服气自我批评的同时“点到为止”，让误会烟消云散。二不要耿耿于怀，“鼻子不是鼻子脸不是脸”，脖子扭了 180 度，领导就会想：原来认为这个人还不错，现在看欠点胸怀，此人还得考察。三不要私下散布不满，让“小人”有机可乘，更不要固执己见，声高盖主，沟通不细。

20 世纪 90 年代初，某铁路局一部门主管刚刚升为处长，面对大气候下职工思想波动形势，想到外地办一培训班，既统一下属思想，部署季度工作，又借机有所“表现”。主意已定，该处长向局主管领导作了汇报。领导当即拍板同意。处长又提出建议：“您是局主管领导，肯定要在培训班上作重要讲话。我们给您起草个讲话稿”。领导摇摇头：“不用，我自己来”。处长继续请示：“领导，您在班上是第一个讲，还是最后讲?”领导当即表示：“你第一个讲，我最后讲”。“好吧。那我们按照您的指示去筹备啦!”处长脑子转得飞快，第一个讲是开山“第一炮”，最后讲是“压轴戏”，当然“压轴戏”更重要呀！经过一周紧锣密鼓地筹备，然后将七八十人的队伍拉到外地培训。

开班伊始，处长首先讲话，侃侃而谈两个小时。然后，请副处长布置下季度工作，紧接着有几个单位发言介绍经验。开班前处长就给局领导汇报，培训班最后预留半天时间请领导放开讲，给大家作重要报告。临到办班最后一天，处长主持致辞：“领导对我们这次办班十分重视，多次作出指示，并且亲临会议指导。下面以热烈掌声请局领导作重要报告。”领导在热烈气氛中开始讲话，会场中传出沙沙的记录声。转眼过去了二十多分钟，领导讲话戛然而止，结束了。大家在不解的神情中响起劈里啪啦的掌声。处长更纳闷了，不是说了讲半天吗？重要报告太短了！处长反应还算快，掌声刚落便接上了“茬”：“领导讲话很重要，言简意赅。大家要深刻领会消化，会后要认真讨论,回去后抓好落实。培训班到此结束!"

培训班结束了,局领导从主席台走下来,面带不悦之色,"多云转阴"。处长赶忙走上前去"搭话":"领导,咱们第一个节目结束了。明天开始第二个节目,我们大家陪您在附近转一转。"领导眉头一皱,反问道:"转转,有必要吗?"副处长很机灵,过来敲"边鼓":"领导,这地儿有人来过,听说要山水有山水、要古迹有古迹,还是老根据地,我们陪您红色旅游。""局里这么忙,工作很多,我们在这儿红色旅游,有这个必要吗?"领导仍然不置可否。

好在第二天领导"阴转多云",兑现"承诺",大家在欢喜中出发了。但处长不敢怠慢,紧盯着领导,陪同在左右,也无心看山水,一路犯琢磨:我整个办班议程提前都给领导沟通汇报啦。领导为啥不高兴呢?刚刚扶正就挨了一闷棍,晕头转向啊!

实际上,处长的"遭遇"并不奇怪。"一样米养百样人",领导也不例外。凡是有人群的地方,既有"炮筒子"、"一根筋",也有"闷葫芦"、"弯弯绕",面对有城府之人,要费些心思,遇事他说三分我说二分五,他说二分五我说二分,慢慢地同他沟通,逐步形成共识。有的领导常常手里攥着一个粉笔头让你猜,你猜对了,他都不吭气。让你继续犯琢磨,到底领导手里有几个粉笔头?什么叫本事?善于同各种性格和风格的领导打交道就是最大的本事。我们不能挑选领导,只能让领导挑选自己,我们去适应领导,逐步摸清领导的"脉",在实践中锻造自己。

上述那位处长的疏漏之处在于同领导反复沟通不够,应在开班前三天再同领导沟通一次,告诉领导:自己只是一个中层干部,先讲三个问题,您作为局领导站位高、视野宽,建议您讲这样五个问题。这样做,谦虚在先,沟通在前,帮领导出个思路,让领导心里有底,好有准备。如果只有一次沟通,缺少第二次沟通,处长上台一气讲了两个小时,领导最后讲,讲多了就是重复,重复的话味同嚼蜡,结果领导报告草草收场,心中不悦就很自然了。

领导批评的原因多种多样,往往事过境迁,会自我责备,或是借题发挥,事出有因,话外有音,也可能是敲山震虎,指桑骂槐,指鹿为马,"话头子"是让别人听的,完全不必要跟领导过不去。20 世纪 80 年代,某铁路分局局长是个老革命,资格老,铁路管理经验很丰厚,但脾气有点倔,动不动就训人、呛人、数叨人。那时每天 18 点是运输电话例会,例会往往是主管运输副局长"自拉自唱",半个多小时散会。但有时副局长正讲着,局长推门进来了,副局长赶紧收住话头,宣布:"下边请局长做指示"。"我来讲两句"。老局长开门见山:"工务段段长参加会没有?""有,我在段上听电话会呢。"局长顿时来了气:"小王,你这段长还想干不想干?今天你那线路三处翻浆冒泥、两处缓行。要安全没安全，要正点没正点，客车让你顶了一溜儿。你不想干早点说！”老局长批完了，把手一挥：“散会！”局长会后回到办公室，把电话一拨，开了腔：“工务段长室吗？我是局长。”“局长，我是工务段段长小王，请指示。”“哈哈，小王，我刚才又犯毛病发脾气啦！告诉你，干铁路不出一点事是不可能的，但要提高警觉，现在汛期刚到，弄不好要翻车掉道！刚才会上看起来是在训你，实际上是让其他5个工务段听的！但火发大了，你别往心里去呀！”小王放下电话细琢磨：张局长会上批了自己，但会后马上给我打电话，有道歉的意思。我这小段长能跟大局长置气吗？绝对不能！局长体现的是领导艺术呀！“打一巴掌，揉三揉”，“打一巴掌，给个枣吃”。

还有个情节稍有不同的故事：某个铁路分局有名新的副局长在一片掌声中走马上任了。按着其特长、经历分工他主持每天运输电话例会，上任伊始，遇见站段发生个机故、事故苗子什么的，他便操着大局长的口气，“指东骂西”，不依不饶。时间一长，大家表面不讲，私下嘟囔，其威信眼看着往下掉。一次他走下调度楼，正碰见一位老局长，老局长见旁无他人，便拉拉袖子，低声告诉他；“今后你主持电话会，人家大段长、大书记搭了腔，你点事训人时要给个面子。”副局长马上心领神会：看来批评人也不能千人一面，老局长指眉瞪眼地训人大家能理解，自己“嘴上无毛，办事不牢”，还应稳妥点。从此，他电话例会上口吻大有改进，时间不长，便赢得了好人缘、好口碑。由此可见，人生职场别人点拨很必要，自我调适也很重要。

6. 请示汇报看“火候”

请示汇报工作分几个时候：领导交代的工作，心里没底的时候；进程有意外，有新信息需要汇报的时候；难题已破解，需要领导知道的时候；工作有进展，下一步不知怎么办的时候等。这方面要掌握“火候”，不可为汇报而汇报，不能仅仅为显示自己的存在而汇报，非主管那里不能乱汇报。

某中间站长去段里开会，会后想起有事给主管安全的刘副段长请示，“刘段，我们站调车设施有隐患，您说怎么办？”刘副段长当即拍板，如此这般做了三条指示。该中间站长出门一想：“安全第一呀！此事还应向大段长报告一声。”一拐弯儿又走进了大段长办公室：“段长，我站调车安全有点问题，请您指示。”大段长头也不抬，一锤定音：“这个事，有四条措施要落实！”该中间站长听完段长的交代走出门来头就大了。原来大段长的指示同副段长的要求有两条“猴吃麻花——蛮拧”。你按大段长指示办吧，“县官不如现管”；

按副段长指示办吧，大段长"官大理真"。不用说两位段长有矛盾没矛盾，没矛盾也会被不按程序办事的下属整出事来，最后还要找出一个"替罪羊"，"替罪羊"不用说就是那位中间站长啦！这个事换另一个做法就不一样，听刘副段长讲完后加上一句："您看这个事我要不要给大段长打个招呼？"他如果说，你可以同他讲一下。你再给大段长汇报也不迟。假如刘副段长回应："我看不必。大段长很忙，回头有机会我给他过个话。"你这时就抽身而退。好多事就是这样——多一句话少一句话的事。多讲一句——事成啦；少讲一句——事办砸啦！

请示工作要有质的概念，次数要讲分寸、有度，适可而止，见好就收。就好比吹气球，气小了不好看，气多了就爆了。做了八分成绩最好说七分，做了七分成绩最好说六分，不可说满，说满了容易打折扣。一句名言："一个优点十分突出同时缺点也十分突出的人，人们的认可率等于零"。缘由何在？抵消啦！

有位教授在给一个大型企业中青班成员授课时，谈到了作为后备干部为人处世奥秘。他认为，从某种意义上说，"后备后备，备而不后，后而不备"。一名后备干部，绝不能认为自己进了"保险箱"，以为大老板一调动一高升，我跟着就"黄袍加身"！实际上未必如此，如果你处事张扬，凡人瞧不起，尾巴翘上天；下眼皮肿，唯领导是从。给领导办事，本来够不着，踮着脚尖也去办；为下属和群众办事，一猫腰就能够着，也不办，大家就不会买你的账。领导缺位，人事部门让大家推荐新领导时，你的名字无踪影就悔之莫及啦。实际上，一个追求上进的管理者需做到四句话：谦卑立足，公道行政，艺术理事，低调做人。

7. 机会垂青有心人

过去有句老话："钓鱼不在急水滩"。也就是办事要讲动机和效果的结合，不能不讲时间，不讲工作性质，不看"眉眼高低"，"钓迷们"都讲时间、地点、天气、氛围等，何况是同领导接触呢，那更需要讲技巧。

从时间的选择来看，同领导谈事最好安排在上午或下午刚上班的时间。这时候，领导还没有接触什么工作，大脑就像一张白纸，头脑清晰，头绪不乱，精神状态最佳，你进去汇报工作等于在白纸上画上第一个道道。一方面他会耐心听取，认真答复；一时答复不了，也会留下深刻印象。当然，也不是说大家都在上班时排着队去给领导汇报，就是讲同领导接触要摸规律，有时领导上班会很忙，有时开会、忙应酬，深入基层，外出公务，你看不到他的影子。如果你18点半到办公室找他，这时领导已松了口气，一张画满了道道的白纸翻过去了，又出现了一张新白纸，你一推门找其说事，既给领导留下了敬业的印象，又得到了问题的圆满答案。

如果工作、生活遇到了困难，需要领导出面“帮一把”，一般应选择领导心情舒畅或工作进展顺畅时，这时领导高兴、情绪好，你提出什么困难或问题，领导一般都会高度重视，欣然答应，尽快拍板协助解决。与之相反，如果领导刚被上头“撸”了一顿，领导正为此懊恼、纠结时，你千万不要造访、添乱，充当一个缺眼力见的“出气筒”。

汇报工作也有顺序问题，一般是先汇报结果后讲过程，这样容易给领导留下干练的印象。一般领导都很忙，知道结果即可。过程是否细讲，应视情况而定。

假如领导要开会研究或可能过问一个新问题或难题时，你就需要预想在先，预测在前，不管领导事先打不打招呼，“机会总是留给有准备的头脑”。一个真实的故事可以给我们以启示。

20世纪初，美国一支部队在冰天雪地里行军拉练。急行军六七个小时后，团长一声令下：“停止前进，就地休息”。大家深深吸了口气，突然，团长大声喊道：“汤姆，把你的水壶拿来。”原来团长口渴得嗓子都冒了烟。汤姆跑过来：“团长，给你水壶。”团长接过壶来，愣倒不出一滴水，原来水壶结了冰。团长心里也有了“火”，“约翰，拿你的水壶。”结果发现约翰水壶也结了冰。看着水壶喝不上水，该有多气恼！这时，队伍最前边传来一声大喊：“团长，我这儿有水！”“你的水没冻冰？”团长没好气地反问道。然后，快速地接过这个排长的水壶，“咕咚咚”喝上水啦！团长抿了抿嘴唇，问道：“你的壶怎么没结冰？”排长高声回答：“报告团长，我用贴身棉袄暖着，体温起了作用。”“伙计，真有招哇！”团长的夸奖让这个排长不好意思地笑了。

半年过去了，一个新的副团职干部走进了团部的大门，他就是不久前让团长喝上水的那个排长。三十多年过去了，一个新的主人叩开美国白宫的大门，坐在了总统的座椅上。他就是时任美国总统艾森豪威尔——三十多年前用体温暖水壶的小伙子。

有一句老话讲：“机会不是刻意来临的，它往往就在你的身边，就看你识不识货，是否认为它是个机会，是不是动手去把它抓住”。有人作了一个比喻：某人知道近两三天内有一支箭从前边飞过，他伸展五指，预做准备，两天后忽然发现箭飞过来，他立即收拢五指，箭被抓到手里；另一人也预知近日有箭从身旁飞过，但他漫不经心，并未细虑，等到发现箭飞来时，再伸手去抓，事已晚矣！一句忠告："你要知道一秒钟的价值，请你问一下奥运会上的银牌获得者。"

实际上，人生职场大的机遇也就是三四次，人与人之间没有太大的差异，抓住了就抓住了，抓不住"过了这个村就没有这个店"。这方面，有个"四个不可挽回"的说法：说过的话；泼出去的水；射出去的箭；逝去的机遇。仔细一琢磨，确实如此，说过的话——祸从口出；泼出去的水——覆水难收；射出去的箭——强弓没有回头箭；逝去的机遇——机会一去不复返。近年在职场流行着一种消极的情绪，怪自己命不好、运不好、活的不好。为了改变这种"三不好"的状态，有人甚至产生各种求神、拜佛、算命、看风水等唯心且怪异的想法和举动。应该说，算命不如改运，改变你的运作方式；求神不如换性，改换你为人处世的个性。我们的命运不是个性使然，就是运作错误。同上下左右沟通就是运作。有一对师生的交流对话可能对我们有益：

"老师，为什么我职场总不成功？"学员向老师请教。

"你不成功，可能是观念不对？"老师作出判断。

"我的观念挺新的，但就是不成功。"

"那可能是你努力不够？"

"我很敬业，工作可卖了一把子力。"

"那是不是你方法不妥？"

"我很讲方式方法，有不少新招、鲜招。"学员仍然摇头否认。

"那就是反应太慢！临门一脚欠佳。'正月十五贴门神——晚了半月'啦！"老师一言中的。

历史上有一个"太子天子说"：从太子到天子只有一步之遥，天子驾崩后，有的太子手疾眼快，反应敏锐，一步就跨上去了，荣登宝座。有的太子永远也跨不出去这一步。有人讲，"开会学习要坐前三排，座谈讨论发言要当前三名"。在日常座谈会、讨论会上，你应该积极参与，勇于打破僵局，而且争取第一、二个发言，同样的认知或思路先讲出来会给大家留下积极深刻的印象，重复别人的想法和说法会给人"懒脑筋"的感觉。当然这不是说发言清晰、生动、条理就不重要。

某工程局党委书记是识才爱才之人，他很清楚局机关八九百名一般干部中，蕴藏着大批人才，但他又没时间发现、开掘，不过他善于借助各种渠道和场合去达到这一目的。每年接近年末时，局党委要召集各类人员参加座谈会，请大家谈看法，讲思路，谋划明年工作，同时又慧眼识才，发现不同的管理精英。某日，一段领导快18点时接到局党委办公室通知，让该段宣传助理参加第二天上午局党委召开的明年工作思路座谈会，特别叮嘱发言不超过十五分钟。段党委书记马上悟到局领导选拔人才视野又扩大了，不敢怠慢立即通知本人。第二天下午该段党委领导的电话响起来，传来局党委书记的声音："老赵呀！你们段搞宣传的小李真不错，上午发言有点意思。""书记，小李很注意学习领会您电话会讲话精神，是您培养的结果。""不能那么讲！他的发言充满了理性思维、真知灼见。局机关需要这种人！"局党委书记语气里充满了认可和赞赏。段党委领导放下电话也发出一句感慨：小李平时思想敏锐，勤于思考，十五分钟的机会让他抓住了。有位工程院老院士说得好："这个世界不是有钱人的世界，也不是有权人的世界，而是有心人的世界。"

有这样一段箴言："我们都熟悉打靶场上预备、瞄准、射击的口令，但问题是太多的人一辈子都在瞄准，错过了射击的机会——该出手时就出手"！一个人平时在职场要内敛、低调，但关键时刻要亮亮手，接受领导的考察和检验，这与境界高低无关。

从某种意义上说，善于向成功的人学习，叫成功学。有人讲："命运天注定，我才被捉弄；纠结时常有，机会又错过"。你这是什么？是将失败合理化。这里有个经过改编的《伊索寓言》的故事。是讲一只狐狸从葡萄架下走过，看见一串串鲜亮的葡萄，垂涎三尺，蹦了几下没有够着，便得出一个结论，这葡萄肯定是酸的。吃不着葡萄便说葡萄酸。狐狸走了，来了一只狼，同样也看到了这一串串的葡萄，也蹦了几个高，同样也没有够到。它却得出了一个相反的结论，够不着说明我身子骨还不够硬朗。等胳膊腿练好了，我肯定能吃上这又大又鲜美的葡萄。一个狐狸、一个狼，面对相同的境遇，看法不同，结果也不会一样。每一个管理者，都应学习这只狼，不应学习那只狐狸。

我的一生打算改变，换个脑袋出路无限。为什么有人行，有人不行？关键是头脑迟钝者放弃了机会。

8. 把金点子交给领导

说到给领导提意见或建议，有人把脑袋摇成"拨浪鼓"，可不能在上司面前充高明，那是犯忌讳，费力不讨好的。所谓建议，就是富有建设性的好意见，不是无关痛痒的想法。建议好，起码要体现在五个方面：内容要好，方式方法要好，场合时机好，口气口吻要好，采纳率高效果要好。做到了这几条，还犯什么忌讳呢，领导会求之不得的。

在单位里，最好不要同领导发生正面冲突，但并不是说下属不能向领导提个人看法。如果你经常不向领导表达想法，有可能被领导认为是唯唯诺诺之辈，而被他瞧不起。应该说，并不是所有的领导都喜欢部属像个算盘珠子一样拨拨动动，很多领导都希望有不少有思想有主见的下属，希望下属富有真才实学，能助自己一臂之力。

你要成为领导的"左膀右臂"，给领导"献言"时要注意选择时间、地点和方式方法。首先，要选择好时机，就是上司"耳顺"的时候。有些时机不宜提供"逆耳之言"，他正满怀信心实施新思路时；他正全神贯注地干一件重要事务时；他心神不宁、心烦意躁时；他同上司和下属在一起时。如果你开口前，先观察领导的心理状况，再决定是否可开"金口"，那你的意见采纳程度就会大得多。其次要选择恰当场所，所谓恰当场所，一般指非正式场合，而不是正式会议、较隆重的场所。非正式的场合如饭桌上、汽车上以及其他场合，这时说话方便，不伤自尊心，领导认为应该接受，自然会认真对待，若难以接受，可以不予理会，回旋余地较大。另外，要出好小点子。领导关注的重大活动或当前的中心工作，在实施过程中，领导一般很关心深化状况和进程，在这种情况下，应想领导所想，急领导所急，把重大活动、中心工作的最初反应或深化信息随时给领导反馈，并围绕深化进程出金点子，提些具体措施，供领导参考，使工作环环相扣，步步深入。

给领导提供金点子提升建议的采纳率，还有个站位高不高，视野是否开阔的说法。站位高，自然视野开阔，其"献言"含金量就高；站位低，提供的东西"质"就得不到保障。一句话：什么事都要看眉眼高低。王永庆有句名言："我们是站在海边沙滩上，眼睛往上一叭嗒，眼珠就往上抬高一公分，将会看到天空一望无际；眼睛往下一叭嗒，只会看到沙子，看到自己的脚，别的什么也看不见。"

实际上成功和失败就差那一公分，远景管理者需要看到远景，需要有好眼光，为领导提供金玉良言。当你看到一片荒土的时候脑子应呈现出迪士尼乐园般的规划图，可是一般人往往只看到的是黄土。

成功和失败的管理者很重要的关键是富有"眼力架"，慧眼识大千，慧眼辨英才，慧眼斩情愫。一个管理者最重要的能力，就是要看得比别人早，看得比别人远，看的比别人更仔细。

9. 大数法则助认可

统计学上有个大数法则,反映在现实职场上是讲有些缺乏与人沟通,认为自己怀才不遇的人,在往空中抛硬币以预测前途时,往往看到的是硬币的背面,产生前程误读误判。我如果增加抛币的次数,10 次、20 次、40 次、80 次、200 次、500 次,这时就会发现硬币正反面落地的情况是稳定的,你并不是一个背运的“倒霉蛋”。

大数法则体现在人脉关系上,其精神实质说明你结识的人越多,成为你朋友的人数占的比例越稳定;你的优秀品质越多,你的认可者数量就越大。

对于中层管理者来讲,我们可能不是领导的第一选择,但经过努力,我们可以成为他的第二选择,第三、第四选择。为什么情况会这样?这是由大数法则决定的。

你要得到领导认可、认同,成为领导可信任的左膀右臂。就必须善于沟通之道,提升个人的综合素养。如果要让自己的成熟度、成功率提高到 60%,你应具备管理素质;如果要使自己成熟度、成功率提高到 65%,应具备新的观念;要使个人的成熟度、成功率达到 70%,应有好的思路;如要使自己的成熟度、成功率达到 75%,要拥有好的方法技巧;要使自己的成熟度、成功率达到 80%,要拥有敏锐的观察力;要使自己的成熟度、成功率达到 85%,应善于读懂领导的“话外音”;如果要自己的成熟度、成功率达到 90%,你应有好的人缘和口碑;如果要使自己的成熟度、成功率达到 95%,应拥有好的心态和性格。任何情况下,你必须积极行动,走向成熟,追求卓越。

成功人士并不是生来就成功,关键是他们能克服困难和失败,不惧坎坷和磨难。要增加成功的机会,你就要增加挫折的次数。人的智力潜能、管理潜能是巨大的,别人说什么并不重要,关键是要有自信,只要相信自己,富有毅力和情商,就能成功。

10. 同级难处要会处

许多人都有这样的感受:论上级对自己的印象也不错,论能力也不算差,自己工作也很卖劲儿,就是工作起来不太顺畅,总好像有点说不上来的什么挺“绊腿”。

一般应认为，很可能是你与同级关系出了点毛病。有一句老话：“最难缠的是同僚”。是不是这句话在你那儿应验了。可是，为什么同级关系最难处呢？

主要有三个原因：一是同级之间存在着直接利害的竞争关系，照实说，谁不在争取进步呢！二是同级之间有结合部，工作交叉甚多，千丝万缕，自然鸡毛蒜皮、磕磕绊绊的事难以避免。三是同级之间缺乏等级观念、制度秩序的约束，是地位平等的关系。

这样一来，与上下级关系相比，就缺乏你高我低的认同感，打交道时容易互不服气，失去了“上下有别”、“尊卑有序”的制约。结果造成同级关系不确定，充满了变数，工作起来时不时出现“一决高低”的现象。

同级之间发生这样或那样的矛盾，分歧是不可避免的。处理好这些矛盾和分歧，原则要讲，技巧不可少。

(1)律己要严

同级之间发生矛盾，具体因由是多方面的，既有自身的，也有对方的，“小人”从中作祟、插一脚也不稀罕。俗话说：“一个巴掌拍不响”。要解决这些矛盾，都应自我控制，自我调节，严于律己，从自身找原因，形成一个解决矛盾的好姿态、好环境。好比一个人的肠胃，有时会功能紊乱，这个有外部原因，也有自身因素。这时自己吃点胃药，有助于自我消化。如果说，自己是受委屈的，次要因素也有自己的一份。常有这种事，先给自己过不去，对方会“见好就收”，偃旗息鼓，矛盾纠葛轰然消失。

当然，这个自律也不是无原则的“迁就”，面对大是大非的原则的事，把自律和律人结合起来，把“先治”的策略同“后治”的原则揉在一块儿，本身就是处理同级关系的艺术，也会出现出人意料的效果。

(2)讲究“居中”

在一个团队里，有意见分歧是常事，闹到不可开交的地步也不罕见。“两军对垒”，作为旁观者怎么办？事不关己，不声不响，当然可以。但是长此以往，是不是有点态度消极，成了“和事佬”。当然，发表意见，可以赞成一个，反对一个，“坐在一条板凳上”，但这样会造成“简单化”，容易给人有偏有向的印象。这时，也可以提出第三种意见，或者寻找二者的共同点、相似点，拿一个综合性的说法，“你说向北走，他说向南走，咱们一起往东走怎么样？”这就是“居中”，也叫不偏不倚。

阎锡山说过一句话：“凡事中为极则，得中则事成，失中则既毁”。说话办事忽上忽下、忽左忽右算什么居中。能站在居中立场上说话不容易。起码要具备三种因素：一是气魄。资格老，经验丰富，在团队中有认可度，敢于发表意见，懂得协调技巧。二是说话理“真”。有理不怕影子斜，真理在胸，有客观依据，处事有根底，有大家赞同自己的把握。三是“台阶”合适。第三种意见是没有偏向的，不伤两人的面子，维护了他们的尊严，争端双方只好“就坡下驴”。

(3)帮扶换友谊

感情是人际关系的“指示器”、“调节阀”。同级之间如果感情融洽，没有心理防线，自然冲突就少，即使发生了也容易化解。增进感情就是交往时要注意态度、场合，行为要讲究。说话时语言尽量用“商量式”、“调适式”、“安慰式”、“互酬式”的话，防止日常因小事小节、一两句话惹起冲突“火花”，或使矛盾激化。

行动上要在别人有困难时帮扶一把，对“雪中送炭”、“雨中送伞”的作用不可低估。特别是同事突然遇到灾祸和危难，你如果伸出友谊之手，别人会铭记在心，永世不忘。

关键时刻送温暖容易收到“奇效”，就是平时也应注意积累人缘，“得让人处且让人”。有几条需要明了：

1)“高境界，低身段；高风格，软身段”，去掉过强的自我意识，只让他人尊重自己，而不顾及对方的面子不可取。

2)凝聚人气，适度压低心气。“心比天高，命比纸薄”，想事事逞强的人，到年底考核测评干部时，结果会好不到哪里去。

3)维系友情，培养情感，不计较一城一池的得失，面对矛盾和争议，善于大事化小，小事化了。

4)“人敬我一尺，我敬人一丈”，多看同事的优点，少看别人的弱点及不足，对同级难处多体谅，别人对自己有所冒犯时多包涵、不计较，最好让不快和误判尽早随风散去。

5)客观公正地对待同级，“斜着眼睛看人，往往‘扁’了别人，‘窄’了自己”。

6)你希望同事是个直爽豁达、表里如一、公正待人、可亲可敬之人，你就需用这种标准要求自己。这是心理学黄金法则的忠告，对任何人都适用。

(4)根除过节

洞见自己，善待他人，营造良好的人际关系很重要。“赛马场”获胜的名额常常只有一个，结局必然是有人笑有人哭，但应抱着宽厚达观的态度看待输赢，输名次不可输人品，丢了一个机会可以赢得一笔财富，千万不可抱着敌对心理看待竞争场上的同事。

你可试着通过“视觉转换法”消除不必要的敌对心理，用欣赏的角度看对方的优势和长项，认识自己输在什么地方，差距有多大，用多长时间来弥补它。再一个通过换位想象对方会是何种心态，特别是自己应采取何种方式与同事“握手言欢”、“化干戈为玉帛”，赢得一个好姿态，进而与其切磋交流，让自己的胳膊、腿更强大一些。

11. 管事不失衡

某铁路分局领导曾交给下属部门一个调研任务，课题是妨碍职工积极性发挥的因素是什么？解决的方案有哪些？限期一个月拿出调查报告。经过紧锣密鼓地调查走访，整理了一份调研结果。认为影响积极性发挥的因素有三类：社会因素、管理因素、偶发因素。第一类主要涉及物价、就业、就医、社会治安等因素，一句显然带有偏颇的顺口溜讲：“买房把人们的口袋掏空，子女上大学费用让人们发疯，老人生病住院医院帮助送终”。第二类是奖励分配不合理，企业经济适用房分配政策失当，工作岗位调整有厚有薄。如大企业经济适用房，僧多粥少，单位分房委员会把工龄、表现、评先情况、有无住房、论文刊发记载等因素作为条件，一一衡量，作为主次条件，按总分排名。但仍然“一事难称百人心”。再加上个别领导人情作怪，暗中递条子，私下授意变标准。常常三榜定案后，有的单位风平浪静，皆大欢喜；有的单位“翻江倒海”，怨声载道。第三类问题发生无规律性，如夫妻失和、同事纠葛、邻里纠纷等小问题、小麻烦。

如果将三种消极因素进行综合分析，就会发现第一类因素企业力不能及，带有广泛性、综合性，属各级政府的职责范围，“药方”是政策调节；第二类因素触发点多，作用直接，有燃爆性，会带来大面积的思想情绪，“药方”是“釜底抽薪”，开锅了把柴火拿走就完了，拍板失当改过来就是，“一把钥匙可打开百把锁”；第三类因素管理者难以及时发现，应靠“四梁八柱”、部门骨干、“小政委”随时发现，随时解决，“药方”是群防群治。

在当前企业环境内，应把管理因素引发的问题作为重点，管理者就像踩钢丝的杂技演员，用好“平衡杆”，使这类问题消于未萌，释于未发，把工作做在前头。

12. 亲密需有间

西方管理学有个豪猪法则，实际上也叫刺猬法则。大哲学家萨特曾对人们相处的境况作过一个绝妙的比喻。他认为，人与人之间的关系就像一群刺猬，由于天气寒冷，彼此向一块儿聚集，以保持温暖。同时，还得保持一定距离，因为凑得太近，身上的刺会伤到对方。这是人际交往的心理距离效应。

中层管理者同下级的关系是很微妙的，大家要互相支持，互相帮助，又要保持相互的独立性，不能有亲有疏，也不能亲密无间，应亲密有间。就是父母同儿女也是如此，女儿都十来岁了，会写作文、记日记了。作文家长可以看，进行指点。日记则不同，那是孩子的隐私，心中的秘密，偷看是违背常理的。中央电视台过去有档节目叫“亲密爱人”，主持人将三对情侣请上台，四掌相对，“严肃拷问”，说出心中的秘密。有一次有对情侣表现上乘，男问：“我们相处都四年了，我现在发现你有小脾气，动不动就要小性子；我则有倔脾气，时不时爱发火。假如今后我们结婚了，这日子该怎么过？”女答：“我有小性子，说明我身上有刺。你有爱发火的倔脾气，说明你身上也长着刺。如果我们每人把身上的刺削掉一半，就会保持适当距离，亲密相处了嘛！这叫有所调整，互相调适，这你还不懂！”应该说，女孩的回答很有哲理性。

著名天气预报播报员宋英杰有个“合适的距离”的说法：

他讲，天体天象专家认为，如果地球和太阳的距离再近1%，地球就是一个永恒的“火焰山”；如果再远3%，地球就是一个永恒的“广寒宫”。而现在的距离不远不近，恰到好处。仰望那些孤寂荒芜的星球，真是庆幸我们拥有多姿多彩的天气、舒适宜人的温度，庆幸我们与太阳之间有着合适的距离——所以不是距离产生美，而是合适的距离产生美。

实际上，人与人相处也是如此。过去有两句老话：“远了不亲，近了不敬”，“怨尤亲生，无亲则无怨”。说明凡事有个“度”，过“度”了会走向反面，物极必反。上下级关系、同事关系，不能因为过去是同学、老乡、战友，就近得一塌糊涂；也不能因为经历、性格、籍贯、学历不同，过于疏远，让别人说三道四。你只有把握好了距离，关系才能长期维系。

以小比大，以大比小，人与人关系是这样，国家关系也是如此。建国初期，中苏关系相当热络，属盟友关系，对苏政策是“一边倒”，苏联是“老大哥”，毛泽东主席一生两次出访都是去的苏联。当时苏联对华援助也不少。“蜜月期”斯大林就提出在旅顺建立海军基地，司令员由苏联人担任，毛泽东要维护国家核心利益，不肯围着“老大哥”指挥棒转，两国出现裂痕，越闹越大，直到冷战时期在珍宝岛打了一仗。

有句俗言：“商场无父子”。近年有个说法：“做买卖不能找铁哥们”。铁哥们平时在一起打打牌、喝点酒、侃侃大山都可以，但一起做生意就有了尊从高下之分，往往就有了枝杈纠葛，矛盾有了，一伤面子自然就会各奔东西。

若是与同事太过亲近了——相互坦言自己的性格爱好、隐私、优势、弱点，那就是把自己暴露于对方眼皮底下，一旦对方与自己构成竞争，这无疑是很不利的。同事之间存在的竞争实在太多，面对客户市场要竞争，面对上司偏宠要竞争，面对升职、福利等要竞争，在形形色色的竞争或潜在的竞争之下，双方还是拉开一点距离为好。

如果双方走得近了，只好做朋友，若为朋友而甘愿放弃竞争，那样会使自己的收益报酬、发展前途受损失，若为竞争需要面对朋友"开刀"，那就会降低自己的人格。

职场是与利益相关的地方，其人际关系从一开始就有着强烈的功利意味。朋友则是一个高尚的词语，从一开始就要求人们对之有高尚的心态。职场与朋友是不能并存的，假使这两者并存在一起，绝不会是件好事。

一个高明的领导者的做法是，不和下属走得过于紧密，同时也不要摆出一副咄咄逼人的官架子，这样才有利于发挥团队成员的积极性。上司对下属在保持威严的同时，还要有亲和力，随时与他们交流、沟通，倾听他们的意见。要顾全整个站段和全体下属的整体利益，要为大家的利益服务，对整个企业负责。当工作需要有一位得力助手协助你时，一定要把你们之间的关系严格控制在良好的上下级关系中，绝不能给别人"他们是铁哥们儿"的感觉。因为当你与某一下属成了哥们后，无形中就形成了一个小集团。当小集团以外的人意识到自己的利益受到侵害时，极可能会集结成更大的集团进行抵制，这是不利于你顺利开展工作的。

这种对立的氛围也不利于你这位下属开展工作、发挥能力。一方面，他手握着你的"上方宝剑"，得到你的特殊关照，可能会恃宠而骄，办事不周，从而影响到他与其他同事的关系；另一方面，他做事的出发点会处处为你着想，却不一定有利于单位的利益。因此，上下级就是上下级，距离拉得过近，成了铁哥们儿，并不利于工作的开展。

可以说，对一个单位来说，要想长期和谐稳定发展，就要求管理人员在工作中不要掺杂私心杂念，杜绝"自己人"意识，不拉哥们儿关系，不讲哥们儿义气，严格区分工作关系与私人关系。形成并维持单位正常的伦理，要上下有别，上司就是上司，下属就是下属，不能含糊。

任何事情都有两方面，哭的极端是笑，笑的极端是哭，高兴到极致就是悲伤，亲密过头了就可能出现伤害。这说明祸福转换，亲疏也转换。

人与人的交往有个半糖主义的说法，同"君子之交淡若水"的老话有异曲同工之妙。有一点亲密，有彼此的关心，但又不会太近，妨碍别人的私密空间。西方有个谚语:“最近的邻居,也隔着一道篱笆”。比如我们对事业成功,金钱物质的追求,不奢华强求。对理想的追求,对上下左右关系的处理,应懂得珍惜,好好把握,但不束缚他人,给对方足够的自由快乐。对家人、邻里、同事和气相处,不强人所难,甚至我们的喜好爱恶、穿衣打扮、一日三餐,都应学会“半糖”,不过分,不过度,刚刚好。这样才不会丢掉生命中的“苦”,又可充分享受职场生活中的“甜”,正如孔子所说:“君子和而不同”。

说到底,半糖主义是一种健康的生活态度,太苦的日子不是我们想过的,紧张复杂的人际关系更会使我们困惑,太甜的日子使我们不知道什么是甜,职场一帆风顺、心想事成会使我们缺少磨炼和感悟,不懂得珍惜。实际上职场的最佳状态是不回避磕碰和挫折,并学会给日常工作加“半勺糖”,在若有若无间、甘苦参半间品出聚合人脉过程中的酸甜苦辣和人生哲理。

13.“戴高帽”是智招

“戴高帽”不是不切实际的夸大其词,包含着领导者对下属的认同、赞扬和褒奖,这是激励,是鼓励,也是勉励。赞扬要具体,要实事求是,要讲结果,也要情真意切。“戴高帽”可以亲自为之,也可借口于人。比如车间分来一批新职工,见面会上你就可以讲:“听说你们都是大学生,对于咱们这儿来说,一次分来这么多新人,又全是高学历,真是‘大姑娘上轿——头一回’”。“小李、小刘,听说你俩书法、乐器样样在行,真不简单!”表扬别人还要有点实际行动,不能太做作,“干打雷不下雨”。过去某电务段有个“小额快奖”制度,职工有个防止事故、工伤的好事,段长当天知道了,立即把劳资、财务科长招来,当场拍板,奖金马上送到获奖者手里。同样是这么多钱,快办、办好、立马兑现,作用、效果、影响肯定不一样。

据说,过去蒋介石很注意表达对下属的器重、赏识和厚爱,当然他有笼络人心的一面。蒋介石为了掌握部属的情况,专门搞了一个小册子,记师级以上官员的字号、籍贯、生日、喜好,以及一般人不注意的细节。少将以上的官员过生日都要请到家里来吃饭,由蒋经国作陪,饭后还要合影留念。这一下把部属的身价抬高了一大截。蒋介石很善于利用别人的生日大做文章,使部属受宠若惊。雷万霆调任他职时,蒋介石抽空接见了他,说:“令堂大人比我小两岁,快过甲子华诞了吧?”雷万霆一听,眼泪都快下来了,激动地说;“总统日理万机,还记着生母的生日!”蒋介石宽慰他说:“你放心去上任吧!

到时我会去看望她老人家，为老人家添福增寿。”雷万霆看到蒋介石如此关心、器重、赏识自己，自然成了蒋的亲信。

当然，蒋介石对部下的赏识、赞扬也是区别对待，爱官的给官，爱钱的给钱，爱地盘的给地盘，对陈布雷这样既不爱官又不爱财的高级知识分子，他也有办法对付。当陈布雷 50 岁生日时，蒋介石为他写了“宁静致远，淡泊明志”八个大字，并附记：“战时无以祝寿，特书联语以赠，略表向慕之意也。”蒋介石的做法很“到位”，造成陈布雷死心跟着蒋介石走，最后在极度失望中自杀，弃暗不肯投明，也算是一言杀士了。

14. 记名字表关注

将下属名字挂在嘴边，千万别小看这个方法，认为多此一举，无甚必要。实际上它的效应就是使下属心理满足，精神受激励，使自己的人缘好了几分，群众关系亲密了一大截。某机务段 20 世纪 80 年代接了 80 多名新工人，报到第二天，一学员在段外溜达，突然听到有人喊他的名字，他大吃一惊：“噫，谁会认识我?”定神一看，是负责报名岗前培训他们的段劳资室干部。后来才知道这位干部 3 天内把 80 多名新工人都能对上号，叫上名字，实在让人佩服，有了好印象。

过去，毛泽东就有一个记名字、解名字、甚至改名字的好习惯，使人们初次见到领袖的紧张感、拘束感，一下子消除了一大块。通过解名字赞扬下属使下属的激励感、荣誉感提升了好几倍。如毛泽东曾在一次会议上评价北京市负责干部吴德、吴忠：“吴德有德，吴忠有忠”。毛泽东两个女儿分别叫李敏、李讷，喻义“敏于行讷于言”，要她们做事敏锐，三思而后言。

毛泽东晚年患了老年白内障，愈发严重，但老人家有个“讳疾忌医”的毛病，医生、护士的话听不进去，认为“是药三分毒，大夫的话只能听七分”。最后只好由周总理做他的工作，周总理很会讲话，说：“主席呀！全国人民很关心您的健康，您身体好是全国人民的幸福。您患的白内障已经影响到工作，该做手术了。”“恩来，不做不行吗?”“主席，这是个小手术，不会耽误您多少工作时间。这个任务您交给我，我帮您请两位有名的眼外科专家。”总理的话不紧不慢，丝丝入扣。“恩来，我听你的。”毛主席总算作了决断。

眼外科大夫请来了，一位是眼外科专家张晓楼，自我介绍完毕，毛泽东随口说道：“张晓楼呀张晓楼，你一辈子也住不上大房子！”一句话把张晓楼给逗乐了，初见领袖的拘束感全没了。第二位名叫唐由之的大夫刚自我介绍完，毛泽东马上问：“唐由之？哪三个字?”“唐朝的唐，自由的由，之乎者也的之。”唐大夫拘谨地回答。毛泽东若有所思：“噢，那说明你父母很有学问呀！”“主席，何以见得？”唐由之不解。毛泽东诠释：“鲁迅先生纪念杨杏佛先生逝世时写过一首诗，其中两句是‘岂有豪情似旧时，花开花落两由之’。由之二字取之于此。”唐由之很高兴：“主席，那您给我把这句诗写下来吧！”“好吧。秘书把纸、笔拿过来。”毛泽东欣然接受，在视力极差的情况下把诗为唐由之书写下来。唐大夫正在小心地收起来时，主席又问：“小唐，白内障是不是小手术？”“那当然！主席，我国古代就对白内障手术治疗进行过探索，有诗为证。”“什么诗？”毛泽东急切地问。“盒中空燃决明丸，金针一拨日大空。”小唐朗诵道。毛泽东听后大笑：“小唐，你也很有学问呀！这么着，我给你提个条件。”“啥条件？”小唐反问。“你给我做手术时，放着岳飞的《满江红》乐曲怎么样？”“当然可以！”结果，毛泽东的白内障手术就在《满江红》乐曲声中顺利完成了。

记名字、解名字看起来是小事，但反映了下属在领导的心里有位置、有分量。这本身是融洽上下级关系的一种艺术、一种素养，也是一种人际交往沟通的“润滑剂”。

第二章 合作共事篇—— 一门领导成员同舟共济聚人气的课程

15. 搞定团队合作是大智慧

有位作家说过："上至总统，下至平民百姓，看起来要面对很多人，其实不然，每个人真正需要应对的不过也就是七八个人，把身边这些人应对好了，日子就太平了。这七八个人摆不平，日子就不好过。这就需要你拿出全部人生智慧来"。还有一句哲言："人生的美好，就是人情的美好；人生的丰富，就是周际关系的丰富；人生的成功，便是与周围沟通的成功"。老百姓的话说得更透彻："不怕活多，就怕工作不舒心"。

仔细一琢磨，确实如此。班子建设是打头的事，团队合作搞好了，企业工作就成功了一大半。"一枝不摇，百枝不动"，"领导、领导，领路导向；没有领导领错了路，事业不失败的"。有句老话："一将无能，三军受累"。当头儿的是食肉的动物，下属的身子骨就硬朗，能征善战，兵来将挡，水来土掩，企业在市场立于不败之地就没有问题。从另一角度来讲，人际环境好了，心情就舒畅，干事业就有劲，精力就投入，成效就不一样。

企业是个小社会，班子是顶尖团队，是"司令部"、"指挥中枢"。企业员工千差万别，班子内部也有相当大的差异，因为"世界上没有完全相同的两片树叶、两片雪花"，领导层既有正副职的等级，也有经历、阅历、性格的差别。带头人把顶尖团队抓好，也就是把小班子建设好有不少讲究，有许多合作共事的道道，需要切磋，需要掌握。"打铁先得自身硬"，带头人有了"金刚钻"，有了"万能钥匙"，其他问题大都能够搞定。

16. "团结"原意不背离

大家清楚，企业里什么关系最难处？什么问题最伤脑筋？领导成员关系是其中之一。说难处也难处，说好处也好处，关键看你怎么处。

从有些说法来讲，是会让人产生困惑歧义的。从实践结果来看，什么情形最可怕？“打架”、闹矛盾的结果最可怕，最后悔后怕。

领导者、管理者搭好伙计是“打头”的事，团结的分量最重，合作共事最要紧。一场足球赛，只有个人英雄主义的显现，没有大局意识，个人技术和整体实力不可能得到发挥；只有个别球员超常技术发挥，没有整体的巧妙配合不可能拿下比赛。一个稍有点集体意识能够看开事的人都能认清这一点。从某种意义上讲，几个人一起共事，搞好团结合作应像爱护自己眼睛一样。谁都知道，眼睛这个部位最敏感，容不得沙子；眼睛里神经也最多，最能发现问题。搭好伙计应诊视团结，珍视友情。没事不惹事，有事不攒事，遇事会处事。小问题处理好，大问题不出格。谁也不准做拆台的事，不准做拨弄是非的事，不能挂倒挡、开倒车。从某种程度上说，党政两个正职，是“一根绳上拴的两个蚂蚱”，想各行其事是不可能的。

团结的重要性、必要性不用多讲，单从“团结”的本来之意、原有之意就可看得很清楚。有人讲，团结出人才、出效益。“团”字是上下左右四道杠围在一起，中间有个“才”字，首先四道杠是各就各位，朝一个方向围聚在一起，没有一个打横炮的。围聚在一起，是为“才”而做，结“才”之果；紧密围绕，就会出人才，出财源。“结”字左边是“纟”，右边是“吉”字，一根丝线力量有限，一缕丝线力量无穷，体现的是古代讲的一缕丝线、一把筷子的作用。其本身象征合力，象征凝聚，象征大吉大利，也就是有机遇、出效益。这是团结的原有之意，也是团结的作用之点、落脚之点。望文生义，意在当前，古人造字时都用心良苦，我们企业管理者在处理合作共事上，更应注意时时提醒自己，把握自己，驾驭住自己。

17. 蚂蚁齐心能吃虎

富兰克林有句名言：“成功的第一要素是懂得如何搞好人际关系”。我们中华民族有许多传统美德，其中重要的一条是提倡合作意识，注意合作素养的养成。古代词语中关于类似“合”的词汇很多，比如人和、祥和、谦和、和谐、和睦、和为贵、和衷共济、和气生财、家和外顺等等。可见，“和”的理念在大众文化氛围中处在很显要的位置。

古时候，有个老人重病缠身多日，自感时日不多，便将三个儿子叫到床前说：“你们三人把这捆箭折断。”三个儿子轮流折箭，均未成功，都十分懊恼。

父亲说道:“我试试如何?”三个儿子认为父亲在说玩笑话,老人久病,哪有力气去做这种事。不料,父亲突然把这捆箭拆开,然后一只只折断。

“这就是团结的力量。”父亲说,“你们只要拧成一股劲,什么力量也打不垮你们!可临终前只有一个愿望,盼望你们像这捆箭一样富有合力。”说完老人便撒手人寰。三个儿子见状哭作一团,发誓不辜负父亲遗愿。

三兄弟在清理老人遗物时,发现除了丰厚的遗产外,还有外债及同邻居的房基地纠纷。一开始三人还能共同协商,但随着时间推移,小摩擦纠纷开始出现,后来闹着要分家,过去的手足情也完全消散。

这时债主及邻居趁火打劫,挑拨离间,兄弟互相猜疑、使坏,最后丢掉了全部家产。等到父亲祭日来临,三兄弟又凑到一起进行祭奠时,想起老人临终教诲后悔莫及。

企业与家庭有共同之处,实现总体目标需要全体成员通力合作。集体力量被拆开时,个人所发挥的效能微不足道。一捆箭被拆开散乱堆放时,除了每支箭孤单无援外,还有“乱箭穿心”的味道,其作用会很有限。一个团队紧摽在一起,会成为一股稳固而富有效率的力量,遇到的“堡垒”会被攻破,除了在市场能占有显要位置,其他任何企业都不会吃掉你。

过去有一句话:“齐心的蚂蚁能吃虎”。蚂蚁是人们见到的最为团结的动物,它们合作能拖动比它们体重大十几倍的东西。它们的“公有制”成分非常大,每个蚂蚁都在为集体的生存和幸福而劳动,因为它们知道,任何一个个体,力量都是很渺小的。必须团结一致,才能办成事、办大事。《动物世界》介绍过一种食人蚁,别说是人,就是一头狮子、一只老虎,要是遇见了食人蚁群,短短时间内也会变成一堆骨头的。作为一个领导成员,一定要注意这一点,能不能同其他伙计搞好关系,把结合部、交叉点的事理好,这是关键。

说到团结合作就有个善于同不同风格的人打交道的问题。过去讲,甘草能和百药。在团结合作上我们要欣赏甘草的品位,据中药药理来讲,它是什么都能兼容,这实在不简单。按理说谁没有个性呢?可它不然,因此得到了欢迎。这就告诉人们,做事一定要懂得兼收并蓄、博采众长,试着同各种风格的人打交道,就会收到意外的收获。

18. 班子集体议事操作上讲套路

领导团队议事在具体操作上,要坚持十六个字:集体决策,合作共事,讲究规范,以礼待人。从集体决策方面讲,应严格决策步骤:第一步是出安民告示，让大家预先思考，准备意见，不搞突然袭击，不搞临时动议，第二步，有关人员搞好调查，起码拿出两个以上方案准备筛选。因为“当你只有一个点子时，这个点子再危险不过了”。一个点子无退路，无选择的余地，没法比较，点子是绝路时就全砸了。“什么叫决策？决策就是在两难之中作出选择”。第三步，党政正职会前通气，统一想法有了初步意见后拿到会上去，第四步，领导成员民主讨论。集体决策，真正做到情况不明不决策，意见不统一不决策，重大问题不反复讨论不决策。

在合作共事上，应注意“三合”：思想上合心，言论上合拍，工作上合力。特别是讲究感情相融，工作共勉，做到“四不”：谋事不谋人，在理解中共事；补台不拆台，在工作中互补；尽职不专断，在用权中自戒；争胜不争功，在荣誉上谦让。

团队班子内部互相交往，要想处好关系，首先要心理健康，感情相容，处事有分寸感，尤其要把握好三个环节：一是心理上不设防。有一句话也可用于领导成员内部；“常相知，不相疑”，消除防御状态，不搞“老死不相往来”。二是原则上不走样，大事讲原则，小事讲风格；心胸要宽，言语要柔。三是方法不简化。领导成员内部不是铁板一块，有差异甚至有消极因素也是自然的，但解决方法要讲究，规范和面子要两相顾，规范不丢，方法对头；批评消极现象，指出不指责，点到为止，不搞追根究底，不能“赶尽杀绝”，“一个领导最大的失误就是老盯着别人的失误”。四是范围上不扩散。有不同意见，该关门讲的不开门讲，应二人议的不上会，能启发自省自律的不公开指责。

19. 包容宽容需大胸襟

俗话讲：“一山不容二虎”、“国无二君，天无二日”是讲在一个领导集体中，只能有一个领军人物，如果安排两个领头人，他们能力相当，势不两立，就容易明争暗斗，互不相让，搞得下属就会左右为难，单位就会跟着遭殃遭罪。但现在情况是，铁路企业无论站段还是车间两个党政正职都是上级领导安排的，上边把两只“虎”放在一起。这时，不管你们原来是否相识，是否熟悉，都必须学会相处，互相适应，实现由“包办婚姻”向“自由恋爱”的过渡。除此以外，你们两个人还必须同班子里七八个成员团结在一起，风雨同舟，荣辱与共，把企业的事干漂亮。这样看来，“一山不容二虎”的小农意识就不能有，一山不仅要容“二虎”，而且要容“数虎”。有人会问：“容不容的关键在哪儿?”应该说，在领导艺术。党政正职能容会容善容，领导成员就能在一起运筹帷幄，摸爬滚打，把小环境营造好。

那么，如何处理领导成员间的关系呢？“海纳百川，有容乃大”，领导成员间知识、阅历、看问题角度不同，结论就不一样，这是正常现象。对此，处理得好，会关系融洽，相得益彰；处理下好，会闹个脸红脖子粗，一丁点的星火会成燎原之势，不可开交，最后伤人害己毁企业。

人都是社会人，我们的一生都在渴望善待、愉悦、从容、和睦，实际上这一切都源于“包容”二字。

佛学星云大师给世人开了一个“心药方”：

好心肠一条，慈悲一片，道理三分，敬人十分，道德一块，信行要紧，老实一个，中直十成，豁达全用，方便不拘多少。此十味药，用包容锅炒，用宽心炉炖，不要焦，不要躁，去火性三分（脾气不要大），于整体盆研碎（同心协力），三思为本，鼓励做药丸，每日进三服，不限时，用关爱汤服下。

大家知道，“文革”那不堪回首的岁月，使许多家庭遭受磨难，刘少奇主席一家更是如此。“文革”结束后，革命老人王光美从不怨天尤人，她始终秉持乐观宽容的处事品质，客观公正地看待历史，以宽广胸怀面向未来。她为了化解毛刘两家后人的恩怨，倡导组织两家聚会，促进了两家后人的往来日益密切。下面是毛泽东主席的外孙女孔令梅记述的一次聚会的难忘感人的场景：

2004 年初夏，由刘少奇夫人王光美奶奶召集，毛泽东、刘少奇两家后人在京城相聚一堂，共话友情。

聚会定在晚上七点，我们到达时差几分六点半。北京京都信苑大厦 26 层幽静的大厅里，聚会联络人刘源叔叔已等候多时。他把我妈妈迎入大厅，亲切地一口一句“姐姐”，伺候她落座休息。不一会，李讷姨夫妇到了，刘源叔叔忙着上前招呼。他比李讷姨差不多小了一轮，从来都把毛家姐妹看作是自己的两位大姐。这些年来，由于他的原因，毛刘两家之间来往很是密切。

1948 年，我的外公毛泽东与刘少奇爷爷率中共中央驻西柏坡期间，我的姨夫王景清担任警卫，为他们站过岗，与刘家人也算是老交情了。光美奶奶就是在这里与少奇爷爷结为百年之好的。不久，她便跟随中共五大书记走上了“进京赶考”的道路。至今已过去整整 55 年。

1963 年，我妈妈搬出中南海，李讷姨留在外公身边。毛刘两家几十年来比邻而居，直到 1967 年。待十几年后再见面时，李讷姨仍像过去那样高兴地直摸弟弟的头，不断地叫着“小源源，小源源！”刘源叔叔突然觉得，眼前站着的仍是那个朴实寡言、学识渊博的大姐，小时亲密的称呼又随口而出：

"李讷姐姐!"———大风大浪过后,人生百味涌上心头,姨妈和刘源叔叔的眼圈都红了。

从20世纪80年代初,刘源叔叔在河南任职,不论是当副乡长,还是当副省长,曾多次看望李讷姨,为她带去当地土特产和工艺品。李讷姨则将外公给自己的一件精美的玉莲蓬回赠,刘源叔叔一直视为最珍贵的纪念。

前些年(据《王光美私人相册》记载,刘源与李讷这次见面时间是1996年10月18日),李讷姨到三峡参观,听说转到军队工作的弟弟带领武警水电部队在工地上,便托人给他带了口信。第二天,刘源叔叔赶到通车不久的西陵长江大桥边,早早迎候。两人见面时兴高采烈,握手、相拥,姐弟之情溢于言表。李讷姨说:"以前我最喜欢小源源了,长得可好看、可好玩儿了。现在都是将军啦!"。刘源叔叔答道:"大姐才真漂亮啊! 过去和现在都漂亮!"一阵欢笑后刘源叔叔又说:"将来我们建成世界第一的大坝,把毛伯伯的两句诗词写在上面:高峡出平湖,当惊世界殊!"李讷姨微笑着,她眺望大坝,或许是在憧憬未来那壮观的景象……

一阵急匆匆的脚步声打断了老姐弟的回忆——李讷姨之子,我的表弟王效芝风风火火地跑进来说:"车太堵了,该打,该打!"看着我们这一对小姐弟,刘源叔叔又是开玩笑,又是嗔怪老找不到我们的人影儿。他在我和效芝面前,显得非常轻松、随便。

忽然,刘源叔叔话题一转,对我妈妈说:"东梅不信我参加过您的婚礼!大姐您能记得,我们还表演了节目呢。""那照片上怎么没有你?"——我不服,仍在较真儿。妈妈回想那幸福的时日,微笑着慢慢道来:"那时,他还没有屁股高。就是排队照相,也照不见影儿呀!"(刘源叔叔当年8岁),在场者无不大笑。

刘源叔叔提到的是1959年妈妈李敏与爸爸孔令华在中南海菊香书屋举行的婚礼。当时外公出面摆了三桌酒席,这对自奉节俭的他来说已非常难得。也是在那一年,外公辞去国家元首职务,刘少奇爷爷继任中华人民共和国国家主席,中国政坛上从此出现了毛、刘并列的两位"主席"。

妈妈与刘家早有交往,少奇爷爷的长子刘允斌、长女刘爱琴都是她在苏联国际儿童院的同学。1949年,妈妈和刘少奇、王光美夫妇一起参加过岸英舅舅的婚礼。妈妈自己结婚时,外公请来宾看了电影《宝莲灯》。妈妈记得电影是在西楼放映厅看的,她正好遇到住在附近的刘主席一家。不久在中南海春藕斋的舞会上,陪外公休息的妈妈又一次见到刘少奇、王光美夫妇,外公高兴地向他们介绍自己新婚的女儿。光美奶奶还在妈妈身边坐下,拉着她的手聊了起来。问妈妈多大岁数了,在哪儿上学……刘源叔叔说他参加的，就是春藕斋的舞会。

满堂笑声中，83岁的光美奶奶在亭亭阿姨搀扶下如约而至。妈妈和姨妈急忙起身迎上前去，紧紧握住老人的左右两手。

晚年的光美奶奶很少应酬，几乎从没到饭店请过客。这次，她却破例想请毛泽东的女儿李敏、李讷两家吃饭。老人告诉刘源叔叔："前些日子，她们姐妹俩都来看过我。我年岁大跑不动了，又老惦记她们和孩子们，就聚会一次吧。"她嘱咐道："源儿，你早点准备啊！"另外特别交代：这是两家的聚会，不要麻烦秘书和别人。

与光美奶奶同来的还有一位年过八旬的老太太，她就是刘家的老保姆——颇具传奇色彩的"赵姥姥"。"文革"开始后，1967年光美奶奶被关押，1969年少奇爷爷含冤去世。刘家受难，多亏赵姥姥带走刘家最小的女儿小小，赵姥姥身边成为刘家子女的相聚点，她帮少奇爷爷的儿女们度过了不堪回首的岁月。这的确是一位值得尊敬的老人。

1976年外公去世后，李讷姨身患重病，生活非常困难。1979年光美奶奶出狱后，和赵姥姥找到李讷姨，帮助她安家、做家务。不久姨妈与姨夫王景清结婚，老人闻讯非常喜悦。如果说，与少奇爷爷的风雨同舟，令世人对光美奶奶深表钦佩，而对外公后代的无私帮助，则使我们对光美奶奶的博大胸怀肃然起敬。

光美奶奶喜爱游泳，泳姿优美。她常带当时七八岁的效芝表弟去游泳。直到现在，光美奶奶仍坚持每周游泳健身，所以身体依然矍铄。不过这几年，她已很少外出。妈妈和姨妈经常去看望她老人家。

此时两家人都已到齐。大家问身体，嘘冷暖，其情融融，其意深长。这是两个特殊的家庭，其成员的命运可以折射出国家命运的兴衰，一定程度上也象征着中国社会的发展。所以这次聚会实在难得。

毛泽东和刘少奇，都出生在湖南，家乡仅一山之隔。他们从1922年相识，开始亲密合作，出生入死、艰辛探索，走过最凶险的危难，攀上最辉煌的巅峰，共同的品行使他们赢得了人民最高的信任。人民跟着他们，意气风发，国家走向胜利，屹立当今。在晚年绝不相同的境遇中，他们又陷入共同的历史悲剧，经受了各自家庭的不幸。

然而，还是两位伟人说得对——毛主席说："人民是真正的英雄"；刘主席说："好在历史是人民写的"。人民继承了他们，又超脱出他们，正一步步迈向繁荣、富强、自尊、自强之路。时至今日，人民仍旧真诚地怀念他们、尊敬他们。

入席坐定，两家人频频举杯祝光美奶奶健康长寿，也向赵姥姥敬酒致谢。妈妈和姨妈多次极为关切地询问光美奶奶的身体和起居。老人微笑着说:“你们俩身子都弱,年龄也不小了。但比我还是年轻得多啦,所以更要多注意才是。”光美奶奶向毛家姐妹举杯:“你们多保重!”随后转向我和效芝:“祝孩子们有出息!”

“人生易老天难老”,妈妈和姨妈都到了花甲之年,亭亭阿姨和刘源叔叔也已年过五旬。当年中南海的一群孩子,现在都进入中老年。然而“天若有情天亦老”,物换星移,功名荣辱俱往;时过境迁,真挚情谊犹存。面对此情此景,刘源叔叔告诉我,他想起了苏轼的千古名句:“回首向来萧瑟处,也无风雨也无晴”。

席间热烈讨论还在继续。对当前的世评物议最多、也是最幽默的当数亭亭阿姨了。亚洲、欧洲、美洲;政治、艺术、拍卖;事业、生活、家庭,漫无边际,妙趣横生。中间,刘源叔叔起身把效芝拉到光美奶奶身边,说:“您看,他是不是越长越像毛伯伯戴八角帽的那张照片?”效芝慌忙撤身摆手,“不像,不像!”亭亭姨立即接口:“不是不像,你是想说不敢像吧?”笑声中,大家的目光集于表弟效芝,好像都在对照记忆中的形象。李讷姨的眼神里流露出一丝欣慰。

刘源和效芝叔侄俩,左一杯,右一盏,频频互敬,话题似乎集中在先进武器的性能和台湾问题上。不到半小时,已是半醉微醺,面赤汗发。我常逮住他们酒话中的口误和言辞里的咬字不清调侃,逗得大家直乐。

众人乐,乐他俩已醉。说实在的,作为决胜千里的统帅之后,他俩的醉,正是为这两家之乐而醉!

伟人们为了事业,付出毕生的一切,并没有给亲属后人留下什么物质财富,甚至连所有家庭都应有的温情回忆,也极其有限。历史就是历史,无法改变,更不能抹去;当事者的回顾总是带着浓重的个人色彩和不可避免的片面性;旁观者的记忆更随着境遇变迁因人而易。眼前,这一切已是“而今迈步从头越”。三代人的欢宴进行了两个多小时,录像机摄下了充满欢声笑语的一幕幕场景。妈妈和姨妈兴趣盎然,偶尔交头议论,不时插上几句,始终满意地笑着。银丝皓首的光美奶奶没有怎么讲话,慈祥而超然地看着孩子们,孱弱清癯的面庞上泛起红晕,显得那么幸福,那么美丽!

这两家的后人其实早就回归到伟人们共同的奋斗与共同的荣辱中。或许,正是相通与共通、理解与同情,才使两家人的聚会如此轻松愉快、亲密无间。这让我不由得想到:今天,我们屡经辉煌又饱受灾难,千年一统又内乱不止的民族,完全应该而且一定能够超脱一切阻碍前行的羁绊,携手走向美丽的明天!

有人说过：比海洋广阔的是天空，比天空更广阔的是人的胸怀。

凤凰卫视总裁刘长乐先生讲过："不要在名利场中争夺不休，该放下时得放下；要想对世界了解得更多，洞察真相，就需要空出自己的心来；当同事关系有矛盾时，就要学习跳'探戈'，彼此都能进能退就和谐了；做人要学会吃亏、包容，常以感恩之心待人，对于所拥有的一切，能知足、感恩；以心甘情愿的态度来实现理想，一切困境自然迎刃而解；有时可退一步进两步，人生的舞台并不大，容不得我们不抬头一直往前冲"。清朝中期有一名宰相叫张英，一日家中来一书信，拆开一看，原来是妻子为宅基地与姓叶的邻居闹意见来信诉苦的。马上以四句诗回信："千里家书只为墙，让他三尺又何妨，万里长城今犹在，不见当年秦始皇"。妻子见信后主动让地三尺，姓叶的邻居深受感动，也让了三尺。这一"六尺巷"的故事传为美谈。由此可见，"争一争，行不通；让一让，六尺巷"，宽容为怀是受人称颂的。这应了一句名言："心胸有多大，事业有多大；包容有多少，拥有就有多少"。

20. 钻进名利权位圈是束缚不是舒服

大家知道，凡事要拿得起，放得下。应该说，吃饭使我们有足够的能量，喝汤可以调整我们的心脉，睡觉可以恢复我们的精神，运动可以使我们的肌肉更健壮。但是，现实中常常会有人为了追求口味忽略了营养的搭配，为了达到不可取的训练标准损害了自己的身体，为了生活质量的奢华，通过不当的手段获取非法的利益，结果出现事与愿违、南辕北辙甚至不堪忍睹的现象。

名位权利这些都是身外之物，生不带来，死不带去。有人说得很形象：人生下来时都是攥着小拳头（雄心勃勃），赤条条来到世界上，当时是一人哭大家笑。婴儿攥拳头，是要干一番事业；哭是面对人间艰辛、酸甜苦辣的无奈纠结。人死时闭上双眼，伸展双手，微笑着离去，这叫撒手人寰，这时一人笑大家哭。

金钱这东西够吃够花就行了，要把握好"度"，知足常乐，不可过分追求，不可钻进欲壑难平的怪圈。比尔·盖茨讲过："有一张百元美钞咔咔响，如果有一亿美钞就是一组数学符号。"据说，古罗马凯撒大帝生前留下遗嘱，让人在他死后将其双手放在棺材外面。侍者不解，他告诉在场下属："我凯撒大帝声名显赫，威震欧亚非大陆，我要告诉世人，像我这样的大政治家、军事家死后也是两手空空。"

某工程局一单位段长之子发生车祸后汽车着火受重伤，单位上下纷纷捐款救助。这时技术科长拿着两万元小金库的钱塞给段长家属。不久，全局审计时，此事被另一曾有过节的段领导举报，段长受到严肃处理。不料一波未平一波又起，不久，举报者因为儿子办婚礼收受礼金又被上级查处。此事反映出作为一个领导成员对金钱物质不要过分追求，儿子车祸后同事及左邻右舍已经从多方面表达关爱，自己应怀恩感谢才对。再说家庭损失并非太大，生计应该没有问题，日后再有困难还有组织呢。从另一方面讲，同事之间过往纠葛应善于忘记，他人有难及时出手帮一把，发现同事有犯事苗头随时提醒，不念"旧恶"。背后使绊子的做法并非明智，其结果很可能是积怨日甚、两败俱伤。

说到金钱，笑星葛优和牛群有段拿之调侃的话，简直入木三分："钱这东西够花就行了，不能太贪，而且据说人一辈子挣的钱是有定数的，早挣够了早死，晚挣够了晚死。那就慢慢挣，最好挣到九十岁，钱正好挣够了，人也到时候了。"应该知道，在这个世界上，你工作后的所得，有比薪水、奖金、物质更宝贵的东西，那就是自我能力的提升及人缘、口碑的认可和赞誉。现在我们企业，由于多种因素的制约，收入可能不完全尽如人意，但应该明白，你的全部收益应包括经济的积累，培训后知识技能的提高，良好品德的养成。从某种意义上讲，这些同金钱相比不知要贵重多少倍。

有个哲学家叫蒙田，通过两件东西作对比，让人们看清楚金钱的本质：一个富豪去见蒙田，蒙田把他领到一个玻璃窗前，对他说："向外看，你看到了什么？""有许多人。"然后又把他带到一面镜子前："你现在又看到了什么？""我自己呀！"蒙田说："窗子和镜子都是玻璃，区别只在于一层薄薄的银子，但这点银子就让你只看到自己而看不到别人了。"

生活中，你心中有善，就能成为好人；你心中有恶，就会变成恶人；从钱眼里看人，坑了别人，枷住了自己。有首打油诗写道："占便宜处失便宜，吃得亏时天自知，但把此心存正直，不愁一世被人欺"。

大家知道，古代钱币是外圆内方，"君子爱财，取之有道"。实际上，"该是你的早晚是你的，不该是你的怎么整也不是你的"，一门心思往钱眼里钻、买官卖官的人，得到的不是舒服，而是束缚，自由都没有了，拿到了金钱，还有什么享乐可言，不是"作茧自缚"是什么！

如果给生活富裕定一个标准，应该说："生活富裕，包含一个三角的结构，三分之一关系物质，三分之一关系精神，三分之一关系自然，只有三角融合的生活才是最完整的"。这叫知足常乐。

生活中有一个普遍法则，叫有舍有得，不舍不得。舍弃是前提，获得是结果。金钱是个好仆人，但绝不是一个好主人。

贪婪，是对金钱的过分追求，人太贪了，为官者丢官，为民者丢命，走到极端人财两空。贪婪是一道奇异的减法，在有些情况下，减数与被减数对等，“赤条条来去”，一无所有；在通常情况下，往往会出现减数大于被减数的结果。你胃里吃进去多少要吐出来多少，有很多时候要加倍偿还，甚至连名节、荣誉、家庭都要搭进去，无一幸免。如果都人财两空、身首异处了，还有什么快乐可言。

从另一个意义上讲，领导成员间搭伙计，有点过节、冲突是正常现象，看到伙计出了小毛病，要“拉拉袖子”，拽他一把，在不违犯原则的情况下，大事化小，小事化了，该饶人处且饶人，不能投井下石，冤冤相报。拉人一把是积德，是救人；投井下石是失德，是害人。处心积虑害人的人离害己不会太远。

21. 共事先磨合后融合

领导成员搭伙计、管理干部共事都有一个从不够适应到比较适应的过程。一般来讲，有三个阶段：磨合、融合和契合。开始处事时，性格、脾气、方式方法、工作态度要先磨合、熟悉、了解、逐步适应；相互熟知后，心想在一块，事干在一块，自觉不自觉地朝一个大目标去奔；时间一长，感情相融、脾气相知，举手投足都能保持默契、一致，并按照领导范围、群众意愿和法律规章行事，这就到了契合程度。

作为主要领导要有大海一样的胸怀，不能计较其他成员说话的方式、态度和时机。有的意见委婉温和，轻声细语，场合合适，听起来顺心顺耳好接纳；有的领导成员脾气急躁豪爽，快人快语，不讲方式、对象，但“话粗理不粗”。因此不能计较言词，讲个人面子，只要言之有理就爽快接受。从意见的代表性来看也有讲究：有的是个人意见，范围窄也不可不理不睬；有的意见虽出自一人之口，但带有群体性，范围面大，弄不好就是“重磅炸弹”；有的意见有复杂背景，更不能忽略小视，不管不问。

(1)公正待人不猜疑

古人云：“常相知，不相疑”。搭伙计要知心、交心、换心，彼此相处问题上会，矛盾上桌，沟通上心；日常工作中多琢磨事，少琢磨人，更不能整人。遇事平等研讨，行权和衷共济，既要自信，又要信人。

某车务段有一老资格的副段长，原本是20世纪80年代铁路分局提拔的百名年轻干部之一，其中相当一部分年轻干部由于多种原因没有站稳脚跟，但这位副段长因人品好、业务熟受到普遍认可，但他有个耿直脾气，班子会上有不同意见，不管正职怎么讲的，他都要放“炮”，说叨说叨。最后无论会上是否采纳了他的看法，他在会后都肯定按会议决议抓实施，不会随便发牢骚讲怪话。

（2）补台不拆台

搭伙计要互相支持，经常沟通，密切配合。一人进步大家祝贺，一人有困大家关心。如果有人出现工作失误时，主要领导要及时出面，承担责任，其他伙计注意吸取教训，弥补损失。揽功推过，嘀嘀咕咕、幸灾乐祸的行为都会使自己的素养、层次大打折扣。

大家知道，美国人喜欢把简单的道理总结成定律，所以中国版的“三个和尚没水吃”的故事，就变成了美国版的“螃蟹合作定律”：一个人敷衍了事，两个人互相推托，三个人则永无成事之日。

钓过螃蟹的人都知道，篓子中放着一群螃蟹，并不需要特别盖上盖子，因为螃蟹根本爬不上来。因为只要有一只想往上爬，其他螃蟹便会纷纷攀附在它身上，把它拽下去，所以最后没有一只螃蟹可以爬出去，最后全被主人处理掉。实际我们有些企业班子内部也有类似现象。

20 世纪 90 年代初，某铁路分局有两个党政正职之间积怨日深，貌合神离，台上握手台下踢脚，甚至寻找机会向对方发难，诋毁对方。党委书记借行政部门个别干部看不雅录像之事，说是行政领导蓄意唆使所为，不依不饶。局长则在发放一次性奖励时故意忽略党群部门，有失公允。造成下属干部左右为难，整体工作十分被动。铁路局领导多次谈话无效后，毅然将二人降职调离原工作单位。

俗话讲：“土帮土成墙，人帮人成王”，帮助别人就是强大自己，帮助别人也就是帮助自己，别人得到了自己也应分享快乐，这可能就是“相得益彰”的原义。有这样一个故事：一人被带去参观天堂和地狱。他先去魔鬼掌管的地狱，第一眼就很吃惊，因为所有人都端坐在餐桌旁，桌上摆满了酒和菜肴。

再仔细看时，发现这些人都面无笑容，餐厅无音乐、无欢歌笑语，每人都是皮包骨。他们都有一个共同特点，左臂捆着一把叉，右臂捆着一把刀，餐具太长了，约有 4 尺左右，根本无法进食。只能干瞪眼，忍饥受饿。

后来他又来到天堂，情况却完全不同，虽然也有食物、刀叉及 4 尺长的把手。但这里的居民都在谈笑风生。参观者奇怪极了，为什么配备相同，结果却不一样，有的可怜兮兮，有的兴高采烈。

最后，他找到了答案：地狱里每个人都想自顾自地吃，但 4 尺长的把手使自己不能如愿；天堂里每个人都是喂对面的人，对面的也喂自己。因为帮助了别人，自己也自然得到帮助。

启示很清楚，如果你帮助别人获得需要的东西，你也会得到别人的帮助；你帮助的人越多，你得到的也越多。结论：合作使大家受益。

22. 平衡中和是处事诀窍

杂技演员走钢丝运用的就是平衡艺术，他手中的杆子就是平衡手段。我们企业的领导者管理者是否也会运用平衡技巧呢？

调适有平衡的成分，就是双方之间要善于适应；其他成员冲突，第三者要注意调解。也可理解为搭伙计应注意自我调整，相互适应。

有一则寓言，对解决领导间的冲突可能有所帮助。

狮子和老虎爆发激烈冲突，最后两败俱伤。狮子快断气时对老虎说“如果不是你要抢我的地盘，我们现在也不至于落到这个地步。”老虎吃惊地说：“我从未想过要抢你的地盘，我一直以为你要侵犯我！”

可以说，小到平民百姓，大到名人要人，甚至两个国家之间的不和谐也多因名位权利所引起的，也有的因分管工作互有交叉或留有空档所引发。这里面好多是捕风捉影的猜疑和误解，也有的是小人从中挑拨。这就需要自我调适，相互提醒，互相点拨，有话不能憋到肚子里，伙计间多交流、多了解，避免误会、误判。

伙计间相处要顺其自然，有时不妨“冷处理”，一般不要急于将看法强加于人，让对方同你坐在一条“板凳”上，更不能让对方对你俯首帖耳，处处按你的眼色行事。一切事物都在发展变化之中，可能冷静等待是处理争执的最好办法。

一个“不失原则的妥协”的真实故事会告诉你其中的奥妙：

2003 年初，某铁路分局各站段中层干部“全解竞聘”工作正在如火如荼地紧张进行。主要程序是将全体中层干部解聘，重新报名竞聘上岗，其间要经过考试、答辩、全体干部测评、领导干部测评打分四个环节。某工务段对参加竞聘的中层干部进行完前三个环节后，段党政联席会议如期举行，议程之一就是对上述干部最后测评打分。党委书记作为会议主持人首先讲道：“竞聘工作前三个环节已经基本结束，今天把各位领导请来，其中一个任务就是为竞聘者最后打分。人事科长、组织助理，其他单位这方面有什么好做法你们先介绍一下。”人事科张科长立刻搭腔：“有的站段有点特色，他们为参聘人员打分时正职可投两票，副职投一票。”“这做法不错！我认为主管副职也可以投两票。”段长立刻表态。党委书记微微皱了皱眉头，说：“这个犯琢磨，同有关规定有没有冲突？大家说说看。”其他参会副职面面相觑，有的小声嘟囔：“这恐怕涉及民主集中制。”党委书记见状，立即打住：“我看这样，这事会下大家再琢磨一下。咱们先进行别的议题”。一场未起的风波暂停，会议继续进行。到了下午，党委书记正参加别的会，人事科长突然来到书记面前，耳语道：“局里来电话，说其他单位竞聘结果均已上报，明天为最后期限。”书记闻之，把脸一沉：“你上午介绍的是什么经验？这不是明显的违反民主集中制吗！乱弹琴！这样，你去给段长汇报，我建议明天上午八点半召开党政联席会，就竞聘人员领导打分投票，一人一票，投票前请各主管副职讲讲用人意见！”人事科长答应后匆忙离去。很快沟通完毕，段长赞同书记意见。各主管副职见状纷纷会前同两位正职交换用人看法并达成共识。

第二天上午会议如期举行。党委书记开门见山：“今天会议按事前通知，请各主管领导谈谈各自用人想法，然后背对背打分，一人一票。投票后，请人事科长、组织助理汇总后同其他考试、考核分加在一起，获最高分者按组织程序聘任。大家如没有意见，就这样进行。”时间不长，会议圆满结束，结果如期报上级主管部门，大家皆大欢喜。

一句话说得好：“大事讲原则，小事讲灵活”。一人一票是原则，党委书记坚持了，段长赞同了，双方达成共识。重视主管副职意见，这是段长高明之处，得到党委书记的尊重，二人达成一致。考试、答辩、测评分总和是竞聘工作规定，也是综合素质、群众意愿的反映，本身也没违背。这正应两句格言：“各后退半步就是和谐”，“妥协不失原则，灵活展示技巧”。

美国作家舒乐博士讲过，无论事业还是爱情，容忍都有一个临界点，闹僵都有爆发点，我们都应把分歧调控在临界点之前，消灭在爆发点快要点燃之时。比如两个正职共事，其中一人提出要任命小李为科长，假如你不同意，认为其不合适，但因事情敏感，绝对不可一口否定，你可讲小李不错，有三个优点。老张、小赵也不错，他俩各有四个、五个长项，并一一摆在桌面上。两个正职将三个人选反复比较，最后有可能达成理想共识。起码不会因意见不同伤了彼此的脸面。

如果两个正职或副职出现矛盾或冲突时，作为一个旁观者也有个居中调和的问题。中和作用的着眼点是“共事和谐”，居中用辩证法理解就是适度，没有偏颇，不上不下，不偏不倚。如果忽上忽下，有亲有疏，还叫什么中？做人没有品位，一溜歪邪，就谈不上和谐，不会做到和衷共济。

周恩来总理是个擅长沟通协调艺术的管理大师，20 世纪有关他“巧评名酒”的故事脍炙人口。

贵州的茅台酒和山西的汾酒很早以前就声名远播，有段时间甚至人们把它们相提并论，但是这两大名酒一直为"谁先谁后、谁师谁徒"而争辩不已。

据说新中国成立前，曾争辩到蒋介石那儿，蒋介石把桌子一拍，说道："天下名酒是一家，分什么师傅、徒弟，娘希匹，只要好喝就行"。

新中国成立后，争执风波又闹起来，最后争到周总理那儿。周总理深知其中奥妙。在1963年的一次全国专业会议上，两家酒师也分别到会，周总理让他们分别讲述各自香型和酿造工艺，又听了一下其他人的意见，说道："琼浆玉液，南北一方，名甲天下，若论先后，唯我长江"。总理的话很明白，若论香型、工艺，各不相同，各有特色，一南一北不存在师徒关系，若论先后，长江为先。同是长江的子孙，同受长江的哺育，争什么先后高低。周总理在两酒争端上，站位高，高就高在从争端的圈子里脱出来，站在高处，讲在妙处，巧理纠纷，说得大家心服口服。

事情往往如此，一个领导者处在是非圈里，有些人往往利用领导名望和权威，让领导表态支持自己，排挤别人。有的领导脑子糊涂，偏偏往人家套子里钻，一屁股坐在一个固定的板凳上，替人帮腔，拉偏套，丧失原则。

应该说，作为一个管理者，遇有争议，先把"嘴"管住，寻求平衡，对具体矛盾点多方了解，别着急表态；也不应当传声筒，"见人说人话，见鬼说鬼话"，两边"煽"，两头做好人，坐收渔利。聪明的做法是站位有高度，说话讲适度，肯定双方的合理成分，从更高的层次谈看法，不直接对具体人具体事论是非，不当"评判员"。这才是聪明人，这叫高人一筹。

如果两个正职或两个副职间有分歧，逼你表态时，更应慎重，不可简单地肯定一个，否定一个，应对事不对人，只讲客观看法，不掺杂个人恩怨。

有一个对话耐人寻味，老和尚问小徒弟："如果前进一步则死，后退一步则亡，你怎么办？"小和尚毫不犹豫地说："我往旁边去"。

现实职场中也有这样的范例，20世纪90年代初，某大型国企党政正职互有成见，常常对"掐"，会上会下闹得面红耳赤，有时甚至"为反对而反对"，搞得副职左右为难，无所适从。这时从外边调来一位党委副书记，此人不同凡响，坐得正，站得直，"好话两头传，坏话两头瞒"，获得俩正职认可，常常扮演居中协调的角色。一次，局里一栋福利房竣工，不少中层干部无房户眼巴巴盼着分套房子。局党委也准备召开会议研究分房办法，这位副书记提前请示党委赵书记："赵书记，下周要开会研究分房的事，您有什么想法？""这次分房中层处长和一般干部都要考虑，比例上可以有点区别"。赵书记直言不讳。"好，我知道了"。副书记心里有数后直奔李局长办公室："李局，房子方案要定了，您有什么意见？”“你是副书记，我先听听你的想法？”李局又把球“踢”回来。“李局，您过去常讲中层是挑大梁的，工作很辛苦。我看当前房子很紧张，所有干部都应有分房资格，中层可少吃点偏饭。”“很好，我赞同你的看法。”李局长语气恳切。副书记又来到赵书记那里，面带笑容地汇报：“刚才我把您的意见告诉了李局，他完全同意。还说赵书记考虑问题很周全。”赵书记闻之，满脸堆笑，过去的疑惑、误会随风消散了许多。至此，一个非常敏感的话题、一场有可能爆发的“战争”，在副书记的巧妙斡旋下提前化解了。

据说，这位副书记还常常在会上看到两个正职争得不可开交时，找出二者的共同点，提出一个新的折中方案，给双方一个下台阶，把难解之题往前推进一步，让旁观者十分称道。

作为副职，如何同正职协调关系实际上很重要。有时两个正职同时给自己布置了同一项任务，但完成任务的途径却大不一样。有时两个领导同时给自己排活，时间紧迫，限期内不可能完成，只能干一件放一件，弄不完要伤害人的。这时，你要认真思索，对于前者考虑哪一个办法更稳妥些，先照此办理。不可行的思路则找当事领导说明原由，解释之前先给对方戴“高帽”，认可其想法有可取之处，可作为预案随时备用。但表明态度肯定会千方百计期到必成。让领导感到你很诚恳，将对完成任务的担忧之心放到肚里。对后者，因任务紧急则要请其他副职联劳协作，“搭把手”，惦记着来日回报。如果因时间太紧确实不能如愿，临近时限前找相关领导说明原因作出解释，解释时既讲个人付出的努力，也讲客观实际状况，但千万不可掺杂、透露其他领导的想法，以免点燃矛盾的“导火索”，受到“夹板气”。

斡旋协调既要富有胆略勇气，也要讲究分寸感，不然会事倍功半。

大家知道，1967 年 2 月“文革”时发生了所谓“二月逆流”事件。当时是在周恩来总理主持的一次会议上，陈毅、叶剑英、谭震林等“三老四帅”向江青一伙的倒行逆施进行反击，“火药味”极浓。结果“四人帮”恶人先告状，在毛主席面前攻击、诬陷“三老四帅”，使老帅们身处险境。

周总理要保护老干部，不能让他们个个中箭落马。他心里很清楚，要做到这一点，“解铃还须系铃人”，他一方面苦口婆心地劝导“三老四帅”讲究策略，暂时退避，另一方面，又向毛主席汇报“三老四帅”正在为“一时冲动”作检讨，他们对毛主席是有感情的，不过有点居功自傲，对自己的老战友被打倒想不通，一番用心良苦的解释，取得了毛主席对老帅们的谅解。善于捕捉时机的周总理顺便又把苏联在中苏边境陈兵百万、磨刀霍霍的严峻事态向毛主席作了汇报，提出御敌抗敌、指挥战争还要靠老帅，终于使毛主席改变了对老帅们的态度。随后，毛主席又亲自召见了“三老四帅”，并同意他们“五一”同自己一起登天安门出席联欢晚会。就这样，周总理靠自己高超的周旋协调艺术在十分困难的情况下保护了“三老四帅”，同时也保护了一大批党政军领导干部。

“四人帮”垮台后，意大利著名记者法拉奇曾经问邓小平：“在中国有这么一个人，他在任何时候都没有被打倒过，这就是周恩来总理吗？”。

邓小平意味深长地说：“周总理是我的兄长。‘文革’中，他所处的地位十分困难，也说了好多违心的话，做了好多违心的事，但人民原谅他，因为他不说这些话，不做这些事，他自己也保不住，也就不能在其中起中和作用，减少损失作用。他保护了相当一批人”。确实，周总理的中和作用和平衡技巧，使“文革”时的中国避免了更大损失，躲过了更大劫难。毛主席冷静时，他极力进言，靠智慧揭露“四人帮”，保护老干部；老帅们过分冲动时，他又能靠自己的威望劝他们讲究策略，进退自如，不要鲁莽。在那个不堪回首的岁月，如果没有他的大智大勇和过人的才智，后果难以想象。

23. 横向多通气

中医理论有一句话说得很在理很透彻：痛则不通，通则不痛。这句话也适合我们各级领导者、管理者。过去有一个调查，领导层有问题原因是多方面的，但往往最关键的原因是通气不够。同级之间缺乏通气，容易造成误会；上下级之间通气不够，影响上传下达，纵贯横通。通气是沟通协调的“纽带”，不通气是起矛盾闹冲突的“导火索”。

从通气方式上讲，主要有五种：

一是事先通气。遇大事两个正职先碰头，达成共识，再上会讨论决策。

二是事中通气。有些事不算大但很急，需当场拍板，来不及通气时，就在办事过程中找机会打个招呼。

三是事后通气。有的事来得急处理得快，过程很短，眨眼的工夫就结束了，那就事后再过话，千万不可不声不响地过去。

四是不断通气。有的工作是系统工程，不是数天能干完的，因此有了新信息要通气，原有安排需要调整要通气，每个阶段告一段落要通一下气。

五是有问题要通气。这是突发情况、异常变故或不良苗头，这时要互相提醒、提示，也叫“拉拉袖子”，防止工作或同事出岔子、“跌跟头”。

横向通气方面有一句实在话：“通气则气顺，气顺则心齐，心齐则事成”。

多通气不是坏事，更不能怕麻烦，说轻点是工作方法问题，说规范点是职业操守思想境界问题。讲实际一些，勤通气起码多个主意，多个依靠，添智增慧，领导层、管理层内部互相帮衬，会形成一个舒心干事干成事的管理环境。这方面，不可揣“小心眼”，不可聪明过度，麻烦事通气，遇好事则不通气，吃“独食”，揽功推过，这是相互共事之大忌。

第三章　称职下属篇——一门帮助赢得上司认可信赖的课程

24. 开启参谋助手之门

什么是领导？就是领着你、指引你的人；是权力比你大、地位比你高的人。工作职场中，除了单位的正职，每个人都有自己的领导，有直接领导，间接领导；有中层领导，高层领导。

如何同领导打交道，实际上是每个职场人都渴望掌握的学问，每个管理者的必修课。同领导处好关系，往大里说，能鱼跃龙门，在上进路上快跑；往小里讲，也能事事顺心，春风得意。但是与领导处不好关系，就会处处碰壁，甚至“喝口凉水也塞牙”。

历史上许多大小人物的经历都告诉我们一个道理：每一个成功者，不管其成就大小，地位高低，在职场运作上，必定很善于处理人际关系，能够破解遇到的难题和麻烦。而首当其冲的麻烦、难题大都是同顶头上司的关系。孟子说：“资之深，则取于左右逢源”。意思是说，掌控人脉到家后，做事就会得心应手，顺利畅通。

在职场中，领导对于你奖金的多少，升迁的快慢起着很重要的作用。从某种意义上说，是你的攻石之玉，进步之梯。我们不希望攀龙附贵，搭领导的“顺风车”，一步登天，但也不能让自己在领导眼里毫无自身价值。如果有一天你因与领导的关系没处好，弄得无立足用武之地，被同仁同事“翻白眼”，视为不可雕的朽木，上不了墙的腐泥，变成孤家寡人，你会心甘吗？你会舒心吗？知识和技能可以在学校里学到，但同领导交往的技巧又从何而来？告诉你，“学得好不如干得好，干得好还应管得好，管得好还需理得好，理得好必须悟得好，悟得好定能谋得好”。与领导相处，并没有你想象得那样难，给你一句忠告：“职场为人，关键是角色适应；工作处世，无非是进退修养”。

什么叫本事？能够适应领导，事事处处与上司同步思维是最大的本事。不能让领导适应你，你应该适应领导，进而让领导认同你、认可你、信赖你、欣赏你、器重你。职场修养的最佳境界是什么？是进退有度，是知分寸，顾左右，找准黄金切割点，牢牢把握它，灵活掌控它。有人讲："伴君如伴虎"，实际上"伴君如伴唱"。"到什么山上唱什么歌"，就是同一首歌，不同的人唱法也不同，高低、快慢节奏、音质音色有差异，视听效果肯定不一样。与领导打交道，未必是事事都随声附和，也不是需要事事请示、唯唯诺诺，关键是要明了把握与领导相处时要注意的方法、技巧、环境、口吻、场合和程度，决定自己做什么，怎样做，达到一个什么标准，求得什么样的效果。这里面，关键点是提供智力服务，这是参谋助手职责的真谛，也是上司的最根本需求。这应了一句俗话："读谁读懂，想谁想通"。

25. 勤汇报体现的是尊重

有人说：汇报是捧上司的一个手段。这个说法有一定道理。一般来讲，职场管理者比较看重两种东西：一是他的上司是否信任他；二是他的下属是否尊重他。作为上司来讲，判断下属是否尊重他的一个重要标准就是是不是常给自己汇报工作。如果上司是个心胸宽广之人，他会想得开，认为下属工作忙没时间汇报；都是分内事没必要汇报；下属认为自己事务多、应酬多，不好意思去打扰。但是要换上一个心眼小、爱计较的领导就不这样想啦！他会疑心：下属是不是看不起我？是不是不买我的账？是不是下属想故意架空我？一旦疑心变成了结论，你就不会有好果子吃，他就会用权力来捍卫自己的"尊严"，向你兴师问罪，你这"小鞋"也就穿定了。

工作职场，领导和下属常常是一对矛盾体。有时下属愿意独立行事，少受外界干扰；有的领导常对下属工作不放心，挑点毛病，以显示自己的权威和高明。那么，谁是矛盾的主要方面呢？这时候，下属的自省和悟性很重要，尽量把责任自己"揽"起来。

一句老话："人在屋檐下，哪能不低头。"表面看这句话有点过于自卑、自谦，实际上有一定道理。换句话说："人在屋檐下，哪能不适应"，这话听起来就顺耳了，不过道理是一样的。汇报工作对于资历深、能力强，且有相当自立意识的下属要解决一个心理障碍问题，就是自己能力再强、资历再深，也要摆正位置，"下属、下属，在人之下，属人之管"，汇报工作是天经地义、顺理成章、应当应分之事，任何托词都是不成立的，对自己也毫无益处。过于矜持迟钝，不如用主动换来器重，用沟通赢得认同。态度端正了，方式方法自然就会择善而从。

(1)汇报工作“三必须”

完成任务后，立即向上司汇报；工作进行完一个阶段，必向上司汇报；工作出现拖延和纰漏，及时向上司汇报。

(2)请示报告“四个火候”

领导交代的工作，心里没底的时候；工作有进展，下步不知道怎么办的时候；进程有意外，有新信息需领导明示的时候；难题已破解，需要领导知道的时候。

(3)汇报工作应预有腹稿

古人曰：“凡事预则立，不预则废”；毛泽东也讲过，不打无准备之仗、无把握之仗。汇报工作不是打仗，但是看法思路上的交锋、交流和碰撞，目的是推动工作进程，让领导认可自己的“两把刷子”。汇报要讲究一定的逻辑层次，不可“眉毛胡子一把抓”，讲到哪儿算哪儿。

一是扣住重点。领导当前或本月工作的中心点就是自身汇报的侧重点，不可洋洋万言，离题千里。

二是扣住上司的关注点。不同领导在不同时机、不同场合的关注点不同。会议汇报明了“安民告示”；座谈汇报搞清议题重心；个别汇报读懂领导心绪兴奋点。

三是摸准脾气性格。先切脉后下药，“一脉不合，周身不适”。给豪爽、豁达的上司汇报，要“竹筒倒豆子——直来直去”；给粗放型的上司汇报，要简单明了，“快刀斩乱麻”；给管理细腻型的上司汇报，要层次分明，有根有据，入情入理；给包揽型的上司汇报要不厌其烦，边汇报边请示；给城府深的上司汇报，要察言观色，“三思而后言”；给分权、授权型上司汇报，要重结果轻过程，富有特色。

26. 接触频率掌控“度”

给上司汇报的频率，也就是“度”要把握好。“度”是什么？是分寸感、尺度感。不可不汇报，不可少汇报，不可乱汇报，不必事事都汇报。

“度”在哪里？如何掌控？

(1)“度”是自身工作任务的“节骨眼”。

(2)“度”是自身工作在单位“大盘子”中的分量。

(3)“度”是你与上司私交深浅的程度。

《论语》中有个故事:颛孙师和卜商君是子僵最敬重的人,有时竟分不出更敬佩谁。一天,子僵向孔子请教:“哪个人更好些呢?”孔子说:“前者做事有点过分,后者常常不到位。”“那前者是不是更好一点?”孔子说:“过分和不到位是一样的,做事要恰到好处,才是最好。”

做事,无论做过头,还是不到位,都往往是不明白自己错在哪里?其实,全部奥妙就在一个“度”上,“度”是事物合理存在的规定性。做人做事要掌控“度”,掌握好分寸确实不易。因为许多事情事先没有标尺测定,都是凭着双方接受能力、承受能力来把握的。汇报工作过频就是谄媚,过少就有“不把豆包当干粮”的嫌疑;汇报内容太详尽是对领导精力的干扰,唠叨是“慢性毒药”,上司不会“喝”下去;汇报领导很看重的工作太草率是没“眼力架”,不知哪头“炕”热。把事做到恰如其分的程度,需要好好磨炼,具有一定的悟性。

科学史上有个“黄金分割律”,德国科学家称之为“神圣分割”。职场中的“黄金分割”就是恰到好处,这需要智慧。

篮球巨星乔丹小时候就长得人高马大,身强力壮。他母亲怕他在学校里惹事成为“小霸王”,便要求他与人为善,学会忍耐。结果乔丹成了被欺负的对象,自己很苦恼。父亲教给他一个办法,让他不要强忍耐,应让欺负行为停止。当对方不听劝阻时,就用双手将对方摁在地上,但并不击打对方。这就是分寸,人与人重要的不是争斗,重要的是维护自尊,同时也保住对方的面子,而且也不违犯法律,这是一举三得。面对自己占有绝对优势的对方,我们应把握分寸,才能赢得对方尊重,这其中关键点就在于自己有一定长项。对于领导也是如此。

一些人的成功往往是因为黄金分割点把握得好,而失败也在于分割点的偏移。人常说:“真理和谬误之间,差距往往是一步之遥”。我们应该用智慧、素养和心态去寻找这个分割点。

近代历史上,曾国藩带领三十万湘军攻克天京之后,为防止功高震主之嫌,避免“狡兔死,走狗烹”的命运,“大位不以智取”,毅然决然自削兵权,结果继续得到皇帝的信任和重用。说明他找到了自己和皇帝之间的最佳分割点。

当然,也有的领导会刻意回避下属的不理性沟通和唠叨。某局党委刘书记到沿线单位检查暑运工作,上午刚住下,就有一位也到此单位出差的局机关胡处长进来“套近乎”,胡处长资历颇老,东拉西扯,喧宾夺主,弄得接待单位领导都无法礼遇搭“话”,场面十分尴尬。下午处理完公事,晚餐后回到招待所，刘书记就催秘书一块儿出去遛弯，秘书不解："刘书记，您先喝点水，稍歇会儿等天凉快点，我陪您去转转"。"你不懂，一会儿胡处长进来聊起来，咱们就转不成了！"刘书记笑着用神秘状回答。秘书恍然大悟，刘书记是厌烦胡处长言之无物、无序的"唠叨。"

一则揭示了唠叨使人厌但又可获得某种效果的趣文，不妨照录如下：

丈夫买了妻子想要的电脑，电脑包里附有一张调查表，其中有这么一个问题：什么原因促使您购买此产品？丈夫在调查表上写道："唠叨，一年的唠叨！"

实际上，古时候不看眉眼高低，不懂与上司交往的也大有人在。曾有一举人经过三科考试，又参加候选。得到了一个山东某县令的职位。上任半年之后去拜见上司，想不出该汇报什么。沉默一会儿，忽然问县令："大人尊姓？"上司很吃惊，勉强说了姓牟。县令低头想了好一会儿，说："大人的姓，好像百家姓没有"。"我是旗人，贵县令不知道吗？"县令又站起来，说："大人是哪一旗？""正红旗"。"正黄旗最好，大人怎么不在正黄旗呢？"上司大怒，问："贵县令是哪省人？"县令说："广西。"上司说："广东最好，你为什么不在广东。"县令一听，口气不对，这才发现上司满脸怒气，赶紧拍拍屁股溜走了。回到县府没几天，免职令就到了，结果可想而知。

汇报时察言观色很重要，这包括读懂上司的肢体语言：

(1)上司说话时不抬头、不看人——不良征兆，轻视下属。

(2)从上往下看人——有优越感，高傲自负，好支配人。

(3)久久盯住下属看——等待信息，对下属印象不完整。

(4)友好坦率地看下属，偶尔眨眨眼——下属有能力，讨他喜欢。

(5)目光锐利，表情不变——示意：别骗我，我知道你。

(6)上扫一眼，与下属目光相遇后又往下看——对人吃不准、猜不透。

(7)仰坐在椅子上，双肘向外撑开——轻松而自负，展示官架子。

(8)食指指向远方——赤裸裸地优越感和挑战性。

(9)拍拍下属肩膀——侧面拍是认可、赏识，正面拍是轻视，显示权力。

(10)握拳头——吓唬别人的同时维护自身观点。

27. 洞见他人者善交往

俗话说："不打勤的，不打懒的，专打不长眼的"。同上司打交道必须做到眼观六路、耳听八方，耳聪目明很重要。有这样一句名言："知道看人背后的是君子,只知道从背后看人的是小人”。毛泽东也讲过:“我们的眼力不够,应该借助于望远镜和显微镜”。

现代心理学证明:“人在情绪不佳时、身心疲惫时,比平常更容易厌烦恼怒、思维迟钝、懒于思考,出现情绪波动或者产生过激行为”。领导也是人,也无法摆脱这一规律的影响。作为下属,不可“背着萝卜找擦床”,蒙头往“枪口”上撞。上司情绪不佳时,不可妄加献言,不应盲目求助。

某工务段车间主任老赵,常年跑通勤,工作不辞劳苦。近来老婆身体不大好,常常当着孩子面数落他不顾家,不心疼人。便萌生了让领导调整工作到段机关任职的想法。恰恰这时段上发生了一件脱线事故,看着老婆痛苦的影子,觉得自己是干了十来年的老中层,整天风里来,雨里去,没有功劳也有苦劳,没有苦劳也有疲劳,到机关当个科长理由蛮充分,领导这个面子应该给吧。老赵思忖着,便兴冲冲地去找段长。见段长正和两个副职谈论事故原因,便开门见山讲了找段长原由。没想到段长把脸一沉,没好气地嚷道:“老赵,你是别人家出殡你要娶媳妇,还嫌不乱吗?你在这摆什么老资格?你那车间最近又是翻浆冒泥又是缓行,什么原因?告诉你,先把自己的屁股擦干净!”段长一番话呛得老赵喘不过气来,他走出段长办公室,一阵凉风吹来,脑子慢慢开始清醒:“噢,原来自己在纠结的时期、纠结的场合,提了一个让人纠结的问题。有点犯傻!”

确实,老赵聪明一世糊涂一时,段上发生了脱线事故,局里电话会刚把段长训了一顿,全段上下的月度奖金都泡汤了,段长有气不打一处来,自己不长眼色,挨“尅”是必然的,因为“大道理管着小道理”。

古罗马也有这样一个事例:皇帝哈德良手下有一个将军,将军自认为跟着哈德良大帝南征北战,功勋卓著,在一次大兵压境、战况危急之时,便以长期服役、效忠大帝为借口,向皇帝邀官,要官帽子:“君王,您知道我善领兵打仗,服侍您的左右,经验丰富,声名显赫,先后参加过十次战役”。皇帝具有识人、察人之才,对其战前邀功、不顾大局的举动深感不悦,认为这种人不宜重用,器重此人会开一个危险的先例。便借物喻人,指着周围的战马,说:“亲爱的将军,好好看看这些马,它们至少参加过二十次战役,可它们仍然是马”。将军碰了一鼻子灰,自感太不识相,便灰溜溜地去准备战事了。

由此可见,同领导交往场合、时机很重要,好的前提不具备,就是金玉良言也可被领导视作一杯苦酒。如果换成另一种情况,站段刚刚实现安全千天时,单位刚被上级电话会议表扬嘉奖时;上司加官晋级、志得意满时;站段重大工程进展顺畅、即将圆满竣工时。你的工作、生活遭遇困境,需要领导“帮一把”,这本身就为你提供了一个诉说苦衷、难处的“黄道吉日”。但你在献言时，还需费点思量，留意寻觅一些便于交流的小场合，比如领导到你处检查工作时、小范围进餐时、一起乘车时，你可乘机将心里话娓娓道来，领导觉得你的话有道理，就马上予以采纳或即时拍板帮你解决了，如果觉得犯难或时机不成熟可不予理会，双方回旋余地比较大，都不存在失面子的问题。

心理学上的首因效应在与领导交往上常常用得着。首因效应是指人们对得到的第一个信息会很认可，印象深刻，被它牵着鼻子走。当领导刚刚坐在办公桌旁，你第一个走进他的办公室，对他讲情况、谈看法。这时他思维清晰，头绪不乱，精神状态最佳，还未接触什么新信息。你第一个同他沟通，就会在他的脑海输入第一个情报源，将他的印象搞定，让他随着你的意愿拍板定向。

另外，你还可以利用心理学的近因效应助自己"一臂之力"。近因效应同首因效应完全相反，指人在七嘴八舌、众说纷纭之际，会被复杂的情况搞"晕"了头，莫衷一是，认为最后一个说法是好主意。好比狗熊掰棒子，掰一个丢一个，手里最后一个棒子是好粮食。据此原理，我们可在上司临近决策时影响他，利用你所掌握的他接触到的旧信息，进行评头论足，站在第三者立场上谈论利弊得失，综合加工一个万全之策递给他。上司会认为，最后一个"棒子"是"甜"的，"没有最好，只有更好"。这应了一句老话："好饭不怕晚"，结果就把领导搞定了。一句名言说得好："不善于引导上级的人，也就不能有效地对下属进行引导"。

心理学上还有一个借助激情思维法，也就是借助环境或带着感情进行沟通，也叫"及时雨沟通法"。21世纪初，某企业实施办公自动化，新购一批微机及其他办公设备，搬入机房调试后，办公室主任找到老总提出购置一台空调以养护设备。老总未批，理由是办公室机房配置空调会造成科室不平衡，给人厚此薄彼的印象。主任小张据理力争，也未能说服领导。数月后，单位组织外出红色旅游，在参观一文物展时，老总发现文物破损严重，便询问解说员原因，解说员回应："因展馆经费所限，如有一台制冷设备，文物会得到妥善保护"。老总闻之，颇有感慨："惜小钱误大事，管理失当呀！"小赵听了灵机一动，趁热打铁，回到住地便询问机房空调购置经费事宜。老总微微一笑，说道："人小鬼大，反映够快的！打个报告来抓紧办吧。"

可见，见机而行体现的是灵性，而创造机会也是反映一种智慧。假如团队或个人工作与生活面临麻烦时，可先请领导身边的人下点"毛毛雨"，然后自己瞅准机会当面向领导"哭诉"陈情，下一场"透雨"，几番工夫下来，问题的解决就会八九不离十。有一句话讲："会哭的孩子有奶吃。"当然，我们并不提倡说假话，但领导面对的是一个大摊子，不可能是事事知晓、门门清的，找准适当机会让领导明了自己“一亩三分地”的酸甜苦辣，多获一缕“阳光”普照，对团体对个人并没有什么坏处。很清楚，这个前提是技巧。

28. 戒急用缓抛“话头”

老子曰：“曲则全，枉则直，洼则盈，敝则新，少则多，多则惑”。老子用朴素而深邃的语言讲解事物的辩证关系。老子还认为，与其采用直线的生存方式，倒不如遵循曲线的生活方式。也就是讲，为人处世，必须学会暂时忍耐来争取取胜的条件，通过委屈自己来赢得成功的路数和策略。走一步、看一步或者走两步、退一步。这本身是一种气度，也是一种修养。

一位西方心理学家做过一个“欲望提升”的试验：他来到一个小学，发给某班每个学生一个苹果，告诉他们这是奖励你们的苹果，想吃随时可以吃掉。等到你们放学时谁手中还有苹果的话，可以再奖给他一个。两个小时过去了，当心理学家再次来到这个班时发现，约有一半的学生为了得到再次奖励，第一次发的苹果并没吃。心理学家对这些学生进行了 20 年的跟踪调查，发现这些“欲望提升”的孩子比其他学生成功率大很多，不少人在事业上颇有建树。

心理学研究实验表明，如果我们提出的要求与客观条件差异较大，与上司的态度差距过大，往往要求难以实现，对方会感到接受不了，甚至会起反作用。如果由低到高、由易到难，小步地提出要求，先把条件调低一些，领导会比较容易接受。所以同上司打交道，不能一厢情愿，也不可把期望值调得过高，操之过急，最好逐步反映愿望，一个台阶一个台阶增加高度，创造条件，营造氛围，积小步为大步，自己距目的地会越来越近，最后抱个“金娃娃”。

“欲望提升”是一种心理上的成熟，这种人不满足一城一地的得失，懂得“吃得苦中苦，方为人上人”的道理，偶尔遇到挫折、受到伤害时，不怨天不怨地，不发牢骚不怄气，能克制一时欲望和诱惑，眼盯着大目标，伺机而动。

某国外心理研究机构对一个自然人群进行调查，对其家庭状况、社会背景、教育程度、智力商数分析之后，发现富家子弟成功率偏低。相反，穷人孩子早当家，成才比例甚高。结论：出身贫寒，有更强的时空穿透力，善于登高望远，关注未来，是为明天活着的人。

欲得一尺，先得一寸，是管理者处理同领导关系及自身工作的一种技巧。为人处世要考虑对方的承受能力，认清客观条件的优劣程度，迈小步，不停步，一步一个脚印往前走，最后到达目的地。

战国时齐国有个大将叫田婴，他要在薛地修筑城墙，门客纷纷劝阻，他执意不听，并吩咐手下的人，拒绝接见一切劝说者。当时，齐国有个人，知道找田婴直接劝阻很难，于是就请求向田婴只说三个字就完事。并保证："如果多说一个字，就将我烹死。"田婴听说此人只说三个字，如果不答应不嫌得太不近人情了吗！于是接见了他。他见到田婴就说："海大鱼。"说完扭身就走。谁知，这下田婴倒想知道"海大鱼"是什么意思，就说："客人留步。"客人说："我可不敢拿死当儿戏。"田婴说："没关系，请讲下去吧。"客人说："你没有听说过大鱼的故事吗？那大鱼在海里，网捕不住，钩不能钓。但它如离了水，那么蝼蛄和蚂蚁都能任意对它欺凌。现今齐国，也就如同您的大海，您长期得到齐国的庇荫，还筑薛城干什么？如果失去了齐国，即使把薛城筑得再高，依然没有用。"田婴说："说得有理。"于是停止在薛地筑城。

29. 迂回表达无"痕迹"

古话讲："文臣死谏，武臣死战。"是讲古代武将多死于战场上，而有些文臣在给皇帝提建议时，在铮铮铁骨、浩然正气之下，宁折不弯，"一条道走到黑"。"炮筒子"、"一根筋"，拼死进谏，最后事没办成，落了个历史悲剧。

现在有的管理者在与上司交往时也有类似的问题。有人常常不看对象，不讲艺术，据理力争，犯颜直谏，激化矛盾。结果，小事弄大，大事弄僵，两败俱伤。

实际上，在表达与上司不同意见时，"舌不拐弯吃大亏"，如采用迂回战术，则会避免"刚碰刚，两被伤"的结局。据载，古代也有这样的事例，如秦朝的优旃，就是一位精通迂回策略提建议的高手。当时，秦始皇曾异想天开，打算修一座世界上最大的御花园，设想花园西至陈仓（宝鸡），东到函关（河南灵宝县），横跨关中平原，造亭台楼阁，种奇花异草，供他游玩。大臣们面对这荒唐规划，目瞪口呆，无不咋舌，找不出阻止的办法。这时，只有优旃兴冲冲跑来，叩见秦始皇，高兴地说："听说陛下要修世上最大的御花园，太好了。我有个小小的建议，园中最好养些飞禽走兽，特别是多养些麋鹿。不过有点问题，我们国防怎么办？那时一旦外敌入侵，我们可以把麋鹿放出来去顶他们就行了。"秦始皇琢磨了一下其中的"味道"，只好放弃了建园规划。

秦二世继位后，同样具备异想天开的本能，居然想把长城用油漆刷一遍。面对怪异念头，优旃又出来说话了："陛下，您的主意真高，就是您不讲我也要提这个建议,漆一遍长城,虽花费很大,会加重百姓负担,可那场面多壮观啊！再说,就是北方敌人来袭,那光溜溜油漆过的长城,他们也爬不上去呀！只不过有件事不好办,长城漆过之后拿什么去遮盖它,让漆慢慢干,不会落上去尘土,哪有这么大的房间呀!"秦二世听了他的话,苦笑了笑,也就不再提这件事了。

粉碎"四人帮"后,民间曾流传这样几句话:"谋事在毛,成事在周";"毛是帅才,周是大管家",此话有一定道理。毛泽东和周恩来的合作堪称典范。周总理处事"姓副其实",具有"三周"的品行:周全、周到、周密。周总理从来都是从国家大局出发,甘愿把自己放在"配角"的位置,而内心十分佩服毛泽东主席。《尼克松回忆录》写道:"周恩来总是小心翼翼地把聚光灯的焦点对准毛泽东的一个人。"民主人士梁漱溟曾讲过:"周恩来总理是绝顶聪明的人,毛泽东主席召集会议,纵论天下,海阔天空,讲完了就说就这样吧。到底怎么样？与会的人未必都明白,但周总理最明白。余下的就靠周总理贯彻落实了。"这表明周总理是个领导力、执行力极强的人。在重大决策贯彻过程中,毛泽东主席的领导地位是毫无疑问的,但缺不了周总理的辅佐,毛泽东主席同其他领导人出现分歧、误解时,少不了周总理的中和作用。同样说明,毛泽东和周恩来之间有着高度的默契。

1965年,周总理在审查大型舞蹈史诗《东方红》时,曾说道:"即使党的领袖犯了错误,只要没有发展到路线错误,提意见时,也要考虑到方式,考虑到效果,要注意到党的团结。"

可见,同领导交往提供建言时技巧要讲究,有时不妨"让舌头拐个弯儿",具体做法有六条要注意:

(1)提建议时,不要急于否定上司原来的看法。

(2)不要以为上司不愿听建议。

(3)提意见时不要夹杂私怨。

(4)提意见不要损害领导尊严。

(5)意见不被接受,不要怕丢面子。

(6)同上司私下沟通的过程、细节不可随意透露给其他人。

30. 找准位置顾脸面

作为下属管理者,找准位置最重要。找准个人位置有四个说法:不可缺位,不可越位,不可错位,不可不到位。作为下属,绝对不可跟领导抢镜头,把应该属于领导的"聚光灯"对准自己，这本身就是越位，忘了自己的身份，驳了领导的面子，抢了领导的风头。

越位的表现有四种：

一是决策越位。谁是大老板谁定调，谁负主责谁拍板，参与决策不等于自行决策。

二是表态越位。有的管理者爱出风头，不管什么事情，自己都想喊两嗓子；不管什么场合，都想插一杠子，随意许愿买好。

某单位召开月度中层生产例会，胡副段长主持，段长首先开腔讲了四条，然后，党委书记讲了三条，胡副段长接茬：我最后补充一下，结果他一口气讲了八条。很快"话把儿"传开了："天不怕地不怕，就怕胡副段长来讲话。"

某铁路中专党委钱书记到后勤班组调查研究，几个维修工人向他发牢骚："钱书记，已经有三个月没发奖金了。是不是咱学校没钱啦？""谁说没钱？咱们有钱，很快就给大家发，放心等着吧！"钱书记斩钉截铁地回应。维修工们左等右盼，两个月过去了，仍未见一次性奖金发下来。大家来了气，有一天，不约而同地来到校长办公室，大呼小叫。结果，把张校长弄矇了，赶紧出来问缘由。职工说："校长，为什么有钱不发钱？""发什么钱？工资、奖金不是都按月发给大家了吗？"张校长反问。"我们是说的一次性奖励。"职工理直气壮地回答。"学校现在没有别的钱，谁说有钱？"张校长有点莫名其妙。"你骗人，钱书记说有钱。"职工有点不依不饶。"那你们找钱书记要钱去！"大家一下子愣住了，有几个人回过神来，哈哈大笑，然后一溜烟跑没了影。

三是干工作越位。你干什么，他干什么，都有说法，应按既定分工行事。需要上级领导说话的，你只有将上边意见上传下达的份，绝不可信口开河，随便乱说乱干一气。工作分工互有交叉的"结合部"的活干起来更要讲分寸。

某电务段要到沿线一车间举办各主要工种技术比赛，主管副段长及工会主席亲自参加，大家坐火车去，比赛完了当天返回。比赛中选手们龙争虎斗，各展所长，场面十分热闹。比赛结束颁奖结束后，工会王主席讲话，他先向获胜选手祝贺，后讲开展技术比赛的重要性及工作要求，这一讲四十分钟过去了，特别是距返程车到站还有十几分钟，王主席还没有打住的意思。大家不时看表，主管技术的张副段长脑门上都渗出了汗珠，他这主管领导还没讲呢。好在距车到站还有五分钟时，主席结束了讲话。台下响起劈里啪啦的零碎掌声，张副段长实属无奈地宣布："技术比赛颁奖会到此结束。"大家"轰"地一下涌向车站，颁奖台上几个人面面相觑，张副段长苦笑的脸有点僵硬，王主席更是一脸尴尬。

四是场合越位。有些正式隆重的场合，比如迎来送往、参加聚会、出席庆典仪式什么的，更应适当突出领导，有个尊卑次序之分。作为下属主要是张罗筹划，同客人打招呼不可过分积极，喧宾夺主。

1945年，毛泽东主席赴重庆谈判时，周恩来总理全程陪同，蒋介石等国民党要员及民主人士多次宴请毛泽东。在宴会上，主人向毛泽东主席敬酒时，因毛主席不胜酒力，周总理往往向前探出半个身子，举杯说道："谢谢您，毛先生不喝酒，我代他喝了！"毛主席同东道主谈话时，周总理便往回撤半个身子，静静地听，不失礼貌和尊重。周总理温文尔雅、谦恭有度的气质和魅力受到所有在场主宾的赞美。

周恩来总理讲过："外交无小事。"意思是主人对客人的态度也要讲方式，也应拿捏尺度。

1961年，英国陆军元帅蒙哥马利来访，这在西方全面围堵、封锁中国的情况下应该说是一大友好举动。外交部人员陪他在洛阳观看豫剧《穆桂英挂帅》，外交部陪同人员熊向晖讲完剧情后，蒙哥马利摇摇头说："这个戏不好，怎么能让女人当元帅？"熊向晖回答："这是中国民间传奇，群众很爱看。""爱看女人当元帅的男人不是真正的男人，爱看女人当元帅的女人不是真正的女人。"蒙哥马利有点不屑。熊向晖不服气："我们主张男女平等，男人能办到的事，女人照样能办到。中国红军里有很多女战士，解放军里还有女将军。"蒙哥马利吃惊地说："我一向对中国红军、解放军很敬佩，但不知解放军里还有女将军，如果真是这样的话，会损害解放军声誉的。"熊向晖针锋相对："英国女王也是女的，按贵国政治体制，女王是国家元首和军队总司令，这会不会损害英国军队声誉。"蒙哥马利听了咂咂嘴，不再吭气。

事后，周总理知道了此事，批评有关人员说："你讲得太过分了，解释是中国民间传奇就行了。他有他的看法，何必去反驳他？他讲的和平共处外交三原则，难能可贵。你做了多年外交工作，还不懂求同存异。弄得人家无话可说，您就胜利了？鲁迅先生讲过，辱骂和恐吓绝不是战斗。"

接着，周总理审阅晚上为接待蒙哥马利元帅安排的文艺节目单，看到没有客人喜欢的杂技、口技，却有一个折子戏《木兰从军》，说："又是一个女元帅，幸亏知道他的观念，不然，他会认为我们故意刺激他。"随即吩咐撤掉了这个折子戏，增加了杂技、口技等节目。

蒙哥马利元帅体会到周总理的用心，周总理的巧安排平息了这位英国元帅的怒气，也增强了两国关系。

俗话讲："大行不顾细谨"，是讲为人处世得饶人处且绕人，多看对方长处，体谅他人处境，这样，就会“宽则得众”，有一个好人缘。情感不只是调节人的认知方向，调整人的行为，而且会增加团队的理解力、凝聚力、向心力，强化人际间的依恋性，焕发风雨同舟的意识。一则毛岸英同彭德怀下棋的故事耐人寻味：

在志愿军总部里，能同彭老总对弈的有三个人：副司令员洪学智、司令部作战室主任成普和参谋毛岸英。彭德怀别无嗜好，就爱在战争空闲里下会儿象棋，放松一下绷紧了的神经。他棋艺并不高明，常败在三人手下。面对这一手，三个对手表现了三种态度。洪学智副司令员会打哈哈，“哎哎，老总又悔棋啦！”一笑了之，并不阻止。而成普连说都不好意思说，顶多只白老总一眼。毛岸英很直白，可不给老总面子，甚至有一次要给老总“约法三章”，“彭总，咱们定下这三条，最关键的是‘落子无悔’！”“行行，岸英，没问题。”老总回答很痛快。但到下棋时则说：“不行、不行，不走这一步。”这是老总本盘第二次悔棋了，岸英老大不高兴：“他妈的，老总怎么又悔棋！”站在旁边观阵的洪副司令，嘻嘻哈哈，并不在意。成普却皱了皱眉头……

午饭时，成普盛了一碗饭，把菜倒在碗里，拿起一个小凳子，招呼岸英：“走，上那边吃去。”

吃饭时，成普对岸英说：“苏军条例上有这样的规定，参谋长在作战决心上，只能向司令员提三次意见。而我们只是参谋，参谋的职责，不是干预首长的决心，而是负责提供情况。所以我觉得你上午的发言，有点超越我们参谋人员的职责范围。另外，副司令都还没有讲话，你抢先发表意见，是不是有点冒失？”

“成处长，我当时只想快点把美军打败，所以听说退，就有点急了。”岸英倒出了当时的想法。

“你的心情我理解。可现在的美军还十分强大，在武器装备和军队数量上都超过了我们。一味硬打，弄不好要吃亏的……”成普在耐心劝导。

岸英不断地点点头：“成处长，你说得很对，我开会时的行为是错误的！”

“还有，这个下象棋嘛，对于彭老总来说，是紧张思考后的一种娱乐，一种松弛，不应该太较真了。你看我和洪副司令员，总是输给老总，不是下不过他，是让他愉快愉快。他休息好了，就更能集中精力把作战方案考虑得周密一些，我们胜利的把握就会更大。而你呢，还说了一句‘他妈的’。”

岸英吃惊地瞪大了眼睛：“是吗？我说了嘛？咳，这个该死的口头禅！”

成普见势安慰他:“好了好了,今后注意就行了。”

有句老话:“人有脸,树有皮”。可见,顾人脸面很重要。对任何人,都要讲脸面,面对上司也不例外。如何讲,讲到什么程度,上述事例表明,自我调整很必要,别人提醒也不可缺少。

31. 当“智囊”要出智招

与领导打交道,说得好不如做得好,如果能在关键时刻站出来,为领导排忧解难,消除危困,就能够成为上司的“智囊”和“左膀右臂”,变成靠得住使得上劲的人物。

某公司王总经理和两个副总及部门经理小王驱车出差,途中不小心发生汽车擦碰,对方一行 3 辆车 8 个人,虽没伤人,但对方仗着人多势众要打架。王总作为领导主动上前沟通,希望好说好散。但对方耍横,上来就把王总打倒在地,两个副总吓得不敢吭气。小王挺身而出,拦住对方,说:“请你们理智一点,车祸谁也不愿意出,既然出了,就要想法解决问题,何况没有伤人是万幸,如果打架能解决问题,就请打我好了。”小王一副大义凛然的样子,把对方给振住了,赶紧心平气和地找来交警处理,并向王总道了歉。从此,小王成了王总心目中最信任的人。

上司也是人,并且是和你一样的人,他也有头疼的事,有急茬儿,他希望下属是个可靠的帮手,能帮他解决问题,帮他及整个企业渡过难关。聪明的下属,随时要急领导所急,帮领导所需。

1979 年,国有企业允许给百分之三十的员工涨工资,具体怎么调?只是粗线条的说法,大的原则和概念。结果,领导犯难,机关干部议论纷纷,“文革”后多年基本没上调过工资,大家都想搭上这班车,上级没条条,下边乱猜测,真是张飞穿针——大眼瞪小眼。

某铁路分局机关党委书记在“文革”遗风影响下,大动干戈,开“帽子工厂”,将下边的议论罗列为六个方面,狠批“工龄长短论”、“轮流涨级论”、“论资排辈论”、“贡献大小论”、“技术高低论”、“家庭困难论”。“六论”批完了,大家的议论更多了,变得无从下手,无所遵循。有人说,这哪里是“灭火”,明明是“放火”。情况反映到领导那里,局长把机关党委书记叫去“骂”了一顿。在局党委会研究如何操作时,党委书记和局长被这场“调资运动”搞得“焦头烂额”、无计可施。突然,一位副局长连续抛出多个点子:“连续两年被评为先进者优先”、“班组长或业务骨干优先”、“1977 年未调资者优”、“入路未满

5年者不考虑”、“半级调资面不超过三分之一”等等。局主要领导如获至宝，马上筛选、斟酌，选定了若干限定条件下发各单位。一线站段调资有了遵循，一场“乱仗”终于理出了头绪。

在美国“9.11”事件十周年之际，美国中央情报局终于摸到了本·拉登的蛛丝马迹，并查到确实下落。但又一个颇伤脑筋的问题又涌入奥巴马的脑海，采用何种方式收拾拉登？奥巴马总统立即召集高层核心智囊圈密商方案，各位大员紧锣密鼓，绞尽脑汁、唇枪舌剑般地争辩思考，数个方案摆在了总统的台面：

(1)让巴基斯坦干掉拉登。

(2)美、巴部队联合行动。

(3)派轰炸机炸毁其住宅。

(4)从阿富汗派去小股部队行动。

(5)让海豹突击队乘隐形直升机击毙拉登并运走海葬。

奥巴马对诸多点子反复权衡利弊，最后圈定实施第五个方案。下达指令后，很快传来捷报。

日常工作中，领导面对的“马踩车”、“磨盘压手”的事颇多，在这方面，下属应站在高处，善于同步思维、超前思维，应懂得领导也需要“帮衬”，起到“助推器”的作用，“救场如救火”，锦上添花不如“雪中送炭”。莎士比亚说过：“朋友间必须是患难相济，那才说得上是真正的友谊。”实际上，同步思维也叫智力服务，也有人称为“智政”，说到底其关键在“智”，有一个善于思索的头脑，能呈现出富有灵感的状态，通过分析、综合、比较、判断，找出捷径，拿出智招，同领导想法统一起来，给领导留下决策拍板的空间，这种服务本身也是对上服务。

32. 善言也需裹“糖衣”

一个人要想在职场站稳脚跟并有所发展，必须要有人脉，“有了人脉，一切好办；缺了人脉，许多麻烦”。要善于借人之势，成己之事。社会实际上把人的愿望编织在一个很大的人际交往圈子里，人际交往圈离不开语言功能的运用。你的圈子越大，语言运用就会越讲究，那时你成功的希望就越大，因为你在交往中得到了众人的帮助。一句古训讲：“万事不求人”，这包含两层含义：一是倡导自立自强；二是请人帮忙反映自己没本事。实际上，这句话有偏颇。因为社会越进步，科学越发达，个人的力量越微不足道。单枪匹马、孤军奋战，怎么可能自强！你在服务他人、服务社会的同时，社会及他人也在为你服务，“人人为我，我为人人”，服务是双向的，赢得他人帮助既需要诚心，也需要语言的巧妙表达。

一句老话：“直来直去，自讨没趣”。是讲办事不能愣头愣脑，说话毛楞楞的，让人觉得不着调。古人云：“进谏之道，使人君畏吾之言，不若使人君信吾之言；使人君信吾之言，不若使人君乐吾之言。”是讲同领导说话提建议，如果让领导犯怵不如让领导信服，让领导信服我的话不如让领导愿听我的话。

确实，人性的弱点决定了人是最禁不住恭维的动物，对上级来讲也是如此。你恭维了他，他反过来也会信任你重视你的。俗话说得好：“功劳自动归上级，官级自然升一级”。得到恭维的人是不会面对对方的难题不管的。这是因为爱听恭维话是人的天性，虚荣心在每个人身上或多或少都是有的。当你听到对方的赞扬时，心中自然而然地产生一种优越感、满足感，自然也会听从对方的建议。

某企业技术科长小赵，故意在背后夸赞处长：“当头的都爱别人当面拍马屁，但王处长可不是那种人。他一听人夸自己就皱眉头，不愿听。”王处长听人传来此言后，不以为然地说：“这么多人拍马屁，唯独小赵说真话。”三个月后，小赵升迁。实际上，小赵的话是最好的马屁。

称赞上司也要注意技巧，“戴高帽”并非是溜须拍马，而是指对领导极富分寸的佩服和赞扬。

晋武帝登基时，测字摸到“一”字，很不高兴，“点”太小了。侍中裴楷进言：“陛下，这个‘一’字摸得好，是好兆头，因为天得一则清，地得一则宁，君王得一则天下忠。”说得晋武帝转忧为喜，结果，侍中裴楷也在新皇帝心里留下了好印象。

同上司沟通有时并不简单，有些话题并不轻松，甚至本身就是陷阱。有时需要心机，需要智慧。一则大臣妙评皇帝书法的故事反映了其中奥妙。

某日，宋徽宗问大臣米芾：“米爱卿，我的字怎么样？”米芾是书法大家，书法胜过宋徽宗，如恭维皇帝第一，必然要委屈自己；夸耀自己第一，又必然会使皇帝扫兴。这可真是个不好回答的难题。聪明的米芾灵机一动，说：“臣以为在皇帝中，您的字天下第一；在大臣中，则微臣的字天下第一。”结果，宋徽宗听了既满足了自己的虚荣心，又佩服米芾的机智。

实际上，“理直未必刺耳”，也就是讲，“好话也要绕着说”。批评建议类的话，讲时也要留点面子，用委婉和气的口吻，讲点方式艺术，特别是面对领导时更应如此，千万不要让领导听着反感、不舒服。建议性的话变成顺耳之言有一些讲究，好比药片外面裹一层糖衣，达到良药不苦口、忠言不逆耳的效果。

据说，唐太宗是个虚心纳谏的皇帝，在贞观初年，出现了一批敢提意见的忠臣，魏征就是最突出的一个。有一次，太宗得到一只鹞鹰，爱不释手，正玩得起劲的时候，见魏征来了，怕魏征看到玩鸟不合适，便把鹞鹰藏在怀里，魏征奏事花了很长时间。走后，太宗发现怀里的鸟早被闷死了，说明太宗对魏征很犯怵。

尽管如此，魏征在给皇帝提建议时仍很讲究方式方法。有一天，太宗问魏征："近来国内形势同过去比怎么样？"魏征说："功业虽大，终不如以前。"这里，首先肯定形势不错、功绩不错，但有的地方不如以前了。为什么呢？原因是听取大臣意见不够虚心了。他把太宗听取大臣意见分为三个阶段：贞观初年，"恐人不谏"，怕别人不提意见；第二阶段，"悦而从之"，别人主动提意见时能高兴地接受；现在，"面有难色"，别人提意见时常皱眉头。

上述三位大臣对待领导的态度都有其高明之处。第一位侍中裴楷在沟通时能及时消除皇帝的悲观情绪，"帮扶"领导，让其去掉纠结和懊恼；第二位米芾既让领导高兴，称其书法为"皇帝中的第一"，又不委屈自己，谦虚过度；第三位魏征更是沟通的高手，他先肯定太宗的功绩、优点，给太宗点"甜头"，让皇帝感觉自我良好，对方真诚，然后，"舌头再拐一个弯儿"，用事实说好"但是"。恰到好处，分寸拿捏得很好。

一句话讲："不夸己能，不扬人恶，自然能化疑为信"。你给他人提意见时，特别是给上司提建设性的意见，出发点肯定没问题，是希望对方更完美，把活干得更漂亮。但我们是动机和效果的统一论者，说话动机好，方法不怎么样，事就可能办砸。因此，同上司沟通一定先找好由头，找准切入点，选择哪种场合，讲到什么程度，争取什么结果。

某铁路分局党委办公室李主任在机关任职多年，想到基层单位试试身手，增加点经历经验，特别是党委也有此意向。不巧的是调来了一位新局长，新局长上任伊始，高调宣布半年内不调整干部。李主任为此很懊恼："动地方眼看八九不离十了，突然又出了横岔子，太背运啦！"转念一想："还有戏，局党委副书记同新局长是老同事，疏通一下，可能还有指望。"主意已定，李主任利用值班时间同副书记唠嗑："领导，您过去同局长共事时间不短吧？""一个战壕摸爬滚打干了有五年，局长人品、能力很不错。"副书记坦诚应答。"领导，我那动地方的事您一直很关心，您是不是同局长私下讲讲，没准很快能搞定。"李主任试探性地下"毛毛雨"。"别着急,回头我试试看。"副书记漫不经心地回答。没几天,局长传来佳音:"干部调整也不是一刀切,看准了的已有意向的也可以动嘛!"李主任闻之,感叹道:"看来有些事1%的希望要做100%的努力,千变万化赶不上千方百计,沟通得法事竟成的道理千真万确呀!"

33. 适当示弱是胜招

有一句古谚:"哀兵必胜",这本身就是以弱求胜法。美国心理学家巴卡德提倡做"隐身的说服者",就是以倒苦水的方法触动对方的爱心,让对方从拒绝变为接受。俗话讲:"眼泪是女人的一种武器",有人说,中央电视台某老资格的综艺节目主持人的主持风格是"煽情"、"催泪弹",用触动人敏感、脆弱神经的做法,来赢得观众对某些弱势群体或高尚情操人物的关心、关爱及敬佩。

美国有两位心理学家找了几个大学生,在纽约马路上向陌生人求助,要求得到10美元。结果发现,无条件答应的占34%;询问理由,说是"丢钱了"然后解囊相助的占72%;想"打电话"没钱而答应的占64%。社会心理学家称这种行为叫"爱心行动"和"攻心术"。

俗话说:"人皆有不忍之心"。平时,常见有乞丐在汽车等红灯的路口,逐车向司机讨要钱,遂之应允者寥寥无几。偶见,一乞丐一手拿钱币盒另一手持鸡毛掸子,乞讨前先用鸡毛掸子给汽车前窗玻璃扫拭几下灰尘,然后举盒讨要。司机往往会心一笑,然后纷纷解囊。有人为此感叹道:"讨技也有高下之分。"也有人为之分辩:"人家为你提供了劳动,你哪有不掏口袋的道理!"

某车站上半年连续发生两起事故,全站职工有三个月未拿到奖金,在大打安全翻身仗的氛围里有些人锐气被挫,甚至有的口吐微词。站长、党委书记闻之,紧急秘商对策。翌日,火速进京,找到铁路局有关处室领导"哭诉":"处长,全站上下正拧紧螺丝,强化管理,卧薪尝胆,背水一战,肯定不会辜负局领导的期望。但全站职工有三个月没奖金了,好多人都盼着处领导帮一把,给加加油鼓鼓劲,让翻身仗的火烧得更旺一些。"处长读懂了事故单位领导的"苦衷",怜中生爱,立即增拨了有关款项。两位站领导眉开眼笑,如释重负,在返程路上还在抓紧商讨借风造势,进一步细化安全管理的举措。这应了一句名言:"同情一个人,很容易,那是本能;但欣赏一个与己无关的人,不容易，这是修养。”

世界变化得太快，我们的思维要跟上社会发展的节奏，有时不免变得乖巧一点儿，如果硬要给自己戴上一顶“高帽”充大个，那就很可能被伤害。正确做法是：做人要像水，做事要如山。有一句格言说得好：“做事尽量往低处走，让着别人，遇见利益和名声尽可能往下退，给自己留下做大的余地。”同上司交往，常常需要“高境界，低身段”。

明朝，有个叫徐达的人，智勇双全，是朱元璋手下的一员得力干将，大的战役都委任他为主帅。

每次出征前，朱元璋都对他说：“将在外，君不御，有些事将军可以自行拍板。”话是这么说，朱元璋并未放松对徐达的控制，他的心腹也在监视徐达的一举一动。

徐达是个聪明人，深知官场奥秘，并不因朱元璋那句话而随随便便，胆大妄为，凡大一点儿的事都要派亲信给朱元璋报告。由于他处事小心细密，尽管有功高震主之嫌，却没有遭到莫须有罪名的迫害。

国与国交往也有个“远眼光，软身段”的说法。1991 年前后东欧剧变时，国际风云逆转，邓小平面对西方咄咄逼人的气势，也曾提出了：“冷静观察，沉着应付；韬光养晦，善于守拙；有所作为，决不当头”的 24 字方针，因势利导，藏锋敛锐，伺机而动，不愧为掌控运作大势的管理大师，一个享誉为“柔中有刚，绵里藏针”的政坛奇才。

俗话说：“胳膊拧不过大腿”。实际上，我拧不过时就不拧了，我就喘口气，休息一下，利用这个机会，养精蓄锐，寻找你的软肋。时机来临时，以长击短，让你没有还手之力。

2008 年北京奥运会，我国拿了 100 块奖牌，金牌占了 51 块。也就是说，金牌比银牌、铜牌总数还多，在 20 多个大项上全面开花。

大家看得很清楚，金牌第一，却没有第一的洋洋自得，你几乎看不到这个第一带来的骄傲，更别说狂妄自负了。国家体育总局局长刘鹏说：“我们是金牌第一，但不是体育强国。”来访的美国时任劳工部长赵小兰对时任总理温家宝说：“祝贺你们拿了金牌第一。”温总理回答：“你们总是奖牌第一。”这是典型的中国式低调，当老二可以，绝不当老大。“深挖洞，广积粮，缓称王”，让人急不得恼不得。

著名主持人白岩松说得在理：从某种意义上讲，我们在金牌战略上取得成功，但“三个茄子不顶一个北瓜”；从另一种意义上说，成功模式应是宝塔形的，奖牌总数反映的是一种力量，一种厚度。我们是金牌第一，美国奖牌第一，牙买加人均金牌第一。我们 51 块金牌没有一块真正意义上的集体球类金牌。这就是典型的中国式同人打交道的低调和清醒。

这位主持人下面的话也很深邃：再来看国家政治，奥运会开幕前，你听到的很多，看到的很多，西方政客刺耳的语言，抵制北京奥运的声音，干扰北京奥运的动作，可以说是此起彼伏，一浪高过一浪，但是北京奥运会上80多个国家领导人云集鸟巢。我要说的这并不是奥运开幕式的惯例。美国总统是第一次到国外参加奥运开幕式；日本首相也没有去过几次，原来，我们得到的结果比别人多得多，这就是中国的影响力。反过来说，谁谁没来，不也正常吗！布什说："与中国谈政治的时间有的是，现在是奥运时间主要是看奥运。"法国萨科齐说："我们无法抵制世界的四分之一。"这说法没有错，让政治归政治，体育归体育，我们自己是不是可以更宽厚地对待各种不同的声音，就像世界要接受一个不一样的中国一样，我们也要习惯接受一个不太一样的声音和态度，这就叫磨合。所谓和谐，有时就是双方妥协的结果，各让半步有退有进就是和谐。在让别人别把奥运太政治化的同时，咱自己也别把奥运政治化解读。

人对自己的长项和成绩应低调看待，内敛一点儿，有所保留，七分成绩只讲六分，八分成绩只讲七分，不要说"满"，说"满"了易打折扣，尤其在领导面前更不要犯自充高明、声高盖主的错误。

某一中间站王站长自恃货运出身，货运规章记得滚瓜烂熟，货运纠纷是人到摆平的问题，他对其他中间站长不屑一顾，就是段上主管货运的副段长也从不放在眼里，平时尾巴都翘到天上去了。王站长没想到自己也有垂头丧气的时辰，到了年终，全段中层干部测评打分，有六、七个人在其名字后面没有挑勾，直接打叉了，打叉就是零分，他的综合测评分坐了滑梯，排名倒数第一。考核结果一公布，王站长就"洋鬼子看京戏——傻眼啦！"这应了一句名言："一个优点十分突出同时缺点也十分突出的人，人们的认可率等于零。"答案：抵消啦！这就是过去常讲的"满招损，谦受益"这个道理。

34. 绕弯子帮上司脱窘境

俗话讲："人非圣贤，孰能无过"；"人有失足，马有漏蹄"。领导也是常人，既有优缺点，也有酸甜苦辣，我们不可用异样的眼光看待这个群体。

能力强的人，高学历的人，在表现自己长处的时候，不要同领导盲目对比，随意比较不合适，也没有可比性。如果硬要同领导较劲，同领导叫板，会刺激领导的自尊心，让领导很伤面子，那时自己也没有好果子吃。为此，有人提出了与上司打交道的三句忠告:能当面谈的不要打电话;能打电话解决的不要写信;能写信的千万不要写匿名信。你要答应一个人,最好当面讲;你要拒绝一个人,最好用电话。中国人是最讲面子的,你让领导在工作、生活上助你一臂之力,找到领导办公室,讲讲难言之事,两人面对面,看着对方的脸子说话,能够帮助解决的,一般不会驳下属的面子。打电话则是另一回事,背对背,与身临其境、感同身受的程度会差很多,电话中不可能说太多,最简单的只有用三个字来了结——不能办。那时自己只有沮丧的份了。

有句话讲:"人没有不犯错误的,十全十美的不是人是神,这样的神只有在神殿大堂中可以找到。"同领导相处不可随意挑剔对方,以长比短,品头论足。一则老总点错名的故事发人深省:

某公司招聘了30多名大学生,岗前培训完毕,公司老总抽时间同大家见了面。老总开门见山:"今天我是同大家见见面,认识一下,今后打交道的时候还很多。下面我念到谁的名字谁站起来,让我对对号。"

老总接连念了几个名字,当读到一个叫李烨的名字时,咔了"壳",他不认识"烨"字,误读为"骅",顺口念道:李骅、李骅……无人应声。

那个叫李烨的大学生小声嘀咕道:"还当老总呢?连'烨'字都不认识,我就不吭声,出出你的丑"。

全场寂静无声。突然有个学员从座位上站起来:"报告老总,很抱歉。名单是我打的,我错把'烨'打成了'骅'字。"

一场难堪解除了,点名继续进行。

半年后,那个叫李烨的学员被"炒"了鱿鱼,另一位学员当上了部门经理。

很清楚,前者犯了才高盖主的忌讳。作为一个有才干的下属,要适当掩盖自己的才能,不露锋芒,不给人咄咄逼人的感觉,有人"年少得志,得志便张狂",说话口无遮掩,做事恃才傲主,凡事计较,遇事便出风头,见凡人不予理睬。谁都不放在眼里实际上这不是本事,而是一种病态心理的反映,愚笨不智,不会自我保护。过去常讲"花要半开,人要半醉",则是反映一种真正的品质和境界。

谁在职场上也会有领导相伴,领导是同路人,这里有一个长长的路要走,关键是怎么走法。

走远路的人,前面有高山档路,有大河阻拦,有石头绊脚,自然要想办法绕过去,或者动脑筋另辟新路。人撞墙之后,要摸摸头上的包,让大脑多几个沟回,神经多长些末梢,方式方法多几个道道。

据鸟类专家观察研究,有些以鱼类为生的鸟,嘴的形状直直的,上下两部分又长又宽。吃食物时，把捕到的鱼往空中一抛，让鱼头朝下鱼尾朝上落下来，一张嘴接住吞咽下去，让鱼通过喉咙时，鱼刺顺喉而过，不易刺伤喉咙。鸟在生活中，能避其刺不伤己喉。我们同领导打交道时，也不能针尖对麦芒，应学会避其锋芒和锐气，在不伤领导面子，给领导留足活动空间的情况下，变换方式，周旋一下，使问题得到解决。

据说，慈禧太后爱看京戏，看到高兴时常会赏赐艺人一些东西。一次，她看完杨小楼的戏后，将他召到面前，指着满桌子的糕点，说："这些都赐给你了，带回去吧。"杨小楼赶紧叩头谢恩，可他不想要糕点，壮着胆子说："叩谢老佛爷，这些尊贵之物，小民受用不起，请老佛爷……另外，赏赐点……""你想要什么？"慈禧当时心情好，没发火。杨小楼马上叩头说："老佛爷洪福齐天，不知可否赐一个'福'字给小民？"慈禧听了一时高兴，让太监笔墨伺候，举笔一挥，写了一个"福"字。站在一旁的小王爷看见了，悄声说："福字是'示'字旁，不是'衣'字旁！"杨小楼一看，心想：这字写错了！如拿回去，必定会遭人非议。可不拿又不好，慈禧一生气可能就要了自己的脑袋。要也不是，不要也不是，特别尴尬。慈禧此时也觉得不好意思，既不想让拿走，又不好意思说不给。

这时，旁边的大太监李莲英灵机一动，笑呵呵地说："老佛爷的福气，比世界上任何人都要多出一'点'啊！"杨小楼一听，脑筋立即转过来了，连忙叩头，说："老佛爷福多，这万人之上的福，奴才怎敢领啊？"慈禧正为下不来台纠结呢，听二人一说，马上顺水推舟，说道："好吧，改天再赐你一个。"就这样，李莲英给两人找了个下台阶。

对领导有所提醒时要注意四条：

(1)建议要中肯，尽量具体实在，别泛泛而谈，否则会给领导一头雾水，摸不着头脑。

(2)理由要充分，领导考虑一个思路时，一般会经过深思熟虑，你要提建议，一定要有充分的依据和理由。

(3)做法要适当，一个让人容易接受的方法会让你的建议采纳率大大提升，领导也会明白你的良苦用心。

(4)口吻应缓和，找个适当的"茬口"，在有商有量迂回启发下让上司悟到相关的道理，闻一知十，明了更多的"潜台词"。

周总理是理事育人的"行家里手"，曾提出过"适人、合情、随境、得法"的八字诀，本身就是处理难处之事的准则。

某工程局党委组织部一副职到基层任职，出现定编空缺。组织部长拿出一人选方案呈报上去，数日后，传来回话：该人选不够理想，仅在部内一科室任过职,没有其他方面经历经验。组织部长小李找到主管党委副书记据理力争:“王书记,这个人选能力、人品都没问题,是部内资历最长的。”“小李,我们要选复合型人才,他的经历单一点儿。”王副书记笑呵呵地回答。“那没办法。他们科是重要科室,别人当科长领导不放心,才造成这个局面。这跟他个人没关系。不用他对他太不公平啦!”小李仍然觉得有理在胸。“冒傻气,人要‘宽打窄用’,怎么拓宽法?我的大部长,你应该有办法呀!”王副书记揶揄道。小李想了想,突然心领神会:“噢,懂了。还是领导办法多,我让他在其他岗位都练练手。”王副书记站起来,就势拍拍小李肩膀:“这还有点部长的谋略。告诉你,只可意会不可言传呀!”小李点点头,一溜烟出了门。

一年后,又一个报告呈送上去:该科长人品好,威信高,具备多方面的组织管理才能,建议担任组织部副部长。一周后,经过考核任用批准手续,新的副部长就位上任。

与领导相处的哲理就是这样,适当地把自己放低一点,无形中就把别人抬高了许多。受人抬举,谁还会有戒心呢?你留出一点儿毛病让他指教,他的威望才能体现出来,自尊心会得到满足,这可能对你有好处。上级交办的事情,你做得天衣无缝,汇报得天花乱坠,自认为无可挑剔,甚至觉得比领导还高明,领导会顺顺当当地让你去表现和逞能吗?留一点儿毛病让领导挑,留一点儿缺口让下属去补,事干完了话说完了请领导作进一步的指示,这样才会让上级在情感上容纳你,不斜着眼睛看你,那你的职场会越走越顺,越走越宽广,轻松自如,游刃有余。

35. 知上悦上,赢取好感

在职场里,要取得领导好感就必须读懂领导的工作意图,理解领导的心意心思,摸准上司的“脉”,这样你才能有的放矢,把活干漂亮。但摸准“脉”并不是件容易的事,因为不论低级动物还是高级动物,都有一层外衣所遮盖,这就需要你在揣摩心理上多下工夫,先琢磨,后配合。先琢磨他需要什么,然后尽力去掌控他的心理。你要是能预测的话,知道领导想说什么话,想办什么事,替他说了,替他办了,你最后获得的,就不仅仅是领导的认可和表扬,还会有举荐、重用等着你。

人常说,待人处事要见什么人,说什么话;到什么山,唱什么歌。正面理解就是要因人而异,因地制宜,把自己的心绪、对方的心态都搞定。

一则天帝对奉承话的感悟的故事令人深思：

据说，天帝对天庭中各路神仙爱说好话，报喜不报忧的状况很生气，颁布一道诏书：谁敢再当面奉承，朕就免了他的神位。

但是，神仙们都习惯了讲好话，听好话，没几天，好多神位都被罢免了。偌大的天国就剩下了天帝和母后两个人，在天母的询问下，天帝从头道来。为了得到母亲的认可，他动情地对母后说："只有像你这样明慧通达的伟大母亲，才会理解儿臣的一片苦心。"

天母一听，笑了，对他说："就凭你刚才这句话，就该免去你的神位。"

天帝听了，愣了愣神，恍然大悟：原来所有人都爱听爱说好话。

人平时应注意察言观色，特别是你和领导打交道时，应眼观六路耳听八方，有眼力架。凭着天赋和直觉，对领导的意图做到心领神会，富有一种"身无彩凤双飞翼，心有灵犀一点通"的沟通模式。

古时候，一个给独眼国王画像的故事读了令人捧腹。有一位独眼国王，让画家给他画像，第一个画家为了讨好他，不但没有把他画成独眼，反而把他两只眼睛画的炯炯有神。国王认为画家戏弄嘲笑他，就把画家杀了。第二位画家，如实画下了国王的独眼，他想：这回没事了，可国王看到自己这么丑陋，很恼火，也把他杀了。第三个画家，构思奇特，把国王画成打猎的姿态，正用一只眼睛瞄准，一张一闭，巧妙掩饰了国王的生理缺陷，还恰到好处表现了国王的神威。国王看了很高兴，问："您的画技怎么这么好啊？""国王，不是我画得好，是您独具慧眼，长就一个智慧的眼睛，俗话讲，'慧眼识大千'，'慧眼识英杰'，'慧眼斩情愫'，在您的锐利眼神之下，任何歹人也会被您识破的。那些长着两只眼睛的人都不如你，这叫一目了然呀！"国王大喜过望，重重地赏了这个画家。

有人评论说，第一位画家太势利，失败了；第二位画家太实在，也失败了；第三位画家是个聪明人，他成功了。这说明让领导认可是一种分寸感极强的差事，弄不好就要大祸临头，比如第一位画家。至于太老实，那是另一个极端，诚实可以用来做人，但不一定适合做各种事情。国学大师季羡林讲："假话全不说，真话不全说。"有一句名言："在不需要理论的场合，再正确的理论也是废话。"结论：巧妙称赞胜于直言相告。

应该说，同领导打交道是一个伤神费力的事，费力不讨好是常有的。有人说："咱们惹不起，躲得起。"结果，对领导望而却步，退避三舍，敬而远之。应该说，这对你成长、成熟、成功恐怕没有一点好处。实际上，领导层也是个有着酸甜苦辣的人群，他的位置、责任、处境也有我们不知道的难处，也有不少苦衷。关键是我们怎么与领导相处。

这方面有三点启示：

(1)在服从中适应

对主管领导，你不能事事据理力争，自充高明。由于你对领导的要求、批示理解有偏差，落实不力，被领导批评是正常的，责任在自己，应反思自己领会上的失误。有句俗话："当孩子的永远不能挑选父母亲。"此话换换说法，也可以讲下属永远不能挑选领导。"官之初，性本从"，对直接领导首先是服从，然后在被认可的情况下，引领领导有所改变。不是让领导适应你，而是你去适应领导。上级领导的指示、要求，必须先理解深透，然后再有效地落实。

(2)同领导多接触

过去在用人方面有一条"领导熟悉"的原则。这一条从实质上讲，永远不会过时。领导不熟悉了解你，怎么会知道你是不是人才呢？这方面，既要有勇气，心态又要平和，能与领导搭上话，找到共同点、兴趣点、关注一码子事，既不能过分紧张，见到领导就溜边，不敢搭话茬，也不能过于势利、做作，那样会出现"趋势失众"的不良影响。同领导接触，用好汇报会、座谈会等正式场合很重要，利用私下谈心、聚餐、坐车等非正式小场合也很重要，就是接触机会要多，场合要合适。时间一长，就会无话不说，聊起工作、生活话题就随意多啦，共同点、共鸣点、认可度就不一样。

(3)熟知上司的需求和风格

如果上司驾驭全盘能力很强，你要注意掌握"一亩三分地"的进度，哪些事绊手绊脚，帮领导破解工作中的难题；假如领导是个危机感强的人，你一定要了解危害安全管理的隐患，对歪泥、棘手、伤脑筋的事了然在胸，在领导遇到"马踩车"、"磨盘压手"时能帮上司一把，出点"救场如救火"之力，那你的力气就不会白费，领导肯定对你另眼看待；如果领导是个举轻若重的细心人，那你的工作就应"一点不差，差一点就不行"，心细如发，"眼皮底下"的事点滴不漏，汇报工作用数据、事实说话，问不倒，难不倒，业务上属于"小百科"、"管理通"；如果领导是行事干练、敢作敢当的利索人、痛快人，那你争取把自己锻造成闻风而动、雷厉风行的管理者，办事快刀斩乱麻，从不拖泥带水，拖拖拉拉，那你肯定能在领导面前站得直、立得住，会拿你当左膀右臂看待。

(4)听懂领导的"话外音"

聪明的下属一般能听懂领导的"潜台词"、"话外音"。领导有时由于职务、性格的原因，对有些问题不直接表态，绕了圈子，抛个话头，让副职或下属去品去读，甚至以面部表情和微笑的肢体动作给你示意，让你见机行事，悟到其中奥妙。

俗话说得好："听话听声，锣鼓听音"；"上帝为什么给了我一个舌头，两个耳朵，意思是让我们学会听，听的时间比说的时间多一倍"。领导如何表达"话外音"呢？

一是开篇主导说。相关科室举行会议，研究确定一项工作，会议一开始，领导谈了看法，这往往是主导发言。讲完，各位科长应顺着领导的思路进行补充，讲细化的小点子，不可重打锣鼓另讲一套。

二是压轴定论说。班子会议结束时，领导出面讲话："大家已就这一议题谈了看法，如果没有还要发言的，我就谈几点意见。"这时大老板的发言是结论性的意见，大家是需要记录落实的。

三是投石问路说。有些改革发展话题，往往领导会先听听大家意见，用座谈会的形式，先抛出一两个初步想法，下点"毛毛雨"，这时领导会申明，"丑媳妇不怕见公婆，大家可以七嘴八舌、评头论足敞开谈"，作为下属，你这时"该出手时要出手"，把自己的"金点子"倒出来，不要往后缩，一个高明的领导，不喜欢唯唯诺诺的下属。作为下属有时不明了领导对重要问题的意见，可先讲点初步想法，"抛砖引玉"，求教于领导。

1971 年 4 月 3 日晚上 9 时，周恩来带着名古屋第 31 届世界乒乓球锦标赛中国队的最新战绩和外交部、国家体委的报告来到了中南海游泳池。

此刻，毛泽东正在听护士长读《人民日报》清样，毛泽东点头称赞说，"恩来，看来这次我国乒乓球代表团是政治、业务双丰收了，既拿了冠军，又广交了朋友。"

周恩来："遵照主席指示，我国乒乓球代表团在第 31 届世界乒乓球锦标赛期间邀请了英国、加拿大等几个国家的乒乓球代表团于赛后访问我国，以便相互交流球艺，增进友谊，可没想到现在半路上又杀出个程咬金来！"

"怎么？"毛泽东问道。周恩来："我们当时没想到，如今竟会发生美国乒乓球队也表示想来华访问的事情。"

毛泽东："噢！有这回事？"周恩来取出一份文件呈上："这是外交部和国家体委联合打来的报告……"

毛泽东："是关于美国乒乓球队访华的事？"

周恩来点了点头："是的。"毛泽东："他们什么态度？"周恩来轻轻地摇了摇头："在讨论是否邀请美国乒乓球队访华的问题上，分歧很大，而且多数人表示不同意。"

毛泽东："噢？"周恩来："多数同志认为，主席虽然和斯诺先生讲过，欢迎尼克松来北京，有问题需要跟他解决，但是现在就让美国乒乓球队来打头阵，未必有利。”

“大多数人？……”毛泽东点燃起一支烟，“那么，少数人呢？我倒想听一听他们的意见！”

周恩来：“少数几位同志则坚持相反意见，认为现在未必不是时候，要是邀请美国乒乓球队访华，就会有利于中美两国人民友好交往的势头。主席曾说过，寄希望于美国人民。况且，有时真理往往会掌握在少数人手中啊。”

毛泽东吸了一口烟：“就是嘛！”

周恩来：“看来打这个报告还是老一套，还是在按老规矩办事，这不能怪国家体委，他们不负责外交，是外交部根本看不到当前情况正在起变化。”

“那么，你的意见呢？”尽管毛泽东是绝对权威，但他对很多重大问题的决策，在关键时刻还是常常征求一下周恩来的意见的。

“这……”这确实让周恩来感到有点为难。

“这个报告，我看先放一放。”果然，毛泽东这时对此文件也仅仅画了个“圈阅”，而并未加任何批示，如此看来他果然对此事或许会另有所谋，“情况或许会有新的转机呢！”

“也好！”毛泽东此举正合周恩来心意，他便说，“时机难逢，稍纵即逝嘛！”

“是啊！”毛泽东吸了一口烟，沉思道，“时机难逢，稍纵即逝……”

1971 年 4 月 6 日深夜，其实，也可以说已是 4 月 7 日凌晨了。中南海“游泳池”的书房里的灯还在亮着。

显然，毛泽东此刻正在酝酿着一个重大的战略决策。

毛泽东一生“圈阅”的文件不计其数。所谓“圈阅”只是他在文件上画了一个圈，表示他已经看过了，知道了文件的内容，但并不代表他完全同意，只是大家赞成，他才同意的。如果他觉得好的，往往批“很好，照发”，至少还批一个“同意”。所以，这方面周恩来有经验：凡是毛泽东只是画圈的，说明他在考虑之中，还值得大家思考。

护士长应声走了进来：“主席……”

毛泽东：“叫徐秘书迅速告知周总理，立即邀请美国乒乓球代表队访华。”

护士长听后，迟疑了一下，并没有立即动身。

这可让护士长犯了难：因为多年以来，但凡毛泽东的讲话，说了就算数，其他人是不能不办的，除非他自己又否定过去的话。大事小事“交代了就要办，不办就要追究”。但毛泽东这时已服了安眠药，按规定是不算数的，更何况是这么大的事，而且又和下午传达的精神截然不同，她怎敢轻易地就去。

毛泽东见状，便急忙催她：“哎！你怎么还不去呀？”

“主席！”护士长试着反问道，“您刚才说了些什么呀？”

毛泽东只好又重复了一遍：“叫徐秘书迅速告知周总理，立即邀请美国乒乓球代表队访华。”

“主席！”护士长仍不放心，“您特别交代过，中央也有规定，凡是在服用了安眠药以后，说的话全都不能算数！怎么这次……”

“噢？”毛泽东想了想，中央是有这一条规定，但此刻已顾不得了。于是他笑着将大手一挥，“这次例外，算数！你要赶快去办！不然可就来不及了！”

“好，我就去。”护士长道，“主席您快休息吧！”

“休息？好，好！”毛泽东笑道。此刻，他已经丝毫没有睡意，就像当年烽火岁月的时候沉浸在大决战前夕的兴奋之中一样。

一个行将震动世界的决定，就这样作出并付诸实施了。

四是他人补充说。主要领导在干部大会上讲完话，请副职领导讲话，作为一名副职，你千万不能喧宾夺主，声高盖主，应先找准位置，“不可早说，不可晚说，不可不说，不可乱说”，你的发言内容应局限在“补充”范围内，讲话条条不要多，时间不要长，内容不能出“圈”，调子要与主要领导合拍。

五是指鹿为马说。某铁路局领导审查一部自拍的安全教育电视片时，突然提出将自己制片人的名字去掉，部门领导心领神会，“醉翁之意不在酒”，该领导对出现其他领导的镜头不高兴，随之修改时将有关镜头处理掉。

六是敲山震虎说。运输电话例会上，局长就当天翻浆冒泥的情况将一工务段长劈头盖脸批了一顿，火气很大。许多处长、段长听了深知其中奥妙：“局长在敲山震虎，指桑骂槐，发火是让其他几个工务段听的，汛期一到，线路质量不过关，可不是闹着玩的”。

36. 适当拖延，让事实说服领导

处事和做人的原则不同，处事是当天的事当天完，效率越快越好；人事问题和利益问题有时相对拖延可能是一个更好的办法。拖，并不是害怕，也不是推卸责任，而是一种策略。本身是随着时间的推移，静观其变，等待事情的转机，使自己能够站在主动地位，让事实把领导说服。

某电务段张段长是个敬业之人，也是一个爱说了算的专断领导，同这种领导打交道，不能事事站上风头，“小事不计较，大事讲原则”是工作技巧，

"没事不惹事,遇事会理事"为交往准则。一日,党政正职就空缺的办公室主任人选进行沟通。张段长开门见山:"我认为小赵挺合适。""小赵是不错,咱结合全段干部年终测评,看看下面的意见。"党委书记回应。结果,小赵测评结果不佳,党委书记拿着人事科送来的测评结果去找段长,张段长看后不悦。随之,党委书记劝解道:"这是现在的情况,过去小赵表现还不错嘛,他起码有两个优点。不过,从侧面了解,测评反映老李也不错,有三个长处;小刘也比较突出,今年有几件事干的很漂亮。"张段长就坡下驴:"好,那就让小刘干吧!"这应了一句老话:"软绳子能捆住硬柴火"。

20世纪90年代初,社会上非法出版物泛滥,侵扰站车秩序。国家明令整顿,提出具体要求。某铁路局一党委部门负责人同主要领导商量,落实扫黄打非精神,下发站车售书整顿文件,统一进货审查,成立书刊销售中心。局领导当即表态:这件事要办好,争取在全路介绍经验。该做法很快在全路推开,效果颇好。时间不长,局领导更迭,新领导找到部门领导商议:"这件事不管行不行,你们要另拿个意见。""领导,恐怕不行。弄不好这种事要捅大娄子。"部门领导有点犯难。"放放手,让能够管好的站段自己进,比如某车务段先试一步。"局领导仍不松口。部门主管点头应允:"我下去想办法抓好落实。"结果拖了十几天,大领导又找上门来:"告诉你,这事要放开。""领导,经验全路都介绍了,一旦放开就收不住了,再说发了文件不落实影响也不好。我可以让伙计到车务段搞调查,弄个自我管理的制度,然后搞试点。"部门领导仍在想办法拖延。十几天后,某局发生了列车上销售黄色书刊的事件,被全路通报批评,责任单位党委书记被免职。领导闻之,不再提及此事。不久,该局领导调离他局另有任用,此事不了了之。

该事例起码给了我们三条启示:

(1)悟到"吃软不吃硬"的真谛,学会说"不"。

(2)以拖待变,灵活控制事态发展方向。

(3)做事要"活",不可钻死牛角。

一句老话说得深刻:"什么叫长大,长大就是知道那是怎么回事;什么叫成熟,成熟就是知道是怎么回事故意不吭。"

37. 面对批评,轻点头忍为智

当你处在下级的位置,处在弱势时,你要忍,忍受误解、误会,甚至忍受胯下之辱,也不应与领导顶撞、对立,退一步海阔天空,那才算你修养到家了，可不能硬碰硬，不拿豆包当干粮，以卵击石。

善忍为智，冲动为愚，人生不如意的事多得很，要想在这变幻莫测的世界里建功立业，不仅要学会忍，还要擅长忍，善于忍。

古人说："伏久者飞必高，开先者谢必早。知此，可以免身边之忧，可以消焦躁之念。"意思是说，长久潜伏于林中的鸟，一旦展翅高飞，必然直冲云霄；急着开放的花，是凋谢的最早的。知道这个道理，就应在容忍中积蓄力量，待机而发。只是焦躁是没有用的，不可急于求成。力量积够了，才能有大显身手的机会。

许多事例证明，小不忍则乱大谋，为人切忌心高气傲，更不能硬碰硬，针尖对麦芒。人生在世必须具有宽厚的胸怀，不可因小失大。雨果说："世界上最宽阔的是大海，比大海更宽阔的是天空，比天空更宽阔的是人的胸怀。"得忍且忍，得让则让，不忍不让，大事难成。为人处世，有时宁愿暂时受冤枉、背"黑锅"，也不可在领导面前争胜逞强，那样没有好果子吃。

身为下属，无论你多么优秀，成绩有多大，贡献多突出，都有被领导批评、训斥的可能。在现实生活中，有人一旦被领导批评，要么发懵、发呆，要么纠结、懊恼、不服气，接下来就是应对方式欠佳，有的甚至"点炮就响"，要给领导理论理论，非得弄个青红皂白，把自己"摘"清楚不可，有的还要越级找上边的领导评评理，结果弄得顶头上司下不了台。最后，弄得双方都伤面子、伤感情，既对当下不利，更对长远不利，对全局也没好处。有一句话讲得好：让领导理性，让自己舒心。

2004 年，某工程段下属车间将工程外包给路外工程队，施工时误将线路下面的信号电缆挖断，影响行车五六个小时，被局电话会批了一顿，定为一般事故一件，责令该段段长、党委书记作出深刻检查，最后根据检查情况给予处分。这事故让两位领导感到有点"冤枉"：一是工程为下属车间私自外包的；二是电缆为路外工程队挖坏的。但能不认账吗？必须认账：第一是管理不力、管理失察；第二是路外工程队施工时本段有关人员监理不到位，就是间接责任也有自己的份。挠头归挠头，检查必须认真写。这时，段长找到党委书记："伙计，这次检查咱们得好好写，等我的写完了，你帮我把把关。明天上午到局里交检查。"令人尴尬的是，段党委宣传干部因被朋友拉去聚会，酒喝的晕头脑胀，帮领导写检查时"咔"了"壳"。党委段书记见状，气蒙了，一顿训斥，但"气归气，哄归哄"："我帮你削个苹果，吃完后睡一觉，零点我叫你起来，帮我写检查。"第二天上午，党政正职按时来到局党委书记办公室交检查，大老板毫不客气："现在站段撤并，大家争着保安全防事故，你们却抢着出事故。"段两位领导轻轻点头，等着挨宰。登的第二道门是局长那儿，局长本是严厉之人，历来对事故责任者坚持从严惩处，两人还没走到局长办公室便心眼打鼓："唉，苦果子还在后面呢！"没想到局长听说两人请求处分，微微一笑："事故出了，还是接受教训吧！下不为例啊！回去吧。"两人一出局长办公室，半天没回过神来："怎么会是这样！局长到底开的哪道门？"段党委书记拍了拍自己脑门，顿悟道："两人一个唱红脸，一个唱白脸，这是领导艺术啊！"

凡事应该从多角度考虑，挨训斥时不妨想一想，"上司的职责就是管理部下，不让领导骂让谁骂？""咱给人家做事，挨点骂算什么?!"脸皮厚些就不会生气窝火了。

脸皮厚些，被训斥时最好抱着顺从的态度，脸上不能露出不服气、冷漠的表情。

脸皮厚些，挨训斥后既不能垂头丧气、一蹶不振，也不能嘻嘻哈哈，一副不在乎无所谓的样子。

20世纪80年代初，局办秘书小申到机关任职不久，因抄写文件出纰漏，被主任训了一顿："怎么搞的，这么点事都干不好。咱这部门的活是为领导服务的，翻不了车，掉不了道，出不了行车事故，实际上你的纰漏就是政治事故。咱俩这个月奖金都别拿了，算个教训。"主任话不多，但语气严厉，态度强硬，责人又责己。

年轻气盛的小申被批评后，自尊心受到伤害，真想辩解几句，但最后还是压着火气，"伸长"脖子，低下头。后来，挨"尅"的事又发生了几次，每次小申都"伸长"脖子，挨批评。为此，同室人员给他起了个外号"伸秘"。但小申后来发现领导都把重要的稿子让自己写，便有所感悟："领导批评归批评，对我还是认可的。"心态便平和了很多，从跟主任的交往中间也学到了不少的工作技巧。三年后，小申被提拔为科长。别人听说后，连连赞许："伸秘行啊！"小申自嘲道："我是在骂声中成长！"

领导批评分六种类型：

发泄式批评——敲山震虎；

含蓄式批评——蜻蜓点水；

先扬后抑式批评——善用"但是"；

笼统式批评——工作指向艺术；

点名式批评——对事不对人；

期望式批评——"恨铁不成钢"。

第四章　管人高手篇——一门刚柔相济富有驭下之智的课程

38. "克"人有分寸，发火会熄火

世界上最难的事是什么？应该说是跟人打交道，也就是同人和平共处最难。有人认为同人交往的秘诀和艺术有四条：读懂个性上司，摆平难缠同僚，捋顺棘手下属，聚合丰厚人脉。实际上管理者处在三维度的空间，人人必须同领导、同级、下属共事，还要共好事，不出事，不惹事，没有麻烦事。三维度其中之一就是管好下级，调理好伙计。"心有千千结，性有上百种"，"一样米养百样人"，你要让手下所有人都听你招呼，听你调遣，就需要相应的本事，必备的学问。

人常讲："人才是一个企业也是一个组织的根本，如何发现和管理使用人才，是管理者最重要的能力。""在其位不一定能谋其政，有职位不一定有智慧。管得恰到好处需要有操控全局的手段，需要有识人用人的眼光，需要有解决问题的策略，需要有临危决断的气魄，也需要有与人处事的技巧。"

有一句老话："自古成大事的人，大多是善于管人的人。""不会管人的管理者，只配去守机床。"应该说，"管人有尺度，管事有技巧，管人、识人、用人有技术性、艺术性，有招之即来，挥之即去的本事，必须具备高深的学问和高超的技巧。"

有人不屑地说，管好伙计，就是会哄人，会讨好下属就行。这句话实际上有偏颇，不管什么情况、什么人都哄是好人主义，不讲原则地讨好是害人。因为"人生活在蜜罐里不觉甜"。

实际上，"不敢批评人的领导是和事佬，不会批评人的领导是愣头青"。这里有个"敢"和"会"的问题，也就是有魄力、有技巧。"良药苦口利于病，忠言逆耳利于行"，为何良药要苦口，为何忠言逆耳行？应该说，批评是个高明的艺术。

下属犯错误时，违章捅娄子时，管理者往往有气不打一处来，有时甚至气得血压升高、浑身哆嗦，嗓门高八度，但要记住一句名言："盛怒之下，必有所失。"先压压火，消消气，再考虑如何处置应对。压火消气时冷静想一想：对此人此事，能否批评，怎样批评，何时批评，什么场合批评，批评时是否会一触即跳。这5条处理得怎样，就体现尺度，反映分寸，显示技巧。这应了一句名言："不能生气的人是笨蛋，而不去生气的人才是聪明人。"

批评下属要做到"三不忘"：

不忘品格 管理者应富有好人品，有批评下属的权利，但上下级之间人格是平等的，不可挖苦人、讽刺人、侮辱人、体罚人，不可图痛快、图撒气、图报复，"新账老账一起算"。

不忘目的 批评应对事不对人，惩前毖后，治病救人，让其"摔个跟头，买个明白"，接受教训，变坏事为好事。

不忘转移 有时见人犯错，怒火中烧，不生气不可能，但发火时，学会深呼吸，暂时离开当事人、出事场合，转移场地，脱离接触，然后再冷处理。

"人非圣贤，孰能无过"，下属可能没经验，业务不熟，性格使然，年纪尚小，设身处地一思考，倒退十五年，我还不如他呢！心立即变得释然了。

39. 批评人要点在妙处

批评下属本身并没问题，关键看你懂不懂批评的艺术。如果批评没有做到因人、因时、因地制宜，就会"瞎子点灯白费蜡"，而且会让当事人、违章者记恨你一辈子。因此，批评的场合、对象很重要。

一是批评下属尽量不让第三者在场。俗话说："人有脸，树有皮"，中国人是最讲脸面的。当着人顶撞领导固然不好，当人训斥下属一般也不可取。原体育总局局长袁伟民是批评艺术的"大家"，他曾讲："当面指不足，背后说长处。"老百姓也有"当面教子，背后教妻"的说法。

二是批评人要讲点品味，批在妙处。俗话说："话有三说，巧说为妙。"细琢一下，直说伤害人，乱说冤枉人，巧说取悦人。也有人讲，实在人敢说，聪明人巧说，高明人少说。

某车务段小李干多元经营有两把刷子，经营效益突出，但最近时不时迟到几分钟，这几天有时迟到半小时，甚至不到下班点就提前走人，副经理想批评他几句。

(1)实在人做法。叫到办公室，直截了当讲，注意纪律，注意影响，态度冷静，话语客观，言辞不激烈。但这里有个问题，小王面对批评有何想法，是否会撂挑子甩手不干，闹起情绪来。

(2)聪明人做法。叫到办公室，先对小李进行表扬，业务突出，公司对其能力很认可、满意。话锋一转，提醒小李最近迟到有点多，是不是家里有什么事，需不需要公司帮一把。侧面提醒小李准时上下班，不要迟到。语气委婉。

(3)高明人做法。叫到办公室，先表扬工作表现，赞扬其能力和业绩非常难得，领导都看在眼里。话锋一转，迟到有点多，表示：作为一个有可能成为部门主管的员工，要处处做出样子，不让别人有话说。不然万一今后做了主管，大家会怎么看呢？我这经理面子上也说不过去，家中有困难尽管说。咱们俩是知己，我才提醒你。其本身的高明之处：用可能升职激励小李，相信他今后不仅不再迟到，而且工作会更加卖劲。

三是批评人内容要适当“包装”，讲究委婉。说话前要巧裹“糖衣”，然后用放大镜显微镜看他的优点，并且注意自谦示人，用好类别法。

批评的技巧比表扬的技巧讲究得多，人的经历、文化程度、性格和年龄不同，接受批评的能力、程度、方式大不一样。比如运输各系统，工务部门说话直白、通俗；机务部门说话痛快、直率、嗓门大；车务部门比较委婉、策略；电务部门讲话注重品味和艺术。由此可见，因人而异很重要。

一则“变色龙管理风格”的事例给人以启示：

一艘载有不同国籍游客的轮船在海面上航行，突然不慎触礁，船很快就要沉没了，船长必须立即让游客们穿上救生衣跳海逃生。但船长意识到，如果在甲板上宣布这个消息，一定会引起极大的恐慌，船会沉没得更快。于是船长灵机一动，将不同的国籍的游客分别召集在不同的船舱区域，然后依次发布不同的命令。

船长对德国游客说：“我以船长的名义命令你们，立即跳海求生，否则以军法论处！”，德国游客便跳了海。来到中国游客面前，船长说：“你们家的父母和妻儿在等着你们照顾，快点逃生吧！”中国游客随即跳了海。在英国游客面前，船长说：“你们看，那么多妇女儿童都落水了，可敬的绅士们，快点去救救他们吧！”英国人也都跳海了。

这个故事里虽然有些不合逻辑的地方，但船长的智慧和处事方法，却非常清晰地表达出流行于各国的“变色龙”管理风格。

在这方面，起码要悟到四点：

(1)对自尊心强、缺点较多的人，用“渐进式”，由浅入深，谈一次进一步，不可“和盘托出”，那样往往会一触即跳，一下子谈“崩”。

(2)对性格开朗、豁达大度之人，用“直接式”，开门见山，直截了当，一针见血。

(3)对阅历较浅、缺乏自我意识之人,用“参照式”,借“石”攻玉,借“鸡”生蛋。

(4)对性格内向、善于思考的人,要循循善诱,用“启发式”,切忌急风暴雨,生批硬抠。

40. 给下属面子是尊重

表扬下属,可趁人不备,给他个惊喜;批评下属,应和风细雨,入情入理,千万不可搞突然袭击;处置严重违章违纪者要先下“毛毛雨”,让其思想有个准备,避免猝不及防,弄得晕头转向。以下五点应引起关注:

(1)批评人前先平和心态,瞻前顾后。

(2)注意抓时机,趁热打铁,因事过境迁,往往会效果不佳。

(3)尊重人格很重要,责备人不可伤人自尊,侮辱责骂不可取。

20 世纪 80 年代,某工务段发生一起事故,该单位将事故概况、原因制成图片举办展览,让两个事故责任者当解说员现身说法,其中一名年纪稍长的责任者以文化低为由,坚决不肯接受“任务”。单位相关干部也纷纷对此做法提出质疑,该段领导只好作罢。

(4)处置人要给台阶下,“放人一马,救人一生”,勿一棍子打死。

若干年前,某工程局机关有两名中层干部考核测评分数稍低,本来属于批评提醒,以观后效的范畴,结果却不分青红皂白,将二人“放逐”到基层当一般干部。最后,“小事弄大”,二人坚决不听从“分配”,并将事闹到上边,博得许多同情,处置方案也引发不少争议,搞得满城风雨,差点无法收场。

(5)勿讽刺挖苦,拿人当笑料。

名言说得好;“利刃割口伤犹合,恶语伤人恨难消”,“十句好话不一定哄住一个人,一句恶言能伤透一个人”。

心理学有个黄金法则:“要想让下属以什么样的态度对待工作,自己就应以什么态度对待下属”。有一句格言讲:“要让一个人做到最好,你首先要看到他最好的一面。”没有不爱沟通的下属,只有不会沟通的领导。沟通艺术最重要的一点,就是把注意力放在沟通的对象上。如果当头的没把活说到下属的心坎上,下属的心里话也不会告诉你。一则“等待缺点变优点”的故事将会揭示这方面的道理:

一位挑水夫,有两个水桶,分别吊在扁担的两头,其中一个桶子有裂缝,另一个则完好无缺。在每趟长途的挑运之后，完好无缺的桶子总能将满满一桶水从溪边送到主人家中，但有裂缝的桶子到达主人家时，却往往只剩下半桶水。

两年来，挑水夫就这样每天挑一桶半的水到主人家。好桶子对自己能够送满整桶水，感到十分自傲，破桶子则对于自己的缺陷非常羞愧。在饱尝了两年挫败的苦楚后，破桶子忍不住在小溪旁对挑水夫说："我觉得很惭愧，必须向你道歉。"

挑水夫问道："你为什么觉得惭愧？"破桶子说："过去两年，因为水从我这边一路的漏，我只能送半桶水到你的主人家中。我的缺陷，使你花了全部力气，却只收到一半的成果。"挑水夫听了破桶子的话后，微笑着说："待会儿回主人家的路上，我要你留意路旁盛开的花朵。"

后来，当他们走在山坡上时，破桶子眼前一亮，它看到缤纷的花朵开满路边，沐浴在温暖的阳光之下，这个景象使它开心很多！但是，走到小路的尽头，它又难受了起来，因为一半的水又都在路上漏掉了！

破桶子再次向挑水夫道歉。挑水夫说："你注意到了吗？一路上只有你的那一边有花，而好桶子的那一边却没有开花。我明白你有缺陷，因此我善加利用，在你那边的路旁撒了花种，每回我从溪边回来，你就替我一路上浇花！两年来，这些美丽的花朵装饰了主人的餐桌。如果不是你，主人桌上也就不会有这么美丽的花朵了！"

挑水夫为发扬破桶子的特点，在路边撒下花种，利用破桶子漏出来的水浇灌花苗，把破桶子的缺点变成优点，这个方法确实非常聪明。

每个人都有他自身的弱点，若想每个员工都完美无缺，那是绝对不可能的。因此，管理者必须要懂得去发掘员工的长处，而对他的短处也不需多做苛责，有时候，员工的缺点也有可能是个优点，得看管理者是否能把他安置在正确的位置，让他得到正面发挥。

有的下属就是爱发点牢骚，你这个当头的要耐心听。心理学的牢骚效应认为："下属的牢骚讲完后，剩下的就是工作激情。"实际上，"光盯着下属的缺点的人，往往忽略了他的这种习惯也是一个缺点"。一句"斜视的名言"讲："从门缝里看人，'扁'了别人，'窄'了自己"。有这样一首小诗："骏马能历险，犁田不如牛；坚车能载重，渡河不如舟；舍长以就短，智者难为谋；生材贵适用，慎勿多苛求。"一个《无须苛求》的段子讲："事情要想明白，别太较真儿，譬如说，牛肉面里可能并没有牛肉，老婆饼里不可能有老婆，鱼香肉丝里也根本没有鱼，麻婆豆腐里只有豆腐没有麻婆，夫妻肺片中既没有夫妻也没有肺。既然如此，那安全生产里不一定没有隐患，讲团结时不一定没有是是非非，大家眼中的好职工未必就一尘不染，你眼里的歪脖子树就肯定是一无是处？”

对职工同对老婆、老公一样，也需要尊重和宽容，不应过分挑剔，批评人也应该有理有力有节。

有个“鸭子一条腿”的故事不妨一读：

从前，有一位县官喜欢吃烤鸭，并且请了一名厨艺很好的厨师，有一天这位县官发现厨师端出来的烤鸭只有一条腿，感到很是奇怪，可是不好意思追问。一连几天都是这样，终于有一天县官忍不住了就叫来厨师问：“你做的鸭子为什么只有一条腿，另外一条腿呢？”厨师回答说：“大人，鸭子本来就只有一条腿，不信我带你去看。”于是县官就跟着厨师来到后院鸭场，时值中午时分，天气炎热，鸭子都在树下，缩成一条腿，单腿站立休息。厨师说：“大人，你看鸭子不是一条腿吗？”县官很生气，使劲拍了拍手，鸭群惊起，跑开了，这时县官反问道：“你看，鸭子不是有两条腿吗？”厨师答道：“大人，你如果早知道拍拍手，那鸭子就有两条腿了。”

不管这个故事的真实性如何，都是让做主管的人了解，当部下有良好的表现时，要不吝于赞许，口头表扬或物质奖励皆可。部下受到激励更会全力以赴，给你更多的回馈。

现实生活中，有个很有意思的问题经常在困扰大家：你是否一直都在迷惑不解，为什么你经常会感到懊恼、压抑和沮丧？在此给你推荐一个小测试，它会帮助你分析一下你自己。

(1)当我快乐的时候，我在想(　)的事情；

(2)当我懊恼的时候，我在想(　)的事情；

(3)当我气愤的时候，我在想(　)的事惜；

(4)当我沮丧的时候，我在想(　)的事情。

答案：(1)快乐；(2)懊恼；(3)气愤；(4)沮丧。

道理很简单，也很深奥。这是心理暗示在作怪，正是我们思考问题的方式在影响我们此时此刻的心境。

大家知道，每个人都有自己的小秘密，有自己的核心领地，下属也不例外。我们应尊重他们的隐秘，远离他们的忌讳，“打人不打脸，揭人不揭短”应成为人际交往的准则。

人们交际“僵持”出现时，往往是双方都觉得对方的言行不合适，这时，如果退一步思考问题，把角色“互换”一下，就很可能轻松地打破僵局。

1956年，赫鲁晓夫在苏共二十大上做了“秘密报告”，揭露、批评了斯大林肃反扩大化等一系列错误，引起苏联人及全世界各国的强烈反响，大家议论纷纷。

由于赫鲁晓夫曾经是斯大林非常信任和器重的人，很多苏联人都怀有疑问：既然你早就认识到了斯大林的错误，那么为什么早先从来没有提出过不同的意见？你当时干什么去了？你有没有参与这些错误行动？

有一次，在党的代表大会上，赫鲁晓夫再次批评斯大林的错误，这时，有人从听众席上递了一张条子。赫鲁晓夫打开一看，上面写着："那时候你在哪里？"

这是一个非常尖锐的问题，赫鲁晓夫的脸上很难堪。他很难做出回答。但他又不能回避这个问题，更无法隐瞒这个条子，这样会使他丢面子，失去威信，让人觉得他没有勇气面对现实。他也知道，许多人有着同样的问题。更何况，这会儿台下成千上万双眼睛已盯着他手里的那张纸，等着他念出来。

赫鲁晓夫沉思了片刻，拿起条子，通过扩音器大声念了一遍条子的内容。然后望着台下，大声喊道："谁写的这张条子，请你马上从座位上站起来，走上台。"没有人站起来，所有人心怦怦地跳，不知赫鲁晓夫要干什么。写条子的人更是忐忑不安，心里后悔刚才的举动，想着一旦被查出来会有什么结局。赫鲁晓夫又重复了一遍他的话，请写条子的人站出来。全场仍死一般的沉寂，大家都等着赫鲁晓夫的爆发。几分钟过去了，赫鲁晓夫平静地说："好吧，我告诉你，我当时就坐在你现在的那个地方。"

面对着当众提出的尖锐问题，赫鲁晓夫不能不讲真话。但是，如果他直接承认："当时我没有胆量批评斯大林"，势必会大大伤了自己的面子，也不合一个权威的领导人的身份。于是赫鲁晓夫巧妙地即席创造出一个场面，借这个众人皆知其含义的场景来婉转、含蓄地隐喻出自己的答案。这种回答既不失自己威望，也不让听众觉得他在文过饰非。同时赫鲁晓夫创造的这个场景还让所有在场者感到他是那么幽默风趣，平易近人。

人生苦短，何必过于怄气较劲，弄得自己心情不好，还为自己树立敌人。又没什么深仇大恨的原则问题，低个头反而是高姿态，被人称道有容人雅量，何乐而不为呢！

41. 屋子大不如肚量大

世界上的事情有大道理，也有小道理，小道理归大道理管着。局部服从全局，次要顺从主要，一般服从关键，周边围绕中心，这是天经地义、毋庸置疑的事情。但具体到历史的特定阶段、特殊时期，操作起来就不那么简单。

“文革”时，某机务段一领导干部多年来“靠边站”，一直受“冲击”、挨“批判”，干最苦最累的话。各造反组织的“车轮战”，让他苦不堪言，常常是一连几个月不让回家看望妻儿老小。

有一年，到了除夕下午，造反派“高抬贵手”，让其回家过年。他随即来到街上，想买点年货回家，好吃个团圆饭。在那个商品奇缺的年代里，别说已到除夕，就是平时都供应很紧张。转了好一会儿，仅买到一个猪头。不巧，未进家门就遇上了一个过激的小青年“造反派”，“走资派，你还想过年！”小青年一脚将猪头踢飞了。

这位领导虽然怒火中烧，但不得不咬碎牙齿咽到肚里，双手空空地回家。

两年后，这位领导干部被“解放”了，重新当上了段领导。这时，各造反派头头都提心吊胆，预料厄运很快会降临。那个踢“猪头”的小青年更是睡不着觉，认为挨第一“刀”的非自己莫属。

面对“文革”后期百废待兴、派别林立的“烂摊子”，该领导首先想的是团结职工，凝聚人心，尽快把火车头开出去，多拉快跑，机务段再也不能瞎“折腾”。

他很快作出了让人瞠目的决定：启用全部被打倒的领导干部；中层干部妥善安置；三个群众造反组织的头头安排在同一个科室里，分别担任科长、副科长职务。决定一宣布，全段哗然，纷纷赞扬该领导顾全大局，不计前嫌的宽广胸怀和明智之举。这位领导紧接着下车间、上机车，亲自做团结人、激励人的工作。特别还到那个踢“猪头”的小青年家里走访，鼓励他放下包袱，轻装上阵，干好工作，并根据其专长对他的岗位重新安排。

“牵一发而动全身”，时间不长，全段形成人心思治，人心思干的团结局面，延续多年、根深蒂固的派性也像秋风刮落叶一样，一扫而光。这位领导靠平衡协调之术，赢得了人心，赢得了大局，各项工作走在了当地铁路单位的最前列。

可能现在有人对那位领导的做法不以为然，甚至颇有微词。那位领导的做法，现在看可能是过渡性政策，是权宜之计，不可避免地会带有那个时代的烙印。有一句话说得好：“形势决定政策”。在那个是非颠倒复杂特殊的年代里，如果不能超越派别的争端，如果没有过人的胆略和超人的魅力，如何拯救铁路，如何尽快解除那场劫难，使各项工作尽早走向正轨，那是难以想象的。

时代的脚步，是渐进的，我们不可能脱离时代的背景，去要求过来人去做超越历史的事情。再说弯子也是需要慢慢转的,没有当时平衡协调的过渡性做法,时代的列车可能要翻车掉道的。

可见,胸襟宽广是一大境界,包含着不少道理:

(1)学会暂时妥协是智慧

有进攻必有退守,有冲突也应有妥协。大至军国之重,小至家务琐屑之争,带兵打仗,为官从政,做人处世,必要的妥协往往是不可少的。

小不忍,则乱大谋。对于一个血气方刚的人来说,隐忍、妥协,有时并不意味着胆小、怯懦。舍辱妥协,既要具备战胜自我,消除忍辱的宽恕心怀,又要有战胜别人、不顾世俗的心境,这又何尝不是一种勇敢呢!

郭进任山西巡检时,有个军校到朝廷控告他,宋太祖召见了此人,审讯后知道是诬告,就将他押送回山西,交给郭进,打算让郭进亲自杀了他。

当时正碰上北汉国入侵,郭进就对那人说:“你敢诬告我,说明你还有点胆量。现在我想赦免你的罪过,如果你能出其不意,消灭敌人,我将向朝廷推荐你。如果你被打败了,就自己去投河,我不想弄脏我的剑。”

那个军校一声没吭,扭头走出了大帐。

后来他在战斗中奋不顾身,英勇杀敌,居然立下了大功。于是,郭进就向朝廷推荐了他,使他得到提拔。

暂时的妥协,必要的妥协,的确是一种重要的为政之道、军事之道、人生之道。大道通了,至于邻里纠纷、兄弟失和、夫妻斗嘴之类的日常矛盾,便不难用“妥协”来化解了。学会妥协,学会放弃,实则是人生一大课题。

妥协并不都是委屈、忍辱,有时它也体现出人的机智与幽默。有一天,大文豪歌德在公园散步,在一条只能通过一个人的小径上,对面碰到曾尖刻批评过自己的批评家。真是冤家路窄,狭路相逢,越走越近了。“我是从来不给蠢货让路的。”批评家傲慢无礼地说。“我正好相反!”歌德说完,笑着退到旁边。从行动上看,歌德也是做了妥协、让步,其实这是一种机智的退让,其言行带有某种以守为攻的意味。

(2)职场各后退半步就是共享

有一条大河,河水波浪翻滚。河上有一座独桥,桥很窄,仅用一根圆木搭成。有一天,两只小山羊分别从河两岸走上桥,到了桥中间两只羊相遇了。但因桥面太窄,谁也无法通过,而这两只山羊谁也不肯退让。结果,两只山羊在桥上用角顶撞起来。双方互不示弱,拼死相抵,最终双双跌落桥下并被河水吞没了。

这则寓言很简单,但蕴含着深刻的道理:在狭窄的路口处,不妨让别人先行,自己退让一步。表面看来,自己吃亏,但实际上,如果彼此都不相让,势必会两败俱伤，倒不如稍作退让，免去麻烦。

实际上，“成者王侯败者寇”并不适用于职场同事，因为不论胜败如何，大家今后还是要在一起工作。试着让自己拥有一颗宽容的心，让心绪变得平和，使自己能理解别人，这样无论成败你都是明智之人。

(3)与人为善，非原则之事不必太较真

作家莫言在瑞典领取诺贝尔文学奖演讲时，对其母亲宽容博大的胸怀进行了追忆。

他说：“我是我母亲最小的孩子。我记忆中最早的一件事，是提着家里唯一的一把热水壶去公共食堂打开水。因为饥饿无力，失手将热水瓶打碎，我吓得要命，钻进草垛，一天没敢出来。傍晚的时候我听到母亲呼唤我的乳名，我从草垛里钻出来，以为会受到打骂，但母亲没有打我也没有骂我，只是抚摸着我的头，口中发出长长的叹息。

我记忆中最痛苦的一件事，就是跟着母亲去集体的地里拣麦穗，看守麦田的人来了，拣麦穗的人纷纷逃跑，我母亲是小脚，跑不快，被捉住，那个身材高大的看守人煽了她一个耳光，她摇晃着身体跌倒在地，看守人没收了我们拣到的麦穗，吹着口哨扬长而去。我母亲嘴角流血，坐在地上，脸上那种绝望的神情让我终生难忘。多年之后，当那个看守麦田的人成为一个白发苍苍的老人，在集市上与我相逢，我冲上去想找他报仇，母亲拉住了我，平静的对我说：‘儿子，那个打我的人，与这个老人，并不是一个人。’

我记得最深刻的一件事是一个中秋节的中午，我们家难得的包了一顿饺子，每人只有一碗。正当我们吃饺子时，一个乞讨的老人来到了我们家门口，我端起半碗红薯干打发他，他却愤愤不平地说：‘我是一个老人，你们吃饺子，却让我吃红薯干。你们的心是怎么长的？’我气急败坏地说：‘我们一年也吃不了几次饺子，一人一小碗，连半饱都吃不了！给你红薯干就不错了，你要就要，不要就滚！’母亲训斥了我，然后端起她那半碗饺子，倒进了老人碗里。”

“孝文帝宽容厨子”的故事也是表达的这样一种胸怀。北魏孝文帝拓跋宏是一位卓越的少数民族政治家、军事家和改革家。他实行汉化，禁胡服、胡语，推广教育，对中国的发展和民族团结起了重要的作用。

孝文帝执政时期，边关定州经常发生骚乱，急需一位得力干将去镇守。孝文帝思量再三，认为赵黑是最佳人选。于是，他找来赵黑一起用餐，说了自己的心思。赵黑是个聪明人，知道这是个苦差事，因为平定骚乱，绝非易事。于是，他推辞说：“我的才能有限，出身又不好，恐怕难以胜任！”

说话间，厨子送了一道热菜上来。不巧的是，刚好一只苍蝇掉进了菜里。厨子顿时吓得脸色苍白,大气都不敢出。但孝文帝并没责备厨子,只是微微一笑,用筷子将苍蝇挑了出去,继续用餐。不一会儿,厨子又端来了一碗热气腾腾的汤。也许是对刚才的事还心有余悸,厨子的手抖了一下,碗里的热汤瞬间就浇在了孝文帝的手上。孝文帝被烫得“啊”地大叫了一声。厨子见了,吓了个半死,赶紧跪地求饶。谁知,孝文帝摸了摸自己的手,反倒和颜悦色地安慰厨子说:“我没事,你起来吧!”

这一切都被一旁的赵黑看在眼里。之前还犹豫不决的他,当即向孝文帝表示了自己的决心:马上赴定州任职,一定会守好边关,平息骚乱。

宽容是一种美德,也是一种博大的心胸和魅力。与其用手中的权力去征服,不如学孝文帝用宽容来赢得他人的信任。

俗话说:人至察则无徒,水至清则无鱼。做人还是应心胸豁达,不可过于较真。哪怕是众人眼里的小人,也要敢于拿来为我所用。这些人用之得法,都会发挥巨大的力量。那么对一些不足挂齿的小是小非,何不睁只眼闭只眼呢?给人一条活路,自己得一条大路。

42. 心急吃不上热豆腐

一则故事再次告诉我们,人的耐心是有差异的。

古代有兄弟二人,很有孝心,每日上山砍柴卖钱为母亲治病。神仙为了帮助他们,便教他们二人,可用四月的小麦、八月的高粱、九月的稻、十月的豆、腊月的雪,放在千年泥做成的大缸内密封 49 天,待鸡叫三遍后取出,汁水可卖钱。兄弟二人各按神仙教的办法做了一缸。待到 49 天鸡叫二遍时,老大耐不住性子打开缸,一看里面是又臭又黑的水,便生气地将水洒在地上。老二坚持等到鸡叫三遍后才揭开缸盖,里边是又香又醇的酒,所以“洒”与“酒”字就差了一小横。

管人处事有些道理不可不懂:

(1)压住阵脚,放慢步伐,具备遇事不慌的气质。

指挥员在任何时候都会做到从容不迫。因为他们懂得,“慌乱”只会帮倒忙。

培养从容不迫的习惯很重要,这样,我们就可以在任何场合应付自如。惊慌失措不仅会使自己无法正常思考,而且会让周围的人慌作一团。

我们常会看到这样一个场面,面对突然变故,一些领导者总会大喝一声:“慌什么?”这句话一半是提醒别人,另一半则是在暗示自己。惊慌容易使人失去正常的思考能力,使人丢三落四,语无伦次。遭遇惊慌,要有意放慢动作的节奏,越慢越好,并提醒自己说:“不要慌！不要慌!”这样,你就会慢慢地变得镇静,从而恢复大脑正常的思维,以应付突变。

(2)调整心态,塑造沉稳性格。

沉稳性格能让人在突发灾难或者事故时,冷静而不惊慌,这种成熟心理能让人在绝境中找到希望。有些西方国家,训练特种部队时,不是传授武力战胜对手的技能而是如何以心理战胜对手的素质,尤其是沉稳的性格,就是在任何危险战争环境中都能从容地生存,心理训练已经成为现代很多西方国家训练特种部队的必修科目。心理素质直接反映出的就是一个人的性格特征,而沉稳的性格就是一个人心理素质高的体现。当大家手足失措时,只有你依然冷静沉着,或许最后能活下来的就是你。

常言道:“遇事缓一缓,说话停一停,很多东西便会清晰。”沉稳的性格是成功的基础,沉稳的性格能让你拥有成功者的气质与精神。培养沉稳性格的唯一办法,就是在生活中注意调整心态,坦然接受各种磨炼,这样做才能在心理上成熟,才能让你的气质与精神充满魅力。

(3)持重待机,功到自然成。

有位拜师学艺的徒弟对师父说:“我学射箭已经超过了前人的境界,请让我下山吧。”

师父问:“你射的准吗?”

徒弟说:“您让我射天上飞鸟的左眼,我决不会射到右眼。”

恰巧有一只鸟从师徒的眼前飞过,师父说:“射它的左眼。”

徒弟拉箭上弦,却又放不下来说:“师父,这只鸟是从左向右飞,我射不到左眼。”

师父点点头,又问:“你的臂力如何?”

徒弟说:“七石的弓,我能拉上一个时辰不松手。”

师父说:“拉给我看看。”

于是徒弟拉开一张弓,搭上箭,坚持了一个时辰,手都抖了。

师父说:“现在把箭射出去吧!”

当徒弟把箭射出去的时候,师父也随手拿起一张小弓,同时射了一箭,却比徒弟远得多。

师父说:“强弓虚的时候多,满的时候少,才能维护弹性,成为强弓。总是拉紧的弦,是不能射出有力的一箭的。”

苏轼曾说:“慎重者始若怯,终必勇;轻发者始若勇,终必怯。”也就是说,要想成功,先学会看时机。管人做事也需要看“火候”,慢慢等待,只凭一时之勇往往无济于事。

水温够了茶自然香，功夫到了自然成。俗话说："往往是最后一把钥匙才能打开锁。"历史上凡有所建树的人，往往都是不浮不躁、踏实严谨的人。取得任何一项成就，急于求成根本于事无补，要想成功，必须得静下心来，认认真真地干。只要我们功夫做到家，自然能取得令人满意的结果。

43. 板着脸说话不可取

领导者抓管理应做到有方有道有情，不失于随和得体。但有的领导者不是这样，他们以"官老爷"自居，唯恐别人不拿他当"官儿"，摆出一副架势，打着官腔，说着套话，脸上"乌云密布"，严肃有余，活泛不足，颐指气使，发号施令，将尅人训人伤人当做家常便饭，动不动就给人"穿小鞋"，结果将"公仆"和"主人"颠倒了位置，搞得下属紧张兮兮的，好端端的氛围变了味道。

(1)发火动怒，"起于愚昧，终于悔恨"。

富兰克林说得好：愤怒是"起于愚昧，终于悔恨"。怒气的产生，正是来源于一个人对外部世界的认识、解释和评价，跟一个人的性格也有一定的关系。面对同样一件事情，有些人非常坦然，有些人却气得脸红脖子粗。

人非草木，孰能无情，任何事物都会在人的心底引起一定的情感反应，当外界事物强烈地影响时，人的反应就会越来越强烈，最后达到极限，便会以发怒的形式发泄出来。

发怒很容易坏事。古代兵书中就有激将法，设法让对方发怒。暴跳如雷的怒者，很容易丧失理智而干出蠢事。《三国演义》上的张飞、关羽、周瑜几乎都是死在一个"怒"字上。当然，现实社会中因怒而坏事的例子也并非少见。

寺庙里，老和尚正给小和尚讲经说法。

老和尚说，心中怒火烧毁的往往是自己的心，所以要制怒。"退后一步，海阔天空！"老和尚讲。

老和尚的佛理刚刚讲完，小和尚便虔诚地向老和尚请教："师父，刚才你最后一句说了什么？"

"退后一步，海阔天空。"老和尚说。

"退后一步之后是什么？"

"海阔天空。"

"哦！退后一步海阔天空。"小和尚小声念道，忽然又问："师父，海阔天空前面是什么?”

“是退后一步。”

“退后一步前面是什么?”

“退后一步前面已经没有了。”老和尚说。

“哦,退后一步后面是什么呢?”

“海阔天空。”

“那海阔天空前面是什么呢?”小和尚不停地问。

“混账! 你这哪里是讨教,分明是在胡闹!”老和尚气不打一处来。

故事中老和尚发火显然是让小和尚喋喋不休的发问搞烦了,其做法起码没有做到言传身教、谦虚忍让。企业职场里这种现象也比比皆是:车间开会时,有员工随便插嘴,让正在讲话的车间主任脸上瞬间“多云转阴”;刚刚实现了安全百日,运用车间就发生了事故苗子,段领导闻之,马上怒火中烧;文明单位的旗子取回来才三天,客运车间就发生了同旅客吵架事件,结果段长在交班会上大发脾气。

人在职场,不顺心的事谁不会遇到呢? 如果你偏偏爱钻牛角尖,硬碰硬,肯定会常遇到挠头动怒的恼心事。相反,对于已经成定局的事情,你若看开一点,坦然去接受,你就能按着章法去处理。正如一名著名心理学家所说:“人因为能改变心态,从而能改变自己的一生。”

(2)常想一二,淡化八九,让不如意随风飘去。

著名作家林清玄写过一篇散文名叫《常想一二》。文章说自己曾为朋友题字“常想一二”,朋友问是什么意思,林清玄说:“俗话说人生不如意事,十有八九,我们生命里面不如意的事占了绝大部分,因此,活着本身是痛苦的。但扣除八九成的不如意,至少还有一二成是如意的、快乐的,我们如果要拥有快乐的人生,就要常想那一二成好事,这样就会感到庆幸、懂得珍惜,且不至于被八九成的不如意打倒。”

(3)对自己的“脸部表情负责”,用“情绪操纵器”随时调节。

对自己的“脸部表情负责”,是美国前总统林肯对板着脸说话官员的一句告诫。

情绪可以转移甚至可以消失。它就像一股水流,而我们的心态就是一个水沟,水沟的方向和形状决定了水流的方向和水体的形状,即人的情绪是激动或是平静的。人们想要控制情绪,就要有一个好的“情绪沟”,把情绪引导向有利于自己的方向去。学会情绪的转向必须用好“操纵器”,特别是生活在这样一个“心情浮躁”的年代,如果人人都能控制自己的情绪,那每个人都会心平气和,也就真正做到了社会的和谐和温馨。

44. 肚子里能盛点事

古人云："海纳百川，有容乃大；壁立千仞，无欲则刚。"宽容是人生最高贵的品质，学会用宽容调味人生，生命中就会增添许多乐趣。

春秋时楚庄王一次大宴群臣，一直喝到日落西山，又点起灯烛继续喝。忽然，刮起一阵大风，把宫中灯烛全部吹灭。

这时，一个喝得半醉的将军忽然拉住了一位妃子的衣服。妃子大惊，摸着这个人的头盔，折断了他头盔上的帽缨，大喊："大王，有人想趁黑侮辱我，我已经折断了他的帽缨，拿在手上，请一会儿点灯后看谁的头上没帽缨，问他的罪！"楚庄王马上说："且慢！我今天请大家喝酒，使有的人喝醉了。酒后失礼不能责怪。我不能为了显示你的贞节而伤害我的大臣。"庄王又说："今天痛饮，不拔掉盔缨不算尽欢，大家都把盔缨拔掉！"参加宴会的有一百多人有盔缨，全部拔掉了，然后才重新点灯。君臣直喝得尽欢而散。

三年以后，楚晋大战。有一位将军总是奋不顾身冲在前面。他首先冲进敌阵，击溃晋军。庄王把那位将军召到跟前，对他说；"我平日并没有特殊优待你，你为什么这么舍生忘死地战斗呢？"那个人回答说："三年前宴会上被折缨的就是我。蒙大王不杀不辱，我决心肝脑涂地，以报大王之恩。"由于楚国将领个个效忠，终于打败了晋军，楚国从此得以强盛起来。

宽容并非是不讲原则、不分是非，一味盲目地姑息纵容，而是在面对一些含含糊糊的事时，不妨潇洒地挥挥手，让不愉快随风而去，别让它因小失大。宽容就如缕缕和煦的春风，吹开我们心中的愁结，使快乐永驻心间。

事实上确实如此，人心往往不是靠武力征服的，而是靠宽容大度征服的。三国时期的著名军事家曹操就是这样一个不计私仇、宽以待人的人。张绣曾是曹操的死敌，陈琳曾为袁绍写檄文痛骂曹操，但他们归降后，曹操却不计前嫌，委以重任，才换来张绣与陈琳心悦诚服，诚心归顺。

企业里同事之间、上下级之间的纠葛，一般不至于达到那种仇恨的地步。多是工作生活上的一点小摩擦罢了，只要矛盾没有发展到不可调和的境况，总是可以化解的。记住：敌意是一点一点增加的，也可以一点一点消弱。中国有句老话：冤家宜解不宜结。人与人之间，低头不见抬头见，还是少结冤家比较好。

生活中常见的情况时，同事曾与你为一个职位争得面红耳赤，不过，今天你俩已分别成为不同部门的主管，虽然没有直接接触，但将来的情况又有谁知道？所以你应该为将来铺好路。

从具体方面讲，应掌握四条：

(1)世界上的人是复杂的，有差异的，没有完全相同的两片雪花、两片树叶。应该容许不同性格、爱好、观点、行为的人一起工作，老是强求完全情趣一致为标准，就会把自己束缚在一个狭窄的小天地。

(2)以个人喜恶做标准，对不喜欢的人打击报复，穿“小鞋”，时间一长会变成孤家寡人，失之于众。

(3)金无足赤，人无完人，要有容人之过的雅量。犯了错误不要紧，改了就好；对细枝末节的小过失，要采取装聋作哑、眼开眼闭的态度，给人改过的时间和机会。

(4)技术上、管理上的不同看法要允许人家适当保留，求同存异，让时间和实践进行检验。这方面不存在高下优劣之分，切不可上纲上线，应以博大的胸怀引导大家相互争辩，取长补短。

45. 喜怒哀乐不写在脸上

有人说，喜怒不形于色，好比一个无缝的鸡蛋，会免受苍蝇的叮咬。这并不是低下卑微，而是一种自我保护。没有心机，不会自我保护，就难以做到这一点。也有人讲：“自己的脸上都没有晴天、阴天之分，这太难了，因为人是有感情的动物，怎么能克制住自己？”确实，喜怒不形于色，对炮筒子、直脾气有点难，但当你懂得了人特别外露会伤人害己时，可能就会努力自我控制了。

(1)善于自控情绪，是富有智慧和力量的表现。

三国时期曹操的夫人卞后就是一个具有“喜怒不形于色”修养的人。

当曹丕被立为太子后，王宫左右女官齐向卞夫人致贺说：“你儿子被封为太子，天下人都很高兴，夫人应该把库房里的东西，全拿出赏赐。”

卞夫人说：“大王只因曹丕年纪最大，所以定为合法继承人，我只能庆幸自己免除了教导无方的责备，又有什么值得高兴的呢？”

女官将卞夫人的话回报于曹操，曹操听后愉快地说：“怒时不形于脸色，喜时不忘记节制，最是难得。”

相反，曹丕听到自己被立为太子的消息后，高兴得抱住仪郎辛毗的脖子，叫喊：“辛君，你知不知道我有多高兴？”为此，辛毗的女儿辛宪英评论说：“太子的责任是管理国家，替代君王，应该感到责任重大，治理困难才对，他反而大喜过望,如何能够长久呢?”后来事情的发展果真如辛宪英所预料。

卞夫人喜不外露,受天下景仰;太子曹丕喜形于色,受人鄙视。一正一反,证明了“喜怒不形于色”不仅是一种涵养功夫,同时,也是人们由此考察一个人处事是否成熟沉稳,是否能做大事的标准。

“喜怒不形于色”,用直白的语言来说就是尽量压抑、隐藏自己的私人感情,用冷静客观的态度来应付各种情况。身为领导者,一旦露出心中所思所想,被人看穿,就会受人影响,做出错误决策。

张耳和陈余,都是魏国的名士,秦国灭了魏国,就重金悬赏购买两人的头颅。

两人改名换姓到陈国,靠当地方上的看门人维持生活。有一天,一个官吏因为陈余犯了过错而鞭挞他,陈余怒不可遏,怒气而反抗,张耳踩了他一脚,示意他要忍耐。

那个官吏走后,张耳就将陈余引到桑树下面,数落了他一顿:“当初我和你是怎么说的?今天受到一点小小的侮辱,就想去为一个小官吏而死吗?”

陈余浮躁外露,比张耳差远了,所以两人虽然一同做事,命运却大不相同。张耳辅佐刘邦成了开国之臣,陈余则一直辅佐赵歇王,被韩信、张耳打败,斩于泜水。

人生恐怕最难做到的事情,就是维持自己的感情平衡。立志想做大事,所承担的压力和冲击,必然不同于常人,因此更需要控制一时的愤怒。

在俄罗斯名著《大师与玛格丽特》中,地域之王亚马顿平常都带着墨镜,一旦取下墨镜来看谁,就意味着谁将死去。这隐喻着真正有力量的人,是不会轻易让人看到他的意图的。

俗话讲:“小不忍则乱大谋”。面对生存大计,该低头则低头,情绪自我调节很重要,不然大目标无法实现,还有可能遭遇大的灾难。

(2)“直来直去,自讨没趣”,做事含蓄一些为好。

一只小鸟正在飞往南方过冬的途中。天气太冷了,小鸟冻僵了,从天上掉下来,跌在一大片农田里。它躺在田里的时候,一头母牛走了过来,而且拉了一泡屎在它身上。冻僵的小鸟躺在牛屎堆里,发觉牛粪真是太温暖了。牛粪让它慢慢缓过劲儿来了!它躺在那儿,又暖和又开心,不久就开始高兴地唱起歌来。一只路过的猫听到了小鸟的歌声,走过来查个究竟。顺着声音,猫发现了躲在牛粪中的小鸟,非常敏捷地将它刨了出来,并将它给吃了!

看完这则寓言,你有什么样的感想呢?

其实,我们经常会像这只小鸟一样,高兴的时候意气风发,忧伤的时候满脸阴云,喜怒哀乐全部写在脸上。需要指出并应吸取教训的是我们在很多情况下并没有意识到这样做有什么危害。

(3)避实就虚,无往而不胜。

第二次世界大战就要结束之时,反法西斯联盟的三位巨头,美国总统杜鲁门、英国首相丘吉尔、苏联主席斯大林齐聚波茨坦进行会谈。会议进行期间,杜鲁门别有用心地对斯大林说美国已经研制成功一种新式杀伤武器,其威力比最先进的导弹还要大许多。他暗示说这种新武器就是原子弹。并且反反复复地重复着原子弹的杀伤威力问题。说完之后,杜鲁门双眼一动不动地盯着斯大林的面部表情,希望从那张沉得如同一潭静水的脸上看出一些变化。但是,杜鲁门失败了。坐在远处的英国首相丘吉尔也在和杜鲁门做着同样的事情,他从另一个角度对斯大林的神态进行了仔细观察,但结果和杜鲁门完全一样。事后,丘吉尔对杜鲁门说:"自始至终我都在盯着他的一举一动,但他没有丝毫的变化,好像一直在倾听着你的谈话,仿佛对你们的新型武器早有所知。"

本来杜鲁门和丘吉尔打算以此来要挟恐吓斯大林,想在战争结束时多捞取些利益。但见斯大林对此无动于衷,只得作罢。其实斯大林当时的精神全是装出来的。对于杜鲁门的暗示他听得明明白白,但他努力控制自己的情绪。会议结束之后,他马上离开,命令自己的科研人员加紧研制原子弹。不久,苏联也制成了自己的原子弹。

这正如古人所讲的:"君主喜欢的,臣子们都曲意逢迎;君主厌恶的,臣下便有意隐瞒。知道了君主的欲望,群臣便可投其所好了。如果喜怒不形于色,则臣子们就会显露本色,君主就不会被欺骗。"故事中的斯大林沉默无语,不声不响,结果敌人反而露出了马脚。

46. 官架子大了不值钱

摆架子一般指有的管理者自恃有权有位,常常以一种高调、张扬、专横,甚至是俯视眼光看人待事。

有段调侃摆架子的话很逗人:"骡子、马架子大了值点钱,人架子大了不值钱。因为骡子、马架子大,但把它宰杀后,骨头能多换些银子。但人架子太大,总不能在他去世火化时说,此人生前架子大,死后骨灰多,给他用两个骨灰盒。"此话虽然是逗闷子,但说明摆架子并不受人们欢迎。

(1)放低身段,会得到周围人的欢迎和认可。

有一天晚上,皇宫里举行盛大宴会,女王维多利亚忙于接见王孙贵族,却把她的丈夫阿尔倍托冷落在一边。阿尔倍托很生气,就悄悄地回到了卧室。不一会儿有人敲门,房里的人冷静地问道:“谁?”敲门人昂然答道:“我是女王。”门没有开。敲门人又敲了几下,房里人又问:“谁?”这回敲门人和气地答道:“维多利亚。”可是,门依然紧闭。维多利亚气极了,想不到以英国女王之尊,竟然敲不开一扇门。她带着愤愤地心情走开了,可是走了一半,想想还是回去。于是又重新敲门,她心平气和地说:“你的妻子。”门开了。婚姻生活中,切不可忘了自己的角色:妻子或者丈夫。除此之外,夫妻双方不应有身份、地位之别。不能平等互敬,哪来真正的幸福。

由此可见,架子放不下来,家人或下属都不会买账。有些领导一旦坐在领导的交椅,就认为自己本事大得了不得,不把下属看在眼里,谁说的话顺耳听谁的,谁说的不中听,就想办法把他搞掉。结果在一片阿谀声中做自己的美梦,梦醒的时候发现自己早已变得离心离德,甚至是孤家寡人。

尽管领导可以用高压手段迫使下属去服从、去工作,但它肯定会使其产生逆反心理,消极怠工或暗中抵制,从而降低工作效率,影响工作目标的实现。而最高明的办法则是让员工心甘情愿地去加班、去奋斗。要达到这种管理境界,领导者必须注意及时了解下属的需求、情绪、态度等等,有针对性地调整自己,最大限度地调动下属的工作热情、积极性和创造力,使他们认识到:为领导工作便是他们最大的利益和最好的选择。

(2)谦卑一点,会“民意涌流”、事业有成。

20 世纪 40 年代红都延安有一家著名的“废话公司”,它是由中共中央领导同志发起成立的,周恩来任“董事长”或“总经理”,若干普通干部和知识分子自愿成为“股东”或“董事”。公司“办公”地址在蓝家坪,虽然“经营”时间不长,但取得了很好的“效益”——不仅当时引起人们的好评,而且至今仍被人们传为佳话。

曾与周恩来有过多年近距离接触的师哲,在回忆录中较为详细地记叙了“废话公司”的由来。原来,“废话公司”就是一个俱乐部,是人们经常聚会的地方。周恩来是这里的常客,他把这里当做密切干群关系的最佳场所。在“废话公司”里,周恩来作为位高权重的中央主要领导人之一,没有居高临下的架子,没有官话、大话、套话,而是平易近人、和蔼可亲地与大家打交道,嘘寒问暖,随便“吹牛”——用师哲的话说:“常给大家讲一些趣闻逸事、意味深长的笑谈和故事”。对于有人把这种形式的交流戏称为“废话公司”,“恩来认为,辩证法是革命的,一切也都是辩证的。在闲谈中,大家不仅互相讨论各种问题,交流情况,取长补短,而且交流思想感情,使同志间的关系更加融洽”。师哲大发感慨地说:“在延安时,一般看不出谁是大干部,谁是小干部。特别是在恩来面前,大家更是无拘无束,什么话都敢讲,跟他一起工作、生活，永远不会感到枯燥、寂寞，更不会感到约束、拘谨、畏惧。他永远像冬天的太阳，给人以温暖，使人愿意与他接近。”

说到“虚心纳谏”，唐太宗也是个很好的典型。魏征任唐太宗的宰相，前后长达 16 年，他敢于直谏，是唐太宗为政上的得力助手。魏征是中国历史上有名的谏臣，曾前后向唐太宗进谏二百余次。他性情耿直，即使唐太宗雷霆震怒，其他大臣都敛气摒声，不敢抬头的时候，他仍能神色镇定，从容陈词。特别是他反对帝王追求享受，认为这往往就是政治败坏的开始。唐太宗一有这样的苗头，他就毫不客气地加以指出。一次，唐太宗外出巡游，住在洛阳显仁宫，因为供奉差一点，便对有关官员大加斥责。

魏征听说后，劝谏太宗道：“陛下因为供奉不好而斥责官员，开了这个风气之后恐怕就会弄得民不聊生了。以前隋炀帝出巡时，令各地官员攀比着敬奉最精美的食品，并以此作为赏罚的依据，结果弄得天下大乱，众叛亲离。这些都是陛下亲眼见到的，为什么还要学这一套呢?”

唐太宗听后，马上悔悟，说：“要不是你，朕是听不到这种话的。”

后来，魏征去世，唐太宗派人去魏征家里整理书函时得一表文，上面写着：“天上之事，有善有恶，任善人则国安，任恶人则国乱。”唐太宗阅后感慨万千，命公卿侍臣将这几句话记在绩板上，并让大臣们学习魏征“知而必谏”的风格，公而忘私的精神。于是唐朝大治。

贵为帝王，尚且如此，何况我们呢?

所以说，不把自己太当回事，是一种力量的展示，会得民心、获多助、成大事。如果唐太宗和“齐国三杰”一样，哪来大唐盛世呢? 坦诚而平淡地看待自己，没有人把你看成是卑微、怯懦和无能；反倒是你富有胸怀和睿智，是高明为官的一种展现。

(3)“高境界软身段”是一种管理素养。

古人说：“气忌盛，心忌满，才忌露”。软身段反映一种品位和内涵。

人生不会风平浪静，职场不会一帆风顺，任何时候都有可能出现困境，这时候，学会低调处事是一个明智的选择。学会低调就是把自己看低一点，将自己放在最低处。这并不是刻意贬低自己，也不是妄自菲薄，更不是自卑心态，而是要谦虚谨慎，避免年少轻狂，率意而为。低调还是一种从容大度，一种出自内心的自信。

低调不是不作为，而是不显摆。低调是一种自然、平和、随意的处事状态，但我们不能为了低调而低调，故意太低调，就是造作。

俗话说：“树大招风，大树易折，弱草坚韧。”人心就是这样，对于那些高傲的“下眼皮肿”的人。大家往往反感甚至心存戒备。所以，在日常的人际交往中，如果你总是端着“架子”，不近人情，千方百计地显示自己的高明，则很容易引发对方的抵触情绪。相反，如果你放低身段，主动示弱，往往能消除对方的戒备心，甚至打动对方，赢得对方的认同与支持，从而让自己获得更多拥戴。

47. 用人适当是高人

管理者用人，目的是让人才为我所用，食企之禄，为我分忧。但是如何识别人才、使用人才、最大限度发挥人才的能力，这里面有许多道理。

(1)放好梯子，搭好架子，让才能与职位一致起来。

古人曰：“君子所审者三，一曰德不当其位，二曰功不当其禄，三曰能不当其官，此三者乃治乱之源也。”可见，能当其位是任人的重要原则，是判断领导者任人是否正确的首要标准。在任人时，领导者对人才一定要量体裁衣，既不能让统御千军的将帅之才去做伙头军，也不能让县衙之才去当宰相；既不能让温文儒雅，纵论天下大事的文官去战场上驰骋，也不能让叱咤风云、金戈铁马的武将成天待在宫廷内议事。而应该辨清各自的特长，派其到相符的地方或授予其相应的职位。不当其位，大材小用或者小材大用都是任人失败之处。不当其位，当然就无法发挥人才的长处，空得满腹经纶却无处施展；大材小用造成人才的极大浪费，必挫伤人才的积极性，使其远走高飞，另谋高就；小材大用只会把原来的局面越弄越糟，成为专业发展路上的绊脚石。“用人必考其终，授任必求其当”，古人已经给现代领导们做出了榜样。

狄仁杰就是一位善于任人的官吏。有一天，武则天问狄仁杰：“朕欲得一贤士，你看谁能行呢?”狄仁杰说：“不知陛下欲要什么样的人才?”武则天说：“朕欲用将相之才。”狄说：“文学之士温籍，还有苏味道、李峤，都可以选用；如果要选用卓异奇才，荆州长史张柬之是大才，可以任用。”武则天于是擢升张柬之为洛州司马。过了几天，武则天又问贤，狄说：“臣已推荐张柬之，怎么没任用?”武则天说：“朕已提拔他做洛州司马。”狄仁杰说：“臣向陛下推荐的是宰相之才，而非司马之才!”武则天于是又把张柬之升迁为侍郎，后来又任他为宰相。事实证明，张柬之没有辜负重任。可见狄仁杰多么懂得任人应当其位的道理!

新中国成立后，中国共产党由打天下，变为治理天下。如何使那些戎马生涯、战功卓著的老帅们、将军们和民主人士，一展其长，为新中国再立新功，周恩来作为国务院总理是费了一番心思的：陈毅，人称儒将，文能治国，武能安邦，把大上海交给他管理，更能尽其才；贺龙，“两把菜刀闹革命”，戎马生涯之余，喜欢玩玩球，锻炼身体，体委主任再合适不过；傅作义，这位对和平解放北京有特殊贡献的将军，曾在兴修河套工程方面有过施工业绩，由他担任水利部部长，肯定胜任；新中国成立前一直拒绝做官的中国民主建国会主任委员黄炎培，德才兼备，出任国务院副总理兼工业部部长，恰如其分，等等。在周总理的精心安排下，可谓人尽其才，才尽其位，构成了民族振兴的伟大脊梁。这个时期的中国领导层合作共事，业绩卓著，国家发展迅速，是建国后最好的时期之一。

在周总理的眼里，人尽其才，关键是一个“尽”字。不同的人，有不同的才干，要使人尽其才，首先必须给他适合于发挥其才能的职位、任务。古人云：“人才各有所宜，用得其宜，则才著；用非得宜，则才晦”。

按照人才的不同能级，把他们放在相应的岗位上，这是周总理用人的艺术特色。

国家用人是这样，一个企业的班子要形成最佳结构也是这样：你不是统领能力强，能驾驭局面吗？可以让你当站段长；这个人业务素质好，处事果断、迅速，“危急关头不迷糊”，这就是抓安全副职的料；他做事细致，精于算计，善于理财，那管经营肯定是把好手；那个人懂政策，有谋略，会善后，号称高级“泥瓦匠”，那让他主持党委工作……

合理组合是第一步。注重引导是第二步，二者有前有后，紧密相连。重用他，是好事；不引导他，会坏事。这个引导，就是在用其长处的同时，约束其短处，抑制其不足。

某铁路分局党委部门，准备充实两个新人进来。结果，考察了两个基层车站的干部，一听反映，意见一大堆，主要看法是本人“傲气”、“清高”、“刚愎自用”。部门领导问：“人品如何？”回答说：“没发现政治素养方面的问题。”“那就好。政治素养没问题，人傲点儿说明业务素质是比较过硬的。把他拿上来放在机关里，大家都有本事，他就傲不起来了。”领导马上作了决断。事后，领导有了“急茬”的任务，就把他们二人拿去“摔打”；站段安全“管理点”是棘手的活，派他们去碰“硬”；结合部、边缘地带的分外活，有意识让他们去协调，强化他们的合作素养。几年的工夫，他们的长处更长了，短处不短了，很快被派上了用场。

(2)挖掘潜能，在优胜劣汰的竞争中用好人才。

一则“爱斯基摩人的管理方法”的短文让我们领悟了这方面的道理：

在一年四季冰封雪冻的北极世界里，狗拉雪橇是爱斯基摩人唯一的运载工具。如何让狗多拉快跑，爱斯基摩人有自己的一套管理方法。爱斯基摩人的狗拉雪橇，狗是分两个层次的，前面有一只领狗，后面便是若干只狗。爱斯基摩人给领狗规定许多特权，它单独享用食品，它单独睡好的狗舍，它还从来不挨鞭子抽打。与其相反的是后面的力狗，大家一起抢着吃，还不管饱，狗舍也是大统铺，拉雪橇时稍有走神主人的鞭子便会落下。于是，狗感不平，拉着雪橇跑起来的时候，在后面的狗就都一起想趁乱咬上领狗一口。领狗的缰绳比后面力狗的长二尺，后面的狗要咬它，势必要拉着雪橇飞跑。而领狗因缰绳长，几乎是空跑，虽然从始至终都看着差一点就要咬着领狗"傲慢的尾巴"，但到了终点也咬不着。

这一例子说明动物把趋奖避罚作为一项普遍的管理原则，我们人类也是如此。

人的才能往往是以潜能的形式存在的，没有竞争，就很难发现其潜在的能量。伯乐相马，有一个重要的方法就是让马奔跑起来，给每匹马都创造平等的表现机会，展开公开的竞争，让马充分地表现自己，那时千里马自然就会脱颖而出。用人亦是此理，如果人人都坐太平椅，吃太平饭，那么天才和庸才即使有天大的差别，也表现不出来。

在当今和平年代，把人推到死亡的边缘然后让他们放手一搏是没有必要的，但使用公平竞争这一方法，引入竞争机制，实现优胜劣汰，也可以收到陷于死地而后生的效果。

竞争可以产生忧患，忧患促使人们更加努力地工作，以期在竞争中获胜。那么为什么会有如此效果呢？这是因为它符合现代科学原理。现代科学原理认为，在生存的竞争中，人们会不遗余力地奋斗求生，充分发挥潜在的能量，爆发异乎寻常的勇气和力量，从而做到平时难以做到的事情。例如在一次火灾中，一位妇女竟把一只大木柜从二楼搬到了楼下，火灾过后三个强壮的男子才勉强把它搬回原来的位置。这样的事在生活中虽比较特殊，但是危机可以激发人们的潜能，都是人们所认同的。

物竞天择，适者生存，这是达尔文留给后人最重要的命题。竞争，是任何时候都避免不了的，在工作岗位中引入竞争机制，也是顺理成章的事。

(3)收拾"烂摊子"，要敢于启用富有权威者。

青蛙们看到其他动物都有自己的国王，便要求天神派一个国王来统治青蛙王国。

天神觉得它们的要求合理，于是便将一根又圆又粗的木头扔进池塘里。青蛙们听到木头落下的声音，吓了一大跳，全都潜到水里去了。

这根由天神扔下来的木头，其实只是一根普通的圆木，完全不具任何特殊之处，但却被青蛙们认为是天神赐予的国王。或许是畏惧这个沉默国王的威严，青蛙们说话的音量小了许多，而且，每当有任何口角或打斗要爆发之时，它们也会因为顾及国王的存在而相互约制，所以一场战争也就在无声中平息了。

不过好景不长，平静的日子并没有持续太久，青蛙们很快厌倦了这位木头国王。青蛙们发现，当它们做出一些越轨的事情时，国王并没有任何反应，当然更不曾做出任何处罚。于是，青蛙们越来越不把木头国王放在眼里，渐渐地，青蛙王国又恢复了往日吵闹喧哗的景象，王国里甚至还多了一个戏弄的对象，那就是他们的"木头国王"。

经过一段混乱无序的时期后，青蛙们觉得不能再这样继续下去了，于是再度向天神提出请求："请重新赐给我们一位国王，我们需要一个活生生的、强壮威严的国王。"很快地，新的国王从空中翩然落下——是一只强健的鹤。

鹤一落到池塘里，连招呼都没打，就把青蛙一只只吞进肚里了。

企业每个车间都是一个"王国"，企业领导者要善于识别并选派勇于负责的人去管理。对于那些"烂摊子"，这些"国王"勇于担责，拥有权威，有善于"踢三脚"的本事，你把他放在那儿，就可以放心了。保证不出半年，他就会将那"一亩三分地"治理得井井有条、利利索索。

(4)"引狼入室"，让企业经常有活力。

钓鱼爱好者都知道，如果把鱼钓上来超过几小时，放在篓子里的鱼儿往往会降低活力，所以擅长钓鱼者经常会在鱼篓里放一尾土虱。这是由于土虱生性喜欢好斗，鱼群必须持续跳、躲、闪，才能避免土虱的攻击，因此，即使经过数小时，鱼篓中的鱼还很有活力。这就是管理学的"土虱效应。"

过去，美国某地区为保护森林中的羊群，于是就把所有的狼都杀光了，结果出乎意料的是羊群却逐渐减少，同时大量羊群的繁殖使它们没有足够的食物。考虑到这种情况，当地民众又从外地引入了狼群，最后这些羊群又恢复了生机。这一事例说明了没有危机感就没有活力，甚至最终导致自己毁灭。对一个团体也是一样，如果没有压力就会缺乏动力。干好干坏一个样，干多干少一个样，就没有人愿意去多干；但分开以后，多干多得，不干就没有饭吃，这样的话，谁会不努力去干活呢？关键是生存的压力使人拼劲付出。

48. 斧利劈硬柴

阿基米德说过:“给我一个支点,我可以撬动整个地球。”这个支点就是一个恰当的工具,就是我们解决问题的主要办法。如果方法得当,即使问题再棘手,也有解决的可能。

(1)好钥匙用来开锁,好方法用来解难。

有两只蚂蚁想翻越一段墙,到墙那头寻找食物。一只蚂蚁来到墙根就毫不犹豫地向上爬去,可是当它爬到大半时,就由于劳累、疲倦而跌落下来。可是它不气馁,一次次跌下来之后,又迅速地调整一下自己,重新开始向上爬去。

另一只蚂蚁观察了一下,决定绕过墙去。很快地,这只蚂蚁绕过墙找到食物,开始享受起来。第一只蚂蚁仍在不停地跌落中重新开始。

简单的故事向我们昭示了一个深刻的道理:很多时候,方法比勤奋更重要。第一只蚂蚁毫不气馁的勇气值得我们借鉴,但是不断努力、不断失败之后,我们是否该停下来想想,寻找一个更好的解决问题的方法,这样远比我们拥有勤奋的态度要来得快。失败留给我们的不仅仅是继续努力,更多的是经验教训,需要我们从中获得些什么,改善些什么。没有失败的反思,总是一次次重复失败,只能是愚不可及。

在我们身边经常有这样的情况发生:有的人工作很勤奋,每天加班加点,但是由于方法不正确,工作绩效平平;有的人平时很少加班,工作方法正确,能用较少的时间来完成工作,绩效相当好。对于前者,或许最初上司会因为你的刻苦努力而欣赏你,但是长期下来,由于效果始终不佳,你的努力几乎等于白费。

这是一个重视过程但更重视结果的年代,我们不仅要勤奋,更要用合理的方法做事。两只蚂蚁的故事正说明了这个道理。

(2)归纳疏理,用对症下药方式各个击破。

有一个男孩,兴趣非常广泛,画画、拉手风琴、游泳、打篮球,样样都学,还要求自己全都要做到最好。可是他学的东西实在太多了,当然不可能每一次都得到第一名,在一次失败后,他变得闷闷不乐、心灰意冷,学习成绩也一落千丈,尽管父亲知道他的学业成绩变得很糟糕,但却从未责备他。

某天,晚饭过后,父亲把一个小漏斗、一袋玉米种子、一个瓶子放在桌上,并且告诉他说:“现在,我们来玩个游戏。”父亲要求他用小漏斗把玉米种子倒进瓶子里，于是男孩就把漏斗放在瓶口上，再把整袋玉米种子全部倒进漏斗里，等玉米种子自己掉下去。可是玉米粒相互堆挤着，竟然没有一粒种子掉到瓶里，男孩使劲地摇完漏斗，结果仍然无济于事。

父亲把玉米种子倒出来，一次只在漏斗中丢一粒种子，很快地，所有的种子就全都掉到瓶子里了。父亲拍拍男孩的肩膀，对他说："这个漏斗就代表你，当你把所有的事情挤在一起做时，反而连一件事情也做不了。试着一件件地做，你不但可以把它们全都做完，也可以做得更好。"

在站段里也会碰见各种"歪泥"、棘手的事，作为管理者，必须用"快刀斩乱麻"的手腕来应对，这类情形主要有三种：

一是某个车间或班组管理混乱，人心浮动，屡次发生问题，作为领导者、管理者，在认真调研，查清症结的基础上，"三下五除二"，削去弊端，整章建制，刹住歪风，使工作尽快纳入正轨。二是发生事故或重大设备故障后，现场往往狼藉遍地，运输秩序被打乱，现场人员束手无策，群龙无首，这时你的身影应迅速出现在现场，查明原因，排除故障，以最快的速度恢复运输畅通，减少不必要的损失。这样，你的果断处事能力会体现得淋漓尽致，你的形象会在上级领导及周围员工面前树立起来。三是对群体上访事件要抓住苗头，及时"消火顺气"，满足人们的合理要求，打消过分期待，对个别存心不良，故意煽动闹事的牵头人或幕后策划者，要盯住不放，分而治之，抑制并惩处个别非法行为。

(3)只要方法选得好，爱心诚心也有效。

拿破仑曾记述过他受到继母的慈爱，并从中获得鼓励和信心的故事。拿破仑说，有一天，我的父亲宣布：他即将再婚。我们大家都很担心：我们的新"母亲"是哪种人。我本人断然认为即将来到我们家的新母亲是不会给我一点同情心的。这位陌生的妇女进入我们家的那一天，我父亲站在她的后面，让她自行对付这个场面。她走遍每个房间，很高兴地问候我们每一个人。当她走到我面前时，我直立着，双臂交叉着叠在胸前，凝视着她，我的眼中没有丝毫欢迎的表露。

我的父亲说："这就是拿破仑，是希尔兄弟中最坏的一个。"

我绝不会忘记我的继母是怎样对待他这句话的。她把她的双手放在我的两肩上，两眼中闪耀着光辉，直盯着我的眼，这使我意识到将永远有一个亲爱的人。她说："这是最坏的孩子吗？完全不是。他恰好是好些孩子中最伶俐的一个，而我们所要做的一切，无非是把他所具有的伶俐品质发挥出来。"

我的继母总是鼓励我依靠自身的力量，制订大胆的计划，坚毅地前进。

后来证明这种计划就是我的事业支柱。我绝不会忘怀她教导我“当你去激励别人的时候,你要使他们有自信心”。

我的继母造就了我。因为她的深厚的爱和不可动摇的信心激励着我努力成为她相信我能成为的那种孩子。

可以想象,对一个心存猜疑的人的鼓励,都这么有效,作为企业的领导者、管理者更应饱含善待之心,对待每一个职工。当他初来乍到时,欢迎他到新岗位上班,一句问候,一个微笑,一个善意的举手投足,都会给人愉悦,给人力量,使他对未来抱有莫大的期待;当他们有了进取之心、发展之志时,即使很天真、很微小,也应适时给予肯定和认可,启发他们,诱导他们,校正他们,使其更好地把握方向,调整目标,加快脚步;他们一旦稍有差迟,碰了“钉子”,不宜有任何怪罪埋怨的举动,而是循循善诱,多加安抚,用自己过去的经历,安慰他们,告诫他们,让其振作精神,重振旗鼓,以更坚定的信念面对未来。

49. 责过无声胜有声

古人云:“感人心者,莫先乎情。”所以说,人与人之间的感情在职场中起着重要作用,甚至能改变人生的轨迹。中国古代都有“士为知己者死,人为悦己者容”的说法,说明了感情效应的巨大威力。人的性格无论多么坚强,在感情深处都有薄弱的环节,为人处世时如果能巧妙地利用它,就容易赢得人们的信任和喜爱。下属在被触动时就会得到一份感动,并将感动变成工作的动力。

一则《老和尚巧妙育人》的故事会给我们些许感悟:

一位德高望重的长老,手下有一小和尚很不听话,总是深夜翻墙头外出,天快亮时再翻墙头回来。长老一直想批评他,但没有证据。

一深夜,长老在巡夜时,在寺院的高墙边发现一把座椅,他知道是小和尚借此越墙到寺外。长老便搬走了椅子,凭感觉在这儿等候。午夜,外出的小和尚爬上墙,再跳到“椅子”上,他觉得“椅子”不似先前硬,软软的甚至有点弹性。落地后小和尚才发现不是椅子是长老的后背,小和尚吓得仓皇而去。

这以后一段日子,小和尚整天度日如年,诚惶诚恐地等候着长老的发落。但长老对此事压根只字未提。但小和尚却沉不住气了,忍受不了煎熬,找长老认了错。哪知长老宽容地笑了笑,说:“不用担心,这件事只有天知、地知、你知、我知,你怕什么?”

小和尚备受鼓舞，他收住了心，再没有去跳墙头，通过刻苦修炼，成了寺院里的佼佼者，若干年后，成了这儿的长老。

宽容是一种胸怀，更是一种智慧。我们传统的儒家之道提倡“忠恕”之道，其中的“恕”的意思就是“己欲立而立人，己欲达而达人”，那么如何“立人”？如何“达人”？答案之一就是，宽容。只有那些胸襟开阔的人才会自然而然地运用宽容。宽容是一首优美动听的歌，她给宽容的发出者也带来好心情。也许她的效应不在眼下却在将来，但不管怎样都是美好的。让我们学会宽容。

有一句名言：“语言是人生活的一种工具，看你怎么使用。”还有“良言一句三冬暖，恶言半句六月寒”、“话有三说，巧说为妙”的说法。如果你批评的话巧包装用赞美的口吻讲出来，会收到截然不同的翻倍效果。

著名教育家陶行知先生《四个糖果》的故事会打开你的眼界。

育才小学校长陶行知在校园看到男生王友用泥块砸自己班上的男生，当即斥止了他，并令他放学时到校长室里去。

放学后，陶行知来到校长室，王友已经等在门口准备挨训了。可一见面，陶行知却掏出一块糖果送给他，并说：“这是奖给你的，因为你按时来到这里，而我却迟到了。”王友惊疑地接过糖果。随之，陶行知又掏出一块糖果放到他手里，说：“这块糖也是奖给你的，因为当我不让你再打人时，你立即就住手了，这说明你很尊重我，我应该奖你。”王友更惊疑了，他眼睛睁得大大的。

陶行知又掏出第三块糖果塞到王友手里，说：“我调查过了，你用泥块砸那些男生，是因为他们不守游戏规则，欺负女生；你砸他们，说明你很正直善良，有跟坏事作斗争的勇气，应该奖励你啊！”王友感动极了，他流着眼泪后悔地说道：“陶……陶校长，你……你打我两下吧！我错了，我砸的是自己的同学呀！……”

陶行知满意地笑了，他随即掏出第四块糖果递过去，说：“为你正确地认识错误，我再奖给你一块糖果，可惜我只有这一块糖了，我的糖完了，我看我们的谈话也该完了吧！”说完，就走出了校长室。

上述故事起码对我们有四个启发：

(1)责备的话要用委婉的语气讲出来。

老和尚对小和尚深夜私自外出没有直接训斥，而是通过用脊背当椅子防止他跳墙头摔伤的行动来保护他，让他受到温暖的“感情刺激”。“天凉了，回去睡觉吧”的一句关怀胜过千言万语，可见，关心体贴比直接训斥更有效果，“良心的触动比鞭子责打烙印更深些。”

(2)沉默是金银财宝，唠叨是催眠劣药。

沉默是重要的交流方式，“语言则是误会的根源”，有时比语言更管用的东西那就是沉默，面对小和尚违规，老和尚没有说更多的话，而是通过一个眼神、一个行动来表达自己的意图，小和尚读懂意图就会欣然自觉地调整规范自己的行动。

现在有些管理者面对下属的失误、失当，整天喋喋不休地唠叨，不但未带来服从和尊重，反而会带来反感和对抗。因此看来，适当的沉默会给下属一个反思的空间，他们通过思考和省悟，肯定会出现一个新的面貌。

(3)以情攻心，要做到恰到好处。

企业领导应充当老师或师傅的角色，变挑剔为引导，给指责裹上一个“糖衣”，适当包装，就像陶行知校长善待小学生那样，循循善诱，通过巧妙的话语让下属领悟错在哪儿，到底应该怎么做。领导的话要点到为止，恰到好处，见好就收，防止下属丢面子。

(4)浇树要浇根，带人要带心。

下属的需求不只是反映在物质条件上，有时候精神慰藉更重要。平时管理者下现场时，见到职工拍拍肩膀，拉拉手，给一个满意、鼓励的微笑，下属也会很开心，会感到上司尊重他、认可他，自己的岗位不可缺少。

50. 打开心扉话儿甜

确实，语言不仅是交际的工具，更是一门学问，一门艺术。有的人缺少“嘴”上的功夫，说话乏“术”，因此，言谈表达往往“话不投机”，以致很难把事情办好，有时甚至还会将好事办砸；而有的人则能得体地运用语言准确地传递信息、表情达意，有的领导能反映下属意愿和需求，把话说到大家心坎上，点“语”成金，使所言收到上佳的表达效果。

某年，一个铁路学校教职工情绪不太稳定。经过了解，发现主要是对少数教师利用不坐班的机会“偷偷摸摸”外出任教有意见，有的甚至称病不在本单位任课，外出“揽活”，造成大家议论纷纷。对此，怎么处理？有人提出，要取消不坐班的规定，堵塞后路；有人要求对不自觉的外出“揽活”者，免除奖金，严肃处理。许多管理干部和现场工人也同意这一看法。这时，一位领导干部经过调查分析，向领导层提出了一个想法迥异的独特建议。班子成员经过研究，决定予以采纳。单位领导立即在大会上宣布：

(1)提高老师奖金 200 元，从下月起实行。

(2)加强老师月度工作考核,教学质量、课时同奖金挂钩,奖优罚劣。

(3)鼓励老师到其他学校任课,只要不影响本单位教学任务,任何人不得干预。

(4)继续实行老师不坐班制度。

原来,那个领导干部经过调研认为,这个学校老师奖金偏低,加上有些人对老师工作性质怀有偏见,造成老师自身认为外出“揽活”理不直气不壮,偷偷转入“地下”进行,反而带来更大的非议。领导层的决定宣布后,引发轰动,老师工作的积极性倍增,分内活主动干,“揽”来的活兼职干,丢掉了不必要的顾虑。其他人员也很快改变了看法,认为领导决定既“导而不堵”,顺应潮流,又改变了传统思维习惯,特别是老师外出兼课促进了自身素质提高,可谓一举三得,不失为明智之举。

正如大哲学家老子所说:“美言可以市。”其意思是:如果一个人善于驾驭语言,便可以用之去交换自己所需要的东西。不擅“说”道的人,可能就注定要一辈子平庸。深谙说话之“术”的人,却常常能在最不可能处达到目的见到收效。

“心”的激励,是根本的激励,领导者要想做到适策可人,必须诚心待人,而诚心待人的前提就是了解熟知对方的意愿和心绪。

1959 年 12 月 14 日,周恩来总理在中南海接见了曾经是国民党战犯的第一批特赦人员。十一名新公民刚刚走进客厅大门,周恩来第一个站起身,走到他们面前,依次握手,一一祝贺。当走到一位头发花白者面前时,周恩来叫了一声:“曾扩情。”

这个名叫曾扩情的是黄埔军校第一期毕业生,曾经在任黄埔军校政治部主任的周恩来麾下当少校科员,跟随周恩来参加过第一次大革命。三十年来,周恩来不忘他的名字,不忘他的面容,他泪流满面,抬起头来,半晌才说出一句话:“周先生,我走错了路,对不起你!”

在场的十一名新公民中,除溥仪、陈长捷、卢浚泉外,都是清一色的黄埔学生,他们也和曾扩情一样落了泪。黄埔师生的情感是容易交融的。周恩来的声音虽然不像他们那样沙哑,也不像他们那样低沉,但是,非常明显地,他的眼圈红润了。

周恩来最终微笑着招呼客人们入座。他看出他们都很拘谨。为了缓和他们的紧张心情,他指着习仲勋对杜聿明说:“他是你的老乡!”习仲勋和杜聿明都是陕西人,周恩来一句话就缓和了当时的紧张气氛。然后,他询问杜聿明的年龄和健康状况。杜聿明回答说,已经五十五岁了,身体健康。周恩来说:“你还年轻嘛,还可以为国家做不少事情。”杜聿明听到总理的勉励,神色自然一些了。他谈到自己对人民犯有罪行，深感内疚。周恩来接上去说："你过去是有罪行的。认识了，愿意改就好嘛！说起来，我也有一定的责任，你是黄埔的学生，我当老师的没有把你们教育好，你走上了另外一条路。"几句话说得杜聿明心情很激动，一再表示要继续认真改造，戴罪立功。

陈长捷在解放天津时曾和我军激战数十小时，然后被俘的。他的神情比杜聿明更显得紧张，他讲自己的罪恶重大，受到中共宽大释放，十分羞愧。

周恩来说："你原来是国民党的军官，服从上级的命令，那是过去的事，现在可以立功赎罪嘛！"

"爱国一家，爱国不分先后，来去自由。你们愿意的话，可以留在北京，想回台湾也可以。回去后，想再来也可以，要到别的国家去也可以。"周恩来讲完后，又对他们的生活、工作和学习，都做了妥善安排，还提出让他们到各地参观，看一下祖国的新变化。最后，当他们特意走到周恩来面前，向自己的恩师辞行的时候，周恩来再次握着他们的手，送到客厅大门，用一种叮嘱的语气，发布了一道命令："你们一定要回家过年，骨肉团聚。"

于丹说过一句话：在某些时候或场合"用心多于用脑，诚意大于技巧。"事情确实这样，有些高层管理者，从职务上讲，确实高高在上，让人仰慕，但从不给人居高临下之感，在下属和普通人面前，他们是兄长，是知己，是良师益友，比如讲周恩来，理发员给他刮脸时，因突然咳嗽被刮脸刀划破脸，他以"都怪我，咳嗽前应该告诉你"来自咎，迅速解除理发员的窘境。

俗话讲："以诚感人者，人亦诚相应"；"百心不可以得一人，一心可得百人。"

只有坦诚待人，以诚动人，善于以心换心，才能赢得他人的支持与合作。反之，如果你虚情假意、"别有用心"，则只能招来反感和敌视。

有位西方哲人说过："世间有一种成就可以使人很快完成伟业，并获得世人的认识，那就是讲话令人喜悦的能力"。周总理的言谈举止，再次印证了这一论断。

有时候，当事人在说话之前，还要搞清对方的意图，以及对方想听什么、爱听什么、最需要什么，否则，说了还不如不说。也就是说，要揣摩听者的心理。

一个理发师傅带了个徒弟，徒弟学过一段时间后开始给顾客服务了。第一个顾客抱怨他，"头发留得过长。"徒弟无言以对，师傅笑着解释，"头发长，使您显得含蓄，这叫深藏不露，很符合您的身份。"顾客听了高兴而去。徒弟给第二个顾客理好发后，顾客照了照镜子说，"头发好像剪得短了点。"徒弟无语，师傅笑答，"头发短，使您显得精神、朴实，让人感到亲切。"顾客听完欣喜而去。遇到第三个顾客，徒弟小心谨慎，不料理完发，顾客一边交钱一边抱怨，“时间花得太长了。”徒弟一脸茫然，师傅忙说，“为‘首脑’多花点时间很有必要，您一定听说过：进门苍头秀士，出门白面书生。”顾客听罢，大笑而去。到第四个顾客时，徒弟在小心谨慎的同时加快了速度。这回顾客摸着头有些疑惑地说，“我好像还没有这么快就理完过头发。”师傅又一次笑着抢答，“如今时间就是金钱。‘顶上功夫’速战速决为您赢得了时间和金钱啊！”顾客欢笑告辞。

晚上，徒弟纳闷地问师傅：“您为什么处处替我说话？”师傅宽厚地一位理发师傅说：“每件事都有两重性，有对有错，有利有弊。我为你说话作用有二：一对顾客来说，是为了让顾客高兴；二对你而言，既是鼓励又是鞭策。万事开头难。我希望你以后把活做得更好，并注意与顾客交流。”从此以后，徒弟心怀感激刻苦学艺，不仅理发技艺日渐精湛，为人处世也游刃有余，生意红红火火。理发师傅的寥寥数语不仅化解了顾客的抱怨和责难，还由此激发了徒弟钻研技术的潜能，关键就在于他准确地抓住了顾客和徒弟的心理需求，疏通了人际沟通的通道，从而也就抓住了管理的根本。

应该说，理发师的高明之处，就是不管出现什么情况，都是提前有所预测，又能及时“善后”；既能调节顾客心理，又能同大家形成共识。

一则故事反映了热诚公正待人的必要性：

《战国策》记载：有一次管燕得罪了齐王，便问他的左右：“你们有谁能为我到诸侯中去奔走一番呢？”左右闻言没有一个人回答。管燕难过地流下泪来，叹道：“可悲啊！士人为什么那样容易得到，却这样难以使用啊？”

有一个叫田需的答道：“士人在您这儿一日三餐还没吃不饱，而你总是吃好的且不说，连您养的鹅、鸭，饲料都吃不完；您的后宫仆妾穿着都是绫罗绸缎，而士人想用它们做个衣上的沿边儿也不可能。况且财货是您所看轻的，生命却是士人最看重的。您不肯把您所看轻的财货送予士人，却要求士人以他们所看重的死为您效劳，这不能说‘士人容易得到却难以使用’啊！”

从这个故事中，我们不难看出，虽然管燕收罗了不少门客，却不能真正地关怀他们、尊重他们，其心不诚，难怪他会发出“士何易得而难用”的感叹了。

英国前首相撒切尔夫人则是讲究“以诚待人”的高手，她要“用”的是她的老上级、死对头希思。

1975 年，撒切尔夫人击败前任希思，当选为英国保守党领袖，从此与希思结下了“梁子”。

撒切尔夫人当选后，认识到为了团结全部力量参加首相大选，必须弥合与希思的裂痕，恢复保守党的团结，稳定自己的后院。由于希思在党内追随者不少，势力不能低估，他又在国际上声望较高，影响较为巨大。没有他的支持与合作，要战胜执政的工党，有较大困难。为了获得希思一派的支持，撒切尔夫人主动捐弃前嫌，表现出一种虚怀若谷、不念旧恶的气量，以诚相待希思。

她获胜的第一个行动就是去拜会希思，热情地邀请他参加影子内阁，但被希思一口回绝了。

撒切尔夫人并未就此灰心，在以后的日子里，她总是向别人赞扬希思的政绩，又采纳了一些希思的观点。她的诚意终于感动了希思，希思也就顺势发表了对撒切尔夫人的"完全信任"，支持影子内阁的声明。至此，撒切尔夫人不仅确立了自己在党内的领袖地位，而且赢得了一位最为关键的人才，为登上首相宝座奠定了基础。

只要你怀着诚意去对待别人，别人自然也会报之以诚意；如若你付出了十足的诚意，却仍不能得到对方的回报，那只能说明对方的德行和修养不够好，这样的人，不要也罢。

古人说："一言兴邦，一言丧邦"，说明正确的待人之道，"士易得也易用"，同人打交道，交朋友，应设身处地为别人着想，与人为善，以诚相待，宽容大度。只有做到了真心待人，而且又能用热心友善的话语来表达自己的真情，就能获得下属的信任、尊重和友爱，从而赢得民心，成就事业。

51. 付出尊重得拥戴

一句老话讲："人可以有傲骨，不可以有傲气"。作为一名企业管理者，应该做到谦和待人，谨慎做事，只有如此才能取得大家的信任和支持，才会在团队遇到困难和灾祸的情况下，与同事和下属风雨同舟，渡过难关。相反，如果事事自恃高人一头，大人一膀，用优越的眼光自视，用蔑视态度看人，那就与人话说不到一起，事干不到一块儿，最后落个被人冷落、众叛亲离的结果。

一则周总理平易近人、访贫问苦获实情的事例给人许多启发：

1961 年 5 月 3 日，周恩来来到河北省武安县的伯延村公社。他这次到农村考察，带着三个题目：食堂、供给制、包工包产。

周恩来在伯延村调查了 4 天，广泛听取群众的意见。农民们也知道"宰相"的分量，见总理挨个问他们，他们不敢乱回答。周恩来见群众对食堂有顾虑,就说:“食堂是上面叫办的,下面说好,我们就相信了,现在一调查,不好。不好咱们就不办!”会场气氛顿时活跃起来,12 名社员代表都敞开喉咙反对办食堂。

其实,周总理一行早就“偷袭”了一次食堂。到武安的第一天中午,总理提出到食堂用餐。干部们怕“露馅”,赶快叫社员先打饭吃。等总理一行人用餐时,根本见不到社员的影子,只见桌上为他们备了猪肉和鸡蛋。总理问:“平时你们也吃这么好吗?”“是的,是的。”“那你们比我们在北京生活还好啊! 不过,今天,我不能吃。苏联逼债,我立了规矩,不吃鸡蛋,不吃猪肉。给村里的病号吃吧,他们比我们需要。”于是一碗肉和一盘炒鸡蛋被总理让工作人员端走了。

村干部以为总理不会再去食堂了。可是第二天,总理又在另一个自然村的食堂出现了。周恩来径直走到大锅前,揭开锅盖,见里面还剩些玉米糊糊,二话不说,拿碗就盛。炊事员慌了,要用干净毛巾替总理擦擦黑黝黝的碗。总理摆摆手:“这没关系,不用擦。”玉米糊糊下肚了,总理心里对食堂的情况也清楚了一半。

总理又一次召集社员开会,社员们挤了一大屋子。开始群众不敢说话,敢说话的人也只说食堂好,能吃饭。总理见老百姓有压力,便笑着指指墙上的画像:“我叫周恩来,就是墙上的那个人,你们看像不像? 这次我来是想听听大家的心里话,有话只管说,说错了也不要紧。”大家依然不敢说。周恩来见一个蹲在他身边闷头吸烟的中年人,就问:“你叫什么名字? 为什么不说话?”别的人回答说他叫“二廷”。

二廷见总理问话,猛地跳起身,直着脖子:“总理,您叫说真话? 还是假话?”

“当然是真话啦!”

二廷作出一副豁出去了的模样:“刚才说的食堂好,全是假话! 食堂不好,食堂吃不饱。”

总理立起身子,认真地问:“为什么吃不饱?”

“总理您算算,一共几两指标? 司务长、炊事员多吃一点,他们的老婆孩子爹娘老子再多吃一点,干部多吃一点,到我们社员嘴的才有三四两,能吃饱吗? 要自己做,汤汤水水的总能糊饱肚子。别看我死了老婆,一人拉扯几个娃娃,我还是愿意自己做!”二廷的话像拉开闸门,大家七嘴八舌诉说食堂的苦处,有人竟然号啕大哭起来。

周恩来的心在一点点下沉,这比指他的鼻子骂他还难受啊。老百姓在食堂挨饿,可是中央还不知道,他这个总理还不知道,惭愧啊!“乡亲们,我这个总理没有当好，让大家挨饿了。食堂不好，就不办！”

周恩来的眼睛潮湿了，激动地说：“二廷，你是我下来碰到的第一个敢讲真话的人。你批评得对，我很难过。上面不了解情况，下面乱指挥，搞得你们减了产，生活困难，我这当总理的能不难过吗？我周恩来走南闯北，很少有人能说住我，今天算你行，说住了我。二廷，咱们交个朋友吧！”

第二天清晨，周总理找到了二廷的家。“总理请坐吧，我家又穷又小，就坐床上吧。”总理看看床上，几个孩子还在梦乡。“二廷，真不容易啊！四个孩子，你又当爹又当妈，够累的啊！”“不累不累，总理管大事才累呢。”总理抚摸着那个最小的女孩的头说：“我和邓颖超没有孩子，我帮你带个女儿吧，养大后再送回来。”二廷的头耷拉得更低了。

在伯延村的几天里，周恩来总理总想争取“独立自由”。工作人员刚见他歪在椅边休息，转眼就不见了。大家好紧张，赶快分头去找。

那一天，总理发现不远的一户人家的烟囱里冒烟，就去了解究竟。当时只让社员吃食堂，不让在家里做饭，住家的烟囱冒烟是不正常现象。冒烟的那户老农招呼他坐，周恩来一屁股就坐在人家的门槛上和主人攀谈起来。

“您多大岁数了？”“65岁，老了，不中用了。”“比我大一岁。我属狗，也老了，不中用了！您留过辫子吗？”“留过。”“我也留过，还挺长的。”“甚？总理也有过辫子？”“总理也不是生下来就是总理。那时谁不留？不留还不漂亮呢！”“嘿嘿……”两位老人都乐了起来。都是留过辫子的人，交谈起来格外亲切。“老哥，您为啥不入食堂？”“食堂吃饭不对胃口，自己做饭方便，想吃什么就吃什么。不想吃了，粮还在家搁着，飞不了。食堂吃饭不吃白不吃，谁也不省着点……要是不办食堂，种地的庄稼户谁能不省着点儿过？粮多少还会有点儿的，也不会饿成这德行！”

“是啊！我和邓颖超也入过食堂，开会多，来人多，不方便啊，不几天我们也退了食堂。”

“您不入食堂当然可以呀，您是大官，谁还敢怎么样您？我不行，我不入，人家斗我，说我是社会主义绊脚石。”

“老哥，不能这么说。我不入食堂，就不是社会主义总理？以前我不专管粮食工作，现在却要天天过问粮食情况，你们没粮吃，就不要我当你们的总理了。大官也会被老百姓罢掉的啊！”

老农张开嘴乐呵呵地笑：“家家都有难念的经，总理也有疙瘩的时候……”

5月6日，周恩来临离开伯延村时，又召集社员开会，他亲口告诉大家一个决定——伯延村解散食堂！

7日凌晨3点，周恩来给远在上海视察的毛泽东主席挂通了电话，详细地汇报了这次在农村考察的情况。后来，他又给毛主席做了书面报告。

从这个故事中可以看出真诚纯朴之人对他信任的领导者是不设防的，诚实、谦和是促使别人讲实情的有效方法。相互间信任可以扫除沟通中的任何障碍，当你信任对方，对其敞开心扉的时候，对方反过来也会加倍回报你。你得到的实情越多，改进推动工作的力度就越大，一个团体乃至一个国家民族都会从中获益。

一则周总理《对"重要指示"、"接见"说"不"》的事例读来倍感亲切：

周恩来有一次做形势报告，国内、国外讲了一个下午，讲的内容非常重要。记者采写时稿子上有一句"周恩来总理做了重要讲话"，交给他本人审阅时，别的地方都没改动，他就把那个"重要"二字圈掉了。有一次开座谈会，大家发言完了，主持会议的人说："现在请周总理作指示。"他说："不是，不是'指示'，我个人发言就是个人意见。我今天这个发言并不是中央通过了，可能对，也可能不对。我说错了，大家可以批评。"还有一次，他会见外宾，新闻稿中写的是"周恩来总理今天接见了……"他把记者找过去，说："不要用这个'接见'，应该用'会见'。""中国封建社会时代，皇帝老子都是接见外国大臣，接见下属官员。他是高高在上，老子天下第一。他接见你，你是在下面，他是在上面。这也是一种封建观念。我是社会主义国家的总理，不管会见什么人，中国人还是外国人，都处在平等的地位。所以你们要用'会见'，不要用'接见'。"

1961年，周恩来总理出访归来，第二天在报纸上就有消息说"周总理神采奕奕地走下飞机"。看到报道，周恩来叫值班秘书把记者找来，指着报纸上的消息说："现在国家遭难，人民受苦，我周恩来凭什么还'神采奕奕'？"他还说，我们共产党的干部都是人民的公仆，现在，天灾人祸搞得我们连饭也吃不饱，我周恩来作为国家总管，居然还"神采奕奕"！这样宣传"上不合乎国情，下不安于民心"。

"人心都是肉长的"，领导和群众打成一片，知民心、解民情、消民怒，就能上下同欲，心心相印。这里有个铁路站段的真实例子：上世纪60年代初三年困难时期，某机务段职工"饥寒交迫"，无精打采，全段"机车趴窝，火车停坡"，检修车间十几天洗修不出一台车。这时铁路局派去了新段长，新段长上任后下班组，访单身宿舍，同职工谈心。很快就整治了食堂，清除了食堂"蛀虫"，并把机关各办公室炉子都搬到单身宿舍。几个举动不言自明，使职工精神大振，忍受着暂时困难，修机车、拉大列，机车"趴窝"、"坡停"的现象一扫而光。

52. 巧避忌讳赢认同

“忌讳”就是人的短处或生理、生活经历方面的缺陷缺失。就像鲁迅先生笔下的阿Q头上长了秃疮,就害怕别人说光、说亮一样。“守着瘸子不说短话”,历来大多人们就有喜褒不喜贬的习惯,绝对不应当着武大郎说“矮”,看见麻子脸讲“坑人”一样。特别是管理者,应注意尊重下属的隐私和“伤疮”,维护正常的上下级关系。

(1)揭人之短、戳人之痛是情绪失控、责人失当。

古代有一则故事,说的是有一个叫鱼子的人,生性古怪,对人尖酸刻薄,总好揭人短处并以此为乐。有一天朋友们坐在一起吃酒,其中一个叫吴丑的因老婆管得太严而不敢多喝。鱼子吵吵嚷嚷地说:“你们知道吴丑为什么不敢吃酒吗?是他老婆管教得太严了。吴丑有一次喝醉了酒,还被老婆打了几个耳光呢!”吴丑被鱼子当众揭了短处,恼羞成怒,拂袖而去,大家也弄了个不欢而散。

生活中像鱼子这样的人不乏其人,他们认为,只有揭了别人的“短”才足以证明自己的“长”,以此来获得心理上的满足。却不知这样做的结果只能使人们对他避而远之。

要与他人友好相处,就要尽量体谅他人,维护他人的自尊,避开语言的“雷区”,千万不可揭人之短,戳人之痛。

我们每个人都会有缺陷、弱点,这也许是生理上的,也许是隐藏在内心不堪回首的经历。尤其是生理上的缺陷,我们无法去改变它,而且内心也许常为此懊恼。不可以拿对方的缺陷来开玩笑,就算为自己的利益着想,也不应去触痛别人的“疮疤”。因为对任何人来说,被击中痛处,都会引起不快。

人们这所以有忌讳,怕别人揭自己的短处,说到底是自尊心问题,怕脸面上过不去。所以,你若想获得朋友,就一定不要触痛他们的“软肋”。

(2)伤人脸面是自取其辱、徒劳无益。

说话是人的天赋本能,但良好的谈吐却要靠后天的练习。说话,对于一个人来说是一门艺术。言语是人生不可缺少的一种传达思想感情的工具。善于说话,小则可以欢乐,大则可以兴国。虽然每个人都知道说话,但话说得好的人却不多。“说出去的话,泼出去的水”,切记“刀只有一刃,舌却有百刃”,舌头捅的娄子,用手是填不平的。

明太祖朱元璋出身贫寒,做了皇帝后自然少不了昔日的穷亲戚穷朋友到京城投靠他。有位朱元璋儿时一块光屁股长大的好友,千里迢迢从老家凤阳赶到南京,几经周折总算进了皇宫。

一见面,他便当着文武百官大叫大嚷起来:"哎呀,朱老四,你当了皇帝可真威风呀!还认得我吗?当年咱俩一块儿光着屁股玩耍,你干了坏事总是让我替你挨打。记得有一次咱俩一块偷豆子吃,背着大人用破瓦罐煮。豆还没煮熟你就先抢起来,结果把瓦罐都打烂了,豆子撒了一地。你吃得太急,豆子卡在嗓子眼儿还是我帮你弄出来的。怎么,不记得啦!"这位老兄还在那喋喋不休唠叨个没完,宝座上的朱元璋再也坐不住了,心想此人太不知趣,居然当着文武百官的面揭我的短处,让我这个当皇帝的脸往哪儿搁。盛怒之下,朱元璋便下令把他杀了。

这位穷朋友犯了揭短的致命错误,尤其揭短的对象是已贵为天子又极要面子的朱元璋,他的人头落地也就不奇怪了。

其实,无论对象是谁,口无遮拦都是要不得的。即便当时没危险,但是你给对方心里结下疙瘩,终究没什么好处。

也有的人把自己的面子看得贵如金,却把别人的面子看得贱如纸。他为了自显高明,无视他人尊严,甚至将对方逼进墙角到了忍无可忍的地步。其结果,也不过是自取其辱罢了。

素来以傲慢无礼、举止粗鲁而闻名于世的赫鲁晓夫就曾尝到过伤人面子的苦头。那是 1957 年,美苏首脑举行会谈,美国副总统尼克松应邀出访苏联。在此之前,美国国会通过了一项《关于被奴役国家的决议》。这一决议受到苏联最高领导人赫鲁晓夫的激烈抨击,本来他可以采取其他比较得体的方式表达自己的看法,但赫鲁晓夫却选择了一个既失身份,又伤人尊严的方式。

在美苏首脑会谈中,他指着尼克松吼着:"这项决议很臭,臭得像马刚拉的屎!没有什么东西比那玩意儿更臭了!"

在这种关系到国家和民族尊严的场合,尼克松当然也不会示弱,他知道赫鲁晓夫年轻时曾当过猪倌,就慢条斯理、一字一句地说:"恐怕主席先生说错了,还有一样东西比马粪更臭,那就是猪粪。"

赫鲁晓夫不禁一时语塞,尽管他是一个很有自制能力的领导人,也不免被搞得满脸通红。

在人际交往中,只有维持住双方面子,则一切争端都有回旋余地;一旦撕破面皮,就可能发展到双方都无力控制的局面。为了自己的面子,不给别人留余地,绝对是做蠢事。

(3)批评人要留有余地,顾及下属的面子。

管理者与员工有级别之分,但没有高低贵贱的区别,作为上级绝对不可出言不逊,说出“你真笨”、“简直不可理喻”一类的话,伤害双方的感情,引起下属的反感或反抗。

下属犯错误是正常现象,出现过失不是偶尔为之,就是无知出错,属于后者的话,那领导的教育责任也有一份,如果是前者,那就有管理失察的问题。

防止犯错的方法有两种,一种是让人不能犯错,一种是让人不想犯错。前者是强制手段,见效快而难服人心;后者是沟通艺术,见效较慢但作用持久。要想让一个人对自己的行为真正负责,不仅要提升他的自尊和良知的觉醒,还要设法帮他保住面子,以免他自暴自弃。

同员工谈话时,口气非常重要,同一种意思,同一个出发点,表达得过于激烈,就会伤害到对方的自尊,领导如果经常有意无意地伤害员工,就会拉大双方的距离,使得鸿沟越来越深。

与下属打交道,千万不要“哪壶不开提哪壶”。具体一点儿说,就是别涉及员工隐私,不讲伙计的伤心事,不议论尴尬话题。

对于员工的尊重,还表现在说话留有余地上。一边赞扬对方的长处,一边提出具体的建议,不下绝对式的结论,给自己和对方都留一点余地,就可以达到沟通的目的。

作为领导者,尊重员工,也是尊重自己,同时会为自己赢得尊重。如果员工长期得不到尊重,人格受到伤害的结果就是“以眼还眼,以牙还牙”,到那时受影响的就不只是双方甚至会损害到整个企业。

(4)引导下属“洗心革面”,尽量不遮丑护短。

当然,任何事物都有一个“度”,死要面子,拒不改过,愧对企业和全体员工的业绩,听不得任何形式的帮助和规劝,也是不可取的。

53. 公平是秤,机制是砣

大家知道,企业管理的深化,守旧一步,山穷水尽;创新一步,海阔天空。不通则变,用到思维上就是不破不立,在变化中调整思路,解决问题。“人叫人动人不动,机制调动积极性”。

(1)提升整体随机应变能力。

在一次培训课上,企业界的精英们正襟危坐,等着听管理学教授关于企业运营的讲座。门开了，教授走进来，矮胖的身材、圆圆的脸，左手提着个大提包，右手擎着个圆鼓鼓的气球。精英们很奇怪，但还是有人立即拿出笔和本子，准备记下教授精辟的分析和坦诚的忠告。

“噢，不，不，你们不用记，只要用眼睛看就足够了，我的报告非常简单。”教授说道。

教授从包里拿出一只开口很小的瓶子放在桌子上，然后指着气球对大家说：“谁能告诉我怎样把这只气球装到瓶子里去？当然，你不能这样，嘭！”教授滑稽地做了个气球爆炸的姿势。

众人面面相觑，都不知道教授葫芦里卖的什么药，终于，一位精明的女士说：“我想，也许可以改变它的形状？”“嗯，很好，你可以为我们演示一下吗？”

“当然。”女士走到台上，拿起气球小心翼翼地捏弄。她想利用其柔软可塑的特点，把气球一点一点塞到瓶子里。但这远远不像她想的那么简单，很快她发现自己的努力是徒劳的，于是她放下手里的气球说道，“很遗憾，我承认我的想法行不通。”

“还有人要试试吗？”

无人响应。

“那么好吧，我来试一下。”教授说道。他拿起气球，三下两下便解开气球嘴上的绳子，“嗤”的一声，气球变成了一个软耷耷的小袋子。

教授把这个小袋子塞到瓶子里，只留下吹气的口儿在外面，然后有嘴巴衔住，用力吹气。很快，气球鼓起来，胀满在瓶子里，教授再用绳子把气球的嘴儿给扎紧。“瞧，我改变了一下方法，问题就迎刃而解了。”教授露出满意的笑容。

教授转过身，拿起笔在写字板上写了个大大的“变”字，说道：“当你遇到一个难题，解决它很困难时，那么你可以改变一下你的方法。”他指着自己的脑袋，“思想的改变，现在你们知道它有多么重要了。这就是我今天要说的。”

精英们开始交头接耳，一些人脸上露出顽皮的笑意。教授按下双手示意大家安静，然后说：“现在，我们做第二个游戏。”他的目光将众人扫视一遍，指着一个戴眼镜的男子说：“这位先生，你愿意配合我完成这个游戏吗？”

“愿意。”戴眼镜的男子走到台上。

教授说：“现在请你用这只瓶子做 5 个动作，什么动作都可以，但不能重复。好，现在请开始。”

男子拿起瓶子，放下瓶子，扳倒瓶子，竖起瓶子，移动瓶子，5 个动作瞬间就完成了。教授点点头，说道："请你再做5个，但不要与刚才做过的重复。"

男子又很轻易地完成了。

"请再做5个"

等到教授第五次发出同样的指令时，男子已经满头大汗、狼狈不堪。教授第六次说出"请再做5个"时，男子突然大吼一声："不，我宁愿摔了这瓶子也不要再让它折磨我的神经了。"精英们笑了，教授也笑了，他面向大家，说道："你们看到了，变有多难，连续不断地变几乎使这位先生发疯了。可你们比我还清楚商战中变有多么重要。我知道那时你们就是发疯也要选择变，因为不变比发疯还要糟糕，那意味着死亡。"

现在，精英们对这场别开生面的讲座品出点味道了，他们互相交换着目光。

停了片刻，教授又开口了："现在，还有最后一个问题，这是个简单的问题。"他从包里拿出一只新瓶子放到台上，指着那个瓶子说："谁能把它放到这只新瓶子里去？"

精英们看到这只新瓶子并没有原来的那个瓶子大，直接装进去是根本不可能的，但这样简单的问题难不住头脑机敏的精英们，一个高个子的中年男子走过去，拿起瓶子用力向地上掷去，瓶子碎了，中年人拾起一块块残片装入新瓶子。

教授点头表示称许，精英们对中年人采取的办法并没有感到意外。

这时教授说："先生们、女士们，这个问题很简单，只要改变瓶子的状态就能完成，我想你们大家都想到了这个答案，但实际上我要告诉你们的是：一项改变最大的极限是什么。瞧！"教授举起手中的瓶子，说："就是这样，最大的极限是完全改变旧的状态，彻底打碎它。"

教授看着他的听众，补充道："彻底的改变需要很大的决心，如果有一点点留恋，就不能够真的打碎。你们知道，打碎了它就是毁了它，再没有什么力量把它恢复得和从前一模一样。所以当你下决心要打碎某个事物时，你应当再一次问自己：我是不是真的不会后悔？"讲台下面鸦雀无声，精英们琢磨着教授话中的深意。教授收拾好自己的包，说："感谢在座的诸位，我的讲座结束了。"然后他飘然而去。

"兵无常势，水无常形"，"法无定法"，管理并没有固定的方法，应随机应变，寻找最适合最有效的方法。

有句话这样说："只在河滩上深思，永远得不到珍珠。"所以，要想得到珍珠一定要运用方法，而方法总是在变化中产生，尽管此种变化可能蕴藏着一种危机，但绝不能因害怕危机出现就坐以待毙。

身处职场，你只有学会适应变化，确立以变应变的观念，在不断变化中努力寻求解决问题的办法，才能最大限度地突破自我，做出令人满意的成绩。

(2)体现公正公平，用建立好机制去引导。

有这样一句名言："如果一条鱼病了，是鱼的问题；如果一池子鱼病了，那是水的问题。"此言点出了建立机制的重要性。一则"七个人分粥"的故事道出了其中奥妙：

有7个人组成了一个小团体共同生活，其中每个人都是平凡而平等的，没有什么凶险祸害之心，但不免自私自利。他们想用非暴力的方式，通过制定制度来解决每天的吃饭问题：要分食一锅粥，但并没有称量用具和有刻度的容器。

大家试验了不同的方法，发挥了聪明才智，多次博弈形成了日益完善的制度。大体说来主要有以下几种：

方法一：拟定一个人负责分粥事宜。很快大家就发现，这个人为自己分的粥最多，于是又换了一个人，总是主持分粥的人碗里的粥最多最好。由此我们可以看到：权力导致腐败，绝对的权力绝对腐败。

方法二：大家轮流主持分粥，每人一天。这样等于承认了个人有为自己多分粥的权力，同时给予了每个人为自己多分的机会。虽然看起来平等了，但是每个人在一周中只有一天吃得饱而且有剩余，其余6天都饥饿难挨。于是我们又可得到结论：绝对权力导致了资源浪费。

方法三：大家选举一个信得过的人主持分粥。开始这品德尚属上乘的人还能基本公平，但不久他就开始为自己和溜须拍马的人多分。不能放任其堕落和风气败坏，还得寻找新思路。

方法四：选举一个分粥委员会和一个监督委员会，形成监督和制约。公平基本上做到了，可是由于监督委员会常提出多种议案，分粥委员会又据理力争，等分粥完毕时，粥早就凉了。

方法五：每个人轮流值日分粥，但是分粥的那个人要最后一个领粥。令人惊奇的是，在这个制度下，7只碗里的粥每次都是一样多，就像用科学仪器量过一样。每个主持分粥的人都认识到，如果7只碗里的粥不相同，他确定无疑将享有那份最少的。

同样是七个人，不同的分配制度，就会有不同的风气。所以一个单位如果有不好的工作习气，一定是机制问题，一定是没有完全公平、公正、公开，没有严格地奖勤罚懒。如何制定这样一个机制，是每个领导者需要考虑的问题。体现公平、公正的方法是对事不对人，打罐说罐、打盆说盆。管理者面对的是人，上手解决的事。

领导者的重要职责是要划定员工的工作范围，如果下属彼此之间职责不明，他们要么相互推诿，指望别人多干一些；要么相互干扰，搞得大家都干不好工作。

领导者在分配工作时，要细致、科学，要明确每个人应该做什么，不应该做什么，有些工作是必须合作才能完成的，但在合作中也要有明晰的分工。

任何一个任务的背后都隐藏着与员工休戚相关的利益，员工们由于处于被动地位，有时候不能想到这些利害关系，主管就必须冷静地为他们分析利弊，让他们意识到做好工作的必要性，自觉地努力工作。

《黑熊棕熊比赛采蜜》的短文也透彻地揭示了绩效管理旳奥秘所在：

黑熊和棕熊喜食蜂蜜，都以养蜂为生。它们各有一个蜂箱，养着同样多的蜜蜂。有一天，它们决定比赛看谁的蜜蜂产的蜜多。

黑熊想，蜜的产量取决于蜜蜂每天对花的“访问量”。于是它买来了一套昂贵的测量蜜蜂访问量的绩效管理系统。在它看来，蜜蜂所接触的花的数量就是其工作量。每过完一个季度，黑熊就公布每只蜜蜂的工作量；同时，黑熊还设立了奖项，奖励访问量最高的蜜蜂。但它从不告诉蜜蜂们它是在与棕熊比赛，它只是让它的蜜蜂比赛访问量。

棕熊与黑熊想得不一样。它认为蜜蜂能产多少蜜，关键在于它们每天采回多少花蜜——花蜜越多，酿的蜂蜜也越多。于是它直截了当告诉众蜜蜂：它在和黑熊比赛看谁产的蜜多。它花了不多的钱买了一套绩效管理系统，测量每只蜜蜂每天采回花蜜的数量和整个蜂箱每天酿出蜂蜜的数量，并把测量结果张榜公布。它也设立了一套奖励制度，重奖当月采花蜜最多的蜜蜂。如果一个月的蜜蜂总产量高于上个月，那么所有蜜蜂都受到不同程度的奖励。

一年过去了，两只熊查看比赛结果，黑熊的蜂蜜不及棕熊的一半。黑熊的评估体系很精确，但它评估的绩效与最终的绩效并不直接相关。黑熊的蜜蜂为尽可能提高访问量，都不采太多的花蜜，因为采的花蜜越多，飞起来就越慢，每天的访问量就越少。另外，黑熊本来是为了让蜜蜂搜集更多的信息才让它们竞争，由于奖励范围太小，为搜集更多信息的竞争变成了相互封锁信息。蜜蜂之间竞争的压力太大，一只蜜蜂即使获得了很有价值的信息，比如某个地方有一片巨大的槐树林，它也不愿将此信息与其他蜜蜂分享。

而棕熊的蜜蜂则不一样，因为它不限于奖励一只蜜蜂，为了采集到更多的花蜜，蜜蜂相互合作，嗅觉灵敏、飞得快的蜜蜂负责打探哪儿的花最多最好，然后回来告诉力气大的蜜蜂一齐到那儿去采集花蜜，剩下的蜜蜂负责贮存采集回的花蜜，将其酿成蜂蜜。虽然采集花蜜多的能得到最多的奖励，但其它蜜蜂也能捞到部分好处，因此蜜蜂之间远没有到人人自危相互拆台的地步。

激励是手段，激励员工之间竞争固然必要，但相比之下，激发起所有员工的团队精神尤显突出。

绩效评估是专注于活动，还是专注于最终成果，管理者须细细思量。

(3)讲分配既要考虑因人而异，也应鼓励创新。

企业经营的成果看业绩，这个业绩一方面看效益，另一方面也要看大家的满意度。利益分配"众口难调"是个突出课题，如何解决才能让每个群体基本上皆大欢喜呢？这个有点讲究。

一个大户人家，养了一班门客。有一年庄稼歉收，大户员外觉得供养这么多人很困难，就跟大家说。新的一年第一个月的供奉就要减少，等来年收成好了，就可以双倍补上。消息一出，门客中自然很多人不满意。大户为了把大家留下，采取了第二个策略：向外面借一些银子，保持大家的供奉不变，等来年还银子的时候，让大家从供奉中分担利息。消息一出，还是有很多门客不满意。这下员外不知道如何是好，就找到一个有名的师爷请教。

师爷出主意说："员外，你不妨回去看一看，我想情况大概是这样的：对第一种方案不满意的一定是年纪很大的门客，对第二方案不满意的一定是年青的门客，那些不表态的门客，大多是中等年纪、有资历的。"老员外回去一看，情况果真如此。

师爷解释说："上了岁数的人，早已没了雄心壮志，明天身体不好，没准就要辞职不干了，这些人更在乎眼前的所得。他们曾经为你出过力、流过汗，现在老了没有能力了，自然希望你不把他们的眼前利益拿走。所以，他们要反对第一种方法。"

"那些年轻人，初来乍到，一切刚刚开始，他们满怀壮志，更在乎将来的发展，眼下有点困难不算什么，只要将来能加倍补偿，他们就愿意接受。所以，他们一定反对第二种方案。"

"还有一些人，他们是庄子上的中坚力量，人到中年，经验丰富、年富力强，渡过难关肯定要靠这些人，他们更在乎的是你能不能和他们患难与共。所以他们对两个方案都不表态，只想看你今后的行动。"

"给这些门客分利益，不能搞一刀切，只用一个模式肯定要出问题。对于岁数大的老下属，要保证他们眼前的利益，直接给他们分饼；对于年轻的下属，要给他们指明将来的前途，给他们画一张更大的饼；对于那些正在埋头苦干、挑大梁的中坚力量，最好的办法是跟他们同甘共苦，一起吃饼。他们吃什么，你就吃什么，他们吃多少，你就吃多少。”

按照师爷的策略，老员外和庄子顺利渡过难关，门客们都得到了想要的利益。

利益分配的需求不可忽视，通过动员大家想办法，群策群力让每个人都有饭吃的事也必须摆到管理者的重要台面上。

有一句老话叫“一个和尚挑水吃，两个和尚抬水吃，三个和尚没水吃。”九龙不治水，三个和尚没水吃，说明人多反而不如人少。

但是，如今社会发展的趋势是，一个和尚没水吃，三个和尚水可以多得吃不完。为什么这样说呢？又如何达到三个和尚水多得吃不完呢？请看“三个和尚挑水”的新解。

有三个庙，这三个庙离河边都比较远。怎么解决吃水问题呢？

第一个庙里有三个和尚，水井离庙很远。第一个和尚挑了一天水就累得不干了。于是，三个和尚商量，采用接力赛的方法，每人挑一段。第一个和尚从河边挑到半路，停下来休息；第二个和尚继续挑，又传给第三个和尚；第三个和尚把水倒入缸里，空桶给第二个和尚……这样的接力赛，从早到晚不停，大家都不累，水缸很快就满了。用到市场经济社会中，这种协作的方法叫做“机制创新”。

第二个庙里是老和尚带着三个徒弟。一天，老和尚把三个徒弟叫来，说我们立下了新的庙规，引进竞争机制。三个和尚都去挑水，谁水挑得多，晚上吃饭加一道菜；谁水挑得少，吃白饭，没菜。三个和尚拼命去挑水，一会儿水缸就满了。这个办法叫“管理创新”。

第三个庙里有三个小和尚。三个小和尚觉得，天天挑水太累，得想办法。山上有竹子，他们把竹子砍下来打通，再连在一起，然后买一个辘轳。第一个和尚把一桶水摇上来，第二个和尚专管倒水，第三个和尚先休息。三个人轮流换班，一会儿水缸就灌满了。这叫“技术创新”。

三个和尚要喝水，要协作，要引进新的机制，要采取办法，搞机制创新、管理创新、技术创新。办法在变，观念也在变。一定要发挥协作精神，企业内部要协作，企业之间也要协作。事实上，我们待人处世要留有余地，要站得高、看得远。在很多情况下，你说是“让利”，实际不是，而是共同取得更大的利益，是双赢。这样，才能让每个人得到仅凭自己的力量得不到的利益。

(4)启动良性竞争，是管理者的“必修课”。

让下属各团体之间形成良性竞争，是管理者的一门功课，也是自己富有本事能力的体现。这样做的结果是提高效率，增长才干，开发潜力，学到本领，大家之间的友情也会相应加深。

领导者就是要会“搅和”，采用“激将法”，拥有“情绪煽动力”，扮演一个成功的“制造事端者”，促进内部的良性竞争。给这边扇扇风，给那边点点火，巧妙地组织、指挥一场竞争，帮助参与竞争的双方取得进步。

斯瓦伯是钢铁大王卡耐基公司的第一任总裁。有一天，他到一家落后的钢铁厂，询问厂长为什么生产总是落后。厂长回答说：“我好话歹话都说尽了，甚至拿免职来吓唬工人，可他们软硬不吃，依然懒懒散散。”当时正是日班工人下班的时间。斯瓦伯听说日班炼了 6 吨钢，就用粉笔在车间的地上写了一个很大的“6”字，然后莫不做声地走了。

夜班工人知道此事后很不服气，于是努力工作，将地上的“6”字改成“7”字，刷新了纪录。第二天日班工人知道自己被超过去了，心里不爽，加倍努力，结果那一天炼出了 10 吨钢！日班夜班的工人就这样竞争起来，钢厂产量迅速上升。不久之后，其产量竟然跃居所有钢铁厂之冠。

斯瓦伯只用一支粉笔制造了竞争，实现了很好的效果，使曾经懒散度日、不思进取的工友一下子成了产量第一钢铁厂的“精英”。

企业里的竞争必须是良性的而非恶性。利用这种心理把下属的争胜心情转化为学习工作的动力，这就是良性竞争的内涵。

54. 抓大放小，善于授权

一句老话：“一人智力有限，两人力量无穷，众人拾柴火焰高。”一个领导者、管理者不要把自己当成一个事必躬亲的“小工”，应适当授权、充分放权，让自己变得“轻松”一点儿，适度“懒惰”一点儿，把下属的积极性调动起来，给大家一个施展才能的机会，一个更广阔的自主空间和舞台。

(1)“大老板”抓关键，管主要之事。

南宋嘉熙年间的县令黄炳，一次带兵平叛。黎明前，探报说叛军即将杀到。黄炳立即派巡尉率兵迎敌。巡尉问：“士兵还没吃饭怎么打仗?”黄炳胸有成竹地说：“你们尽管出发，早饭随后送到。”

部队出发后，黄炳带上一些差役抬着竹箩木桶，沿着街市挨家挨户敲门：“知县老爷买饭啦!”当时城内居民都在做早饭，听说知县亲自带人来买饭，赶紧将刚烧好的饭端出来。黄炳命手下付足饭钱，将热气腾腾的炒米饭装进木桶就走。这样，士兵们既吃饱了肚子，又不耽误进军，还打了一个大胜仗。黄炳没有亲自捋袖做饭，也没有兴师动众劳民伤财，他只是借别人之力，烧自己的饭，取得了很好的效果。

(2)"忙"是将心搁置一旁,应忙在点了上。

领导是一个团队的首领,是一个组织的灵魂,要负责关心团队生存与发展的大事。凡是拘泥于细枝末节的领导者,一般不会有什么大作为。

战国时期,魏国有一个国君每日勤于政事,他制定了严格的法律,规定什么可以做,什么不可以做,如果人们违反了,将会受到严厉的处罚。他制定的法律可谓多如牛毛,把人们在大路上走的姿势都做了严格规定,镌刻法律的竹简堆满宫中,人们几乎连走路的地方都没有了。他又精心选派了一大批官吏,严格规定了相关工作制度。即使如此,他还是不放心,自己每天都要到各处巡查,监督各级官吏履行职责的情况。官吏稍有违背之处,他就大发雷霆,动辄撤职。

魏王这样认真负责地管理国家,然而效果却并不尽如人意,贪官污吏层出不穷,老百姓生活极其艰苦,盗匪迭起,社会秩序混乱不堪。魏王非常苦恼,却又无计可施。他听说当时的思想家杨朱满腹经纶,就向杨朱请教。

杨朱面对魏王的苦闷,就给他讲起如何治理国家。他说:"能吞下大船的鱼不在支流中浮游,鸿鹄只在高天上飞,不会落在低矮的屋檐上。这是什么原因呢?因为它们志向高远。黄钟大吕这样的乐器不和繁杂的乐音合奏,这又是什么原因呢?因为那是高亢的乐律。所以成大事才不拘小节。今天君王你身居高位,想成就大业,可是事无巨细,什么小事都管,做出越俎代庖的事来,你说这样怎么能把国家治理好呢?"一番话说得魏王心服口服。

《忘关栅栏门》的故事是对"勤奋型"领导的一个告诫:

狐狸整日窥探着佃农的鸡群,由于佃农的防护极为严密,它虽然狡猾却无法对那些鸡群下手。

"唉,怎么搞的!"狐狸自言自语道,"我绞尽脑汁也想不出办法对付佃农。这乡巴佬整天悠闲地在家里待着,把一切都卖了,什么公鸡、母鸡都变成了钱,还给自己留了些吃。我自恃聪明,竟然连一根鸡毛也碰不到!总有一天我要让他知道我的厉害!"

在一个皓月当空的夜晚,佃农忘记关上鸡窝,狐狸便趁佃农与守门狗呼呼大睡之际,潜入了窥伺多时的鸡窝。狐狸把能带走的鸡全部带走,剩下的只有遍地横陈的死鸡尸体。天亮了,佃农看到死禽遍地,鲜血淋淋,而这仅只是在一夜之间发生的事。

佃农懊丧又无可奈何,只能对着狗破口大骂,发泄心中的怒气:"该死的畜生!你这笨狗为什么不咬死它?狐狸进屋里时,你这笨蛋怎么不赶快叫醒我?你应该设法阻止这场祸事才对啊!"狗气不过地回道:"你是一家之主,这事与你密切相关,你自己没有把鸡窝关好,只顾自己睡觉,却要我彻夜帮你看守鸡窝,这样对吗?"

这只狗虽然说的一针见血,可惜它只是一条普通的狗,所以当它说出这一番话时,佃农不但不反省,反而恼羞成怒地毒打了它一顿。

身为一家之主,在睡觉之前本来就该巡视住处,并且确定鸡窝是否已经关好,才可放心休息。这个故事,也说明了一项管理理念:只要事情与管理者有关,管理者千万别委托他人代为执行。

成功的领导者一定会亲自执行自己应该做的事,尤其在企业管理过程中,关键的问题或重大事务,领导者务必要亲自解决或亲身参与。一旦将关键任务的成败,寄托在别人身上,往往会导致彻底的失败,领导者不可不慎!

领导者该管的大事要管住、管好,抓住不放,就像上述故事中要管好鸡舍的门那样,提升统御全盘的能力,侧重动好这方面的心思。对于琐碎之事的管理权要敢放、善放、放彻底,以便静下心来去做该做之事。

有人说:领导与下属的关系就像 1 与 0,它带一个 0 就是 10,带两个 0 就是 100,带三个 0 是 1000……领导再怎么拼命,也只能把自己壮大到"9"。而把下属培养起来、组织起来,在后面增加无数个"0",业绩就可以成倍数增长。

(3)授权不忘担责,反映领导者肩膀宽厚。

有些领导者认为授权之后,事情由被授权者全权负责,领导可以高枕无忧,这就大错特错了。"士卒犯罪,过及主帅",授权后部下所做的一切事情,领导者仍需担起责任。诸葛亮误用马谡,失手街亭,班师回来就上书引咎自责,请求贬官三级,以负"用人不当"的责任。分出权力,承担责任,才能赢得下属的信任和尊重。

55. 责任感是纰漏的克星

在这个社会中,我们必须坚守责任,坚守责任就是坚守我们自己最根本的义务。责任是对人生职场的勇敢担当,也是对生活的积极接受,更是对使命感的忠诚和信守。一个充满责任感、勇于承担责任的人,会因为这份承担让生活更有分量。

与责任感相反的则是敬业精神的缺失,不敬业必然会在工作中拖沓、推诿,对本职采取不在意的态度,随之而来的肯定是缺陷、不足和纰漏的出现。

一则《三个老鼠偷油吃》的故事形象地反映了那种场景:

三只老鼠一同去偷油喝。找到了一个油瓶,三只老鼠商量,一只踩着一只的肩膀,轮流上去喝油。

于是三只老鼠开始叠罗汉，当最后一只老鼠刚刚爬到另外两只的肩膀上，不知什么原因，油瓶倒了，最后，惊动了人，三知老鼠逃跑了。回到老鼠窝，大家开会讨论为什么会失败。最上面的老鼠说，我没有喝到油，而且推倒了油瓶。是因为下面第二只老鼠抖动了一下，所以我推倒了油瓶。第二只老鼠说，我感觉到第三只老鼠抽搐了一下，我才抖动了一下。第三只老鼠说，我因为好像听见门外有猫的叫声，所以抖了一下。哦，原来如此呀！

在现实工作中，发生乱子或问题不担责任也会找出种种借口来，都是些什么借口呢？

企业里很多人也具有老鼠的心态。请听一次企业的季度会议：

营销部门的经理A说："最近销售做得不好，我们有一定责任，但是最主要的责任不在我们，竞争对手纷纷推出新产品，比我们的产品好，所以我们很不好做，研发部门要认真总结"。

研发部门经理B说："我们最近推出的新产品是少，但是我们也有困难呀，我们的预算很少，就是少得可怜的预算，也被财务削减了！"

财务经理C说："是，我是削减了你的预算，但是你要知道，公司的成本在上升，我们当然没有多少钱。"

这时，采购经理D跳起来："我们的采购成本是上升了10%，为什么，你们知道吗？俄罗斯的一个生产铬的矿山爆炸了，导致不锈钢价格上升。"

A、B、C："哦，原来如此呀，这样说，我们大家都没有多少责任了，哈哈哈哈！"

人力资源经理F说："这样说来，我只好去考核俄罗斯的矿山了！"

那么，如何看待这一现象呢？

(1)找借口并不难，但很差劲。

找借口很容易，也是某些人的"挡箭牌"。一旦差错发生，工程延误，总会举出"天气不良"、"工期太紧"、"有些部门不配合"等一大堆理由来，"只要敬业一滑坡，借口总比担责多"。

找借口一旦成了习惯，工作状态不可能富有主动性。出现问题不是积极地加以解决，而是千方百计地拉客观，你的工作就会拖沓，以致没有效率。借口变得理直气壮，职场表现必然稀里糊涂。

找到借口只是为了把自己的过失掩盖掉，心理上得到暂时的平衡。但长此以往，借口成了理由，干工作千方百计就只能是挂在嘴上掩人耳目。

有多少人因为把宝贵的时间和精力放在了如何寻找一个合适的借口上，而忘记了自己的职责！喜欢为自己的拖延找借口的员工肯定是不努力工作的员工，至少，是没有良好工作态度的员工。他们讲出种种借口来蒙混企业，欺骗上司，这样的人，在企业时不可能是称职的好员工，也绝不可能发展成长为单位的中坚。

(2)责任感缺失是最大的缺失。

很多人在出现问题后常讲的一个托辞是："不清楚我的责任所以才没有把活干好。"因为不清楚所以才没有做好，看起来顺理成章。其实这个借口背后隐藏着一个非常简单的症结，就是个人缺乏责任感。一旦缺乏责任意识，就会派生出许多缺失来，比如工作热情，工作态度，对企业的忠诚度。所以，作为一个员工，应清楚自己的责任。

缺乏责任感的员工，不会视企业利益为自己的利益，也不会因失责感到不安，更不会处处为企业着想，在任何一个企业，责任感是员工生存的根基。

缺乏责任感难免会失职，一个员工与其为自己失职找借口，倒不如坦率地承认过失过错。那样，老板会因你能勇于担责而不责难你；相反，敷衍塞责，推诿责任，不但不会得到理解，反而会产生更大的负面作用，甚至让老板觉得"有你不多，没你不少"，为他炒你的"鱿鱼"提供一个充足的理由。

(3)借口是平庸者的装饰，责任是成功者的标牌。

平庸的人之所以平庸，是因为他们总是找出种种理由来欺骗自己。而成功的人，会想尽一切方法来解决困难，而绝不找半点借口让自己退缩。没有任何借口，是每个成功者走向成功的通行证。

在工作中，我们都曾遇到过这样或那样的困难和问题，这时候就有了态度积极和消极之分，于是前者成为了成功者，后者变为失败者。所以说，成功必有方法，失败必有原因。

卓越之人必定是重视找方法的人。在他们的世界里不存在其他字眼，他们相信凡事必有方法去解决，而且能够解决得很完美。事实也一再证明，看来很困难的事情，只要用心寻找方法，就会成功。因为他们懂得寻找借口，只会使问题变得更棘手、更难解决。

(4)勇于履责担责，拒绝任何逃避。

凡是不愿意多担责任的员工只有两种出路，一辈子在原地踏步，或是被别人踩在脚下，永无出头之日。在一个企业里，往往会有一些员工认为，只有那些有权力的才有责任，而自己只是一名普通员工，没什么责任可言。这样的想法并不能成立，没有意识到责任并不等于没有责任，没有意识到责任就是对责任的另一种逃避，每个员工都要认识到自己承担企业责任的现实。

没有哪一位老板会对没有责任意识的下属给予深深地信任，不会所有的人都面临大是大非的抉择，也不一定责任感非经受大是大非的考验，从小事就可以看出，一个员工是否对企业有责任感，这是考核员工的重要方法，检验的是每个人一举一动的表现。

不管怎样，责任必须培养，也完全可以培养。提升工作中的敬业程度就有助于责任感的养成。

当责任感成为一种习惯，成了一个人的生活态度，我们就会自然而然地担负起责任，而不是刻意地去做什么，做多少。当一个人自然而然地做一件事情时，当然不会觉得麻烦，更不会觉得劳累。当你意识到责任在召唤你的时候，你就会随时为责任而放弃、忽略其它的东西，不会觉得这么做有多困难。

第五章　创新思维篇—— 一门开发智能提升执行力的课程

56. 创新顺向思维，拥有“万能钥匙”

有人提出一个论断：“人生瓶颈”是指一个人遇到了“关卡”——上不能上，下不能下，进不能进，退不能退，怎么办？解决方法只有一个，找到真正的瓶颈——卡脖子的地方，将之扩容，变成广口瓶；人生的“瓶颈”，唯有创新才有出路。

我们不禁要问，你愿意成为上级领导的“智囊”和丰厚“宝典”吗？你愿意拥有智慧涌流、善解难题的“金钥匙”呢？执行力固然重要，但执行力的提升有一个重要前提，就是富有智慧，有一个创新思维的大脑，这是把“万能钥匙”，有了这把钥匙，落实领导意图就能如虎添翼，加油给力，各项工作的落地率提高就是当然的了。

有一句格言讲：要成为一个成功的人，应具备三个品质：渊博的知识，善于思维的习惯和高尚的情操。知识不多就是愚昧，不习惯思维就是粗鲁愚笨，没高尚情操就是卑俗。智慧是事业的平台。站在高高的智慧平台上，就能见到常人所见不到的，认识常人所认识不到的，很自然也就能成就常人办不到的事。

人们不禁要问，我们需要创新哪些思维，需要抛弃哪些思维，调整哪些心态，才能帮自己职场“一把”呢？

应该说，与领导做到同步思维是最重要的。同步思维也叫顺向思维，用到我们职场上就是与领导想的同步，感同身受，设身处地，以心换心，有同理心。用心理学的话讲，就是“共情”。

这方面，应用一句话来概括：站位要提高，趋向要准确，节拍要一致，发力应超前。

平时你应该经常爱琢磨，大脑不停运转，比如每天入睡前、上班前琢磨15分钟：近期潜在的不安全因素有哪些？哪一条、哪一项、哪一环节最危险，特别要站在领导的角度上去思考，当下这个季节任务、天气、环境哪方面最挠头、最棘手、隐患最多？对安全、质量冲击最大？哪一桩、哪一件是领导“马踩车”、“磨盘压手”的事？做到换位思考，“小和尚也能念大庙的经”。

有个“智者4句箴言”的故事，不可不读：

一位16岁的少年去拜访一位年长的智者。

他问：“我如何才能变成一个自己愉快、也能够给别人愉快的人呢？”

智者笑着望着他说：“孩子，在你这个年龄有这样的愿望，已经是很难得了。很多比你年长很多的人，从他们问的问题本身就可以看出，不管给他们怎么解释，都不能让他们明白其中的道理，就只好让他们那样好了。”

少年满怀虔诚地听着，脸上没有流露出丝毫得意之色。

智者接着说：“我送给你四句话。第一句话是，把自己当成别人。你能说说这句话的含义吗？”

少年回答说：“是不是说，在我感到痛苦忧伤的时候，就把自己当成是别人，这样痛苦就自然减轻了；当我欣喜若狂之时，把自己当成别人，那些狂喜也会变得平和一些？”

智者点了点头，接着说：“第二句话，把别人当成自己。”

少年沉思一会儿，说：“这样就可以真正同情别人的不幸，理解别人的需求，并且在别人需要的时候给予恰当的帮助？”

智者目光凝聚，继续说道：“第三句话，把别人当成别人。”

少年说：“这句话的意思是不是说，要尊重每个人的独立性，在任何情形下都不可侵犯他人的核心领地？”

智者哈哈大笑：“很好，很好。孺子可教也！第四句话是，把自己当成自己。这句话理解起来太难了，留着你以后慢慢品味吧。”

少年说：“这句话的含义，我是一时体会不出。但好像这四句话之间有许多自相矛盾之处，我用什么才能把它们统一起来呢？”

智者说：“很简单，用一生的时间和经历。”

少年沉默良久，叩谢而去。

其他三句暂且不讲，单说“把别人当成自己”，就是假如我是站段长、党委书记或大老板，就会想到我管着这么多人，柴米油盐酱醋茶、吃喝拉撒睡，不易呀！又要揽活，又得把安全稳住，分配上也不能让大家有话说，睡不着觉呀！有一种不当家不知柴米贵、“大有大的难处”的感慨。这就需要我们想法同领导往一起碰，一块儿整，“众人拾柴火焰高”，急人所急，帮人所需，把事做在领导讲话之前，下令之前，这就叫同步思维、超前思维。有两句俗话揭示了这方面的内涵："不管啥事你想不通，倒过来就想通了；什么人你看不惯，换换个就看惯了。"

有个故事：1972年尼克松访华前夕，事前周总理打算给毛主席准备一些背景材料，结果给外交部司长熊向晖点了一些方面，临见毛主席时，周总理想起有两个资料未给熊向晖交代，一是台湾近两天的反映，二是西方哲学研究的动态，结果熊向晖随手从皮包里拿了出来，周总理很高兴，笑着说："熊司长是有备而来，资料是有备而用，我们是不谋而合呀！"结果毛主席确实问了这方面的情况，见尼克松说："我们握手，我的老朋友蒋总裁可不高兴呀！""我不同你谈具体问题，具体问题找周恩来，我只想谈哲学问题。"这是与领导同步思维的典型事例，也是急领导所急，想领导所想的样板。周总理的"周"，姓符其实，周到、周全、周密，是我们的榜样。

在日常工作中，领导面对的"急茬"很多，在这方面，良好的心理素质是同步思维的首要一条，心理素质好了，才能处变不惊，工于谋略，为领导提供好主意。实际上同步思维也是智力服务，智力服务关键在智，在于有一个善于思索的大脑，呈现富有灵感的状态，通过分析、综合、比较、判断，找出捷径，拿出实招，同领导想法统一起来，给领导层留下决策拍板的空间，这种智力服务本身就是对上服务。

有人讲，从为老板着想的角度去思考。做老板的灵魂下级，也就是对老板提供自身最大的价值，赢得老板的信任、认可。在现代金字塔状的层级组织中会有多个下级，这些下级并不都能让老板满意，但老板一定会有一些得力下级。对老板有价值的就是老板的好下级。你的价值越大，就越可能成为老板的灵魂下级。

1993年7月10日，某铁路分局发生了重大事故，伤亡惨重，震惊全国。事故发生后，局领导们连夜赶往事故现场。7月12日，铁道部召开紧急安全电话会，严肃拍板：列某局重大事故一件，某机务段负主要责任。电话会结束后，责任分局电话会议室内中层干部们面面相觑，等着局领导下达工作指令，但领导仍在事故现场处理善后，大家只好挠着头皮，表情漠然地离开电话会议室。

这时，该局党委宣传部门的小周大步匆匆地走出电话会议室，他边走边想：怎么办？怎么办？在这火烧眉毛之际，不能等！必须马上为下一步全局吸取教训，大打安全翻身仗准备"炮弹"。很快，下属五位科长被召到办公室。小周说话直截了当："重大事故已定，事不宜迟，我们必须立即为全局职工吸取事故教训编写宣传教育提纲，五位科长每人撰写一讲。'养兵千日，用兵一时’，正值非常时期，大家要连明彻夜，争取48小时内出稿，印两万册，尽快下发。明白了吗？”大家连连点头，很快分头行动。

第三天，小周听说局领导夜里已从事故现场返回，便在早晨7点20分前等候在局长办公室门口。不一会儿，张局长来到机关，小周快步迎上前去：“张局，这是我们宣传部赶写的五讲这次重大事故宣传提纲，准备下发，请您审查。”“给我吧！我们班子一会儿就要研究安全翻身仗如何部署”。局长简单回应。

8点整，局长办公会正式开始，局长边听大家发言，边快速审阅手中的宣传提纲。

不一会儿，小周的办公电话响起：“小周，来我这儿一下。”小周听到局长招呼，快步来到局长办公室：“张局，找我有事？”“小周，五讲宣讲提纲写得太好了，你们为全局大打安全翻身仗赢得时间啦！”小周听到表扬，全身的细胞顿时活跃起来，好像一个饿汉吃到一顿久违的美餐一样兴奋。

很明白，有些活早干晚干都是干，但晚干不如早干；痛痛快快干磨磨叽叽干都是干，还不如痛痛快快地干。当一件重要任务临头时，要有眼力架，不要干那种挨“整砖”不挨“半砖”的事，更不要干“老公公背着儿媳妇过河费力不讨好”的事。

孙武说过：“上下同欲者胜”。在日常工作中，领导面对的“急茬”很多，在这方面，良好的心理素质是同步思维的重要一条，当然能做到超前思维更好，“凡事多看几步棋”。法国前总统戴高乐曾讲：“我是为后天的报纸准备政策的。”诸葛亮说过：“远虑者安，无虑者危”。心理素质好，才能处变不惊、工于谋略，为领导提供好主意。实际上同步思维、超前思维也是智力服务，是执行力的最高境界。谈到执行力，日本管理大师士光敏夫有一句名言：“不善于引导上级的人，也就不可能出色地对下级实行领导。”这本身是对一线管理者的高层次要求。

57. 让心智拐个弯儿

变向思维也叫逆向思维。一般讲，平常思维行不通，碰了钉子，栽了跟头，急中生智，突发奇想，相反相成，辟出一条新路，结果“歪打正着”，成功了，出现了“意料之外，情理之中”的结局。一般情况下，人们习惯于顺向思维、同步思维，这在正常情况下可行，但遇见急事、难事就容易“卡壳”，脖子转不过来。因此，学会变向思维很重要，遇事从正反面，过去、现在、将来多角度想一想，有可能另辟蹊径，“不按常理出牌”，则会出现皆大欢喜的结果。

近年来，有个“逆境商”的说法，就是在危机面前，在出现困境的情况下，让头脑“爆”出火花，闪现灵感，产生“金点子”，抱出个“金娃娃”，让自己尽快摆脱困境，出现“柳暗花明又一村”的局面。

有一个笑话，有点变向思维的意味：

清末，某县城许多人爱酗酒，此风气不仅影响百姓健康，还妨碍治安。县太爷见状很着急，下令各酒家大幅度提高酒价。他认为，此法肯定能刹住喝酒风。谁知事与愿违，百姓照喝不误，搞得县太爷很头疼。这时，师爷给他出了个主意，县太爷连称：妙，太妙了。结果不到 10 天，县城酗酒风被刹住，绝迹了。

原来，师爷的主意是：贴出布告，无论是谁，到酒店、酒坊喝酒，都可不付钱。喝酒人喜出望外，到处找酒大喝特喝，各酒店、酒坊无法承受，谁也不卖酒、造酒，自然，老百姓也就喝不到酒了。

这则笑话，“事俗理不俗”，县太爷突破顺向思维的框框，大胆采纳师爷的主意，“反其道而行之”，不讲禁酒却起到了禁酒的作用，一条路走不通时，反过来再打开另一扇窗户。

宋代某陶瓷作坊出了一批次品，缺陷是釉面裂纹。究其原因是配方不合理，出窑时温度没把握好。按照惯例次品就报废扔掉了。但有一个陶瓷匠突发奇想，将错就错，有意识地制造有艺术鉴赏价值的釉面裂纹。功夫不负有心人，结果用了十几年的功夫，终于创造了裂纹釉产品。此产品别具一格，堪称艺术珍品，很受顾客欢迎。

据报载，一则“坚固的流沙”实例恰恰说明了这一道理：

古代，帝王将相和达官贵人千方百计把墓穴建造得坚固、牢靠，可是，许多墓穴仍然被盗，有的被洗劫一空。

河南上蔡有座古墓，建造于春秋时代。2005 年，考古工作者发掘时发现，古墓上被挖了大大小小 17 个洞，说明盗墓者光顾过多次。从洞里的器皿、古钱币、矿泉水瓶等遗留物考证，盗墓者来自不同的时代，最早的盗墓者来自战国时代，最近的来自现代。他们对这座墓穴各费了多少心思，已无从考究，但有一点是相同的：他们都半途而废、无功而返。

这座古墓有什么特别的防盗措施吗？其实，在建造方法上，这座古墓并没有太多不同，不同的是，其他墓穴建完后都是用土回填，这座墓穴是用沙回填。17 米深的墓穴，回填了 11 米深的细沙，表层再填土封盖。细沙还放置了大小各异的尖利石块。这种墓被后人称为流沙墓。

细沙的流动性很强，当盗墓者挖洞时，旁边的细沙会向洞里流动，掩埋刚挖好的洞。当挖的洞很深时，极易造成塌方，轻则把洞掩埋，重则把洞里的人埋掉，更可怕的是，细沙里的石头会随着垮塌的沙子坠落，成了打击盗墓者的武器。

在盗墓者眼里，再坚硬的古墓都不在话下，唯独这座古墓，令他们束手无策。

通常的思维，是想尽办法用岩石、夯土等材料把墓穴建造得坚固。这座墓穴一反常规，摒弃只有坚硬才坚固的理念，利用细沙的流动性，采用软防御的办法，但谁敢说它不坚固呢？

邓小平的“猫论”大家都很熟悉，“不管黑猫、白猫，捉住老鼠就是好猫”。实际上就是让人们寻求最佳结果，千方百计、处心积虑，只要不违反方针政策，大脑要多几个“沟回”，肠子增加几个弯弯绕，身上的神经多长些末梢，讲迂回也好，兜圈子也好，搜肠刮肚也好，谁最后找出好办法来谁就是好样的。

在工作上，它讲的是标新立异，“曲径通幽”，比如在用人上，现实中富有个性的奇才、怪才，爱挑剔挑刺的“倔头”并不少见，有人不待见他们，实际上，这些人往往业务素质好，有奇思妙想，而且性格直爽、“炮筒子”，“对事不对人”，如果让他们当安全检查员、质量验收员、劳保产品的材料进货员，结果可能是“用对了一个人，搞活了一片天”。这应了一句名言：“让下属变得有价值，正说明领导更有价值。”

58. 成事在于点子多

有人讲过：“人如果只有一个点子时就再危险不过了。”还有一句格言：“什么叫决策？决策就是在两难之中作出选择。”

心理学有个名词叫沉锚效应，是讲人们干工作时，思想往往被第一个信息牵着鼻子走，第一个信息会像沉入海底的锚一样，把人们的思维固定住，留下深刻的印象。实际上，沉锚效应往往会犯“先入为主”的错误，造成误察误判，最后把事情搞砸。

大家都知道李世民，有一次李世民问大臣魏征：“君主怎样做才能明智，怎样做才是昏庸？”魏征答：“兼听则明，偏信则暗”。就是说，正反面的话都听才能成为明君，光听片面之词会变成昏君。周总理说过：“头脑发热了，应用冷水洗一洗。”有一句管理箴言讲：“木匠的斧子一面砍不符合辩证法。”对于管理者来讲，没有哪种思维方法是绝对好或绝对坏的。应该说，方式方法的优劣高下必须经过类比碰撞，放在具体环境里比较权衡，找到合适的才是可取可行的。

有这样一个故事，恰好说明了这一道理：

五台山上住着一个老和尚和一个小和尚，老和尚是小和尚的师傅，二人在寺庙中相依为伴。

有一天，老和尚给小和尚出了一个问题："一个爱清洁人和一个不爱清洁人一同住进一家旅馆，是爱清洁的人先去洗澡，还是不爱清洁的人先去洗澡？"小和尚搔了搔头皮，迅速地答道："当然是不爱清洁的人先去洗澡，因为他身上脏得很。"老和尚看了看小和尚，不满意地捶了小和尚一下："呆子，好好想想吧！"

这次，小和尚可知道正确答案了，毫不犹豫地回答："一定是那个爱清洁的人先去洗澡。"老和尚问："为什么？"小和尚胸有成竹地说："那还不简单，爱清洁的人有爱洗澡的习惯，不爱清洁的人有懒惰的习惯，只有爱清洁的人才有可能去洗澡。"说完，小和尚等待师傅的夸奖。

出乎意料的是，老和尚不但没有夸奖小和尚，还说小和尚没有悟性，除了罚站，还要考虑正确答案。想了大半天，小和尚迫不及待地回答："两个都得去洗澡，爱清洁的有洗澡的习惯，不爱清洁的需要洗澡。"

师傅的脸色告诉他，又错了。小和尚只好怯生生地说出最后一个答案："两个都不去洗澡，原因是爱清洁的人很干净，不需要洗澡，不爱清洁的人没有洗澡的习惯。"话毕，老和尚和颜悦色地对小和尚说："其实，你已经把四个答案都说出来了，但你每次都认准一个是正确的，你的答案是不全面的，因此，单单拿出一个都不是正确的答案。"

工作实践中，这种例子常常遇到，人们在处理工作难题时，有时并非只考虑方案正确不正确，而是考虑如何更全面些，因人因时因地制宜，根据不同情况做出选择。具体抉择时遵循两个原则：一是最优化原则；二是适宜原则。比如公司要招聘一位高精尖技术人才，必须选择专业对口的既有高学历又富有实践经验的人士，其运用的是第一个原则；如要招聘一名锅炉工，则会运用第二个原则，适宜的就是最好的。

牛津大学的博诺教授非常推崇"横向思维"。在一次讲座中，他讲了这样一个事例：某工厂的办公楼原是一片二层楼建筑，占地面积很大。为了有效利用地皮，工厂新建了一幢 12 层的办公大楼，并准备拆掉旧办公楼。员工搬进了新办公大楼不久，便开始抱怨大楼的电梯不够快、不够多。尤其是在上下班高峰期，他们得花很长时间等电梯。

董事长便发动下属提出了若干解决方案：

(1)在上下班高峰期，让一部分电梯只在奇数楼层停，另一部分只在偶数楼层停，从而减少那些为了上下一层楼而搭电梯的人。

(2)安装几部室外电梯。

(3)把公司各部门上下班的时间错开，从而避免高峰期拥挤的情况。

(4)在所有电梯旁边的墙面上安装镜子。

(5)搬回旧办公楼。

你会选哪一个方案？

董事长最后点评说，如果你选了(1)、(2)、(3)、(5)，那么你用的是“纵向思维”，也就是传统思维。如果选了(4)，你就是个“横向思维”者，你考虑问题时能跳出思维惯性。这家工厂最后采用了第(4)种方案，并成功地解决了问题。

“员工们忙着在镜子前审视自己，或是偷偷观察别人，”董事长解释说，“人们的注意力不再集中于等待电梯上，焦急的心情得到放松。大楼并不缺电梯，是人们缺乏耐心。”

提升执行力重要的是获取“智招”，那么，“智招”是如何获取的呢？

多中选一　俗话讲：“谋之在众，断之在独”。“一人计不如两人计，十人肚里出巧计”；“一人计短，二人计长，三人计妥当。”多方位、多视角、多层次比较，找到一个把握最大、接受程度最广，能经得起时间检验的方案拍板。

另外，作为下属，带着答案面见上司，一定要注意，多出多选题，少出单选题。

如果你只带一个答案，除了这个答案，没有更好的方法，你又不是决策者，让上司有一种受到挟制的感觉，或者感觉你有越权的倾向。

一个负责任的下属，应该提供不止一个答案，有备选答案，让上司有权利在你的若干个答案里面，挑选一个最好的。还有一条，要注重结果分析。给出选择答案时，应当尽量把每种答案、每种方法的优点和缺点，以及可能出现的后果，一一罗列出来。这样一来，可以提醒上司，做决策时，应该考虑的因素，尽量避免出现不好的后果。就算将来出现什么问题，我们也可以研究问题出在哪里，落实相关责任，防止不必要的失误。

合多为一　“尺有所短，寸有所长”，取其精华，弃其弊漏，吸收各种有益成分，拿出相对优化的“金娃娃”。

选一备一　预有备案，遇有不测时能补救，一计不成，再生一计，不在“一棵树上吊死”。正如古代兵法所言：“凡谋之道，周密为宝。”

“多算得算”　不拍胸脯，先进行风险评估，考虑到事情的不确定性，反复权衡利弊。正如一句名言讲：“两利相衡取其重，两弊相权取其轻”，老百姓有句俗话：“惦准哪头沉，摸准哪头炕热。”

1962 年，苏联将进攻性中程导弹偷偷运进古巴，被美国侦察机发现，发生了“古巴导弹危机”，肯尼迪下令预测，紧急征询应对方案，时间不长，6 个方案摆在白宫桌面上：不予理睬；施加外交压力；动用各种手段沟通；入侵；突袭；封锁古巴。结果，第 6 个方案被选中。第五天，赫鲁晓夫撤走了导弹，这场角斗肯尼迪“多算得算”成功了。

平等研讨　管理者应敢于自我否定，不当“三拍”干部，谋划工作时，善于“抛砖引玉”。美国人胡佛说过：“谁得意于恭维，谁就会被恭维者支配。”管理者应主动启动智慧之门，让妙计良方多如雪片。科学家钱学森一次谈到周总理有个善于倾听不同意见的习惯，周总理常常对秘书讲：“我批示的事也可以改嘛？你们不要当‘循吏’”。

1961 年影片《达吉和她的父亲》公映时，正是“大跃进”年代，文坛公式化、概念化之风盛行，像《达吉和她的父亲》这样具有鲜活内容和独特意蕴的作品十分罕见。影片在全国上映后受到欢迎，但也引起不同凡响。因为涉及电影改编成败得失。有的认为不错，有的则予以否定，明显形成分歧意见。

这一情况为周恩来总理得知，引起了他的高度关注。6 月 16 日晚，周总理来到新侨饭店看望会议代表，在楼梯口碰巧遇上赵丹，一问才知道当晚全体代表观摩两部电影，而赵丹惦记着病在房间的夫人黄宗英，看完一个片子就回来了。总理与赵丹是老朋友了，便问：“都有谁在？”赵丹说了几个名字。得知黄宗英病了，总理便跟着赵丹去了房间看望问候她。赵丹也立即找来了当晚未去看电影的几个同志。

大家见了总理，你一言我一语谈到了会议情况，提及争论得最激烈的是《达吉和她的父亲》，赵丹和黄宗英当场表示看了后有些失望，认为电影不如小说好，电影把小说中最感人的地方删去了……总理对此很感兴趣，当即向陈荒煤索要会上印发的原小说：“能不能发给我一本？”正巧赵丹手中有一本，但上面划了许多道道，还有批注意见，他正要递过去，黄宗英轻声提醒道：“你别把划得乱七八糟的书给总理。”总理却笑着从赵丹手中接过书来，说：“我倒很愿意研究研究阿丹的意见。”

周总理当晚便读了小说，次日晚又特意调看了影片。6 月 19 日下午，总理亲自来到大会作重要报告，即著名的《在文艺工作座谈会和故事片创作会议上的讲话》，重申要认真贯彻双百方针，着重批判了妨碍文艺繁荣的种种“左”的错误，强调要繁荣文艺，必须发扬艺术民主，活跃争鸣空气，开展自由讨论，其中，联系文艺界的实际，多次讲到了《达吉和她的父亲》。

他说：“感谢上海的同志，你们建议我看《达吉和她的父亲》，我看了，小说和电影都看了,这是一个好作品。”两个作品“各有所长”,“小说比较粗犷,表现了彝族人民的性格,但粗糙些。电影加工较小说好,但到后来该哭时不敢哭,受了束缚,大概是怕‘温情主义’,先定下这个框子,问题就来了,就要反对作者的小资产阶级温情主义。”“小说上写到汉族老人找到女儿要回女儿,便说这是‘人性论’。”

“父女相会哭出来就是人性论”,总理尖锐指出:“无产阶级感情也不是这样的嘛!”“一切都套上‘人性论’,不好!”总理也同时指出,正是这些片面意见,给影片的编导和演员造成“思想上的束缚”和“顾虑”。

在台下仔细倾听的王家乙心里非常激动,深感总理真是洞察入微,那充满爱护的肺腑之言,不仅点到了要害,而且道出了问题的实质所在,所幸总理完全理解和体谅。

在台下听得入神的赵丹也倍觉亲切与鼓舞,尤其是总理讲到“民主作风必须从我们这些人做起,要允许批评,允许发表不同的意见”时,令他感动异常。不过对总理关于《达吉和她的父亲》的评价,他却另有想法,仍不认同总理所说小说和电影“各有所长”,坚持认为小说比电影强,而且打算再找总理论论理。

果然,7 月 1 日周总理邀请与会代表一起到西郊登香山休息一天,当总理与大家拾级而上时,赵丹又与总理讨论起《达吉与她的父亲》。赵丹说:“总理,我对你作的报告有不同的意见。”“你有什么意见?”总理感兴趣地问。赵丹直言:“你说电影比小说有所提高,可我看还是小说好。”总理也阐述自己的观点:“电影的时代感比较强,场景选择得更广阔……”赵丹仍毫不示弱:“那不过是电影这门综合艺术的表现手段比小说丰富罢了……”

他俩就这样各抒己见,说个不停。最后赵丹坚持自己的观点说:“总理,我保留我的意见,觉得小说就是比电影好。”总理听完,略停脚步,偏过头来看着赵丹,用既亲切又率直的语气说:“你完全可以保留你的意见,我也可以坚持我的意见;你赵丹是一家之言,我周恩来也是一家之言嘛!”周恩来说完哈哈大笑,赵丹也嘿嘿地跟着笑,周围的人都被他俩的认真劲逗笑了。

正是周总理的关心、支持和鼓励,尤其是身体力行倡导艺术民主的表率作用,有关电影《达吉和她的父亲》的评价之争,很快发展成为一场全国性的自由讨论。据不完全统计,在长达一年多的时间里,全国有十余家报刊参加讨论,陆续发表讨论文章近百篇。这在新中国电影史上实为罕见。

会诊验方 我们的智慧不够,应经常倾听老领导、老师傅的意见,请他们对当前的工作会诊把脉,提出改进工作的“良方”。

暂不选择 美国通用汽车公司的前总裁斯隆,在召开公司高层决议问题时，常常因大家意见完全一致，他却宣布休会，通过推迟讨论的办法，寻求不同意见的碰撞。他认为，“人有隔夜之智”，经过反复思考，发散思维，说不定第二天会跳出一个锦囊妙计。

一个称职的管理者，应有“会当凌绝顶，一览众山小”的智慧和素养，站得高，看得远，措施方法周全、周密、周到。采取措施时，一个重要前提是权衡利弊得失。陈云讲过：“交换、比较、反复；不唯书，不唯上，只唯实”。面对各种措施办法，无非是有利无害、有利有害、有害无利三种情况。有利有害的方案中，有利大于害、利害各半、害大于利的区别；有害无利的措施，也有害大害小的不同；有利无害的方案当然最好，不过也有长远有利、短期有利，利于小团体、利于企业、利于国家的不同说法。古人云：“计熟事定，举必成功”。只有把各种措施办法放在一块儿筛选，才能做到现实、恰当、优化，落实起来执行力肯定就不一样啦！

59. 让脑筋多长几个翅膀

一句话讲：条条大路通罗马。是说成功的路有千万条，每个人都各有长处，各有优势，“一招不成，赶快换招”，只要你有多元思维的大脑，你就会拥有成功。从另一个角度看，一元成功模式是一条死胡同。

成功学大师拿破仑·希尔说得好：“人们之间开始只有很小的差异，但这种很小的差异却往往造成了今后巨大的差异。很小的差异就是自己的心态是积极的还是消极的，巨大的差异是成功和失败。”美国保险业创始人斯通，从 100 美元创业起家，最后成为拥有 4 亿美元的富翁，他谈到自己的成功秘诀时说：“每个人口袋里都装有一个法宝，它有正反两面，正面写着积极心态，背面写着消极心态，关键是你做事时习惯看哪一面。”。

假如人们从施工现场回到机关办公室，口渴得厉害，一眼看到桌上杯子里有半杯水，怀有消极心态者哀叹道：“糟糕，只剩半杯水了！”具备积极心态的人，则无比兴奋：“嘻！我又能喝到水啦！”

确实，性格是个矛盾体，心绪有好的一面，也有坏的一面。重要的是我们如何调节，不能仅仅抓住一点不放，推向极致，变成心理障碍，像个大石头压得自己抬不起头来。

发明家爱迪生曾计划从植物中提取橡胶新原料，当第 5 万次试验失败后，其助手说：“太丧气了！5 万次全白费工夫”。“没白费功夫，我们的发现很了不起，起码知道这 5 万种做法是不可取的。”爱迪生信心满满地回答。

这应了一句名言:“弱者任情绪控制行为,强者让行为控制情绪”。

据心理学家统计:每个人每天约会产生5万个想法。如果你有积极心态,会把5万个想法变成能源和动力,如果相反,你的心态会变的悲观、软弱,变成障碍和绊脚石。有人可能会问:好心态会保证我心想事成吗?答案:不会,但好心态会让你改变生活方式、工作方式,而坏心态肯定会让你一事无成。

“横看成岭侧成峰,远近高低各不同”,好心境常常会在左右我们看待事物驾驭职场的方式和角度。

大家都知道《龟兔赛跑》的故事,但这里有个《龟兔赛跑连续剧》:

上集兔子输了比赛后倍感失望,为此他做了些缺失预防及根本原因解析。它很清楚,失败是因它太有信心,大意,以及散漫。如果它不认为一切都是理所当然,乌龟是不可能打败它的。因此,它单挑乌龟再来另一场比赛,而乌龟也同意。这次,兔子全力以赴,从头到尾,一口气跑完,领先乌龟好几公里。

这下又轮到乌龟好好检讨了,它很清楚,照目前的比赛方法,它不可能击败兔子。它想了一会儿,然后单挑兔子再来另一场比赛,但是是在另一条稍许不同的路线上。兔子同意,然后两者同时出发。为了确保自己立下的承诺——从头到尾要一直快速前进,兔子飞驰而出,极速奔跑,直到碰到一条宽阔的河流。而比赛的终点就在几公里外的河对面。兔子呆坐在那里,一时不知怎么办。这时候,乌龟却一路姗姗而来,撩入河里,游到对岸,继续爬行,完成比赛。

故事还没结束。这下子,兔子和乌龟成了惺惺相惜的好朋友。它们一起检讨,两个都很清楚,在上一次的比赛中,它们可以表现得更好。所以,他们决定再赛一场,但这次是团队合作。它们一起出发,这次可是兔子扛着乌龟,直到河边。在那里,乌龟接手,背着兔子过河。到了河对岸,兔子再次扛着乌龟,两个一起抵达终点。比起前次,它们都感受到一种更大的成就感。

读罢,我们还可以换一种思考。假如你是乌龟,就不要和兔子赛跑,要和它比长寿。一个苍蝇和蝴蝶比什么?你如果是苍蝇,就不要和它比漂亮、比舞姿,要同它比免疫力、比抵抗力。

有三个人要被关进监狱三年,监狱长答应他们三人每人一个要求。美国人爱抽雪茄,要了三箱雪茄。法国人很浪漫,要一个美丽的女子相伴。而犹太人说,他要一部与外界沟通的电话。三年过后,第一个冲出来的是美国人,他嘴里鼻孔里塞满了雪茄,大喊道:“给我火,给我火!”原来他忘了要火柴了。接着出来的是法国人,只见他手里抱着一个小孩子,美丽女子手里牵着一个小孩子，肚子里还怀着第三个孩子。最后出来的是犹太人，他紧紧握住监狱长的手说："这三年我每天与外界联系，我的生意不但没有停顿，反而增长了200%。为了表示感谢，我送你一辆奔驰车！"

据说，冷战时期，美苏搞核竞赛，开始双方比核弹头的数量和威力，你100枚、我200枚，你造500枚，我造1000枚；你搞50万吨级的，我搞100万吨级的。后来美国人不与苏联人比吨力、比数量，他们改为发展精度，因为他们经过统筹运算发现，如果威力提高一倍，军事效益提高8倍，如果精度提高一倍，军事效益可提高64倍，导弹打一枚像一枚的。美国人明白了战略导弹保持在1026枚就已够了，再多了是浪费，光维护保养就是问题。所以，当年赫鲁晓夫访美，吹嘘他能发展多少核弹头，美国人觉得可笑，意思是说什么年代了，还用老观念、老脑筋。

可见，方法是竞争获胜的武器，方法科学对头就可以少走弯路，少受损失。现在系统论也给领导观察思考问题，提高创新性、有效性提供了路子。这一思路就是横向加宽，纵向前伸，"加宽"就是用通用标准效能对不同类型的东西进行改进改造，使之具有联动性和整体效能。纵向前伸就是领导者管理者观察问题要讲前瞻性、预见性，多看几步棋。预见性决策的基本特征就是从空间上看，要着眼全系统；从时间上看，它兼顾当前，侧重未来发展；从形式上看，强调决策的引导作用，防止不利情况发生。如果把系统论的横向加宽，纵向前伸的理论运用到安全管理上，运用到领导者管理安全生产上就会具有很强指导性，就会增加工作的有效性。

既然是多元思维，就说明有的思路是可行的、可取的，有的并不成功，碰了钉子。有句名言："人的精神财富来自两部分，一半来自经验，一半来自教训。"

许多年前，一位聪明的老国王召集大臣，让他们编一本《古今智慧录》，留传给子孙。这些大臣工作很长时间，完成了一套12卷的巨作。国王说太厚，需要浓缩。这些大臣又经过长期的努力，变成了一卷书。然而，国王还嫌太长。于是，这些人把一本书浓缩为一章，然后缩为一页，再变为一段，最后变成一句。聪明的国王看到这句话，显得很得意。他说："这是古今智慧的结晶。全国各地的人一旦知道这个真理，我们大部分的问题就可以解决了。"这句话是："挫折是一笔可贵的财富。"

有个学者揭示了失败和成功的关系，认为："未能成功的原因是成功的证据，最好找到失败的原因，并躲开它。"因为，"人有逆天之时，天无绝人之路。"

有人将失误受挫者分为4类：

(1)经常跌跤者。

不能从失误中接受教训,总被“同一块石头绊倒”,这种人不思悔改。

(2)吃一堑长一智者。

能从挫折中走出来,不再走入同一个死胡同。但理性差,不会举一反三、闻一知十,不会寻找、总结规律性的东西。

(3)拒绝“借力”者。

会摸规律,查原因,找到自己昨天摔跤的教训,是聪明人。但眼界窄了点,只关注自己的一孔之见、一时得失、“一亩三分地”,对别人的失误视而不见,研究不够,常常误入别人走过的死胡同。

(4)脚踩“绊脚石”成功者。

自己能够“摔个跟头,换来明白”,又能把绊倒别人的绊脚石变成自己的“垫脚石”,为自己的成功做好铺垫。这类人才是具有多元思维,能够积累多方面精神财富,最先获取成功的智者。

60. 面对机遇敢出手

俗话讲:“人往高处走,水往地处流”。有句名言:“机遇不是刻意来临的,它往往就在你的身边,就看你识不识货,是否知道它是机遇,会不会用手抓住它。”

一位心理学家为了实地了解同一件事不同个体的理解差异,来到省城正在拓宽整修马路的工地采访。

他首先问碰见的第一位工人:“请问你在干什么?”

工人没好气地回答:“在做什么?你没看见吗?在运石子,又脏又累,真没劲!”

心理学家又找到第二位工人:“请问你在干什么?”

第二位工人眼含希望地说:“修马路。一家老小在眼巴巴地等我每月1800元的工钱生活呀!为了他们的生活,我必须把活干好,让老板满意。”

心理学家接着又问第三位工人:“你在干什么呢?”

第三位工人用手往远处一指,富有见地地告诉来访者:“我们在搞城建,这城市马路死胡同多,我们要打通它、拓宽它,要想富先修路,架桥修路是积德行善,这是咱老百姓自己的事呀!”

十年过去了,第一位工人仍在修路工地上劳顿不止,第二位工人已经成为修路工地的队长,第三位工人则成长为某城市城建局的副处长。

三个人面对同样的职场，有三种态度，第一个人把工作当成麻烦，第二人把职场当成谋生手段，第三人则把工作当成享受和机遇，态度、心境各异，必然会出现不同的结局。这印证了一句民谚："麻袋里藏不住锥子。"

一则《骂天者的感悟》的寓言也反映了这一道理：

连天阴雨，没有停止的迹象，一个人觉得老天讨厌，站在院子中央骂老天："你没长眼睛，下起雨来没完没了，你没见大雨把我害得多惨，房子漏了，衣服湿了，粮食泡了，这对你有什么好处？你要下到什么时候？"风说："你骂这么凶，也不怕被淋湿了得感冒，老天肯定被你气坏了，以后肯定不想下雨了。""他真要能听到就好了。"骂天者气呼呼地说。风爱打抱不平，对老天说："没听见有人在骂你吗？你下雨是为了好收成，有人为了私利而骂你太不公平。"老天说："我不可能让所有人都满意。热带的人骂天热，太烤了；寒带的人嫌我吝啬，怨我给的阳光少；温带的人也怨我春天风沙不断，秋季阴雨连绵。对我来说，是非终日有，总有不满意的，我只好尽职尽责就是了。"

风听后颇有感触，告诉骂天者："老天也有难处，他也有道理。你这样骂是白费力气。"骂天者也自感无趣，这样做没有必要，确实费力不讨好。还是借些柴火，先把湿衣服烤干，然后立足现实，发挥自身长项往好处奔吧。

还有一个《心理学博士同管理者的性格对话》，具有异曲同工之妙：

管理者叹气道："我生活得一塌糊涂"。

"怎么搞的？"心理学博士好奇地问道。

"现在这里大环境不好。"管理者无奈地说。

心理学博士回答："我们都在同一片蓝天下。"

"不是，我这儿小气候不行！"

"家家都有本难念的经。"

"我是讲，我跟头儿处得不好。"

"告诉你，什么叫本事？能同各种风格的领导打交道，就是最大的本事。"

"你不知道，我下边的伙计老同我作对。"

"你应该清楚，只有无能的领导，没有难带的下属。"

"我的家人也不帮我，老是埋怨我。"

"实际上，爱埋怨的是你，你在怨天、怨地、怨领导、怨伙计。应该说，你最该怨自己。"

"怨我什么？"管理者十分奇怪。

"怨你的个性，怨你的性'个'。"博士很肯定地回答。

博士继续说："个性是个套子，是紧箍咒，送给你一个解套秘诀，只有两句话：走出自己，顺心顺意；改善性格，天宽地阔。”

应该承认，生活中不称心之事常有，要善于敞开心怀，打开自己心灵的窗户。用伤害对付伤害，用抱怨对待困境，就成了一个心结。“冤家宜解不宜结”，敞开心怀，学会宽容，宽容是一只灵巧的手，很容易打开心结，心宽才能地阔，才会有好景致好机遇追随你。一则小和尚的困惑的故事会给你以启迪：

小和尚问老和尚：“师父，一个人最害怕什么？”

“你以为呢？”老和尚含笑看着徒弟。

“是孤独吗？”

老和尚摇了摇头：“不对。”

“那是误解？”

“也不对。”

“绝望？”

“不对。”小和尚一口气答了十几个答案，老和尚都一直摇头。

“那师父您说是什么呢？”小和尚没辙了。

“就是你自己呀！”

“我自己？”小和尚抬起头，睁大了眼睛，好像明白了，又好像没明白，直直地盯着师父，渴求点化。

“是呀！”老和尚笑了笑，“其实你刚刚听说的孤独、误解、绝望等等，都是你自己内心世界的影子，都是你自己给自己的感觉罢了。你对自己说：‘这些真可怕，我承受不住了。’那你就真的会被打败。同样，假如你告诉自己：‘没什么好怕的，只要我积极面对，就能战胜一切。’那么就没什么能难得倒你。何必苦苦执著于那些虚幻？傻徒弟啊，一个人若连自己都不怕，他还会怕什么呢？所以，使你害怕的其实并不是那些想法，而是你自己啊！”小和尚恍然大悟。

有一段箴言，可以视作对我们每一个职场人的告诫：

人生最大的敌人是自己；

人生最大的失败是自弃；

肯定自己，是一种意志的胜利；

征服自己，是一种灵魂的提升；

控制自己，是理智上的一大卓越；

超越自己，是观念上的一大进取。

世界上有三种人，也有三种不同的命运：

第一种人是守株待兔的人，最后落得饥肠辘辘，坐以待毙；

第二种人是扛着枪打兔子的人，风餐露宿，生活充实；

第三种人是预作准备捉兔子的人，查线索，摸规律，以智取胜，回报社会。

很明显，第一种人是等待机会的人，结果机会溜走了；第二种人是抓住机会的人；第三种人是创造机会的人。

其实，人生就像一场排球赛，二传手“喂”出一个好球，“铁锄头”看到对方尚未跳起拦网，“啪”，一记重扣，球在对方场地落地开花。而有的队员看到二传手托球之后，稍有迟疑，再猛扣过去，但对方已跳起拦网，球随即被拦在界内。有这样一句名言：“机会往往就在身边，关键看你是否长就一双会判断的慧眼，能否适时抓住。”

请记住一句感悟：职场不成功不是个性使然就是判断错误。要么是事半功倍，要么是事倍功半，两个结果供你选择！

乔布斯说：“我愿意用一生的科技成果作交换，同苏格拉底交谈一个下午。”可见，沟通的重要性。但是有人常与牢骚相伴：“命运天注定，我才被捉弄；怨愤时常有，机会老错过。”这是将失败合理化。告诉你：“人的一生打算改变，换个脑袋出路无限。”有人对天发问：“他行了，为什么我不行？”答案：关键是你放弃了机会。

61. 船快也要定罗盘

邓小平讲：“发展是硬道理”。要发展就要换脑筋，“改头换面”，让大脑活泛一点儿。

在美国有个真实的故事，大家都说一个孩子傻。为什么呢？大家做过这样的试验：拿5分钱和10分钱的硬币给他，他总是拿5分的，屡试不爽，这样的人不傻吗？大家总嘲笑他。

一次，一外地的智者从此经过，听说了这种事，亲自试验了一回，果然与大家说的一样。智者哈哈大笑，拍着那孩子的肩膀，说：“小朋友，你真聪明。”那孩子也笑了，智者转身飘然而去，大家傻笑了一阵，也就散了。

到底这个孩子傻不傻，大家有点难以确定了。这个叫做威廉·亨利·哈里森的小孩子长大后当选为美国第九任总统。

学过平面几何的人都知道，在三维空间里，两点之间，直线最短。但在追寻目标时，有许多时候则完全相反，两点之间，曲线有可能比直线要短。

无论我们做什么事情，都需要有原点和目标点。如果没有原点，你就不知道切入点在哪里，如何入手，就难以有一个良好开端。如果缺少目标，就会在过程中摇来摆去，丧失好多时间和精力，终归一事无成。

所谓原点，就是要了解自己目前的状况和能力，以及条件是否具备，想得到一处新房子，就从拣起一石一瓦做起，想赚上一笔财富，就应先获取不起眼的小钱。在现实和理想之间，可能眼下并没有直线可行，但或许还有着曲线可走。曲线就是"先做小事、赚小钱"，其最大好处是可以在低风险的情况下积累一些经验，借此了解自己的能力。当你赚小钱得心应手时，就可以胃口稍大一些，做大一点的事。既然赚小钱没问题，赚大钱就不会太难。何况小钱赚久了，也可积累成"大钱"。聪明的威廉当然明白这一点，如果他拿了 10 分钱，下次还会有人让他拿吗？大笔的"财富"从哪里去赚？可见，高着眼低着手是他的聪明、智慧所在。

大家知道，毛泽东主席是在 1972 年邀请美国总统尼克松访华的。这一举动险不险？险。难不难？难。20 多年来中美关系长期处于敌对状态，同时国内反美情绪达到了登峰造极的程度。这时由于尼克松态度的细微变化，毛泽东抓住时机，决定邀请尼克松访华。为了使这个弯子不至于转得太急，为了使普通中国人心理上不至于无法承受，毛泽东在外交上抛出去两块"石头"，也是下了两场毛毛雨。第一场毛毛雨是 1970 年国庆节，毛泽东邀请美国作家斯诺以他私人朋友的身份登上天安门城楼观礼，并对斯诺说："目前中美两国之间的问题，要跟尼克松解决。我愿跟他谈，谈得成也行，谈不成也行。吵架也行，不吵架也行。"毛泽东还让斯诺给尼克松捎口信："当做旅行来也行，当做总统来也行。"第二场毛毛雨是让周恩来总理通过乒乓外交，邀请美国乒乓球队访华。两场毛毛雨过后，普通中国人慢慢接受了一个事实：中美两国人民是要友好相处的，为了两国间的利益，就必须同尼克松谈判。中国政府私下通过巴基斯坦等国搭桥牵线，使之水到渠成，瓜熟蒂落。1972 年 2 月 21 日，毛泽东和尼克松两位巨人的手握在一起。

毛泽东的决策思维艺术，使基辛格感到"中国人民太精细微妙了，到底是经历了几千年文明的熏陶"，他不得不佩服毛泽东"此人气魄很大，是从大的全球战略上考虑问题的"，其意义和价值超越了时空，超越了意识形态，超出了当时历史和现实因素的一般含义，"改变了世界，反映出一个旧时代的结束，一个新时代的开始。"

大约在同一时期，毛泽东也向当时的苏联抛了两块"石头"，化解了一场核危机：

1969 年，中苏边界大小摩擦迭起，最终发生了震惊世界的珍宝岛事件。苏联调兵遣将，在中苏边境部署兵力达到百万。面对苏联的大军压境，毛泽东向全国发出“要准备打仗”的号召。

6 月 13 日，苏联政府向中国政府提出“两三个月之内”，即不晚于 9 月 13 日，开始边界谈判。7 月 26 日，苏联政府又在一封秘密信件中，建议通过两国总理会晤来解决冲突。苏方认为，中国人只有实际感受到最可怕的威胁后，即苏联对中国核设施进行先发制人的打击之后，才会坐到谈判桌前。

8 月 27 日，美国中央情报局局长赫尔姆斯向记者透露，苏联代表向东欧盟国通报了可能对中国核设施进行先发制人的打击的情况。

这时，已临近中国国庆节。面对苏联的核威胁，集会是否举行？周恩来向毛泽东提出：“老帅们认为，苏联偷袭的可能性很大。今年的国庆节群众集会怎么搞法，是不是再研究一下？”

毛泽东说：“不搞集会，我看不太好吧！这是不是告诉人家，我们有点怕？集会还是要搞的，我还是要上天安门。我倒想开开眼，看看原子弹的威力究竟有多大？”

周恩来紧皱眉头：“几十万人聚集在广场上，一旦出现情况，怎么疏散，怎么隐蔽？”

毛泽东笑道：“如果实在不行，可不可以放两颗原子弹吓唬吓唬他们呀？让他们也紧张两天，等明白过来，我们的节日也过完了。”

周恩来会意地说：“放完后，我们再来个秘而不宣。”

毛泽东点点头：“对嘛！‘兵不厌诈’呀！”

周恩来接着问道：“主席，你看安排在什么时间比较好？”

毛泽东说：“不能早也不能晚，28 日、29 日两天就可以。这事还要和聂荣臻、张爱萍同志商量一下。”

1969 年 9 月 28 日和 29 日，美国地震监测站、苏联地震监测中心，以及两国的卫星，几乎同时收到了能量巨大的震动信号。他们不约而同地作出判断：中国成功地进行一次地下核试验和高爆核试验。

中国以往的几次核试验，当即发表消息，并热烈庆贺，可是这两次核试验，中国新闻媒介连一条简短的新闻都没有发表。对此，外电纷纷议论，普遍认为“中国最近的两次核试验，不是为获得某些研究成果，而是临战前的一种测验手段。”

苏联知道中国做好了充分的准备，放弃了摧毁中国核基地的核战计划，从而避免了一场核战争。

10 月 1 日，毛泽东和国家其他领导人登上了天安门、检阅了游行队伍。10 月 20 日，中苏边界谈判开始举行。

上述故事揭示了 4 个方面的道理：

(1)变“因”为“思”,因循守旧要不得,老办法解决不了新问题。

(2)穿新鞋走新路,时变势变人要变,“不怕条条框框繁杂,就怕想象力欠缺”。过去已有大量反映这一道理的事例:摩托罗拉手机讲品牌、功能时,诺基亚就改为讲质量讲样式了。甲地苹果产量高、有色泽时,乙地就开始比口感、提品味了;淘金者一窝蜂去沙漠淘金时,有人开始在金矿附近打井卖水了。

(3)世界上永远不变的法则就是“变”;“人无我有,人有我优,人优我新,人新我变。”

(4)“人不理财,财不理人”,提升财商很重要。

62. 牛角尖钻不得

何为钻牛角尖?钻牛角尖反映在思考模式上叫黑点思维。

面对一个雪白的墙壁,墙上趴着绿豆大小的黑虫子,别人问他看到了什么?他说:“有一个黑虫子”。原因是他钻进了思维的死胡同,将黑虫子无限扩大化了,“一叶障目,不见泰山”,完全无视面前的整个白墙,更看不到白墙周围大片的空间。

有人照镜子时,总认为脸上有一颗“痣”长得不好看,结果忽视了漂亮的五官和面容,还有聪慧的大脑、强健的身骨,其实那才是自己高大、美好的形象,特别值得自豪。退一步讲,那颗“痣”说不定是美人痣呢?因为它长得是地方。

黑点思维有特指他人的,也有对自己讲的,黑点思维反映在针对别人上,就是发牢骚。“这头儿不好,我不待见他”,“这主任批评过我,待人有偏心眼”。类似的抱怨我们司空见惯。

一个《师生间的情商对话》,揭示了这方面的应对之道:

一学员对老师抱怨:“我同他合不来!”

老师回答:“一个巴掌拍不响,那说明你素质有问题,不够聪明。”

“我智商很高。”学员并不认账。

“那说明你情商不高,智商已被抵消。”老师继续解题。

“我对他没有耐心,他不可理喻!”学员“炮火”所向没有改变。

“心有千千结,性有上百种,再塑性格应从改变心态做起。”

“老师,我真没有门道。”学员一脸茫然。

“没有门道,你需要打开心灵的天窗!”老师一语中的。

黑点思维反映在自己头上，就是生自己的气，“我不行，我不是这块料，我这辈子算完了”，根源在自卑、自暴自弃。

有时思维走进一个死胡同，就应该换个角度来分析，往往从圈子外来看待，视野开阔了，问题就淡化了，心态就会平和。

现实工作中确有不少牢骚，上月工资条发下来，有人一股怨气便直冒头顶：“大老板的钱去哪儿啦？这奖金怎么月月见少哇，这工资条回家没法给媳妇交呀！”实际上，奖金减少后，不应怨气冲天，首先应检点自己，工作质量、效率怎么样，有没有发生纰漏和失误，同考核测评结果及上司的认可评价是否一致。然后再同有关部门进行沟通，询问站段奖励政策是否有变化，领导部门下拨款项有没有出现异动等等，然后调整自己的心态，调节周围人的心绪。

如果经常发领导的牢骚，就是沟通不畅的表现，就是黑点思维在作怪。有一句格言：“七划为男，三划为女，加在一起才是十全十美。”同领导打交道与同家人打交道一样，有差异是正常的，“君子和而不同”，挨点批评得张牌也要正确看待，领导挑剔自己是对工作负责，对事不对人，有时是“敲山震虎”，完全不必同上司过不去。人生在世，十有八九不如意，不会一路坦途，心想事成是祝福之词，也是一厢情愿。但自己职场有坎坷、纠葛时，能向他人随意抱怨吗？自己能当那个极端的少数吗？显然不能。别说一般领导者，就是伟人也有缺点和不足，对人理解谅解很重要。有一句名言应成为对自己的告诫：“对什么都看不惯，疲劳的不仅仅是眼睛。”

63. 智者善于寻转机

消极思考模式的另一种表现是惯性思维，其主要特征是把消极思维变成常态，“只知其一，不知其二”，“一条道走到黑”；思维偏执，撞了南墙不回头，“常常在老地方摔倒”；思想僵化、固化，“榆木疙瘩不开窍”。

一根小小的柱子，一截细细的链子，拴得住一头千斤重的大象，这不荒谬吗？可这荒谬的场景在印度和泰国随处可见。那些驯象人，在大象还是小象的时候，就用一条铁链将它绑在水泥柱上，无论小象怎么挣扎都无法挣脱。小象渐渐地习惯了不挣扎，直到长大成了大象，可以轻而易举地挣脱链子时，也不再挣扎。

驯虎人本来也象驯象人一样成功。他让小虎从小吃素，直到小虎长大。老虎不知肉味，自然不会伤人。驯虎人的致命错误在于他摔了跤之后让老虎舔净他流在地上的血，老虎一舔不可收，终于将驯虎人吃了。

小象是被链子绑住了，而大家则是被习惯绑住的。

所以，习惯常常是影响我们做事情成败的一个不被注意的关键。养成正确的思考习惯，是走向成功的第一步。

有人曾经做过一个实验：他往一个玻璃杯里放进一只跳蚤，发现跳蚤立即轻易地跳了出来。再重复几遍，结果还是一样。根据测试，跳蚤跳的高度一般可达它身体的400倍左右，所以跳蚤称得上是动物界的跳高冠军。接下来，实验者再次把这只跳蚤放进杯子里，不过这次是立即同时在杯上加一个玻璃盖，“嘣”的一声，跳蚤重重地撞在玻璃盖上。跳蚤十分困惑，但是它不会停下来，因为跳蚤的生活方式就是“跳”。一次次被撞，跳蚤开始变得聪明起来了，它开始根据盖子的高度来调整自己所跳的高度。过了一阵子，发现这只跳蚤再也没有撞击到这个盖子，而是在盖子下面自由地跳动。一天后，实验者把盖子轻轻拿掉，跳蚤不知道盖子已经去掉了，它还是在原来的那个高度继续地跳。三天以后，他发现那只跳蚤还在那里跳。一周以后发现，这只可怜地跳蚤还在这个玻璃杯里不停地跳着。其实它已经无法跳出这个玻璃杯了。它从一个勇敢的跳蚤变成了一个可悲的跳蚤！

跳蚤无法逾越的不是杯子，而是自己的惯性心理，造成惯性心理的是那个过时信息——玻璃盖。

很多领导者不敢决策，或者不去改变过去的决策，原因和跳蚤一样，那么被陈旧的信息所笼罩，要么缺少大量新的信息。他们常常错误地告诫自己：现在的条件并不成熟，过去的决策不可改变。

一位哲人说过：“我们的痛苦不是问题本身带来的，而是我们对问题的看法造成的。”我们应学会解脱，学会转向，用不同思路多角度地分析问题解决问题。

有人听说一位大师费了几十年的工夫练就了移山大法，人们便让他表演。大师在大山对面坐了坐，又跑到山的背后去，然后说：“我表演完了！”众人不解，大师说：“根本没有移山大法，唯一的方法就是穆罕默德讲的，山不过来，我就过去。”我们对《愚公移山》的故事应该进行多方面的解读，其思路主要有两条。一是移山；二是移民。而第二条往往是更现实更睿智的。

古罗马时代，有位预言家在一座城市内设下了一个奇特难解的结，并且预言，将来解开这个结的人必定是亚细亚的统治者。长久以来，虽然许多人勇敢尝试，但是依然无人能解开这个结。

当时身为马其顿将军的亚历山大，也听说了关于这个结的预言，于是趁着驻兵这个城市之时，试着去打开这个结。

亚历山大连续尝试了好几个月，用尽了各种方法，都无法打开这个结，真是又急又气。

有一天，他试着解结失败后，恨恨地说："我再也不要看到这个结了。"当他强迫自己转移注意力、不再去想这个结时，忽然脑筋一转，他抽出了身上的佩剑，一剑结砍成了两半——结打开了。

我国古代也有个故事与此有异曲同工之妙：

两个儿子大了，一个富翁老了。

这些日子富翁一直在苦苦思索，到底让哪个儿子继承遗产？富翁百思不得其解。

想起自己白手起家的青年时代，他忽然灵机一动，找到了考验他们的好办法。他锁上宅门，把两个儿子带到一百里外的一座城市里，然后给他们出了个难题，谁答得好，就让谁继承遗产。他交给他们一人一串钥匙、一匹快马，看他们谁先回到家，并把宅门打开。

马跑得飞快，所以兄弟两个几乎是同时回到家的。但是面对紧锁的大门，两个人都犯愁了。

哥哥左试右试，苦于无法从那一大串钥匙中找到最合适的那把；弟弟呢，则苦于没有钥匙，因为他刚才光顾了赶路，钥匙不知什么时候掉在了路上。

两个人急得满头大汗。突然，弟弟一拍脑门，有了办法，他找来一块石头，几下子就把锁砸了，他顺利进去了。自然，继承权落在了弟弟手里。

人生的大门往往是没有钥匙的，在命运的关键时刻，人最需要的不是墨守成规的钥匙，而是一块砸碎障碍的石头。

确实，人的思想常常存在许多思维定势，你是否也经常凭借过去的经验妄下结论，或者在人们的人云亦云中让自己大脑"偷奸耍滑"，用固定的模式框定自己的思维，甚至以自己的惯性思路来猜测别人的意图。

有一个经典的测试说明了思维定势的危害：

一位教授向一群学生提出这样一个问题：一个聋哑人，到五金店买钉子。他左手做持钉状，右手朝着左手做锤打状。售货员先拿来一把锤子，聋哑人摇摇头，用右手指了指做持钉状的左手，售货员恍然大悟，于是把钉子递给了聋哑人。聋哑人刚走，又进来一位盲人顾客……

"你们说，盲人将用什么方法买一把剪刀，当然方法是最简单快捷的。"教授向学生问道。

"他只需要伸出两个手指作剪东西状就可以了。"一个学生抢先回答。其他同学也点头表示赞同。

教授耸了耸肩："其实他只要开口说一声不就行了吗？要注意，一个人一旦进入了思维的死角，智力就会低于常识之下。"

曾有一位卖豆子的道出了其财商的高妙所在："如果豆子卖得动，直接赚钱好了。如果滞销，有 3 种处理方法。"

第一，豆子沤成豆瓣，卖豆瓣。如豆瓣卖不动，淹了，卖豆豉；如豆豉还卖不动，加水发酵，改卖酱油。

第二，将豆子做豆腐，卖豆腐。如不小心豆腐做硬了，改卖豆腐干；如豆腐做稀了，改卖豆花；如实在太稀了，改卖豆浆。如豆腐卖不动，放几天，改卖臭豆腐；如还卖不动，那就让它长毛彻底腐烂，改卖腐乳。

第三，让豆子发芽，改卖豆芽。

假如豆芽滞销，再让它长大点，改卖豆苗。如豆苗还是卖不动，再让它长大点，栽到花盆里当盆景卖，命名为"豆蔻年华"，到中小学门口兜售。

三种思路都不行的话，赶紧找块地，把豆苗种下，灌溉施肥，收了豆子，再拿去卖。

这个故事起码告诉了我们三个道理：

(1)一孔之见不足取，过时的经验靠不住，正如拿破仑所说："习惯能成就一个人，也能摧毁一个人。"

(2)探索要"摸着石头过河"，走一步看一步，稳扎稳打，步步为营，不搞毫无意义的争论。

(3)变通方法，寻机求生，"此路不通，快换新路"，思路决定出路。

64. 借力"高人"常进取

作为一个管理者就是雄心再大，能力再强，光靠单枪匹马，只会跳"光杆舞"，事情也不能完全搞定。这里除了有借力知识、借力技能，还有一个借力外部"名师"、借力人际环境的问题。

有几个国家的评酒师比酒，中国评酒师拿出茅台，打开后，一时浓香四溢，弥漫大厅，大家赞不绝口。紧接着俄国人拿出伏特加，法国人取出香槟和葡萄酒，意大利人打开威士忌，大家都出手不凡，各具特色，难分高下。而最后出场的美国人不慌不忙，取出几种外国名酒，让大家眼花缭乱的几个快举动之后，勾兑而成鸡尾酒。大家纷纷赞叹美国人的借力技巧和创新思维。

据说，美国人确实有这个长项，就是"借鸡下蛋"，搜罗人才，把世界各地在美国的留学生留住，给高薪，给待遇，营造环境，为其所用，还出去"挖"世界各地精英到美国,为他服务,推动科技领先于世界。

实际上,借力智慧也并非美国人的“专利”,一则《书法家赛墨宝》的故事就反映了这一点。

刘墉在书法上很有造诣,他博采众长,勇于创新,自成一家。当时名重一时的朝臣大书法家翁方纲,对刘墉的做法不以为然,颇多微词。他有一个女婿是刘墉的学生,一次这个学生去看望岳父,时值翁方纲正在练字,写的还是他练了一辈子的字体,一笔一画,循规蹈矩。这个学生对老岳父这种食古不化的做法也不满意,于是就拐弯抹角地说:“岳父,您和我的老师都是当今的大书法家,但我从未听您评议我的老师的书法,您能谈谈吗?”

翁方纲放下笔,看着他的女婿,不屑一顾地说:“你回去问问你的老师,他写的字哪一笔是古人的?”

没想到,这个学生回去还真的去问刘墉,刘墉听后,朗朗一笑,风趣地反诘道:“你回去也问问你的岳父大人,他写的字哪一笔是他自己的?”

两位书法家的相互质问,虽然各有各的道理,但孰轻孰重,却泾渭分明。

实际上借鉴和创新是一个事物的两个方面,借鉴很重要,创新也必不可少,过去不少伟人都阐述过二者的关系。

应该说,凡事没有绝对的好和绝对的差,翁方纲有他的道理,他注重借鉴,学习古人,能把传统的东西拿过来,很好地继承,不走样、不改动。不过翁方纲的不足之处,就是不懂“推陈出新”。学习古人也要讲方法,“尽信书不如无书”,古人的东西是很好的,但也不能让古人“牵”着鼻子走,面对老“古董”,弃之不用不对,但生吞活剥、全盘吸收、照搬照套也不合适。正确的方法就是取其精华,弃其糟粕,扬长避短,不断创新。刘墉的书法注重创新,自成特色,是难能可贵的。但书法作为一门艺术,是古今相传,一脉相承的,历史不应割断,在继承基础上加以创新才是一条正路。

关于借力,古人有许多成功的经验,也有不少名言名句。比如荀子说过:“借助于车马的人,不必自己跑得快,却能运行千里;借助于舟船的人,自己不必识水性、善水性,却能渡过大江大河”。君子生性同别人没差别,只是因为善于借用外力外物,因而就有了不同的结果。荀子有“君子性非异也,善假于物也”的东方智慧,牛顿有“踩在巨人肩上”的西方智慧。

“借”的意义在哪里?我认为,主要是通过运用外在人的力量、物的力量、环境的力量把自身工作推动一步。内力是变革的根据,外力是变革的条件,外力是内力的“推进器”、“加速伐”。

古人借风行云,借风造势,借尸还魂,借腹怀胎,借名钓利,借鸡生蛋都是借力求得发展,帆船出海、风筝上天,也是“好风凭借力,送我上青天”。台湾一位巨富叫陈永泰,他讲:“聪明人都是通过别人的力量,去实现他的目标”。

一个人是唱不了大合唱的,必须借助大家;一只手是捂不过天来的,必须靠众多的臂膀。一个新职也是力不从心的,也必须运用“借”的技巧。比如新官上任,“两眼一抹黑”,必须依靠老的、有经验的员工做“外脑”,这是“借”;外单位、外部门试点先走一步,取得经验,自己去“取经”,这是“借”;单位发生了事故或差错,员工愁眉不展,作为领导,用教训激励大家,重振旗鼓,挫而不折,失而不败,爬起来再战,这是“借”;单位工作死气沉沉,员工情绪不佳,领导前来视察,提出整顿要求,自己立马抓实施,这是“借”;上级布置了重要工作或号召开展一项新的活动,本单位、本部门闻风而动,用新要求推动自身工作,这也是“借”。

狼和狈均为两种长相十分相似的动物。同时,它们又是两种都喜欢吃家畜的野兽。它们唯一不同的是:狼的两条前腿长,两条后腿短;狈是两条前腿短,两条后腿长。这两种野兽,经常一起去偷猪、羊等家畜。有一天,狼和狈共同来到一个羊圈外,看到羊圈中的羊又多又肥,十分高兴。但羊圈的墙和门太高了,爬了几次都没有得逞,只能望羊兴叹。

后来,它们想到了一个办法:先由狼骑到狈的脖子上,然后狈站起来,把狼抬高,再让狼跳进羊圈把羊偷出来。商量过后,狈就蹲下身子,狼爬到狈的身上。然后,狈用前腿抓住羊圈的门,慢慢伸直身子。这时狼用后腿抓住羊圈的门,慢慢伸直身子,把两只长长的前腿伸进羊圈,成功地把羊偷了出来。

俗语说得透彻:“皇帝还问人借兵马。”现在职场确实离不开借力,一个人不可能成功地搞定整个部门、整个单位的事。因为,每人的学历、专业、能力及工作分工不同,不可能十八般武艺样样精通,发挥作用的大小、领域也有差别。如同一台机器,大家都是机器的某一个部件,部件的作用是协同的。只有同心协力,机器才能运转起来,才能产生效能。现在的职场不是个人英雄主义者的舞台,作为一个管理者不可老想着超越别人,显示自己,幻想离开别人的影响和帮助,去唱“独角戏”;不要妄自尊大,视别人为草芥,甚至超越历史和环境的熏陶;如果与同事关系都处得不融洽,会给你的工作带来诸多困境,因为你的大部分工作都要凭借周围的支持,甚至要求助他人,没有别人有形和无形的辅助,就像鱼儿离开水一样一事无成,那时你会感到捉襟见肘,寸步难行。

65. 共赢树下种友谊

有人讲，现在是竞争社会，竞争就是你死我活，你输我赢，不可能合作共存。也有人说，世界上不同人群玩的是"零和游戏"，中国人历史就是"内战内行，外战外行"，喜欢搞内耗，擅长"窝里斗"，人类和动物界都是这样。

我们要问，果真如此吗？答案：未必。

有人观察，一只蜜蜂靠自己难以度过严冬，一群则不同。冬天蜂箱中的蜜蜂一般会抱成一团，靠密切接触抵御风寒。最外面的是工蜂，不停地扇动翅膀，像厚厚的衣裳一样，抵挡外面吹进来的寒气。最后形成一层严严实实的"隔断"，里面的温度定格在 13 度左右，蜂箱内像安装了暖气。

被工蜂群包裹在里面的不仅有蜂王和雄蜂，还有一部分工蜂。它们饥饿时，主要靠夏天采集来的蜂蜜作为食物。里面的工蜂吃饱了会定时到外面"换岗"尽责。就这样，蜜蜂家庭顺利度过了严冬。

螃蟹在陆地上也可以生存，但不能离开水时间太久。为了让自己在陆地上生存的时间尽可能地长一些，它们就不停地吐泡沫来弄湿自己和伙伴。一只螃蟹吐的泡沫不大可能把自己完全包裹起来，但几只螃蟹一起吐泡沫连接起来会形成一个大的泡沫团，形成一个富含水分的泡沫空间，彼此都赢得了生存的机会，这就是另版的"螃蟹效应"。

一老农种玉米很有一套，在各种农会评比中都名列前茅。秋季的种子交易会上，他家的玉米种子经常供不应求。但老农年事已高，决定把田地交给小儿子打理。交代好了种田的大事小情，老爹对儿子说："有件事，你一定要牢记。每年秋天，无论种子多么紧缺，都要挑一批上好的玉米种子分给邻居们。"

年轻人很不理解，"您种的玉米远近闻名，赶集时，咱家的种子最抢手。您为什么放着高价不卖，反而要免费送人呢？"

"孩子，咱家的玉米能越种越好，全靠我送种子给邻居们，"老农说，"花粉被风从一片玉米地吹到另一片玉米地里。如果邻居用了劣质种子，长出差劲的玉米。糟糕的花粉就会影响到咱家的玉米。所以邻居地里的玉米跟咱们自己的玉米一样重要。"

你给别人什么，自己就会得到什么。

有一句老话：油多菜不坏，礼多人不怪。你要别人怎样待你，你就得先怎样待人。在人与人的交往中，自身行动表达的友好程度是交往成功的一半。西方有位管理专家提出了一个这样的公式：成功＝55％行为内容＋15％声调＋30％表情。可见，非语言信息传递东西的比重比语言信息更多，人们真实的情绪和心理状态的表现，与其说依赖于语言的交往，不如说是更取决于行为内容的交流。正如老农送玉米的行为内容一样，其表达的善意是明显的，这种善意也可以说是一种良性叠加，他对邻居的善待，邻居又以另一种形式加倍地偿还。

我们常说：四海之内皆兄弟。实际上血缘关系意义上的兄弟我们不可以选择，但志同道合的上下级之间的情谊我们是可以选择并养成的。关爱浇灌真情，真情推进成功，对人生、对下属、对事业的热诚和信念是友爱的萌生地，要让别人支持你，你就应该去体贴别人，通过循环往复，再坚硬的冰块也会被融化，再干涸的土地也会湿润，这可能就是关爱的威力吧！

一位政治家告诉我们："人与人的合作不是人力的简单叠加"。假如每个人的能力都为1，那10个人合作结果有时比10大许多，有时甚至比10还要小。"一个人敷衍了事，两个人互相推诿，三个人永无宁日"是合作共事之大忌。"合则两利，分则两伤"是古训，也是我们处理人际关系的准则。

从前，有两个饥饿的人得到了上帝的恩赐：一根鱼竿、一篓鲜活硕大的鱼。其中一个人选择了一篓鱼，另一个人则拿走鱼竿，然后，他们便分道扬镳了。

选择鱼篓的人，就地用干柴生火煮鱼。他狼吞虎咽，还没有品尝出鲜鱼的肉香，就瞬间把鱼吃光了，因此他很快又煮了另一条鱼，继续填饱肚子。令人料想不到的是，短短几日过去后，他被人发现饿死在空空的鱼篓旁。

至于拿走鱼竿的人，他忍受着饥饿，一步步向海边走去，只是当他好不容易抵达海边的同时，却连最后的一点力气也都耗尽了，只能带着无尽的遗憾，离开人间。

不久之后，又有两个饥饿的人，同样得到上帝恩赐的一根鱼竿和一篓鱼。他们并没有各奔东西，而是商量一起去找寻大海，并且还约定每餐只能煮一条鱼吃，所幸在经过漫长的跋涉后，他们终于顺利抵达了海边。

从到达海边之后，他们两人开始以捕鱼为生，几年后，他们盖起了房子，不但有了各自的家庭、子女，还有自己造的渔船，生活可说是十分幸福、平安。

"你有一个苹果，我有一个苹果，咱们互相交换之后每人还只有一个苹果；你有一种能力，我有一种能力，我们互相交换之后每人就有两种能力了。"当你有六个苹果的时候，最好只吃掉一个，剩余的5个苹果同另外5个人交换，交换的结果使你拥有了桃、梨、柑橘、杏、西瓜5种水果，最后你将享受6种水果的美味，得到了6种水果的不同营养，更重要的是赢得了5个人的友谊。

古话讲："与人方便，自己方便"。人与人之间的关系是互为补充、相互提醒提携的关系，你为别人点亮一盏灯，别人会给你一团火。结果，大家都暖洋洋的，危困减少了，前程会敞亮许多。

有位哲人说过：三人各有一袋小麦，一人磨后吃掉；一人预留一部分种子；一人一部分吃，一部分留种子，一部分送邻居。说明预则立，分享共赢。

过去有两句讽刺、挖苦人的话，一个是“盲人打灯笼”，一个“瞎子点灯”，实际上嘲笑“人干事不动脑筋，尽做些多此一举的事。”仔细一琢磨，并非完全是这样：

曾经有一个盲人夜晚走路，总是提着一盏灯笼。许多人看着好笑，有人走上前，不解地问：“您有眼疾，行动不便，不过提着灯笼也不管用吗？”

盲人认真地回答说：“乍看是没用，不过天黑别人也看不见路，我打着灯笼，起码是为别人照明，做点善事。实际也是为保护自己，个人被撞了，对谁都是个麻烦事”。

有一天坐车去车站接铁路局领导，汽车直接开到二站台要过车站内部地下通道，在通过通道时，我问身旁司机：“车走地下通道安全不安全？”司机不假思索地回答道：“确实要小心。主要的一条就是打开车灯，地下通道有弯道，照明不好，开着车灯，对方会及时发现来车，马上避让。这方面，还真出过事，咱单位开车的老李，几年前一次过通道时，疏忽犯规，与对方开来的拉行李的汽车撞个正着，车损坏了不算，还将行李撞散了一地，将通道堵塞了半小时，影响了车站装卸作业。”

现在社会发展了，合作的重要性、必要性突出出来，如果眼睛老盯着别人，嫉妒、排挤别人，那是一种短视行为，是不可取的。人们实现大目标，需要精诚团结；企业要发展、开拓，需要团队精神，因为这直接关系个人或者企业的业绩，甚至生存。正如俗话所说：“爱越分越多，爱是个银行；不怕花钱，就怕不存钱”。

许多人并不清楚大雁在飞行中排出“∧”型雁阵的道理，据测算，雁阵飞行速度比单飞高 70%，处在“∧”字形的领头雁，受空气阻力最大。因此，领头雁每过几分钟都要轮换。雁阵尾部的两个位置最省力，一般让老幼病弱的大雁去飞这个位置。雁阵鸣叫，是强壮的大雁为落后的大雁加油。如那个累了病了掉了队，雁阵也不会遗弃它，它们会派出一只健康的大雁落到地上陪伴它，一直等到它能继续飞行。

管理者是领头雁，应发挥自己的带头示范作用，工作中有福同享，有难同当，是赢得好人缘最直接、最有效的方法。对职场中的弱势群体，应适时伸出援手，帮他一把，这不仅起到了救人于水火的作用，更重要的是管理者拿自己的人品给大家看，给单位或部门营造一个合作共事、同舟共济的和谐环境，这比什么都重要。正如一段格言所说："人在职场有三个方面最重要，一是有一个团结互助的管理环境，二是有一个能攻善战的坚强团队，三是找对一个人——老板。"

共赢是职业价值的最大化，是处理人际关系的最高境界。华人首富李嘉诚说过："如果利润10%是合理的，你可能想拿到11%，但拿9%为上策。这样做，后续的客户及生意才会源源不断。"经商要讲诚信，赢得顾客；在企业与人交往二要讲信赖，赢得共同进步的人气和环境。

人生有三成："不成"、"小成"和"大成"。"不成"——依赖别人，只会要小聪明的人，终将一事无成；"小成"——单打独斗，不善合作，成功是有限的、暂时的；"大成"——利己又利人，懂得分享会实现大成功。"一人为人，二人为从，三人为众，众人拾柴火焰高。"

第六章　堡垒作为篇——一门领导无形管理有道的强化课程

66.“隐性管理”为发挥作用的高超技巧

两千多年前，老子就曾教导为官者要无为而治。什么叫“无为而治”？无为，实际上是为了有为；不仅是有为，更要有大为。这里讲的“无为而治”，实际上就是隐性管理。

老子认为，“最高明的管理者，人们好像不知道他的存在；次一等的管理者，会赢得人们的亲近和赞誉；再次一等的管理者，使人们感到畏惧；最不高明的管理者，遭到人们的鄙视和蔑视。”因此，有人将管理者分为四类：一是侮之恨之的领导；二是敬而远之的领导；三是亲而誉之的领导；四是不知有之的领导。

庄子也说过：“君主必须以无为来驾驭天下，臣属必须以有为各司其职”。“帝王的德行，以天地为根本，以道德为主体，以无为作为常规。以无为推行政事，治理天下会轻轻松松；以有为推行政事，治理天下就会忙忙碌碌而无功效。”

无为而治，是老子谋略的主体。老子认为，要成大事，必须大智若愚，大勇若怯。施智用谋的上上之策是给对方以无为、无知、无能的印象，最后达到有为而治的目的。

老子所讲的“无”，其主旨并非是教育人无所事事，实际上“为”而示之以“不为”，“能”而示之以“不能”，“取”而示之以“不取”。“道常无为而无不为”，表面看是无所作为，但实际上没有一件事情不是他成就的，通过无为的手段达到无不为的效果。无为是让天道与民性自然而然地发挥作用。也就是说，我们开展的工作，就是让领导意图和下情民意顺理成章、自然而然地融合，并发酵产生作用。

有一段阳子臣与老子的问答，可视作老子“无为而治”的至理名言。

有一次阳子臣问：“假如有一个人，同时具有果断敏捷的行动与深入透彻的洞察力，并且勤于学道，这样就可以称为理想的官吏了吧？”

老子摇摇头，回答说：“这样的人只不过像个小官吏罢了！只有有限的才能反而会被才能所累，结果使自己身心俱乏。如同虎豹身上美丽的斑纹才招致猎人的捕杀；猴子因身体灵活，猎狗因擅长猎物，所以才被人抓去，用绳子给捆起来。有了优点反而招致灾祸，这样的人能说是理想的官吏吗？”

阳子臣又问：“那么，理想的官吏是怎样的呢？”

老子回答：“一个理想的官员，其功德普及众人，但在众人眼里一切功德都与他无关；其教化惠及周围事物，但人们却丝毫感觉不到他的教化。当他治理天下时不会留下任何施政的痕迹，但对万物却具有潜移默化的影响力。”

中国古代传说中最圣明的皇帝是尧和舜，“尧舜之世”也被中国人当做太平盛世的代称。尧舜二帝也都认同当政者应该“无为而治”这一观点——帝王要无所作为，放任百姓依着自然生态之道，得到幸福健康的生活。只要天下安康太平，盗贼和作奸犯科的事自然会平息下去。所以为官当政者虽是无为，但实际上却收到“无不为”的效果。

“无为”不是完全撒手不管的意思。它必须有两个先决条件：一是制度的运行和个人礼仪修养有很高的水平；二是百姓的衣食住都必须充裕供应，不虞匮乏。唯有天下一家的制度能自然运行，同时个人礼仪修养又有很高的水准，放任才不会变成放纵；同时百姓日常需求有了充分供应，人们才不会被生活逼迫，做出互相残杀或以下犯上的事。

同样当个“无为”的领导也是要有先决条件的：提高个人修养，满足下属正当请求——这些都是为官者在做到无为之前，须预先具备的。否则无为不但不能成为“无不为”，反而会变成实祸，出现自身难保的局面，这是身怀抱负的管理者所不愿看到的。

“无为而民自化，好静而民自正”。老子所提倡的“无为”与“好静”有三个方面的内容：

第一，不要布置让下属负担很重的任务；

第二，应该尽量少下达指令或指示；

第三，对下属的各种活动尽量避免介入或干涉。

那么，这是不是说领导对一切都不管，整天无所事事呢？事实绝非如此。聪明的领导要随时留意、关注下属的动向，并千万要注意不要因此口出怨言或是牢骚满腹、自叹倒霉。无论工作多么辛苦，都要以从容富有气度的精神状态面对下属。就像鸭子若无其事、轻松自如地划过水面一样自然。这是“无为”必须注意的一种表象，否则就谈不上无为了。

“无为而治”还有更深的一层意思，那就是领导要懂得充分授权，为下属创造宽松环境。

如果身为管理者还事必躬亲，甚至一些细枝末节、鸡毛蒜皮的小事都要过问、干涉，不但会打击下属士气，自己也会累得难以挺住。

身为管理者，为下属创造一个舒适轻松的工作环境是他的责任。日常的工作要交给其他人去办，将职权分离出去。如此一来，自己才会腾出精力构思站段工作大计。大权独揽、事必躬亲的管理者，是不可能有大作为的。

应该说，“有为”向“无为”转化，“显性”向“隐性”转化，实际上是人治向法治转化，富有文化管理的味道。

实际上，隐性管理的艺术就是讲隐性管理重在共同，上下有共同愿景，有一致的自愿的前景，大家拥有一个目标向前奔；隐性管理重在“认同”，这个认同是共识，是同理心，一条心，一股劲，风雨同舟，荣辱与共，下属的行为自觉，领导的活动“自动”。隐性管理重在“艺术”，它体现的是柔性化，潜移默化，不知不觉发生作用，巧妙地施加领导者的影响力，体现的是非权力的感染力、渗透力；隐性管理重在“情境”，通过情境设计、情境改变，借助情境间接地对下属的思想意识和观念产生作用。

大家知道，长期以来我国社会管理某些方面还存有一种“运动式”的模式，其特点就是通过自上而下的指令性动作，对某些社会性的日常工作或企业的急、难、险、重任务，通过开展人人参加的“活动”推动来解决，其出发点未必不好，但其运行方式带有传统的急风暴雨的特点，忽略了事物客观发展规律，违背人们的意愿和承受能力，特别是工作要求带有强制性，采用“我说你听”、“我打你通”的生硬方式，在工作运行秩序上极富公开性、公显直露、大张旗鼓、赤裸裸的特点，其结果必然是倡导者言辞凿凿、动员时大轰大嗡，过程中冷冷清清，长此以往误入“上热中温下凉”的行事活动怪圈。

当然，我们并不排斥一切活动。借助一定的活动推动工作是必要的，可取的。但做什么都应有度，过度了就适得其反。形式是必要的，但形式不可往前走一步，往前走一步，就是形式主义；日常搞一两项活动，也是可以理解的，但不可为搞活动而搞活动，搞“大一统”、“一刀切”的名目繁多的形式，“自我欣赏”、“自我循环”，远离企业经营中心，搞两张皮式的“自我评价”。活动往前走一步就会变成“运动”。那时势必会出现上边热热闹闹，下边冷冷清清，员工消极旁观，不参与不买账，孤芳自赏、劳民伤财的结果。

有些企业动不动就开展什么活动，上边忙忙碌碌，下边不理不睬，“我要开展什么教育”、“我要做你的思想工作”，从一开始，管理者就以“救世主”自居，以高高在上、居高临下的姿态来说话，让职工处于被服从、被说服的境地。很显然，这样双方并不平等，有了高下智愚的区别，双方心碰不到一块，没有共同的话题，特别是下属缺乏话语权，只能照此办理，敢怒不敢言，被动执行。这哪里是群众“活动”，哪里有和谐的味道？哪里有融洽的气氛？“面和心不和”，甚至连面都不和，根本没有“不知有之”的意味。说白一点，就是简单生硬，强加于人。这样的思想教育会把人推到对立面。

“让人感受不到在受教育，这是最好最成功的思想教育”。倡导隐性管理，搞“无为而治”，就是通过悄无声息的行动，来拨动下属的心弦，使员工思想和行为发生自然而然地变化。比如布置任务可以是商议式的；思想教育是聊天、“侃大山”式的，让人不知不觉接受你的思想意图；安全管理发牌、授牌是建立在心服口服、认可认账、心甘情愿的基础之上。完全是群众性自发自愿力量投入、上上下下奔目标，使管理呈现出“不待扬鞭自奋蹄”的劲头。这就是让企业文化起作用，有点文化含量，整个工作纳入正常有序的管理轨道。

日常管理工作中，基层一线管理者，特别是党群干部，好像有一个强大的磁场，靠强大的吸引力、凝聚力，让下属不由自主地向自己靠拢，按领导层的精神、意图来行事，去落实，这就是领导者的影响力，也叫领袖魅力。

67. 随意潜入心，育人细无声

古诗云：好雨知时节，当春乃发生，随风潜入夜，润物细无声。这说的是春雨对大地万物无声的滋润。培育人才也如同春雨润物一样，把先进的思想观念，把自己的知识技能不知不觉地传给下属，而下属表面上看没有从领导者那儿索取到什么东西，但却发觉自己能力提高了不少，这就是润物无声的作用。

领导者往往带几个副手跟自己一起工作。他不明确地告诉大家“你们该怎么做”，而是沉默不语，仿佛说：“看我做就知道了！”于是领导者就自己动手做给下属们看，下属从中知道干事的方法，或者下属们自己去做，领导者在一旁加以指点，久而久之，下属的能力不知不觉地提高了。古人说：“强将手下无弱兵。”此话正说明了这个道理。

这种润物无声的育人方法，其中重要的一点就是为下属创造了一个良好的育人氛围。有段箴言说得好:“人生职场有三大幸事,一是有个善于培养人的环境,二是有个重视你成长的管理层,三是融入了一个能征善战的团体,最后,找对了人——即老板。”这样下属整天耳濡目染,自然就会更进一步了。这如同下棋,跟一个棋艺差的人学一定进步不大,要想更大的进步就必须跟高手一起杀他几回,自己棋艺自觉不自觉地就提高了。

能干的领导必有能干的下属,这是由于一方面能干的领导善于选人,另一方面能干的领导者对下属起着巨大的影响作用。叩开原子大门,率先进入原子核领域的英国科学家卢瑟福,被人们誉为原子核物理之父。他先后任教于加拿大麦吉尔大学、英国曼彻斯特大学和剑桥大学。他不仅自己由于在元素蜕变和放射性化学方面的研究获得了1908年的诺贝尔化学奖,而且他的学生和助手先后有14人获得了这项科学界最高奖赏。这在科学史上是史无前例的。卢瑟福及其学生和助手的成功,主要是卢瑟福在工作过程中时时处处地影响着自己的学生和助手,从而使他们成为尖端科学人才。一个典型的方法就是:卢瑟福每次写完一个科学报告以后,都坚持让自己的学生作最后的“检审”。学生通过阅读他的科学研究报告,不仅能从文章的思路来拓展自己思维,而且还学到很多的研究方法。经过长期的合作,学生的分析能力研究能力就会提高一大步,也难怪卢瑟福有那么多的学生和助手获得诺贝尔奖。

这种育人方法非三五日之功,必须从长考虑,只有长期的潜移默化,才会终有成效。作为领导者,则必须有比较高的才能,同时还要有影响他人的艺术,做到以知识去提高人,以道德去感化人,真能如此那就该是:“随意潜入心,育人细无声”

作为一个领导者是这样,作为一个企业,一个国家也是如此。如果注重借景借物去教育人、引导人,其效果也会不同凡响。

据报载,西方的博物馆甚多,其教育作用点滴渗透,不可低估。一篇《美式爱国主义教育》的文章,就特别耐人寻味。

在美国,带有政治色彩的纪念日,除7月4日独立日外还有很多,比如5月的最后一个星期一是阵亡将士纪念日。它是四十多年前被设立为全国公众假期,原意是纪念美国官兵的,现在已经慢慢演变为泛指纪念故人的节日。美国人还把这一天约定俗成地定为夏天正式开始的日子,许多家庭趁周末的好天气出门旅游。教堂里,周日礼拜过程有一个固定环节是让孩子们走上前台。主持牧师会问他们:“你们知道明天是什么日子吗?”孩子们七嘴八舌地说:“是阵亡将士纪念日。”牧师说:“我们请信众中退伍或现役的军人站起来好吗?”两名老人自豪地站起来。

牧师又说："我们请家里有孩子服现役的家庭站起来好吗？"又有数十人陆陆续续地站了起来。牧师再说："我们请父亲或亲友是退伍或现役军人的家庭站起来好吗？"

全场80%的人都站起来。

牧师对孩子们说："你们看，明天记着要向为我们的自由和安全付出的亲友们致敬啊。"

没有宣讲大道理，没有搞仪式，简单而庄重，牧师就这样向孩子作了一场爱国主义教育：军人、卫国、自由等不再是抽象的符号，而是与每个家庭息息相关，为国家作出的牺牲让个人和家庭都引以为豪。这一幕在许多公众集会的场合反复上演，尤其在首都华盛顿和各个军事基地集中的地方，庆祝活动更加热烈。每年的纪念日，华盛顿市中心会举行大型的游行，其中最著名的是由各地摩托车组成的"滚雷"游行。

"滚雷"其实是同名的民间组织发起的，其目的是纪念战俘和筹款寻找战争中的失踪人员：几十万辆摩托车"轰隆隆"地列队经过华盛顿和周边的城区，声音震耳欲聋，场面蔚为壮观。沿途的天桥上有的停靠了消防车，有的挤满观礼的群众，无一例外统统挥舞着国旗，人们欢呼沸腾，美国人感情外露的一面完完全全表达出来，这种情绪，让人们不由自主地停下来好好思量前人的牺牲。所以，身穿制服的军人，经常在机场等公众场合被陌生人拦住，就为了对他们说一声"谢谢你的服务"。

美国教育特别是高等教育比较自行其是，并无国家教育部的严格统筹，对学校的教材也没有硬性的规定，可他们的爱国主义教育是自觉地。但凡大型活动前，包括运动会和毕业典礼，学校全体师生都会自觉地唱响国歌。美国有句俗语"自由并非免费"，谁都知道，打仗需要的真金白银都出自老百姓身上。但是，要让那么多美国人放弃养尊处优的生活，到军营里去实实在在地受苦，没有理想和爱国主义精神还是比较困难的。

美国职业军人过的其实是非常动荡的生活，每三年就得换一个地方，一家人搬来搬去是常事，还经常要到世界各地打仗。军人家庭随军各地迁移，但并不都住在军事基地里面，而是和当地居民混居交往，普通人完全可以体会和感受到他们日常生活里要面对的种种挑战，无形中拉近了军民的距离。"9.11"事件后申请参军的美国人剧增，就是爱国主义思想的表现。

在美国大商店逛逛，就会发现，各式各样的美国国旗到处都有卖的，因为凡是重大节日，甚至只要是天气晴朗，美国人就会自觉地挂出国旗。

68. 舌头要比牙齿硬

一则妙文讲述了柔性管理的重要性：古时候，有一天，孔子去拜访老子："老人家，今天我向您请教一个问题，如何做好管理之事？"孔子施礼后便虚心请教。老子闻后，张大嘴巴让孔子去看，孔子看罢，不知所云，读不懂他的肢体语言。"你再看看，我嘴里有什么？""您嘴里没有别的，只有两颗牙齿，还有一个舌头。""你说说，舌头和牙齿谁硬？"老子突然抛出一个小儿科般的话题。"当然是牙齿硬了。"孔子不屑地回答。"牙齿硬吗？我满口牙只剩下两颗了，但一个舌头还在。告诉你，舌头硬！这叫以柔克刚。"老子斩钉截铁给出了答案。

一个《柔和的力量》的故事同老子讲的道理有异曲同工之妙：这是一堂医学课，先生问道："大家想想，用酒精消毒的时候，什么浓度最好？"

学生齐声回答说："当然是浓度越高越好啦！"

先生说："错了，太高浓度的酒精，会使细菌的外壁在极短时间内凝固，形成一道屏障，后续的酒精就再也杀不进去了，细菌在壁垒后面仍然还活着。最有效的浓度，是75%的酒精，只有把酒精的浓度调得柔和点，润物细无声地渗透进去，效果才佳。"

确实，在日常企业管理中有硬权力、软权力的说法。从某种意义上讲，软权力更胜一筹，柔性管理也就是人格力量，魅力因素有时作用更大，更有效。正如一句名言所说："舌头里没有骨头，可是它的力量能折断骨头。"当然，如遇到特别"歪泥"的因素，"啃骨头还需用牙齿"。这样带出了一个不成文的提法："刚柔并济，以柔为主"。

那么，柔性管理有何益处呢？

"柔性管理"是相对于"刚性管理"提出来的。"刚性管理"以"规章制度为中心"，凭借制度约束、纪律监督、奖惩规则等手段对企业员工进行管理，这是20世纪通行的泰勒管理模式。而"柔性管理"则是"以人为中心"，依据企业的共同价值观和精神氛围进行人性化管理。它是研究人的心理和行为规律的基础上，采取非强制性方式，它在员工心目中有一种潜在说服力，常常把组织意志变成个人的自觉自发行为。

柔性管理的主要特点是内在重于外在，心理重于物理，身教重于言教，肯定多于否定，激励多于控制，务实多于务虚，多理少管，多柔少显。

其一，柔性管理的核心是“自我管理”。

“自我管理”是员工参与管理的升华，是实现员工自我评价的有效形式，是企业员工主体地位的体现。

其二，柔性管理贵在“自我改善”。

“自我改善”是一种观念、是一种精神，是“柔性管理”的灵魂。为了促进自我改善意识的形成，让员工成为改善活动的主体，治段从员工入路开始，即进行“爱我站段”的员工行为准则教育、“创造无止境”的自我完善教育、“职场就是市场”的危机感教育。

其三，柔性管理的精髓是“爱人”。

柔性管理，以尊重人的价值、发挥人的才能、承认人的劳动为精髓，通过不断提高员工素质带来服务的高品质、生产的高秩序、企业的高效益、员工的高收入。“五高”是以人为本，以高质量、高效率、高效益为目标，最终又以员工的高收入为归宿的良性循环。

进一步讲，任何事物不可肯定一面，否定另一面。软权力、硬权力，柔性管理、刚性管理就好比一枚硬币的两面，彼此不可或缺，缺了一面另一面就失去了存在价值。刚柔相济，顾名思义，就是刚性管理、柔性管理应同时使用，相辅相成。

如果光来“软”的，长久下去，团队的执行可能就没有力度；要是光来硬的，估计过不了多久，就会让团队成员群起而攻之，不但不会得到团队的整体效应，反而会造成团队成员对你的抗拒。因此，“柔”永远排在“刚”前面。所以，你有没有经常给下属一些恩惠，这是成功非常重要的关键，也是很多人为什么愿意为你付出，愿意听从你命令的一个很重要的原因。

有的领导者，太过注重自己的权威性，总认为自己最聪明，其他人都是笨蛋，长着一副赫鲁晓夫式的脾气，整天板着面孔，对凡是权位低于自己的所有人，都从不正视，动辄训斥。结果呢？要么是大家不买账，弄得都不和气，要么大家都阳奉阴违消极对抗。

领导者的“柔”，很大程度上体现在领导者对下属的爱上，爱与被爱是人类最基本的心理需求，对它的充分满足极大地增强一个人的自尊、自信。所以，作为领导者，更应当有颗仁爱的心。作为有思想的人类，其社会发展的任何阶段，“爱”都是最好的沟通工具。有了爱，也就有了人性；有了爱，就有了团结的力量；有了爱，就可以化解一切矛盾。

有的管理大师这样讲过，管人不可一味强调“硬实力”，太刚易折，柔能克刚，这是我们大家都已经熟知的道理。过于强硬就会失去亲和力，不亲和就会陷入孤立，四面楚歌、自我封闭，出现拒人于千里之外的不利局面。而软实力则是一种让人难以抗拒的魅力，一种收敛，一种方法，一种春风宜人的光彩。当然，这不是说硬实力就可以彻底抛弃了，做领导，保留一定程度的威严还是必要的。所以，在管人的过程中，最好让软实力与硬实力相结合，刚柔相济，这才是最佳的管理之道。

69. 高明的管理者能触动“自发管理”

管理学上有个横山法则，是讲“好的管理能触发管理者的自我管理。”这一法则是日本管理大师横山宁夫先生提出的，他认为：“自发的才是最有效的。”

其主旨是：管理中过多地强调了“约束”和“压制”，管理的效果往往适得其反。如果人的积极性未能充分调动起来，规矩越多，管理成本就越高。

聪明的领导者要懂得在尊重上下工夫，了解下属的需要，然后满足他们。这样才能激起下属对团队以及领导本人的认同，激发起他们的自觉性，变消极为积极，达到“真正的管理就是无需管理”的最高境界。

怎样才能刺激出下属的自觉性呢？首先就得当好下属的保护神。俗话说：“大树底下好乘凉”，如果领导者能像一棵大树一般，为下属撑起一片天，下属们既感觉到温馨又感受到安全，心无后顾之忧的下属岂有不努力工作、报效领导之理呢？

要让下属自主、自发、自觉地干好工作，就得处处从他们的利益出发，为他们解决实际问题。如果你的下属感觉在你手下可有可无甚至朝不保夕，他们必然无法安心工作，自发的工作热情也就无从谈起了。

在管理活动中，有两种常见的误区：

一是只“管”不“理”。这种刚性的管理只重视强制性的“管”，要求部下无条件服从，从来不重视心理的沟通与情感的关怀。这虽然在短期内可以保证领导者的令行政通，但极容易扼杀下属的积极性和创造性。长此以往，必然容易引起下属要么是激烈要么是消极的反抗。

第二种是只“理”不“管”。这种柔性的管理片面强调尊重下属，却缺乏必要的制约管理手段。只会让下属得寸进尺，越来越偏离领导者的要求，甚至凌驾于领导者之上。

只有“又管又理”的管理模式才是正确的、行之有效的。一句名言讲：“管理、管理，只有理清楚了才能管好。”

想取得“又要管又要理”的效果，需要领导者在工作实践中不断摸索，把握好管理的尺度，以及与下属之间的距离。

有个故事就说明了这方面的道理：

有一次，彭德怀来到东海前哨的一个炮兵阵地上视察工作。看到弹药库竟然修在阵地前沿，结构也不符合要求，忍不住询问陪同他来视察的几位部队领导：“你们谁到过这个地方？”几位领导都说来过，对这个弹药库也提出了意见，只因忙别的事，把改建弹药库的事情耽误了。

“别的事？什么别的事！”彭德怀电闪雷鸣地发作了，“还有比守住你们的阵地，不让敌人的炮弹把你们的阵地掀翻更重要的事吗？你们啊，你们坐在敌人只要一番炮弹就能送你们升天的地方，还在忙什么别的事，乱弹琴！”严厉的批评让几个领导都站着不敢动。

彭总还不依不饶：“你们几个都留在这儿，现在就动手，把这个弹药库拆了重修。看还有什么问题，你们就地研究解决，过一个月，我再来检查！你这个团长，撤职，送军法处！”

到了吃饭的时候，彭总发现那个团长没有来，就派人把团长请了来，让他在自己的身边坐下。彭总说：“今天我又说错话了，向你道个歉！但是只错了一句，不该说要把你撤掉，送军法处，其余的话都对！当然，你认为不对的，还可以批评我，不能赌气不吃饭啊！”彭总一边说还一边夹了好多菜，送到团长碗里：“想想吧，人民把一扇大门交给你来守卫，你就得千方百计把它看好啊！”

管理是一门艺术，既要用硬的办法约束下属的行为，又要以情动人、以理服人；既要有严格的制度、严厉的惩罚、严肃的批评，又要不忘多对部下表示关心爱护、多做说服教育工作；既能大发雷霆，又要有安抚情绪的本领。这样下属不仅能改正过错，而且还会心悦诚服，对领导不仅不会生出厌恨之意，反而会更加崇拜。

“威”是“恩”的依托，失去“威”的支撑，“恩”难以收到理想的效果。“恩”和“威”是一对矛盾的统一体。在保持适度刚性的同时，要尽可能让管理充满人情味。恩威并举就是“无情的制度，有情的领导”，就是“提倡人性化管理，杜绝人情化管理”，“打一巴掌，揉三揉”这才是管理的理想境界。

70.“示范”就是亮旗子

在不少企业里，领导在的时候，员工总是埋头苦干、作兢兢业业状，等到领导前脚一走，他们马上开始“我行我素”；当接到工作任务时，员工总是信誓旦旦地表决心，可一看干完的“活”，却发现他们明显是在应付、糊弄……对于企业领导者来说，做事并不难，难的是管人，管不好人就做不好事，这确实是一件麻烦事。

为什么管人比较麻烦？因为人是最复杂的群体。管得太严，员工容易产生抵触情绪；管得太松，员工容易放任自流；没有制度，许多人就钻空子；有了制度，有一些人想投机取巧；没有物质鼓励，下面干着没劲；发了奖金，下属希望有更好的奖励措施；领导者不放权，下属说专制统治；一旦放了权，就会出现越俎代庖的情况……

说到底还是那句话：“己所不欲，勿施于人”。领导者首先要管好自己，“打铁还需自身硬”，自己做到位了才能服众。无论何种类型的领导者，都要有一个共同的权威性，就是能够“服众”。有修养、有魄力、有权威的领导者，才能令下属心服口服。

有句至理名言：“德为事业之基。”一个想成就事业的领导，如果心中不存仁德，就无法发展事业。更通俗的说法是，一个人缺吃、缺穿、缺钱、缺什么都可以，唯独不能缺品德。领导者的品德就那么重要吗？答案是肯定的。因为品德是无形的号召力、无言的说服力。具有较高道德水准的领导会深受部下的信赖和佩服，他们无须严令申诫，常常能事半功倍地干好事业。

对于领导之术，中国古代有两种理论，一是王道，一是霸道。王道者先正其身，再以仁德感化对手；而霸道者则以权力征服对手，使之屈服。这是两种完全相反的领导艺术。

“齐家、治国、平天下”都是以修身做前提。正心就是端正品行，自身的道德水平高了，所作所为必然被众人所效仿，这样首先会影响一个家庭，一个家庭之内的人见贤思齐，这就是齐家。国是由一个个家庭组成的，因此家齐而后治国，国治才有可能平天下。这句话简单表达就是：欲治理天下，先修养品行。

先做一个好人才可能做一个好官，要当一个好的领导，首先必须加强道德修养，这绝不是冠冕堂皇之词，因为起用道德水平高的人，上级放心，同僚安心，下属归心。

春秋时晋国有一名叫李离的狱官，因为听信了下属的一面之词，致使一个人冤死。真相大白后，李离准备以死赎罪，晋文公说：“这件案子主要错在下面办事人员，又不是你的罪过。”

李离说：“我的官职跟下面的人不一样，我的俸禄也不是与下面的人一起分享。现在犯了错误，怎么能将责任推到下属身上呢？”说完，就自刎而死。

古时候，大禹“为人敏给克勤，其德不违，其仁可亲，其言可信，声为律，身为度，称为出”，使他的形象具有领袖和榜样的双重影响力。当时的皋陶就下过一道特别的命令，要人民都以禹为榜样，以禹的言行作为自己言行的准则。

历史上，大禹亲自率领二十多万治水群众，浩浩荡荡地全面展开了疏导洪水的艰苦卓绝劳动。大禹除了指挥外，还亲自参加劳动，为群众做出了榜样。他手握木锸(形状近似于今天的铁锨)，栉风沐雨，废寝忘食，夜以继日，不辞劳苦。由于辛勤工作，他手上长满老茧，小腿上的汗毛被磨光了，长期泡在水中，脚趾甲也脱落了。在大禹的领导下，广大群众经过十多年的艰苦劳动终于疏通了九条大河，使洪水沿着新开的河道服服帖帖地流入大海。

大禹原有饮酒的嗜好，一次他饮了仪狄进献的美酒后，觉得特别甘美，陶醉之余，忽然惊觉，“遂疏仪狄，绝旨酒”，从此毅然把酒戒去。这个传说生动地反映出大禹近乎苛求的严于律己的精神。大禹是一个领袖人物。领袖人物号令天下，历来有两样东西可以凭借，一是手中掌握的权力、权势、权术；一是个人具有的品格。大禹所凭借的当然是后者。这种借以感召大众，凝聚人心的道德品格，归结到一点，就是“身体力行胜过千言万语。”

在联想，有一条规矩：二十几人以上参加的会议，迟到就要罚站一分钟。迟到者如果不罚站，会就不开。

没承想，第一个被罚的人是柳传志原来的老领导，罚站的时候老领导紧张得不得了，一身是汗，柳传志本人也一身是汗。事后，柳传志跟他的领导说：“你先在这儿站一分钟，今天晚上我到你家里给你站一分钟。”

柳传志本人也被罚过三次，其中有一次他被困在电梯里，电梯坏了，咚咚咚敲门，叫别人去给他请假，可是没找到人，结果还是被罚了站。

柳传志敢罚老领导，也甘愿受罚，为联想人树立了榜样，其他部门领导都自觉地遵守公司的“规矩”，使得联想的事业得以蒸蒸日上。

喊破嗓子不如做出样子。表率是一种巨大的影响力，它通过领导者榜样般的言传身教，使广大下属自觉地敬佩与信赖，产生巨大的凝聚力、向心力和感召力，转变成无坚不摧的执行力。

示范的力量是惊人的，领导者要想管好下属必须以身作则。不但要像治国治企精英那样勇于担责、负责，而且要事事为先、严格要求自己。

领导者，一旦通过身体力行树立起在员工中的威望，将会上下同心，大大提高团队的整体战斗力。得人心者得天下，做下属敬佩的领导将使管理事半功倍。

我们都有这样的感受，若一个领导者被他们的员工所拥戴，那么这个企业一定充满生机，他也一定具有较高的文化品位和人格魅力。运用人格魅力的影响力来实施管理的魅力型领导者,下属肯定会信任甚至崇拜他,乐意接受其领导。得人心者得天下,威信高低是领导者成败的又一关键因素。

71. 兼情顾理,赢人心靠“悟”

一位管理大师在谈到探索管理真谛时,讲了一番耐人深思的道理。他说,领导者开始管人时,可谓“见山是山,见水是水”,凭直觉做事和管理,如同制度的标尺一样,丁是丁卯是卯,忽略了管理中的情感因素和圆滑的技巧;待管人有一段时间了,进入第二境界:“见山不是山,见水不是水”,不再盲从前辈的管理经验和书本中的管理理念,可以有意识地琢磨,怎么能把队伍带好,这一阶段可能需要很长一段时间,直到足够的经验积累和某一天的突然开窍,才会进入第三境界:“见山仍是山,见水仍是水。”从此明白了管人就是管心,做人就是做事,于是对管理不再困惑。

具体说来,管理的第一种境界是:为了管理而管理,就事论事,将下属当做“小人”来防范,结果只会管住了人的身,而管不住人的心。下属草率行事、消极应付,企业内部的人力、财力和物力等资源无法有效利用,导致管理效率低,效果差。

管理的第二种境界是:为了“理”而“管”。将管理当做手段,而不是目的,这样做能够管住人身,也能管住部分人心,做到政令畅通,使整个团队步调一致。但因为有了“管”的这层枷锁。下属虽然做到了“令行禁止”但还是感觉不自在,只把工作当成一种职责和一个饭碗,并没有投入过多地精力。

管理的第三种境界是:不“管”而有“理”。这其实是管理的最高境界,也是所有企业管理者不断追求的管理目标。这种管理就是将下属当“人”看,充分信任下属,富有亲和力,人心握在手中,没有多少条条框框的要求,只给员工一个总的目标。这样的管理模式下人人都是管理者。当然,前提是每个人都在用“心”管理自己,使自我目标与企业目标完全吻合,自觉性极高,自律性极强,自动自发地去做正确的事。

因此可见,赢得人心很重要,亲和力很重要。达到第三种境界必须要有悟性,用心悟,体悟。一个故事也揭示了这一奥妙:

拿破仑一生英雄,可是败在滑铁卢,打败拿破仑的将军就是惠灵顿,惠灵顿一生善于指挥,精于部署,善于埋伏,在军事史上的地位虽然不如拿破仑,但也可以称为一代名将。

一天下午,惠灵顿不小心掉到河里去了,一个不知名的士兵冒着生命危险把这位将军救上岸来，惠灵顿当然十分感谢这位士兵，就对士兵说："你要什么谢礼我就给你什么谢礼，你有什么要求我就满足你什么要求，请说吧！"士兵说："将军，我什么都不要。我只有一个小小的要求，亲爱的将军，请你千万不要把我救你这个事告诉别人啊！"惠灵顿以为他要当无名英雄，就说此事不必保密，要大张旗鼓地宣传和嘉奖士兵。这位士兵说出了心里的真话："将军，对不起，如果别人知道是我救了你，他们就有可能毫不犹豫地把我扔进河里，因为很多士兵恨你，他们并不认同你。"

由于惠灵顿将军和士兵的关系不好，缺少一种亲和力，他们虽然知道将军的威严，知道将军的军事天才，可是士兵们未必就真正拥戴他。在企业管理中，如何提高亲和力也是一个重要的话题。

我们面对员工、面对下级的时候，心里一定要明白：你不可能完完全全地控制他，我们只有通过亲和力去影响他，让他认同我们。因此，领导者要取得管理成效，必须首先赢得别人对你的认同，这是管理的真经。

对于领导者来说，一定要知道，管理是手段，赢得人心才是目的。为了赢得人心，领导者要有人格魅力，要有人缘，要有很高的情商。毛泽东说过，领导的真经是"从群众中来，到群众中去"。重要的是需要真正理解这个过程。

领导者一般是从员工中提拔上来的，入路后干得好，懂业务、有干劲、有能力，群众关系好，比一般人略胜一筹，脱颖而出后，位阶上和员工拉开拉大了距离。这是一个由"小"变"大"的过程。但是，当"官"之后，还要和员工打成一片，日常要融入员工之中，想员工所想，帮员工所需，二者的心碰到一起，在心理上、感悟上和员工缩小距离。这个由"大"变"小"的过程，就需要领导者的亲和力，需要领导者的人格魅力，需要领导者的领导艺术作保证。

能力的提升，让员工觉得你超凡脱俗，像一个领导者；亲和力的增强，让你获得员工的认同，"不像"一个领导者，更可亲可信，更自觉地去追随你。上下同心协力的结果就会为企业的发展加柴助燃，更富有后劲和活力。

72. 大事勤快，小事依赖

企业的发展，不能光靠一两个管理者，跳"光杆舞"或唱"独角戏"，必须依靠员工的积极努力，借助他们的才能智慧，群策群力才能把企业推向前进。再能干的管理者，也要借助他人智慧和能力，这是一个企业发展的最佳之路。

一位著名军事家讲过，作为一名伟大的将军，成功有很大一部分来自有效地分工带来的“简单管理”，“我对很多方面都放任不管。”美国前总统杰弗逊也说过：“管得最少的政府是管得最好的政府。”英国一位企业家告诫管理者：“你管好 10%的事就行了，90%的事你的下属管得会更好。”

每一位管理者都应该深刻领悟到上述箴言的含义：授权下属，不仅可以让你从繁忙中解脱出来，还可以增强下属积极性。这是一箭双雕的事，每名管理者都应学会。

什么叫管理者？通俗的说法是：“管理者就是自己不干事、让别人拼命干事的人。”“被累坏的管理者是最差劲的管理者，管理是让人干活的艺术”。管理者要通过别人来进行工作，即使管理者自己可以更好、更快地完成工作，但问题在于你不可能亲自去做好每一件事情。如果你想使工作更富有成效，就必须向下属授权。

一则“唐太宗点评隋文帝”的故事发人深省：

唐贞观四年，太宗问房玄龄、萧禹道：“隋文帝是怎么样的君主？”回答说：“文帝勤于治理朝政，他每次上朝，总是用不少的时间。有时过了中午，还召集官员来座谈，午饭就传进来吃。他很辛苦，也很想把国家治好。”唐太宗听完，淡淡一笑说：“你们只知其一，不知其二。隋文帝不太精明，但要求人又很细，很苛刻。不精明，了解得就不通达；要求太苛刻，就对人不放心，所以凡事都亲自作决定，不放手让人去干。然而，每天要处理无数的政务，尽管用心用力，哪能一一合理，事事妥当呢？而群臣见皇上是这样，就不会去思考，只是一味地接受、迎合罢了。明明有错，也不去劝谏，所以隋朝是个短命的王朝啊！”

说到这里，唐太宗感叹道：“我选择天下贤能之士，分别充任文武百官，让他们思考天下大事，汇总到宰相处，深思熟虑，方便稳妥，然后上奏于朕。有功则行赏，有罪则处罚，谁还敢不尽心竭力而各司职守，何愁天下治理不好呢！”

所以说，做工作要讲究方法，特别是领导者、管理者应该学会用人，不能事无巨细、大包大揽，要注意发挥团队的力量。

一个企业的管理者，他的主要任务是做好决策，把握好做什么、目标是什么、怎么做、何时做、谁来做，想办法找正确的事，激励下属去做，而不是代替下属去做。

管理者就是一个坐在帐篷里运筹谋划的元帅或将军，而下属则好比是上阵冲杀的士兵，管理者替下属做事，好比统帅跑出军营跨上战马披起盔甲代替士兵去上阵冲杀。

在很多组织里面，常常有这种管理者：他们事必躬亲，大包大揽，属于“将军”的事他干了，属于“士兵”的事他也干了，吃苦受累，任劳任怨，但结果居然听不到下属的一句好话，到处是不绝于耳的指责和埋怨。

有人讲：“杨家将不如岳家军。”确实如此，杨家将精忠报国应该肯定，但作战策略却不敢苟同，“杨家将，一起上”，靠人海战术，靠“家族”的门户力量。男人牺牲了，女人、孩子都上战场，杨八姐、杨九妹、穆桂英、十二寡妇征西，佘老太太都百岁高龄还披挂上阵。岳家军就有所不同，岳飞为“独苗”——独生子女，但会用人，“慧胆识英杰”，无论什么人，只要肯效忠国家，一律纳入麾下，就是被俘的金兵将领，只要愿为国效力，都可以给个官阶。可以说，杨家、岳家为官视野大不同。

古人也就罢了，但如果当代企业管理者也用那种偏颇的视野管人理事，肯定要伤神费力了。

对这种管理者，可以用一句话概括：吃力不讨好！

吃力不讨好也就罢了，更严重的是，这种事必躬亲管理者的所作所为，对组织却是有害无利的。因为他的大包大揽，下属索性站在旁边什么也不干，助长了懒惰之风，使生产和工作效率大大降低；并且，一个人包打天下，顾此则失彼，一个不小心就会使组织陷入漩涡，无法自拔！

这种类型的管理者十分可悲，因为他什么也没有得到，相反竭心尽力、日理万机，但万没想到却害了自己的单位！同时也十分可怜，因为谁也不会同情他的处境。

一个高效率的管理者应该把精力集中到少数最重要的工作上去，保证主要精力的投入方向，次要的工作甚至可以完全不做。人的精力有限，只有集中精力，才可能真正有所作为，才可能出有价值的成果，所以不应被琐碎事务分散精力。你必须尽量放权，给有能力的下属发挥能力的机会，以腾出时间去做真正应做的工作，即组织、谋划和预想。

管理者最主要的任务是思路谋划，展望未来——而这种事情往往是不能授权给别人的。你的任务不是亲临现场指挥、监督那些日常作业，更不是亲自去做那些琐事。放权的重要性或许就在于，必须集中精力去思考那些只能由自己去做的事情！就像总统只考虑重大的宏观问题一样，管理者只思考企业的大问题和未来的方向，并提出必须优先考虑的事项，制定并坚持标准。

再高明的管理者，也不可能控制一切，更不会十八般武艺样样精通；你协助寻找答案，但本身并不能提供一切答案；你主持并参与解决问题，但不可能以我为中心；你具有权利，但不可能决定一切；你有管人之责，但不应以人盯人的方式管理下属。你必须使下属觉得跟你一样有责任关注企业的发展。把管理当成责任而不是地位和特权才是管理者应有认知和观念。

有些喜欢事必躬亲的管理者常常振振有词，而且理由充足：我要深入到运输生产过程中去，决不能等问题发生，我不应摆架子、显身份、高高在上，到现场一线去才会有亲民的崭新形象。这种说法本身并没有错，到基层去，到一线现场去，把握生产动向，把握员工脉搏，义不容辞，责无旁贷，但这并不是说什么具体事都要亲自伸手，“凡事都须我说了算”，这本身会走入另一个极端，过度了也会损害企业管理，妨碍员工积极性的发挥。

从另一方面讲，下属有了工作空间和可支配的权利才有工作激情和创造性，这是一条颠扑不破的真理。士兵有了开枪的权利，才能奋勇杀敌；推销员有了选择客户的权利，才能卖出货物。如果管理者把这些权力死死地握在手中，而不将其授予下属，那这些权力的效力也就无法得到释放。

有个很形象的比喻，说管理者放权要做到的事情有两件：一是告诉下属到达哪座山头，二是告诉他沿着什么方向在什么时间到达。至于下属究竟会选择什么方式进行，走路还是乘车，单枪匹马还是成群结队，管理者都不应该操心。

据说某著名台企董事长奉行“不管理学”，他虽然挂着董事长的头衔，但这却是一个地地道道的虚位，简直就像英国女王一样。对于企业内大大小小的事情，这个老板始终是理性授权，一般不作任何书面指令，即使偶尔和主管们在一起，也只是聊聊天、谈谈家常而已。很多时候，他不一定知道自己的印章放在哪里，更奇怪的是，他连一间专门的办公室也没有。因为没有办公室，他只好经常开车到处去钓鱼。有一次遇到下大雨，他想去公司看一看。员工看到他时，竟然很惊讶地问他：“董事长，没有事你来干什么？”他想了想，很幽默地调侃道：“对呀！我没有事来干什么？”于是，他很快一溜烟地开车离去了。

对一个领导者而言，彻底改变监工身份，有时候并不是简单说说而已。这种观念的转变，要靠自己的实际工作来体现，真正做到由专权到放权的角色转换。切忌误以为专权就是手握大权，放权就是失权。相反，放权能够有效释放权利的应有效力，赢得员工的诚信，使员工更加尊重你的权利，从而使你的权利从本质上更有效力。而专权只能迫使员工表面服从，却不能赢得人心。

通过分权和授权能够充分发挥下属的主观能动性，调动下属的积极性和创造性，提高工作效率。例如，计划、开会乃至进行一项工作，管理者当然有责任和权利去参与。若管理者给予下属过多的指令，就会使他们无法独立处理整件工作，这对下属本身及管理者均会造成长远的损害。当然，管理者指派部下去做某项工作之后也不能不管不问，在适当的时候询问部下一些问题，可以防止他偏离目标。例如，问他是否需要协助、工作进度如何、是否遇到困难等。管理者应站在客观的立场上评价下属的工作，并鼓励他们大胆去做。

现在有的企业有“把监工赶出权力层”的说法，就是对专权与放权关系的精辟概括。每一位有志于企业发展的管理者，都应切记这种说法的意义何在。

应该清楚，一个企业的管理层，是有别于其他一般职位要求的。管理者的责任除了要统领下属完成企业经营管理的目标外，还包括发挥下属的潜质及提携下属，这些无形的贡献，将回报于企业的良性发展。

一个制度完善，分工明确的现代化企业，必须有健全的职能部门作为支撑。管理者如果能给予企业各职能部门应有的权力和信任，才能发挥企业整体的实力。否则，就会形同虚设，孤木难撑。

73. 黑脸红脸都会唱

大家知道，单一的颜色太单调了，难以给人五色缤纷、眼花缭乱的惊奇和喜悦；持续不变的天象也会给人枯燥无味的感觉，让人无法感受阴晴风雨的变幻；一以贯之的面目表情也会使人难以读懂僵化脸色背后的丰富情感。由此想到，企业管理者也是血肉之躯，从脸色上说也应有阴晴变化，急风暴雨也好，和风细雨也罢，都应算作常态。

反映在日常管理过程中，有时应反映恼怒之性，对不良风气敢于鄙视斥责；时过境迁之后，又需施以温情，“打个巴掌，给个枣吃”。两个管理者同时会对一个不良事端，常常也会变换场景和面孔，一个扮黑脸，一个扮红脸，一个砸场，一个收场，最后见到欣慰的结局。

应该说，凡是高明的管理者，莫不运用黑脸红脸之策，他们就像高明的演员一样，会根据角色的需要适时“变脸”。

诸葛亮是我国历史上著名的政治家和军事家，人们一直把他看做是智慧的化身。公元228年，诸葛亮率军北伐，迅速攻下了天水、南安和安定三郡，收降了魏将姜维，一时关中大震。诸葛亮派马谡带领军队进驻街亭，迎击魏军。马谡自以为饱读兵书，娴熟韬略，既不遵照诸葛亮的部署，又不听副将王平的劝告，把营盘扎在山上，最后被魏军围困在山上，断了水源，杀得大败。

诸葛亮被迫退回汉中，第一次北伐就这样失败了。诸葛亮和马谡交情深厚，但马谡丢失了街亭，军法当斩，诸葛亮便黑着脸下了处死马谡的命令。执法后，诸葛亮流着泪亲自为马谡祭奠，这一段，在《三国演义》中写得如泣如诉，一咏三叹，一段"诸葛亮挥泪斩马谡"在后世传为佳话。作为蜀国的丞相，诸葛亮自然要严守军法的规定，这样才能服众，才能建立威信，因此必须充当黑脸包公，但诸葛亮又是一个重情义的人，马谡和自己交情甚好，不能单纯地一斩了事。因此还需要祭奠，还需"挥泪"，还需充当"红脸"，这样跟他的人一看，我们的丞相是一个重义气的人，这事只怪马谡不好，我们只要好好跟丞相干，他是不会亏待我们的。诸葛亮的一个黑脸一个红脸，既树立了威望，又笼络了军心。

清朝的乾隆皇帝也深谙此道，对知识分子，他采用的是怀柔政策。他规定见了大学士，皇族的老老少少能都要举行半跪礼，称之为"老先生"。如果这位大学士还兼着"师傅"一职，就称之为"老师"，自称"门生"或"晚生"，如此种种，不胜枚举。

乾隆对这些知识分子真是恩爱有加，他甚至亲笔谕旨："儒林是史传所必须写入的，只要是经明学粹的学者，就不必拘泥于他的品级。像顾栋高这一类人，切不可使他们湮没无闻啊！"遵皇帝旨意，史馆里特设《儒林传》名目，来专门编写大知识分子的学术生平。平时，乾隆对上送的奏章，凡见到鄙视"书生"、"书气"一类的议论总是要予以批驳，他说："修己治人之道，备载于书，因此，'书气'二字，尤可宝贵，没有书气，就成了市井俗气。"而且还说："我自己就天天读书论道，因此，也不过书生！"乾隆对书生的宠爱竟达到如此境地，似乎前无古人。

但是，乾隆维护的是自己的统治，严格遵循皇权至上、朝廷至上的目的，是要保持"大清"永不"变色"。谁要是在这方面稍有越轨，他的红脸马上转换成黑脸，满脸堆笑转换成杀气腾腾。管你是有意无意，或是或非，都立即被逮捕入狱，轻者"重遣"或"革职"，重者"立斩"或"立绞"，甚至处死后要"弃市"、"寸磔"，已死的也得开棺戮尸，连朋友、族人也统统跟着倒霉。

需要指出的是，作为一个管理者，在处理某件特定的事情上"黑脸"、"红脸"的顺序不能颠倒，如果先扮红脸，先对犯了过错的部下述说一番两个人的友情，再换上一副黑面孔，那就容易被人看做是鳄鱼的眼泪，从心底里生出反感。先黑脸后红脸，距离逐渐减小，能显出人情味来。

周恩来总理生前就很有人情味，他一方面不许自己的亲朋搞特殊化，另一方面又尽量想办法帮助有难处的亲朋，比如从自己的工资中挤出一些来帮助自己的亲友，这样一来，不管是旁人还是亲朋，都十分敬佩他的为人。

从某种意义上来说,领导艺术就是一种征服人心的本领。有的人在做官时,铁面无私,对自己的亲人不讲一点情面,说话做事没有一点艺术感和策略,最后落了个“六亲不认”、“没心没肺”的名声,一个真正高明的管理者是不会造成这种结果的。

74. “人”字的内涵和妙用

有人对“人”字结构有3个新的诠释:

“人”字的结构是相互支撑,由一左一右两部分组合;

“人”字的结构是自己支撑,一个人分开两腿就能站稳大地,脚踏实地;

“人”字的结构是“入”字的颠倒,生命的意义在于付出,如果只想获取就有违人之本意。

不难理解,“人”字结构的第一个含义“相互支撑”,就是合作,“合则两利,分则两伤”,一个人的才能和力量总是有限的,相互合作,才能省时省力,富有成效地完成复杂之事、难为之举。没有别人伸出的援手,就是个人再高明,也不可能成就一项事业。“就是好铁,也打不了几个钉”。

合作和竞争看似水火不容,实则相依相伴,我们所面临的充满竞争的时代,竞争和合作同样不可缺少,合作法则需要永久遵循,不容背离,这也是团队精神的重要性,也是其威力所在和付出的必然。

其次,所谓“站稳大地、脚踏实地”的“人”字内涵,用意更易理解。据有关调查,敬业精神的缺失,是相当一部分企业有些员工的通病。主要表现是:情绪浮躁,心不在焉,作风懒散拖拉;人浮于事、得过且过,做一天和尚撞一天钟;出工不出力、出力不出活;按酬付劳,缺乏事业心、责任感。实际上,这些表现集中到一点,就是从反面说明了敬业精神、坚持不懈美德的可贵。

如果说“人”字结构的第一层含义是为他人付出,第二层含义是为事业付出,那么,其最后一层含义更为重要,那就是人生的付出。

人们都知道,钱财为身外之物,生不带来,死不带去,不必也不应该过分斤斤计较。人与动物的最大不同就是人具有社会性。只求索取,不讲付出,那么人的本性就会降格,就会泯灭,人和动物的根本差别就会荡然无存,最后受到伤害的还是人类自身。有一句名言:人活着应该让别人因为你活着而得到益处。懂得给予,善于付出,是人生的快乐和满足。

俞敏洪作过这样的表述:“‘人’可以前进,也可以后退,最没意思的是原地不动。”还有一种诠释:“人”字有两笔:一笔写前进,一笔写后退,不恋顶峰的人更可贵；一笔写逆境，一笔写顺境，逆境为熔炉；一笔写付出，一笔写收获，失去的不一定美丽；一笔写前半生，一笔写后半生，前半生枝繁叶茂，后半生收获果实。也就是说，“写好一个‘人’字，只需要两笔；做好一个人，却需要一辈子。”

为此，有人提出了做“人”四要领：

做人别太滑，自己像乱麻，天天算计人，迟早事办砸；

做人别太装，分清铁和钢，时代变迁快，早晚要受伤；

做人别太奸，都有一片天，你若想玩人，山外有座山；

做人别太懒，经常把漏捡，没事多勤奋，何必去走险。

还有的职场高人靠实践感悟，归纳出了做“人”共事“五讲究”：

天真做人，天真做事，可做朋友，不可共事；

世故做人，世故做事，不可做朋友，只可共事；

世故做人，天真做事，不可做朋友，不可共事；

天真做人，世故做事，既可做朋友，又可共事；

假天真做人，真世故做事，要么是魔鬼，要么是成大事者。

上面诠释的多是广义的“人”，对于我们职场人——企业管理者，有的管理大师还通过趣解“企”字论述特指之“人”，耐人深思：

“企”字，由“人”和“止”组成，企业无人则为“止业”。在整个企业活动中，一刻也离不开人。有人将企业里的下属分为五种类型：

第一类是“人财”，指能直接给站段创造财富的人；

第二类是“人才”，指具有某些的才能、能为站段做事的人；

第三类是“人材”，是指有发展潜质的人；

第四类是“人在”，指那种可有可无、有他不多没他不少的人；

第五类是“人灾”，指会给企业带来麻烦和灾难的人。

一名优秀的领导者，要尽量招收与重用“人财”和“人才”，大力培养“人材”，尽量减少“人在”，坚决清理“人灾”。

即使企业家自身有缺点，只要能做到知人善任，充分发挥下属的力量，企业一样会兴旺发达。知人就是选人，善任就是用人，领导者必须选好下属、用好下属。

那么，什么样的“人”才具备领导特质呢？下面这个故事会给你一个解释：

有一个老人非常寂寞，看到邻居家养了几只鹦鹉，就也想买一只。一天，他来到鸟市，看见许多大大小小的鹦鹉。他走到一只鹦鹉面前，发现标示牌上写着：此鹦鹉会说两种语言，售价2000元。随后，他又走到另一只鹦鹉前面，标示牌上写着：此鹦鹉会说四种语言，售价 4000 元。

老人对于该买哪一只鹦鹉感到苦恼，因为两只鹦鹉都毛色光鲜，活泼可爱，一时之间，他很难做出抉择。半晌后，老人决定继续走走看看，以便看看有没有其他更合适的。

最后，他发现了一只老鹦鹉，它不但老到掉牙，毛色也暗淡散乱，他猜想有谁愿意买这只老鹦鹉呢？可是当他凑近标示牌一看，却吓了一跳！这只鹦鹉的标价竟然高达 8000 元！

老人赶紧询问老板："这只鹦鹉是不是会说八种语言？"老板摇摇头说："不"。

老人听了觉得奇怪，便又问道："既然它又老又丑，也没有什么特殊能力，为什么要卖这么高的价格呢？"老板笑了笑，回答说："因为另外两只鹦鹉叫它老板！"

鹦鹉的故事告诉我们，其实杰出的领导者、管理者不一定是全才，精通十八般武艺，只要懂得信任人才、珍惜人才、培养人才、吸引人才，就能凝聚比自己更强大的力量，最后吸人眼球，提升身价，成为一个杰出的领导者。

75. 两人齐出力则成四座山

有一个华盛顿合作定律：人与人的合作不是人力的简单叠加。按照旧有的行事习惯：一个人是龙，两个人是虫，三个人则鸡犬不宁，现在很多人在更新这种思维，用一个全新的方式所替代。

确实，一台发动机或者一辆汽车，甚至一架飞机，拆散了不过是一堆机械零件和螺丝钉，没有计划、没有组合地堆积在一起，只能算作一堆废铁。正因为组合得好，所以才价值不菲。用人如用药，老中医因为熟悉各种药材的药性，配药得当，常能取得奇妙的功效。同样，对于每个下属在能力、性格、爱好等方面的不同特点，领导者也要心中有数，这样才能将各种各样的人才合理搭配，使得个人和队伍都能够发挥出最佳的人才效益。

你玩过拼图游戏吗？一张图被分割成很多小块儿，你需要把那些小块儿拼凑起来，组合成一张完整的画面。我们的大脑在思考一个问题的时候，也是通过逻辑思维将与思考问题相关的各种因素组合起来，运用综合我们可以进行发明创造，运用分析我们可以全面地、完整地考虑一件事。

组合发散法是发散性思考法的一种，虽然强调发散，但是并不是没有原则地漫天撒网。就像玩拼图游戏一样，如果忽略事物之间的逻辑关系，就不能组合成一张完整的图。我们想到的事物必须属于一个系统,可以构成一张“图”。因此在进行组合发散的时候要考虑事物的价值,对事物进行选择。

“组合”并不是把两个事物生搬硬套地放在一起,而是按照事物之间的内在联系,把他们有机地结合起来,就像玩拼图游戏的时候,那些小块儿必须环环相扣才能展现出一张完整的画面。我们需要对组合对象进行深入研究,把握各个部分之间的联系,从中总结出规律,然后把它们综合起来。

组合发散法有两方面大的意义,一方面可以帮助我们创造新事物,另一方面可以帮助我们全面地了解一件事情。

许多发明创造都运用了这种思考方法,把两种或多种事物组合起来就产生了一种新的事物。

许多事物都可以根据一定的原则组合起来:不同功能的事物组合起来就具有了多种功能,比如手机和数码相机组合起来就成了有拍照功能的手机;不同材料可以进行组合,从而获得新的材料,比如诺贝尔把容易爆炸的液体消化甘油和硅藻土组合起来发明了固体的易于运输的炸药;不同的颜色、声音、形状和味道可以进行组合,比如集中不同的酒混合在一起,形成口味独特的鸡尾酒;不同领域、不同性能的事物之间也可以组合,比如台历和温度计的组合。

实际上,人对物的组合和人对人的组合是同一个道理,只要组合得好,就会产生比原来多得多或大得多的功能。

唐太宗李世民的手下个性迥异、能力有别的人才都被一个个放在了合适的位置上,从而使得人才队伍构成合理、组织结构务实高效。房玄龄处理国事总是孜孜不倦,知道了就没有不办的。于是太宗任用房玄龄为中书令。对于国家大事,房玄龄能提出许多精辟的见解和具体的办法来,但却不善于整理,很难决定颁布哪一条。杜如晦虽不善于想事,却善于对别人提出的意见做周密分析,精于决断。于是唐太宗将他们俩搭配起来辅佐自己。从而形成了历史上著名的“房谋杜断”的人才结构。

此外,唐太宗还任用敢于犯颜真谏的魏征为谏议大夫,任命文才武略兼备李靖为刑部尚书兼检校中书令,都做到了人尽其才、才尽其用。房玄龄、魏征、李靖等人的合理搭配,既各尽所能,尽展风采,又让大唐初期这个高层核心团队在历史上有口皆碑。

同样的例子,李嘉诚就是一个精于搭建科学高效、结构合理人才队伍的优秀领导者。在他组建的公司领导班子里,既有具有杰出金融头脑和非凡分析本领的财务专家,也有经营房地产的老手;既有生气勃勃、年轻有为的港人,也有作风严谨、善于谋断的洋人;既有公司内部的高参、助手和干将,又有企业外部的智囊、谋士和客卿。

喜欢羽毛球的朋友都知道，曾经在亚特兰大奥运会和悉尼奥运会上两夺女双金牌的葛菲、顾俊，是世界羽坛难得一见的“黄金搭档”。从1996年至1999年，她们在国际比赛中配对双打从未输过一场比赛，连胜场次竟然超过100场！尽管两个人的特点和球风都不一样，但技术的互补使得这对组合技术全面、相得益彰，既有力量又不乏细腻，比赛时的默契程度更是令人赞叹。这对号称“无敌”的拍档，虽然在球场上共同训练十几年，在场外却是私交甚少，不仅不住在一起，私下竟然只一起吃过一次饭。

这是教练故意安排的，生怕两位性格迥异的姑娘由于脾气秉性的不同，相处过于亲密而发生矛盾，继而影响比赛成绩。现在看来，教练组的做法是正确的，由于生活上极少来往，避免了这两个“性格天壤之差”的女孩发生种种矛盾的可能，保证了两人在比赛场上珠联璧合、锐不可当。这无疑显示出中国羽毛球队教练组用人方面“匠心独运”，具有超人的睿智。

在用人上有时需要强强组合，有时需要按才能特点搭配岗位，有的则考虑性格差异的互补，甚至有的还运用强弱照应的法则提升团队的执行力。

日本“经营之神”松下幸之助认为，不一定每个岗位都必须选择一个非常精明能干的人来担任。这在常理看来似乎难以理解，松下幸之助对此解释说：“如果把十个自认为一流的优秀人才集中到一起做事，每个人都有他坚定的主张，也就是十个人有十种不同的主张，最后根本无法决断出一个结果，计划也就无法推动。十个人中只要有一两个杰出人物即可，其余的可能是平凡者，事情反而得以顺利进行，因为其他人会心悦诚服地遵从那一两个才智出众的领导者。”

现实中的确有许多例子可以佐证松下的观点。有很多公司都拥有许多一流大学资质出众的毕业生，按常理说这些公司应当具有超强的人力资源和实力，可事实是公司的业绩并不出色。相反，某些只有几个二流资质员工的公司却干得有声有色。问题的关键是前者陷入了“文人相轻”的怪圈，而企业内部又没有按照人力资源管理的绩效法则对相关人员进行有效激励，所以出现有关弊端也就不奇怪了。

数学中一加一等于二，这是没有疑问的。但在用人管理方面，一加一可能等于三、四、五，可能等于百、千，也可能等于零，甚至出现负数。这里的缘由在于相关圈中人，肯不肯多出力，齐出力，出大力，是否做到了相得益彰，优化互补。因此，对于企业领导者，“适才适用”与“人事协调”是很重要的两个管理命题。

76. 关心、批评都要有股“热乎劲儿”

孙武讲：“上下同欲者胜”。有位机务段段长说过一句至理名言：“你让职工爱岗如家，你就应把职工当作家人。”企业领导者只有真诚关心、爱护下属，下属就会以真诚的干劲予以回报。即使员工疏忽犯错，领导者、管理者也应“高扬鞭，轻落地”，“打在错上，疼在心上。”

战国时的军事家吴起在做将军时，士卒中有人生疮，他就用嘴为其吸脓。“红军之父”朱德爱护战士是有名的。在多年的行军作战中，每到一个新的宿营地，朱德总是关心野外警戒的战士吃得饱不饱，穿得暖不暖，有没有热水洗脚，有时还帮助炊事员支炉灶改善大伙的生活。

皮定均将军脾气大，爱骂人，官越大骂得越狠，但从来不骂士兵。有一次皮定均视察部队，看见一位哨兵军大衣少了一颗纽扣，马上命令营长跑步取来针线，为哨兵钉上扣子。“滴水之恩当涌泉相报。”领导对下属关心到这种程度，下属怎么会不服管、不卖命！

带人如带兵，带兵要带心。企业领导者只有真正关心下属，才能赢得下属的充分信任和忠诚，才能高效、高质量地完成领导交办的工作。

有位车务段党委书记讲过：“关心下属要像冬天的一团火，批评下属要像春天的一股风。因为冬天的火是暖人的，春天的风乍暖还寒，但最终反映的是暖洋洋的春意。”有位铁路中间站长在布置任务时说过一段强硬言词里包含体己的话：“我觉得这个任务是有点强人所难，但明知道强人所难，我还是要交给你，让你尽力去做。谁让我认可你呢！没事，到时候干砸了，出了漏子，处分人时我兜着！”

给下属分配艰巨任务时，加上一句贴心的话，下属必然会全力以赴、夜以继日地去执行，因为他知道自己是为老板分忧解难的“重臣”。

领导者处理日常事务时，需要将语言艺术发挥得更灵活，针对不同性情的下属，根据不同的具体情况，机动掌握语言的力度和火候。有些下属能力强、作风果敢，但是个性也比较强，容易产生叛逆心理和抵触情绪。对待这种人，领导者可以开诚布公地指出他们工作的不足之处，然后再加上一句“为你好才骂你”、“我很关心你，在乎你才批评你”、“我是恨铁不成钢”等安抚的话。松下幸之助常用的一句话就是：“挨骂才是幸福。因为我重视你才骂你。”这样就不会让下属产生反感，反而会拉近心理距离。

有些下属容易畏缩，一跟上司谈话就会紧张，发挥失常。对待这种人，领导者应该主动放低姿态。比方说，和他们坐同样高度的椅子或者沙发，在空间位置上先建立一种平等感觉。说话的时候尽量避免压迫感，鼓励他们说出自己的观点。

华为企业文化是：想使员工爱企业，企业首先要爱员工。八小时之内，我们要下属努力干；八小时之外，要给他们排忧难。在这种文化的影响下，每个华为人的创造力和责任心都得到了充分的调动。不论领导还是普通下属，好多人工作起来都有股“拼命三郎”的劲头，视工作为生活重心，在强手如林的市场竞争中始终保持着旺盛的竞争力。

关心下属不是一句挂在嘴边的口号，是每个企业领导者应尽的责任，这个责任不能仅仅表现在一时一事，而要体现在日久天长，反映在一点一滴的行动中。

77. 宽则得众，容则获忠

我国历史上，有很多“宽则得众”、“容则获忠”的著名典故和故事，诸如楚庄王绝缨尽欢，孟尝君不杀与自己夫人通奸的门客，汉高祖重用陈平，曹操下《求贤令》选拔那些虽然有这样那样缺点但确实有才干的人，唐太宗不追究郭子仪儿子的欺君之罪，宋太祖宽容一时糊涂受贿的宰相赵普，宋太宗宽容酒醉的功臣孔守正等等。

官渡之战的故事众所周知，曹操一举打败了北方最强大的军阀势力袁绍，虽然没有抓到袁绍本人，却缴获了袁军丢下的辎重、地图、珍宝和书信等。曹操发现，自己手下的许多将领曾经秘密与袁绍通过信。那些和袁绍有过书信来往的将领知道这个消息后，心中惶恐，害怕曹操会追究他们的责任，有人已经做好了出逃的准备。看到自己的将领在战争最艰难的时刻跟敌军首领通信，曹操的气愤自不必说，但他并没有把这些信件曝光，也没有揪出与袁绍勾结的手下，而是把这些信全部当众烧毁了，还说：“在那个时候，我尚且担心性命难保，何况我手下的人呢？”这样一来，那些曾经想投奔袁绍的人都安心下来，打算出逃的人也决定留下来。他们心中暗自羞愧不已，都赞叹曹操有如此宽容的胸襟，从此对曹操更加忠心耿耿。

明代，有一年，一伙匈奴人来投降汉朝，明帝大喜，就命令尚书仆射钟离意准备一些绢绸赏给他们。钟离意把赏赐绢绸的数量拟定好，交给手下一个很得力的郎官去办理。那个郎官想：“既然是赏赐，多给一点儿不是更能彰显我们大汉天子的仁爱之心吗？”于是就擅自做主，多给了匈奴人一些绢绸。得知此事,明帝不但没有龙颜大悦,反而大发雷霆,下令要对那个自作主张的郎官用酷刑。作为这件事情的负责人,钟离意自知责任重大,便匆匆觐见皇上,口头请罪说:"做事犯错,人人在所难免。这件事情是由我负责的,郎官的任务是我派下去的,现在出了问题,论罪也应该由我承担,从重处置。郎官是我的下属,此人平时办事尽职尽责,对国家更是一片忠心,他这次犯错误也是出于一片好心,想向匈奴人表示大汉天子对他们的仁爱之心。虽然有不当之处,还请皇上从轻发落。请皇上明断!"说完就脱下了衣服准备接受惩罚。

明帝看见钟离意竟然敢于承担责任,对手下人如此爱护,气已经消了大半,即令他穿好衣服,免去惩罚,也饶恕了那位郎官。好心办错事的郎官受到钟离意如此的袒护,以后做事加倍谨慎,再也没有出过纰漏。

李世民宽待魏征最后获其效忠的故事也为许多人所称颂。唐代名臣魏征做太子李建成的属官时,曾多次劝李建成杀掉李世民。在玄武门之变后,李世民不计前嫌,非但没有杀他,反而非常倚重魏征,给了他很高的官位,而魏征也尽职尽责,君臣一心成就了唐初的贞观盛世。

我们有些企业领导总喜欢不分场合地对下属指手画脚,当众呵斥,动辄发脾气,把下属置于难堪的境地。以为这样做会激发下属发挥更大的能动性;通过羞辱行为教育下属,才能体现自己的威严。这样做或许对下属一时奏效,但却不能长久下去。因为,它会造成人为的心理紧张,对人的自尊心是一种极大的伤害。即使下属当时被迫接受了领导的责备,但内心深处却留下了一个阴影。经常被斥责,阴影会越来越大,终有一天会"爆炸",造成上下矛盾激化。更有可能的是,下属会产生自卑心理,意志消沉,自暴自弃。这说明了领导者没有宽容之心,会对实际工作造成极大危害。

居上不宽是领导者的致命伤。有宽容的肚量,是对企业领导者的起码要求。宽容,最重要的是容人,这是容言、容事之根本。要做受人爱戴、尊敬和追随的"红脸"领导,就要学会容人之短,善于容纳与自己性格、志趣不同的下属,用真诚的心来发现、培养、发挥他们的长处,求同存异,共同发展。这样才能成就事业,拥有更多的成功。

美国通用公司的总裁韦尔奇说过:"当人们犯错误的时候,他们最不愿意看到的就是惩罚。这时最需要的是鼓励和自信心的建立。领导者首要的工作就是恢复下属的自信心。"

宽容下属的错误,关键要把握一个度的问题:对于可容忍的,下属无知出岔的错误,应该提倡宽容;对于不可容忍的,甚至下属本身故意犯的错误则一律禁止,不予宽容。

平时让下属有一种好的精神状态，领导者必须大度地为下属创造一个宽松的环境。怎样才算具有容人的宽广胸怀？一是“容异”，善纳别人的不同意见，善待与自己意见不合的人；二是“容过”，对待犯错误的下属绝不能“一棒子打死”；三是“容嫌”，就是对那些与自己曾有过节的人不报复、不打击，宽容大度地对待他们。

大气魄的领导才能成就大事业，谁愿意跟一个小家子气的领导混呢？可见领导者的气量多么重要。

78. 让下属知道他在你心里分量很重

俗话讲：“人心都是肉长的。”确实，每个人的身体都有最柔软的部位，而这个部位作为人群来讲，是完全相同的，那就是人心。任何企业都一样，赢得了人心，就赢得了企业。如何赢得人心呢？那就是以心换心，以你的爱心换来他的忠心；你爱下属，下属会爱企业；让下属觉得你待他不薄，经常感到心里厚厚实实、沉甸甸、暖烘烘的。

“无论你多忙，都必须花时间让下属感到他们多么重要，我一直牢记这一点。”这是一位著名外国企业家对领导层、管理层的忠告。

领导者必须清楚地让下属感受到他们在企业中发挥着重要的作用，让他们知道自己在上司心中占据着重要位置，这样他们才能发自内心地把自己当成企业的一分子。没有谁会见异思迁，“这山看着那山高”，甚至玩“离家出走”的跳槽游戏。

领导者绝不能把下属都当成不起眼的“螺丝钉”看待，而是要告诉他们“小螺丝钉有大用处”，“缺了谁都不行，都玩不转”。

美国企业大亨洛克菲勒说，为了留住一个人才，他可以对他“百般吹捧、奉承也在所不惜，甚至还会厚脸皮去拍他的马屁”。松下幸之助更是时刻不忘记表达自己对下属的重视和感激，他说：“当有下属 100 人时，我必须站在下属的最前面，身先士卒，发号施令；当下属增至 1000 人时，我必须站在下属的中间，恳求下属鼎力相助；当下属达到 1 万人时，我只有站在下属的后面，心存感激即可；如果下属增至 5 万～10 万人时，除了心存感激还不够，必须双手合十，以拜佛的虔诚之心来领导他们。”有个工务段段长说过：“每个职工都是我的手心和手背，我本身就是千手佛，谁受到伤害，我都会心疼”。

单位中的每个人都是一个独特的人，他们身上都有着不同于别人的特质，从教育背景、工作能力、情感特征到其自身的人生观、价值观可能会呈现不同的方面，这就需要组织要有极大的包容能力。尊重每个人、积极地保持他们的个性、容许员工的隐私空间，将其个人的不同特点与团队利益很好地结合起来，才能最大限度地发挥每个人的效用。

管理者要认识到金钱并非唯一的赞赏方式，表达赞赏的方式有许多种，可以直接说给个人听，也可以使用书信、颁发资历徽章及证书、共进工作餐、送鲜花甚至小礼品等等。当然，奖励要有创意，与众不同会让获奖者印象更深刻。

集中单位或车间全体人员召开表彰大会是一种认同。我们在此强调的是，认同的形式并非仅此一种，感情化的认同也卓有成效。比如组织本站段作业标准化的先进员工携家属、孩子集体外出旅游，也会带来意想不到的收获，家属或孩子会在街坊邻居及同学间炫耀在铁路当先进的福利和幸福感受。另外，领导一个赞赏的眼神、一次善意的微笑、拍拍肩膀、伸出大拇指，都会使员工得到长期的激励。

领导者还可以留心部下的个人信息，把出生年月、入路日期、住址、家庭成员姓名及小孩乳名、学历、兴趣、专长等做成一个表格，有空就拿来看一看，并在上边做一些标注。最好是把下属特别的纪念日，如生日、结婚纪念日等都写在笔记本上，作为话题。

作为领导者，赞赏员工是否发自真心，每个员工都能感受到。切忌形式化的赞赏，言不由衷的应景式表扬带来的结果很可能是负面的。所以，聪明的领导者对员工的赞赏永远应是诚恳地、真实地、真诚地表现出来。

“你晋职快满一年了，有什么心得、感想啊？”“记得吗？今天是你的入路纪念日。”“一年前的今天，你被聘为工程师，我怕你忘记，特意记了下来。希望你明年的今天有更好的表现！”“恭喜你考上技师，快给老人报个喜讯吧！”这只是一些零散琐碎的小事。但是，如果由领导亲口讲出来，下属就会明白自己在领导心中是有分量、有位置的。那种被重视的感觉会让下属情愿肝脑涂地、在所不惜。

如果领导者、管理者还能在以下几方面为下属着想，肯定会得到大家的拥戴：

（1）为下属争取较多收入，争取每季有点增加，每年增长一小截。

（2）不在众人前给下属难堪，能顾及下属自尊心，方能赢得民心。

（3）为下属制造外出机会，好上司应公平分配外出的美差。

（4）与下属同喜同悲，为家有喜事的高兴，家遇不幸的给以同情，最能加深与下属的感情。

(5)留意每一个下属,不论高级低级,只要工作得好,也一样加以赞赏。

(6)保持亲切笑容,下属最怕看见上司常板着脸,令人望而生畏。“微笑是上司脸上最灿烂的阳光”。

79. 把处罚的着眼点再升华一截

东盟某国某州一首席部长曾经在一个行政机关颁奖典礼上,为那些懒惰的、不称职的人员颁发扫帚作为奖品。扫帚在当地文化中与厄运相关,因此部长的行为虽然遭到了一些人的批评,但是他说:“说送人扫帚是坏兆头,完全是老妇人的传言。我送扫帚是为了给那些职员传递一个信息,即我们必须首先清净心灵,才能更好地工作。当然,我也有给自己留一把扫帚,管理不好,我也有责任。如果我们不改进工作,继续懒惰下去,才是更严重的诅咒。”

后来,该州政府的办事效率有了显著的提高,当地各相关部门已完成当年的税收任务,因此下一年就没有再颁发“扫帚奖”。

由此可见,一个企业光有制度不行,还要看这个制度执行得好不好,能不能执行下去。应该说,压力不大“无效应”,有点压力是“软效应”,压力太大又会产生“副效应”。因此,管理者要把情和理结合起来,在结合中创新惩罚方法,为企业管理找到一种快乐工作、快乐惩罚、艺术地解决问题的模式,是管理者的一大重要职责。

不可否认,任何制度的产生,皆有其外在需要和内在意图,都是为了规范下属的行为,完善企业管理。对于那些工作效率低下的团队,在他们恢复、整顿、重建的过程中,遇到一些棘手问题,运用“疏”的方法,要比用罚来“堵”会产生更好的效果。现代企业管理者处理问题的最终目的不是惩罚人、限制人,而是要以独特的手法增加表现力,从而感化人、引导人,使弱点变为优势。这种“疏”的方法,如果运用得好,会给人耳目一新的感受。

南方某企业,一直倡导的是“从工作中来,到工作中去”的工作理念,因此他们有一个非常独特的“奖惩”方法。员工犯了错,不是惩罚,而是“升职”!为什么要升职呢?老总给了我们一个不一样的答案,他认为员工犯了错没关系,关键是如何认识错误并从错误中得到自我提升;当局者迷,自己往往很难发现自己有问题,但是从另一个角度、换一种身份也许就能发现问题所在,找到解决的办法,如此循环,犯错的几率就越来越少,所学到的东西就会越来越多。

如何“升职”？对于犯错误的员工，领导者会暂时提升他的工作岗位，比如让他做一个星期的经理，但在这一个星期中，这个员工是有任务的，那就是去观察、去了解其他同事的工作状态和情况，直到他找到另一个犯错误的人来替代他原来的职位。在这个过程中，这个犯了错的下属即使没有找到替代他的人，他也能对自己所犯的错误有深刻的认识，而且还能提醒其他同事不要再犯类似的错误。

不久前，该企业有一个员工当月迟到、早退、代打卡现象严重，领导发现后，就把她升为“主管”，让她每天提前10分钟到岗，下班等其他人全走后才能走，而且在做“主管”期间，对于其他“下属”的迟到早退现象还要给予批评教育。当这个员工自己成为一个“管理者”之后，她认识到自己的行为给公司和同事造成了不好的影响，以后再也没有犯过类似的错误。

当然，该企业不是刻意让员工去寻找他人的缺点，而是让员工在这个过程中了解工作本身的性质与职责，相互提升、相互促进，提高工作激情，减少工作失误。通过这样的措施，员工自身的能力有了很大的提高，管理起来也容易多了。

一个企业，制度成惯例是对执行制度自觉性的肯定，但反过来也会产生一些负效应和影响，关键的是我们如何去克服处罚问题上的固定模式，去掉条条框框，以变应变，刺激思维，积极创新，解开各种现实中的“结”。上述企业的“升职”管理就是一个去掉条条框框的例子，也是人性化管理的体现。

日本佳能公司有一个“自发、自治、自觉”的三自精神，就是让下属自己考虑事情，自我管理，在自己认为正确的道路上向前进，这会极大地激发员工的自觉性和积极性。可见，正确的工作方法与方式能震撼下属的心灵，唤起被教育者的共鸣。因此，在抓制度管理的过程中，领导者要想办法让员工进行自我管理。领导者发现不了问题是没有水平，处理不好问题则是没有能力。发现问题相对简单，而处理问题则是棘手的，如果在处理问题的过程中给以感情或心理上的投入，让人口服心服，欣然接受你的批评与惩罚，这样，问题就会被扼杀在萌芽状态。

80. 当面指不足，背后说长处

20世纪80年代，时任中国女排教练后来当上国家体育总局局长的袁伟民在《我的执教之道》一书中，讲到管理女排队员的艺术，其"当面指不足，背后说长处"的管理技巧为许多人称道。

实际上，古代也有类似的案例：赵匡胤的爱将李汉超担任齐州防御使时期，在当地鱼肉百姓，掠占民财，抢夺民女为妾。关南百姓终于忍无可忍，进京上访，告到赵匡胤那儿。赵匡胤把告状的百姓请到便殿，赐以酒席慰劳他们，问道："汉超在关南镇守后，契丹人来进犯了几次？"百姓说："没有了。"赵匡胤又问："过去契丹人打过来，边将不能抵御，你们百姓每年都要被抢劫掳掠，你们能保全财产和妇女吗？汉超拿的比契丹人多吗？"百姓不说话了。赵匡胤又问："你家有几个女儿？都嫁给什么人？"百姓说："都嫁给村里人了。"赵匡胤于是说："你看，你女儿嫁的不过都是村夫俗子嘛。李汉超可是我的贵臣呀，因为爱你的女儿才娶了，让你女儿有了归属。与其嫁给村夫，哪有在汉超家富贵！"

百姓想一想也觉得有理，都高高兴兴回去了。百姓走后，赵匡胤派人把李汉超找来说："你缺钱花，为什么不告诉我，而向百姓去索取？这次朕就赦免你了，下次不许再犯！"于是给了他数百两银子，说："你去还给百姓，让他们感恩你。"李汉超感动得流泪，誓死报效皇帝。回去后就改正了错误，从此勤政爱民，老百姓都非常爱戴他。

赵匡胤这么做，安抚了愤怒的百姓，更安抚了李汉超。李汉超如愿以偿娶到了小妾，还保住了官位和面子，又拿了皇上的钱跟百姓换人情，怎么能不感激皇上。这就是高明的"红脸"领导的过人之处，既保护了下属，又让他们清醒地意识到错误，更让他们心甘情愿改正错误。这样的领导，下属当然愿意服服帖帖地效劳。

据说，有的国家在教育孩子时也特别讲究场合，一段"瑞典人前不教子"的短文就反映了这一状况：

中国有句古话："人前教子，背后教妻。"然而，瑞典人则强调：人前不教子。

在瑞典人的眼中，再小的孩子也是生命，也是国家的未来。家长从孩子降生那天起，便对孩子十分尊重。他们认为，孩子是一个生命个体，应该有自己独立的意愿和个性，任何人包括父母都无权违背孩子的意愿、抹杀孩子的个性。在孩子成长的过程中，家长要时时刻刻让孩子体会到：我的地盘我做主。因此，孩子可以做任何自己喜欢做的事，就连穿衣戴帽这类小事，父母都要"咨询"孩子。如果家长发现孩子的某些行为"违规"，可以向孩子提出建议，但不可以粗暴干涉。

在瑞典很多家庭中，我们看到，当孩子"闯祸"后，家长再告诉孩子正确的方法：哪些事可以做，哪些事不可以做。家长们说，这样做的目的，既体现了对孩子的尊重，又让孩子牢记一生。以后，他们都不会再犯类似的错误。瑞典家长称此教育方法为“疼痛教育法”：只有让孩子知道了“疼痛”，下次他们才不会再接触“疼痛”。

瑞典的父母把对孩子的尊重，体现在生活的具体细节中，比如：父母在同孩子说话时，会蹲下身来，与孩子在个头上“保持一致”，语气也是“和风细雨式”，绝少有“命令式”，大多是“如果你能那样做，我和妈妈将感到十分高兴”、“你能这样做，我们感到非常的欣慰”。让孩子在父母指引的“大框”下自由选择正确的做法，在餐桌上，孩子更有绝对的“自主权”。孩子不喜欢吃哪种饭菜，家长不会厉声呵斥或“逼餐”，家长只有“解释权”：某道菜含有哪些营养，吃后对身体有哪些好处。

瑞典人尊重孩子的最突出表现是：父母在任何情况下，都要维护孩子的“面子”。这对培养他们的自信是一条捷径。瑞典父母尊重孩子的教育方法，收到良好效果：孩子们待人接物热情大方，彬彬有礼，遇事不慌，总能开动脑筋想出办法来，具有鲜明的独创精神，而且从不“怯场”，甚至和地方官员谈话，他们也像平常一样泰然自若，敢于表达自己的看法。

中国人是最讲面子的，给下属足够面子，照顾到下属的情绪，他才会义无反顾地为企业出力。有人对此作了一个形象的比喻，领导给下属面子就好比是给下属涨工资；反之，损害下属尊严，实际上等于给下属降工资。正因为如此，才会有人愿意到薪水待遇较低的企业去，因为那里干活舒心，有一个好氛围。所以，真正懂得这一道理的领导者非常看重下属的面子，懂得给足下属面子。

有的领导喜欢当众训斥下属，想以此来把责任转移到下属身上，好让上级或其他下属知道这不是他的错，而是某个下属办事不力。殊不知，这样做不仅伤及下属的面子，也会使其产生抵触情绪，往往得不偿失。

某机务段领导，为人平易近人，颇受员工拥戴。一次，有人问他：“你手下那么多人，都那么死心塌地地跟你干，你到底有什么高招？”他回答说：“每当我要责备一位犯错的伙计时，一定叫他到我的办公室里来，在没有旁人的场合提醒他，让他知道批评他是让他有长进。”

处在这个激烈竞争的环境中，任何一个人都不想让别人看不起，尤其是一线员工，他们需要的是领导循循善诱的指导和及时地点拨，而不是生批硬抠。所以，身为领导不要不分场合、不分地点地批评下属，而要给下属留点面子。特别是当员工遇到不懂的问题和发生疏漏时，你不能当众批评或者指教对方，这会让对方很没面子，甚至会萎靡不振、意志消沉，还可能产生反抗的情绪，收不到预期的效果。

你不妨设想一下，如果下属因为被你当众责骂而觉得下不了台，抱着横竖都挨批的心理，一反常态地同你争吵起来，甚至把本单位一些不该为外人知道的东西也抖搂出来，当领导的岂不是连“面子”都保不住了吗？“家丑不可外扬”，从某种角度来说，不是完全没有道理的。但要做到家丑不可外扬，当领导的首先不要把下属的“丑”外扬才好。

领导者要掌握评价下属的时机。下属不在场时，绝对不要对这个人的行为不负责任地评论。哪怕是没有一点恶意的议论，也不应该，更不能对一个下属谈论另一个下属的是非。白的东西可能经过若干人的口口相传就变成了黑的，领导随意说出口的一句话都可能给那些喜好拨弄是非的人以口实，伤害到下属的自尊心，打击他们的积极性。

领导者对酒后言谈更要慎重，它往往被当成“酒后真言”。一言既出，驷马难追，无论事后如何解释都无济于事。这种情况下对下属做出的评价传播得更广，被渲染得更重。

当然，领导者可以在背后赞美一个下属，而且越多越好。这种看似“秘而不宣”的赞美，通过另外一个人的嘴传到被赞美者耳朵里，他不但会受到鼓舞，而且虚荣心也会极大地得到满足。他心里会想，原来领导是在乎我的，那天他关上门批评我，看来是对事不对人，今后我得好好干，再也不能给站段捅娄子。这时其兴奋程度可想而知。这样一来，下属更会努力工作，以报答领导的知遇之恩。

81. 执法从严和关心体贴不可偏废

管人是一门艺术，它就像作战时排兵布阵一样，管人得当，则大功告成；管理失当，就有满盘皆输的危险。企业也是一样，循章必严并不是说管理者不应有人情味，必须对下属不苟言笑、冷若冰霜，使下属战战兢兢、如坐针毡；要说体贴下属也不是让自己变成和事佬，像团软棉花，规章变成了随便捏的“橡皮泥”，最后让企业在“歌舞升平”的软氛围中塌台。

偶读某《红楼梦》研究权威人士点评大管家王熙凤的管理章法，深受启迪，录来供大家研讨赏析：

王熙凤作为领导者的成功，就在于她的聪明才干。尤其是在协理宁国府的过程中，王熙凤的管理才能得到了充分的施展。

在去宁国府之前，王熙凤先对宁国府进行了管理诊断，一针见血地指出，宁国府在管理上存在五大弊病："头一件是人口混杂，遗失东西；第二件，事无专执，临期推诿；第三件，需用过费，滥支冒领；第四件，任无大小，苦乐不均；第五件，家人豪纵，有脸者不服管束，无脸者不能上进。"针对这些弊病，王熙凤在宁国府进行了大刀阔斧的整顿。

有制度才好办事，王熙凤第一个动作就是制定新制度。王熙凤对来升媳妇道："既托了我，我就说不得要讨你们嫌了。我可比不得你们奶奶好性儿，由着你们去。再不要说你们'这府里原是这样'的话，如今可要依着我行，错我半点儿，管不得谁是有脸的，谁是没脸的，一例现清白处理。"

之后，王熙凤要领导者带头遵守规则、严格管理，她对来升媳妇说道："来升家的，你每日揽总查看，或有偷懒的，赌钱吃酒的，打架拌嘴的，立刻来回我。你有徇情，经我查出，三四辈子的老脸就顾不成了。如今都有定规，以后那一行乱了，只和那一行说话。"在这里，王熙凤实实在在地执行了一把现代管理中的"火炉原则"——把制度变成火炉，不管是谁碰上去都一样烫手，在制度面前"有脸的"和"没脸的"一样平等。这就在最大限度上保证了制度的有效性和权威性。

接下来王熙凤进行具体要求，为克服"人口混杂、遗失东西；事无专管，临期推诿；任无大小，苦乐不均"等管理弊病，王熙凤根据工作需要来定岗定编，分工清楚，责任明确，尤其是把做事与管物结合起来，把工作责任和经济责任结合起来，误了事要罚，丢了东西要赔。经过王熙凤的筹划，宁国府的管理果然面貌一新：某人管某处，某人领某物，分工十分清楚。诸如荒乱、推诿、偷闲、窃取、无绪等弊端，一概都没有了。全部安排完毕后，王熙凤也没有忘了杀鸡儆猴，让下属实实在在地体会犯错的"严重后果"。

时间意识是王熙凤管理的一大特色。为彻底扭转宁国府纪律涣散的颓风，王熙凤一到宁国府就明确提出时间管理的要求，她对宁国府的人说："素日跟我的人，随身自有钟表，不论大小事，我是皆有一定的时辰。横竖你们上房里也有个辰钟。"

王熙凤第二天"卯正二刻"正式到宁国府点卯，"那宁国府中婆娘媳妇闻得到齐"，她们生物钟仿佛一下就被王熙凤调整过来了，只有迎亲送客上的一人未到。即命传到，那人已惶恐愧惧，百般求饶。王熙凤说："本来要饶你，只是我头一次宽了，下次人就难管，不如现开罚得好。"登时放下脸来，喝命："带出去，打二十板子！"一面又掷下宁国府对牌："出去说与来升，革他一月银米！"这下子人们才真正见识到凤辣子的厉害。众人不敢偷闲，自此兢兢业业，执事保全。

当然，王熙凤的管理之道也不是一味的严厉按制度办事。她一方面强调纪律，严格执法，同时也不忘让大家有个奔头，她鼓励大家说：“咱们大家辛苦这几日罢，事完了，你们家大爷自然赏你们。”

用辩证法的观点来讲，事物总存在正反两个方面，管人也是如此。一位管理巨匠说过：“软硬两法最好是二者兼备。人作为一种感情的高级动物，有一种趋利避害的倾向，受到恩惠便产生爱戴，受到逼迫便出现惧怕。对于一个管理者来说，‘爱戴’和‘惧怕’的情感应同时存在于下属的头脑中。”可见，完全的老好人形象和呆板的“常阴天”形象都不是管理者效仿的。

在日常企业管理中，施威和善后相结合是种管理艺术。一阵狂风暴雨过后，天青青水蓝蓝，才显得彩虹是如此迷人。领导者适时适度地威严于前，有利于下属严格按章办事；不失时机的善后处理，又使下属对领导重建好感，达到雨过天晴的效果。

可以说，管理过程中，循章和体贴都是必不可少的，二者犹如鸟之双翼，车之两轮，缺一不可。当然，至于二者的合理使用，则要根据不同的具体情况而定。

规章制度存在的意义，是为了让那些常规性、常态性的问题解决起来简单轻松，给大多数人一个遵循，而不是要死死勒住下属的脖子，把人的个性全部抹杀掉，磨灭干净。根据具体情况，领导者可以把一些条文制定得相对宽容、人性化一些，让下属拥有自主权和充分发挥的空间，从心里做到“以企业为家”。

82. 张飞被杀的原因是威严过度

企业管理者的权力是员工赋予的，权力也是一种责任，这个责任主要用于谋划企业未来，组织经营管理，说具体一点儿，就是在管理过程中指挥生产、布置任务，指导下属如何作业，也可以纠正下属的过失，杜绝不良行为。

但话又说回来，如果一个管理者用偏用歪手中的权力，用强制手段对下属施以高压政策，搞什么“通不通，三分钟；再不通，龙卷风”、“你不好好干，我扣你五斗红高粱”。长此以往，不但不会使下属信服，而且还会引起反感，将干群之间的鱼水关系变成水火关系，难以收拾。

三国时期有这样一个战例：张飞生性脾气暴烈，动不动喝醉酒后打骂士兵，士兵们敢怒不敢言。

关羽败走麦城之后，被东吴所杀。张飞为替兄长报仇，凭借权力提出了不合理要求，限令军中三天以内置办白旗白甲，挂孝讨伐东吴。负责制造盔甲的两员大将范疆、张达因为期限太急，就向张飞乞求宽限几天，张飞不但不听，竟然把二人打得满口出血，并命令道："一定要按期完成，若超过期限，就杀了你们示众。"

二人知道根本不可能按期完成，便商议："与其他杀我们，不如我们杀了他。"

试想，跟着这样的领导，不让下属提反对意见，过分仰仗权力，作为下属，他们会信服这样的领导吗？

张飞之所以被部下杀死，与他平时的高压、蛮横是分不开的。平常下属们就是"敢怒不敢言"，更何况在他急切报仇之时？

管理者管人理事要从实际出发，不可动不动就"吹胡子瞪眼"，权力滥用就会使人口服心不服，甚至口也不服。做人的工作含蓄一点儿，藏而不露，才是聪明的管理者。一般来讲，作为下属，就算不受强制，也会积极的服从，抱着敬重的态度面对上司。如果管理者以一种颐指气使、居高临下的态度，俯视下属，下达指令，别说是有自尊心的员工，就是"兔子被逼急了也会咬人"。好比一个气球你"给"它的气越多，它"爆"的可能性越大。把下属搞麻烦了，把关系弄疆了，于人于己于企业都没有任何好处。

权力并不是万能钥匙，你不用多表现，大家也知道你是领导。威信比权力更重要，把精力放在建立威信上，效果会更好一些。聪明的领导往往会在工作中，通过展现自己人格魅力来逐步建立自己的威信。有了威信，大家才信服你。这时，你才具备了无形的感召力，你所做出的决定，才会得到大家的拥护。

有一则流传甚广的小寓言，估计许多管理者都知道：北风和南风比威力，看谁能把行人身上的大衣脱掉。北风率先抖擞威风，气势汹汹地来了个寒风凛冽、冷冰刺骨，结果行人把大衣裹得紧紧的，无论如何也吹不掉；南风则不急不慢，徐徐吹动，顿时风和日丽，暖意融融，行人纷纷解开纽扣，脱掉了大衣。最终南风获得了胜利。

刚劲强硬的北风看似威猛，似乎比南风厉害多了，可偏偏被温暖柔和的南风击败了。这则寓言形象地说明，运用"南风法则"多尊重和关心下属，多一点民主和人情味，可以使下属真正感到领导者给予的温暖和信任，而不能一味利用手中权威强制执行。好领导的政策应该是"大棒＋胡萝卜"，使下属主动去掉心中的包袱，激发起工作的热情。

管理者应该采取正确的方式来加强管理力度，利用威信而不是依赖权威来增强执行力。权威是因有权而威，带有浓厚的强制和专断味道。威信则是由于管理者自身的学识、经验、能力和品格，深深地感染并影响着周围的人，无形中令下属追随和服从。管理者在开展工作时，要以理服人而不是以权压人。以理服人会在员工心中自然地产生威信，使员工出自真心地信服，心甘情愿地为站段服务，帮助和辅佐领导把事干漂亮。

管理者应该清楚，任何一个人在工作、生活中都难免会有这样或那样的失误。作为管理者，对待有过失的员工，应当尽量多做换位思考，设身处地地把自己放在当事人的位置上，为员工着想，以一颗仁爱之心，把员工当做自己的亲人和朋友。应该说，绝大多数员工都是通情达理的，上司的热情态度一定会换来员工更多更大的回报。

83."牢骚"是对企业发展的期待

"对于老板来讲，爱发牢骚的人比把话咽到肚子里的人价值要大得多"。这是美国哈佛大学一位心理学权威对所有企业管理者的忠告。在实际生活中，牢骚话是一种正常现象，是一种客观反映，没有必要把它看作"洪水猛兽"、"大逆不道"。牢骚是对某个正当要求得不到满足，或对某些现象看不惯的一种宣泄，是企业管理中某些矛盾逐渐激化的外在表现，也是对企业良好运作期待的一种折射。

如何善待"牢骚"？应该视作对一个管理者开明程度和良好素养的检验。

(1)为"牢骚"打开一个释放的"决口"。

发牢骚者并非别有用心，更不是思想表现落后，很可能是一个具有真知灼见者。他往往看问题比别人早一步，眼光敏锐一点儿，反映更直接爽快一些，"竹筒倒豆子——直来直去"。对此，各级管理者务必要读懂，搞明白。

至于牢骚涉及的问题，可能是企业管理存有官僚主义、形式主义现象；可能是领导用人不当、分配工作不妥、工作待遇不公正；可能是工作中生活上遇到困境，上司没有及时发现，伸出援手；也极可能上下级、同事之间脾气、性格差异，沟通不畅存有误会、隔阂和过节等等。

有问题是客观存在，并不可怕，关键是给其提供一个释放的良好氛围，让这些人把不满的"苦水"倒出去，然后再理性解决。

毛泽东主席曾经处理过一次"霹雷"事件，对于怎样正确对待牢骚极有启迪。

1942 年 8 月的一天，陕甘宁边区政府小礼堂里，正在召开各县县长征粮会议。天下着大雨，突然一声巨雷，礼堂里的一根木柱被劈断了，一位县长不幸死亡。这件事传出去后，有个老大娘就借机发挥不满，说：“雷为什么不劈毛主席呢？”

当时，边区政府里就有人主张追查这说“反动话”的人，并要求“以反革命论处”。毛泽东主席知道后，不同意这样做，他说：“他骂我毛泽东，并不是指我个人，而是反映了群众对我们工作上的不满，需要我们去解决。应该认真查一查，看哪些工作没做好，要允许人家讲话，讲错了也不要紧。”后来在毛主席的指示下，发动干部检查了工作上的问题，终于发现 1940 年后征粮太多，农民手中缺粮所以有意见、发牢骚。最后，通过大量调查研究，中央决定将边区征粮任务减少 20%，从 20 万担减少到了 16 万担，减轻了农民的负担，得到了人民的拥护。毛泽东主席处理的“霹雷”事件，为我们提供了如何正确地对待牢骚的有益经验。

国外也有正确引导、处理牢骚的优秀范例和名人名言：

“让员工把不满说出来。”是美国前 GE 集团首席执行官杰克·韦乐奇说过的一句话。“让员工把不满说出来”，实际上是一种沟通。通过这种沟通，可以实现企业内部管理信息的“对流”。一方面，倾听员工发自内心的呼声、意见和建议，便于企业决策层、管理层撤销不合理的管理办法，制定出更加科学合理的制度，提高管理水平；另一方面，听到来自企业决策层、管理层的准确声音之后，员工的顾虑、猜疑和不解就会烟消云散，工作起来心情舒畅，把更多的精力投入到创新生产技术、提高工作效率上，增强企业竞争实力。

因此，对管理者来说，与员工进行沟通是至关重要的。通过沟通，管理者可以了解企业存在的问题，员工可以了解站段的实际情况。

其实，任何管理者，不可能所有的工作都做得非常完美、滴水不漏，总有一些事情处理得不公平、不恰当，一些重大决策制订得不合理，一些管理工作做得不到位，使员工产生了不解或不满情绪。这时，如果管理者不能和员工进行有效沟通，让员工把不满说出来并及时处理，就会使员工的不满和怨气越聚越多，越积越重，最终导致企业发生严重的管理危机。因此，“让员工把不满说出来”不失为一种很明智、很可取的化解矛盾的好方法。

(2)取分析的态度，将牢骚根源消除掉。

当然，“让员工把不满说出来”说起来容易，做起来很难。这需要企业管理者态度诚恳，能够洗耳恭听员工的意见，甚至是批评的意见，而不是走走形式，或做做样子。最重要的是听到“牢骚话”之后，管理者如何面对它，将其处理好。

毛主席处理“霹雷”事件的过程，可以看到他老人家的高明之处。毛主席采取的是冷静客观分析的态度，是想认真解决问题的务实态度，是从实事求是的原则出发的。

从“霹雷”事件可以看出：牢骚的出现，并非“无源之水，无本之木”，而是事出有因。牢骚背后往往隐藏着我们工作上的错误或缺点。俗话说：“不平则鸣”。“鸣”往往是由不平引起的。虽然牢骚这一“鸣”的形式尖锐、刻薄一些，但若能循着牢骚的踪迹，对牢骚背后的原因进行调查研究，找出症结所在，采取措施，对症下药，就一定会对改进工作有好处。

否则，如果处置了老大娘，但问题依然存在，还可能有大爷、大婶、大妈、小姑娘、小伙子发牢骚。其实，老大娘只是一个对征粮负担过重有意见的代表，不过是她首先说出来喊了一嗓子罢了。

日本管理大师山本多喜二说过一句名言：“牢骚，可能是提案的源泉，可能是解决问题的先声”。此话很有见地。牢骚发出来，苦衷讲出来，我们才能正确分析，客观吸取，改造我们的工作。

俗话说：“宰相肚里能撑船”。作为一个管理者，应该有这样的宽宏肚量，容得下以尖锐、刻薄形式出现的“良言”，能舍弃它激烈的外在表现，注重它的宝贵内涵，“有则改之，无则加勉”。这样才能取信于你的下属和群众，有利于调动他们的积极性，造成一个畅所欲言的局面。能不能正确对待牢骚，也是管理者是否成熟的重要标志。

(3)畅通渠道，建立发牢骚、提建议的机制和氛围。

管理学有个“牢骚法则”，其阐明“牢骚发完后，剩下的全是激情。”著名的麦当劳公司就注重运用“牢骚效应”。曾经有一段时间，麦当劳的下属中滋生出很多不满情绪，严重影响到工作。麦当劳请了专家来解决这一问题。他们制定了“临时座谈会”制度，会议不拘形式，鼓励下属大胆讨论有关业务项目的一切内容，畅所欲言，倾吐心中不快，甚至可以利用这个机会指责他们的任何上司，把心中的不满、意见和希望表达出来。

所有服务人员都抱着很高的积极性参加座谈会。除了面谈以外，麦当劳还推行一种“传字条”的方法。麦当劳餐厅备有各式各样的联络簿，例如服务员联络簿、接待员联络簿、训练员联络簿等，让下属随时在上面记载重要的事情，以便相互提醒注意。

有了这些上情下达、下情上达的交流对话系统，麦当劳的领导者及时了解了下属的心理状况，采纳合理意见和建议，下属们的情绪很快恢复了稳定，业绩蒸蒸日上。

国内外知名公司的领导都采取各种办法鼓励下属主动沟通。在通用公司，最高首脑欢迎职工随时进入他的办公室反映情况，并对职工的来信来访进行妥善处理。

在美国100家最受欢迎的公司中，有一家计算机批发公司，其董事长有一个专用的24小时畅通的800免费电话，欢迎下属随时与他交流。

海尔公司给下属发放“合理化建议卡”，下属有什么想法，无论制度、管理、工作、生活等任何方面都可以提出来。如果建议被采纳，对提出人会进行奖励；对不适用的建议也会给予积极回应。

84. 具备“金刚钻”，善揽“瓷器活”

俗话说：“没有金刚钻，不揽瓷器活”。实际上，企业管理者大多是具有特殊本领的人物，身上拥有统御之才和管人之智。特别在将“野马”训练成千里马方面，具有过人的才智和方法。

(1)摸准怪才的脾气秉性，才能把他们“捋顺”。

不少人都看过《巴顿将军》的电影。巴顿作战勇猛果断，是个将才，他的毛病是常常不分场合地发表一些议论，给顶头上司招来许多麻烦。例如在诺曼底战役的前夕，他在英国发表讲话说：“战争胜利后，英国和美国需要联合起来管理世界。”这句话当时把罗斯福气得半死，招来了一场轩然大波。有的人公开说：“他完全不适宜指挥一个集团军。”弄得巴顿下不了台，只好向艾森豪威尔提出辞职。

艾森豪威尔对自己手下的这个将领是颇为了解的，认为“最容易的办法是让他在战争中担任一个重要职务，阻止他公开演讲”。因此，当巴顿提出辞职时，艾森豪威尔笑着说：“你还欠我们一些胜仗，偿清它吧，全世界将相信我是一个聪明人。”在诺曼底战役中，巴顿指挥美国第三集团军，他的坦克部队大胆地长驱直入，纵横切割，打得希特勒叫苦连天。艾森豪威尔不因巴顿讲话鲁莽而叫他坐冷板凳，确实不失为一个聪明的举措。

有本事没脾气的人才，毕竟还是太少，更多的是那种有本事也有脾气的特殊人才，如何选择、使用和管理这种特殊人才，对于领导者来说，是个很现实的问题。

对于怪才，当然应该用特殊的管理手段，正如艾森豪威尔为了能让巴顿继续领兵打仗，采用阻止他作公开演讲的方法。

“有高山者必有深谷，有奇才者必有怪癖”，怪才脾气性格的独特性和思维上的创新、发散的特点，决定了他们行为上的不循规蹈矩、墨守成规，不愿意受条条框框的约束。如果用硬性的规定去管理，无疑是扼杀其才气，何况还不一定能管得住。人才管理上的成功，在很大程度上取决于领导者是否能对特殊人才不拘一格地使用、管理。

管理怪才，前提是审时度势，宽严有度，有原则性，也有灵活性，“一半清醒一半醉”，该管的要管，不该管的适当撒撒手，具体要掌握6点：

①他们最佩服比他们本事大的人，高明的管理者适时拿出自己的绝活，在他们面前“亮亮手”，争取让其有看“傻眼”的感觉。

②管理者要懂得他们服软不服硬的特点，有时有意无意表达对其欣赏，同他探讨一下其专长的话题，让其认为你够“哥们”，能说到一块儿。

③不必吝啬，舍得给票子，让其感受你的“知遇之恩”。

④着眼大的方面，不求全责备，不故意挑剔。

⑤适当放权，满足其施展身手的抱负，给他们机会和舞台。

⑥善于在他们处于危困时“雪中送炭”，使他们在急、难、险、重任务出现时，用“涌泉”报答“滴水”之恩。

(2)逼迫、折腾他们，加速淬火锻造。

领导并非要一味赞扬怪才。如果只是一味地赞扬，让怪才泡在称赞的蜜糖当中，长期养成自高自大、目空一切的习惯，很容易丧失工作的斗志。

一个故事就富有这方面的含义：

伯乐在集市上选了一匹青鬃马。他说：“只要经过训练，这匹马一定可以成为千里马。”一个月又一个月过去了，无论伯乐采取什么方法，青鬃马成绩始终不理想，每日奔跑距离总是在百里左右徘徊。一天，青鬃马刚起跑，背后响起一声惊雷般的吼叫，一头雄狮旋风般向它扑来，青鬃马大吃一惊，撒开四蹄，没命地狂奔起来。其实，这头狮子是伯乐故意找来的，就是要激发青鬃马的潜力。在狮子出现之后，这匹马终于发挥出了其千里马的潜能。

故事内涵很清楚，领导必须要舍得逼迫怪才，给他们压力，让他们成长。能够经受住考验留到最后的，必然会心存感激，继续加倍努力。正如松下幸之助所说：“名刀是由名匠不断锻炼而成的，人才培养也要经过千锤百炼。”

(3)垒个高“台阶”，激励其奋发跳跃。

实际上，人的潜能是巨大的，关键看管理者如何开掘。一个故事就揭示了这个道理：

王老汉家养了一群牛。由于今年春短，嫩草迟迟没有发芽，过了节气了，还只能用隔年的干草喂牛，牛吃得很少眼见着要掉膘，王老汉很着急，就请来庄上的养牛高手询问办法。高手给出了一个简单的办法，就是以后喂牛的时候不把草直接放在食槽里，而是要放在屋顶上，让牛伸着脖子才能吃到。王老汉回去一试果然灵验，自从把草放到屋顶上，牛吃草积极了，吃得更香了，很快就膘肥体壮。

领导者要给人才定一个跳起来够得着的目标，让他们付出更多努力，激发他的潜能。一位日本企业家说：如果你给下属80%的工作，他的能力会退步；如果你给下属100%的工作，他的能力会停止不前；但如果你给下属120%的工作，会使他的能力有突破性进展。这就是“跳起来够得着”的目标，也就是给牛喂屋顶上的草。

跳起来够得着的目标必须要“跳起来”才能完成，躺着不行，坐着不行，站着也不行，目标要有一定的挑战性，只有积蓄能量，奋力一跃才能实现。这个目标又必须是“够得着”的，不要超负荷给他们制定实现不了的目标，那样适得其反，会挫伤他们的积极性。

第七章　青年励志成长篇——一门尽快适应职场赢在起跑线上的课程

85. 开局亮好第一张名片

近年踏进社会入路的青年人，可以说，赶上了黄金期，挂上了高速挡，进入了快速路，踏上了百年未遇的中国高铁时代，搭上了“两年等于 20 年”顺畅、快捷、高效的特别列车，应该说是“天之骄子，时代宠儿”。有的青年人在谈到入路感受时，说了这么一句话，我们在好的年龄、好的时期，来到一个正处在上升期的好国企。此话没错。可以讲，不管你是否有这样的愉悦指数、幸福指数，恐怕在工作职场上认真做事、不敢懈怠的心态是人人都应该具备的。

有人可能问你，你想成为领导的得力王牌吗？你想有左右逢源、得心应手的坚实底牌吗？你想快步登上人生职场进步阶梯吗？你想缩短并打好从平凡到成熟乃至成功的时间差吗？你想尽快完成从蓝领到白领甚至金领的华丽转身吗？告诉你，学识、能力、智慧、工作技巧、管理诀窍等都是必不可少的。

俗话说：“头三脚难踢”。万事开头难，开好头更难。从某种意义讲，入路头几年，决定了你的职场命运，也是你一辈子的“定盘星”。

人生“黄金期”头几年的职业生涯规划怎么定：

亮好你人生职场的第一张名片，因为从心理学上来讲，“首因效应”很重要。

垒好自身管理素养的第一块基石——那是职场的首磴“阶梯”。

营造好人生舞台为人处世成才的第一个人脉圈——那是你的助势和推力。

做到了三个“一”，你将成为上司拿得出手的人，成为企业领导的“四梁八柱”、“左膀右臂”。

青年人在社会这个大舞台上，严以自律是必要的，其中首要的一条就是调低身段定准位。注重做到每月三问：我的身段放低了吗？目前自己的优点、不足何在？有没有自我高估的地方？有一句名言：“自知则智，识人则明”。应该清楚，铁路是个具有高、大、半特点的大型企业，实践性很强，具有丰厚的管理底蕴。企业现场历来不把学历太当回事，进入职场，过去在学校的一切“光环”自然化为乌有，况且，现在“大学生大把抓，毕业即失业”的现象不足为怪。自己时时事事应以学员的面目出现，不摆谱、不抬身段、不夸名牌学历应是正确的选择。有句老话：“功在文外”，经历好考场外的“考试”则是重要的“关口”。一则《博士生应聘》的真实故事往往使许多青年人顿悟：

某公司要聘用一个部门经理，该公司董事长亲自压阵，在幕后指挥，几天来，面试了不少青年才俊，但是，没有一个能过他的关。董先生是留英博士，董事长看了他的书面材料后，面无表情的给了他一张名片，通知他凌晨两点直接去他家考试……

董先生凌晨两点准时按响了董事长家的门铃，却未见有人来开门。难道董事长忘记了约定？但他还是坚持等到早晨七点钟，董事长才让他进门，并且也没做什么解释，一落座，董事长就问他：“你会写汉字吗？”董先生微笑着说：“会。”董事长拿出一张白纸说：“请你写一个博士的‘博’字”。董先生写完了，却等不到下一题，疑惑地问：“就这些吗？”董事长满意地看着他，欣然回答：“对！你通过了考试。”

两年后，董事长快退休时，有意再提拔董先生。这次，他开门见山地说：“你一定还在想上次那个奇怪的考试吧？其实很简单。作为一个留英博士，你的聪明和学问一定不是问题，所以我考其他更难的。比如牺牲的精神，我要你牺牲睡眠，半夜来参加公司考试，你做到了；我有考你的人品，要你空等五个小时，你也做到了；我有考你的脾气，看你是否能够不发作，你也做到了；最后，我考你的谦虚，我只考一个小学生都会写的字，你也认真地写……”

这里面起码包括三层启示：

启示一：知识不可偏废。大千世界，学问林林总总，各种知识、学问的专业分工越来越细，联系、互通之处也越来越多，理论和实践的沟通衔接也更加紧密。学理科的，也应懂一些工科；学自然科学的，也需要了解社会科学；学了业务，还需要掌握管理艺术。过去常讲的“一招鲜吃遍天”的说法同现代的社会需求往往不合拍，拥有多方面的知识和素养，是难能可贵的。

启示二：过好“课本”外的考试关。有人说，“学历是铁饭碗，会锈；背景是泥饭碗，会碎；能力是金饭碗，会升值。”企业不需要“高分低能”的学习尖子，它更强调的是实践，是应用，是不设考场的考试，不论你职业生涯的哪个阶段，学习“充电”的脚步都不能稍有停歇，要把工作当做学习的第二课堂，对于企业来讲，你的知识储存是最有价值的宝库，你只有善待自己，个人的本领才不会落在时代后面，只要你长就一付有准备的头脑，注重综合素质求宽，实作本领求高，能够在市场经济的商战中，摔打自己、赢得对手，你就是合格者、优胜者。

启示三：过硬的精神状态不能忽略。现代企业需要的是复合型人才，渴求方方面面都过得硬的领导者、管理者。没有牺牲精神不能成大器；缺乏忍耐力，难以抵挡市场竞争的“弱肉强食”、“狂风暴雨”；不具备成熟的性格，不可能纵贯横通、应付自如。总之，好心态出精品，硬本领担大任。

启示四：拥有尽快实现自我转变的恒心和能力。林语堂说过：“人生在世，——小时候认为什么都不懂，大学时认为什么都懂，毕业后才知道什么都不懂，中年又以为什么都懂，到老年才觉悟一切都不懂。”一个青年人要有归零的意识；有自我否定的勇气；有忘却学历、经历，填补空间的心胸和韧劲。

人在职场，应尽快实现五个转变：

拥有知识向拥有能力转变；

高智商向好情商转变；

高学历向硬实力转变；

高起点向好心智、好心境转变；

单兵作战向青年成功引领者转变。

一则《铅笔的原则和自我设计》的故事，从某种意义上体现了青年人应具备的精神及工作状态。有一个“铅笔的原则”的故事某种意义上体现了他们的一种精神。

铅笔即将被装箱运走，制造者很不放心，把它带到一旁对它说：“在进入这个世界之前，我有五句话要告诉你，如果你能记住这些话，就会成为最好的铅笔。”

(1)你将来能做很多大事，但是有一个前提，就是你不能盲目自由，你要允许自己被一只手握住。

(2)你可能经常会感受到刀削般的疼痛，但是这些痛苦都是必需的，它会使你成为一支更好的铅笔。

(3)不要过于固执，要承认你所犯的任何错误，并且勇于改正它。

(4)不管穿上什么样的外衣,你都要清楚一点,你最重要的部分总是在里面。

(5)在你走过的任何地方,都会留下痕迹,不管是什么状态,你必须写下去。要记住,生活永远不会毫无意义。

他们的精神状态起码反映了这么几个方面:

其一,他们要做很多事,但这些事都围绕一个主轴,这是他们的信仰,可以说他们的任何作为都不是盲目的,而是围绕主轴去想,围绕主轴去做,紧紧围绕在主轴的周围来运作本职的事,从不会发生方向的迷失和作为的失度。

其二,价值的实现要付出痛苦,甚至遭受撕心裂肺的“伤痛”。面对伤筋动骨的“修整”,他们对此毫不怨言,认为“劳其筋骨”、洗心革面是一个必不可少的过程,不经“风雨难以见彩虹”,不付出一定代价,难以书写华美的乐章。

其三,他们从不固执,并始终具备这样的意识,不愿意革除自己“伤疤”的人难以适应社会的变化,孤芳自赏式的自我评价是不可取的。应该让大家去评辨,每个人生活在世上,既有自己的特点,也有人所不及之处,同时又有不如人的地方,以己之长比人之短,目空他人不是应有的品质和美德。

其四,“包子好吃不在褶上”,任何漂亮的外衣都是饰品,都是“附着物”,充其量只有一只“花瓶”的价值,而内容才是实实在在的。“金玉在外,败絮其中”的东西是不值分文的伪劣品。

其五,坚持不懈,持之以恒是一种美德。“担子越重,脚印越深”,一个勇于挑重担的人会留下深刻的人生轨迹。一位名人讲过:“一个人担子越重,就越能感受到生活的充实与快乐”。担子是责任,担子是义务,只有经常挑重担一步一个脚印的人,才会感受到生活的愉悦和幸福,这是任何虚度光阴的庸人所感受不到的。

86. 勤充电,常放电

有个富翁去海边旅游,见一渔夫悠闲自在地躺在沙滩上晒太阳,富翁问:“天气这么好,无风无浪的,你怎么不下海捕鱼?”渔夫说:“我捕了一天鱼能吃五六天,衣食无忧,挣太多的钱有啥用?”富翁说:“成了大款,你就可以舒舒服服晒太阳了。”渔夫笑道:“我不是已经舒舒服服晒太阳了吗?”富翁无言以对,怏怏不乐地走了。三年后,富翁又来到海边,有个乞丐伸手向他乞讨:“先生,行行好,可怜可怜我,给点儿吃的吧!”

富翁一怔,认出这个乞丐正是三年前那个舒舒服服晒太阳的渔夫。富翁问:“你怎么会落到这步田地了呢?”

渔夫也认出了富翁,羞愧地低下头,他长叹了一口气说:“先生,我真后悔当初没听您的劝告,我目光短浅,太容易满足。这几年,捕鱼的人多了,人家是高科技捕鱼用新设备,我那小破船小破网再也捕不到鱼了。”

由此可见,一个人假如满足一时悠闲的生活丧失进取心,该是多么的悲哀。

有人说,当今社会知识折旧率每年高达 80%,知识、才能加油充电每年必须以 6%~8%的速度充实更新。社会流行的新概念是:原来高学历、高职称就是人才,现在适应需要、需求就是人才。

众所周知,掌握学识的门口多得很,大学只是一个而已。从这个大门走出来后,同社会需求的节拍还有不小的距离。

新的环境和岗位是自己新的起点,你过去不管有多少荣誉、成绩和功劳,它只能说明过去,“世界冠军从领奖台上走下来时,他已不是冠军了,他已走进新的竞争者的行列”。

美国耶鲁大学 300 周年校庆时,全球第二大软件公司“甲骨文”的行政总裁、世界第四富翁艾里森应邀参加典礼。艾里森当着耶鲁大学校长、教师、校友、毕业生的面,说出一番惊世骇俗的言论。他说:“所有哈佛大学、耶鲁大学等名校的师生都自以为是成功者,其实他们全都是失败者,因为他们以在有过比尔·盖茨等优秀学生的大学念书为荣,但比尔·盖茨却并不以在哈佛读过书为荣。”

全场听众目瞪口呆。艾里森接着说:“众多最优秀的人才非但不以哈佛、耶鲁为荣,而且常常坚决地舍弃那种荣耀。世界首富比尔·盖茨,中途从哈佛退学;世界第二富保尔·艾伦,根本就没上过大学;世界第四富,就是我艾里森,被耶鲁大学开除;世界第八富戴尔,只读过一年大学;微软总裁斯蒂夫·鲍尔默在财富榜上大概排在十名开外,他与比尔·盖茨是同学,为什么成就差一些呢?因为他是读了一年研究生后才恋恋不舍地退学的。”

这位校长的话虽然有点偏颇,但包含着一定的道理。确实有些人在一个地方学习、工作一段时间以后,或者富有一定经验、“摸清门路”之后,会自然而然地产生一种荣耀感,以进了机关为荣、以高学历为荣,以有“背景”为荣,他不知道,世界的变化是令人眼花缭乱的。昨天的荣光今天可能化为乌有;昨天经验的累积今后可能会变成沉重的包袱。

许多人以为,学习只是学生时代的事情,只有学校才是学习的场所,自己已经是成年人，并且已经走向社会了，因而没有必要再学习。剑桥大学的一位专家指出："这种看法乍一看，似乎很有道理，但其实是不对的。在学校里自然要学习，难道走出校门就不必再学了吗？学校里学的那些东西，就已经够用了吗？"其实，学校里学的东西十分有限。工作中、生活中需要相当多的知识和技能，课本上都没有，老师也没有教给我们，这些东西完全要靠我们在实践中边摸索边学习。

孔子说："君子从时。"我们的时间每时每刻都在"滴答滴答"地向前走，我们周围的事物也是层出不穷，所以我们不要有一劳永逸的想法，也不能固守某一理论，自认为是永世不变的真理。安于现状、墨守成规的人，终将被社会所抛弃。

万事万物始终都处在新陈代谢、替代更新之中，我们的知识、思想也应该不断充实，眼下工作多年的管理者都有"本领恐慌"的问题，我们年轻人"知识恐慌"、"本领恐慌"只能说更加紧迫，更加现时。今天应该比昨天进步，明天应该比今天进步，每一天都有进步，每一年都有进步，才能不断地更新自己。就像机器，长期使用却从不更新，就会变得老化，失去原来的功能。

罗曼·罗兰认为："成年人慢慢被时代淘汰的最大原因不是年龄增长，而是学习热情的消退"。有句老话："学历不代表能力，能力离不开学历。"我们要不断地更新自己。我们的身体每天都在进行新陈代谢，我们的知识、我们的社会经验、我们的智慧也应该每天得到补充升华。一天不洗脸，一个星期不洗澡，我们会觉得不舒服，但更重要的头脑更新，却容易被我们忽略。实际上，"一天不学自己知道，一周不学周围知道，一月不学全单位都知道"。

有人讲，未来社会有三种人：一是忙得要死的人，二是找不到工作的人，三是饱食终日、混天度日、懒里懒散，随时可能被淘汰的"过期产品"。

根据市场信息，单一专业技能者是不会、不愿"改头换面"的低能儿，只能走独木桥，随时会掉进失业大军的汪洋大海，暂时掉不下去也是聋子的耳朵、窗台的花瓶——摆设、陪衬，单位"有他不多，没他不少"。

根据剑桥大学的调查，半数的劳工技能在1～5年内就会变得一无所用，以前这些才能的淘汰期是7～14年。在工程界毕业后所学还能派上用场的不足四分之一。

现在，学习已变成随时随地地必要选择。

实际上，任何时代知识、能力、本事都有更新换代的问题。建国前夕，毛泽东在西柏坡讲："马上就要建国了，我们过去熟悉的东西将要闲置起来了，我们不但要破坏一个旧世界，我们还要建设一个新世界。我们要进京赶考，不要学李自成，要争取一举考中。"如果说，当年毛泽东带领一批人才、将才去北京建国是进京“赶考”，那么，我们现在青年人进入职场也是“赶考”，也面临一个重新学习，脱胎换骨转身的课题。一句名言说得好：“形势发展瞬息万变，现在不是牛顿时代，不要等苹果砸到头上再去想，一切都要快”。

当前，“终身学习”已成为21世纪的生存概念。衡量一个人价值大小的标准并不在于今天你站在什么样的位置上，而是看你在向哪个方向走。终身学习能力即自学能力将是未来每一个人必备的生存技能。

在知识经济时代，对人的自学能力提出了极高的要求。“未来的文盲将不是那些不会阅读的人，而是没有学会怎样学习的人。”这绝非危言耸听之语。“自我学习、自我教育，自己管理自己”，这是现代人汲取知识的重要渠道，也是终身教育的重要形式。

当你确立了求索事业的目标后，不能不重视自学能力的训练和提高。自学能力是生命活动的一部分，是激发和保持创新优势、提高自身思维品质、优化知识和智能结构的有效方式。自学是对学校教育和各种教育方式中师承型学习的补充和延伸。这种学习，自由度较大，能更好地将书本知识和社会实践结合起来，能更有效地开发自身的潜能，并将学到的知识和能力转化为实践。

应该说，机会从来只给有准备的人。因此，对于有些人来讲，你失去的往往不是机会，而是准备。谚语说：“有缘千里来相会，无缘对面不相识。‘缘’，实质就是‘准备’。没有准备的人，绝对与‘人’无缘，与‘事’无缘。”

现在，竞争早就开始，比的就是“准备”，比的是日积月累，比的是“功夫在校外”、“功夫在业余”。要击败对手，最终的办法就是比对方准备更充分，积累更多。

这种积累和准备，从广义上说，就是知识的积累和准备；从狭义上说，就是心态的准备、目标的准备和行动的准备。一段格言说得好：“除去休息，人的一生只能活一万多天，你到底是活了一万多天，还是只活了一天，重复了一万多次。”可见，付诸行动很重要。

我们不禁要问，你已经做好准备并付诸行动了吗？你是“高能电池”吗？如果回答是肯定的，那就随时充电吧，不要等它完全放尽用完了再去充。“书到用时方恨少”，“零存整取，宽打窄用”，立即行动，才是你唯一正确的选择。

87. 放手让新人自我磨炼

在实际工作中，总有些领导者不愿花精力、花时间去了解新来的下属，某某是什么性格的人，某某具备一种什么样的素养和能力，某某能做好什么样的事情；他们更不善于用发展的眼光去认识自己的下属；他们甚至还认不清新人中谁是贤者，谁是智者，谁是能者，谁是庸者。因此，这样的领导者凡事习惯赤膊上阵，疲于应付琐碎的事，其结果往往是事倍功半，最后自己累趴下了，企业的业绩却不好。

其实，一个企业最大量的工作都在那些中间环节上，而中间环节的经营管理活动，都应有专人负责，根本用不着领导者亲自去做，领导者要腾出时间来管大事，要把握企业的大目标与大方向。如果你总是帮下属处理问题，那你只会阻止新人的成长，最终也会使企业人才匮乏，青黄不接。

一则“用心良苦的老鹰”的实例，会让你看到另一个天地：

老鹰和普通的鸟儿不同，它们不把窝巢筑在树杈上，而是搭在高高的树梢上或者悬崖峭壁上。更为奇特的是，它们用于搭巢的材料也与一般的鸟儿截然不同。

鸟类生态学家用高倍望远镜连续观察鹰的筑巢过程。他们发现，母鹰在孵蛋之前都要亲自搭巢，她会先衔来一些荆棘放在底层，再叼来尖锐的小石子铺放在荆棘上面。然后弄来一些枯草、羽毛或兽皮盖在小石子上，做成一个孵蛋的窝。小鹰孵化后，母鹰按时叼回小虫、肉食喂入小雏鹰嘴中。母鹰天天供应食物，也精心保护窝巢，以防敌人入侵。随着雏鹰慢慢长大，羽毛渐渐丰满，这时母鹰开始翻动窝巢，让巢上的枯草、羽毛掉落，露出尖锐的小石子和荆棘。在石子和荆棘上面，小鹰日夜被扎得嗷嗷直叫，可是母鹰却很无情地加以驱逐，小鹰只好忍着痛振起双翅，离巢高飞。

这个实例中的母鹰看似很无情，但正是因为母鹰无情地逼着小鹰飞离舒适的家，练硬“翅膀”，学会独立，才让小鹰成为能展翅翱翔的空中猛禽——这是一种更深层次的爱。一个领导者要想让新手尽快成长，就必须给“嫩肩膀”压担子，让他们自己去克服困难、解决问题，经常用“石子和荆棘”来磨砺他们，教育他们在状况不明时，将困难与问题视为“展翅高飞”的机会。这样，当他们遇到磨难时，就可以把注意力放在如何解决问题上，而不是回过头来找领导帮忙。

一则《路上的石头》的故事，揭示了自己动手，掌握自己命运的道理：

国王费迪南决定从他的十位王子中选一位做继承人。他私下吩咐一位大臣在一条两旁临水的大道上放置了一块“巨石”，任何人想要通过这条路，都得面临这块“巨石”，要么把它推开，要么爬过去，要么绕过去。然后，国王吩咐王子先后通过那条大路，分别把一封密信尽快送到一位大臣手里。王子们很快完成了任务。费迪南开始询问王子们：“你们是怎么把信送到的？”

一个说："我是爬过那块巨石的。"一个说："我划船过去的。"也有的说："我是从水里游过去的。"

只有小王子说："我是从大路上跑过去的。""难道石头没有拦你的路？"费迪南问。

"我用手使劲一推，它就滚到河里去了。"

"这么大的石头，你怎么想用手去推呢？"

"我不过试了试，"小王子说，"谁知我一推，它就动了。"

原来，那块"巨石"是费迪南和大臣用很轻的材料仿造的。自然，这位善于尝试的王子继承了王位。

如果你想把小团队领导得更好，想把企业做得更大，那是不是也应该学学新的企业管理模式，就像上述故事中的国王那样，把思考和追求最佳答案的权利交给你的下属？驱动企业这艘大船，需要很多人力、物力，为了保证这艘船能够正常前进，作为船主的你，需要安排无数的人来充当你的助手，而你必须让这些人抱着一个共同的目的——把自己分内的工作做到最好、最正确，并且尽力帮助下属，努力保证这艘船安全、平稳地驶向成功的目的地。而你唯一要做的工作就是把握企业的大目标与大方向。

88. 年轻人要学会放飞成功之梦

企业领导者应经常教导自己的年轻下属富有梦想，并让他们审视自己的生活状态、工作状态，然后确定自己的梦想，并为梦想实现不懈地付出努力。

成功的领导者必须具备成功意识，并引导教育年轻下属自我培养成功的意识。

(1)自己掌握自己的命运。

某人在屋檐下躲雨，看见一个和尚正撑伞走过，于是说："大师，普度一下众生吧，带我一段如何？"和尚说："我在雨里，你在檐下，而檐下无雨，你不需要我度。"这人立刻跳出檐下，站在雨中说道："现在我也在雨中了，该度我了吧？"和尚说："我也在雨中，你也在雨中，我不被淋，因为有伞；而你被淋，因为无伞。所以不是我度自己，而是伞度我。你要不被雨淋，不必找我，请去找伞！"说完便一走了之。

领导者要教导青年员工不要把自己的命运交给任何人来把握，自己的命运只能自己主宰。一段告诫女性的话实际上也适合所有年轻人："靠家长，你可能会当上公主；靠爱人，你可能会当上王妃；靠自己，你才能当上女王。”

(2) 懂得生存技能，夯实实现梦想的基础。

有一只鹰在很小的时候，就向往着像其他的鹰一样搏击长空，翱翔四方。于是它开始练习飞翔的本领，经过刻苦地学习之后，它终于掌握了高超的飞翔技能。它飞呀飞，一会儿滑翔，一会儿俯冲，一会儿盘旋，它为自己的成功感到自豪、骄傲。终于，鹰飞累了，感到了饥饿，可是面对着地上奔跑的兔子和田鼠，它却不知道该怎样去捕获它们，因为过去它除了学习飞翔之外根本就没有学习过捕食的本领。傍晚，鹰飞得筋疲力尽，伏在一处山崖上无力动弹，最后被活活饿死。

试想一下，鹰的命运确实够惨的。人也是如此，学校书本知识必须学，但职场实战夲领更应该掌握。也就是说，谋生的手段是首先必须具备的，连生存的一般技能都不学，都不会，怎么能获得成功的愉悦，那梦想就只能是空想。

(3)面对工作永远保持积极的心态。

有一匹马，本来这匹马生活在一个磨房主人家，成天拉磨。马觉得委屈，它想，我是一匹善于奔跑的马怎么能成天拉磨呢？于是，马跑到佛祖那儿抱怨，佛祖就把马安排到一个农夫家。农夫只是偶尔让马拉着车子运些粮食和杂物，马觉得这日子不错。但是没过多久，马又开始抱怨在农夫家里吃得太差，因为农夫总是拿枯草喂它。于是，佛祖又给它换了一个能够吃好喝好的人家——皮匠家。皮匠餐餐都拿香喷喷的豆渣给它吃，也不让它干活，还每天给刷皮毛。马惬意极了。可是不久，皮匠把马绑在木桩上，一刀结果了它的性命，剥下了它质地优良的皮。

应该说，完成任何工作都不是轻而易举的，肯定会伴随风雪雾寒，或者遇到灾祸、磨难、纠结、寂寞和痛苦。从另一个角度讲，任何一件惬意之事，也不可能是上天赏赐的“馅饼”，面对种种不确定之事，唯一的应对之策，是富有好的心态，以成熟的智慧和境界，脚踏实地做好它。任何的抱怨都是不妥的。

89. 恒心有多大，潜力就有多大

20 世纪 70 年代初，某铁路机务段党委书记是个识才、爱才、育才的高手，他能用非凡的睿智，透视出下属年轻人的潜质和“闪光点”，经过他的点拨，有的“小迷糊”变成了大能人，有的“小秀才”当上了大段长，有的浪子踏上了正路，在他任职的五年多时间里，先后有30多人迅速成长起来，后来成为副处级以上的领导干部，仅正局级就有三名。他那时常常在大会上告诫青年人：“心有多大，潜力有多大”，“人的一生打算改变，开发潜能前程无限”，“要跟自己过不去”。这位老书记的谆谆话语，为许多人多少年念念不忘。

一则《三个最优秀的老师》的真实故事也说明了调动人发展潜能的重要道理：

1960年，哈佛大学的罗森塔尔博士曾在加州一所学校做过一个著名的实验。新学期开始时，罗森塔尔博士让校长把三位教师叫进办公室，对他们说：“根据你们过去的教学表现，你们是本校最优秀的老师。因此，我们特意挑选了100名全校最聪明的学生组成三个班让你们执教。这些学生的智商比其他孩子都高，希望你们能让他们取得更好的成绩。”三位老师都高兴地表示一定尽力。校长又叮嘱他们，对待这些孩子，要像平常一样，不要让孩子或孩子的家长知道他们是被特意挑选出来的。老师们都答应了。一年之后，这三个班的学生成绩果然排在整个学区的前列。这时，校长告诉了老师真相：这些学生并不是刻意选出来的最优秀的学生，只不过是随机抽调的最普通的学生。老师们没想到会是这样，都认为自己的教学水平确实高。这时校长又告诉他们另一个真相，那就是，他们也不是被特意挑选出的全校最优秀的教师，也不过是随机抽调的普通老师罢了。

世界上本没有什么天才，所谓的天才就是靠自己的努力，发掘出自身内在的潜力从而改变自己的命运，那些非天才们只不过是让自己的潜力继续隐藏罢了。正如一段俗言所说：“你要立志成大事，就要使自己成为一棵树，傲立于大地之间；而不是做一棵草，你见过谁踩了一棵草，还抱歉地对草说：对不起？”

这个实验表明，每个人内心里都有股强大的内心力量，一旦这个力量被正面“暗示”唤醒，就会迅速发酵，变得强大起来，甚至达到无坚不摧的程度。自己感觉像换了一个人，非同已往，那肯定是受到正能量激发的结果。

当然，也有相反的情况，比如突然失去亲人帮助的郁郁寡欢，面临天灾人祸的双重打击，受到莫名其妙的误会和责难，这时人会变得万念俱灰、垂头丧气，像瘪了的皮球。这时则急需外界的警示和提醒。

从前有一个老农夫，身患绝症后家庭面临困境，三个儿子也被家中不幸折磨得筋疲力尽。老人临终时希望将一项重要秘密告诉三个儿子。于是他把儿子们召集到病床前，对他们说：“孩子们，我快要不行了。所以我要告诉你们，我们家的葡萄园里埋藏了许多财宝，你们努力挖掘就会找到，找到后你们三个就可以平分掉。”

父亲去世后，三个儿子就拿起锄头、铁锹及铁叉，到自家的葡萄园里挖宝。他们将整个葡萄园的土翻来覆去地进行地毯式的挖掘，却什么都没找到。三个儿子都很气馁，不了解为什么父亲要骗他们。不过，葡萄园经过彻底挖掘后，葡萄空前丰收，而且酿出来的葡萄酒异常甜美，使三兄弟赚了笔可观的财富。这时他们才真正了解了父亲的用意。

每个人的潜能就像这个未开垦的葡萄园，取之不尽，用之不竭，人们要做的是将葡萄园充分开发，并从中受益。

有个人向禅师请教：“我想学禅，体悟人生真谛。我应该从哪里开始做起呢？”禅师当头棒喝道：“这里就是此人、此时、此地！”是的，你想是谁，你现在就是谁。人不是他所成为的，而是他想成为的。因为你的想象力和创造力是无穷的，你的潜力和潜能更是无限。给你一个行动的理由：“生活中有10％的事是既定事实，剩下90％的事情取决于我们的行为。”这就是管理学的90∶10法则，已经为无数人、无数事实所证明。

人类文明的历史就是一部人们开发潜能的历史。当今人类政治、经济、文化、科技的高度进化发达，都是人用心脑思考，不断开发潜能，不断创造的结晶。从原始部落到现代社会，从牛车、马车到火车、飞机；从山洞、茅屋到艺术宫殿、摩天大楼；从手写笔算到电子计算机的广泛应用；从地球的开发利用到月球的勘探研究……人类可以无止境地开发自己的潜能，并创造新的世界。

一块有磁性的金属可以吸起比它重12倍的重量，但是如果除去这块金属的磁性，甚至连轻如羽毛的重量它都吸不起来。同样，人也有两类：一种是有磁性的人，他们信仰坚定，信心充足，他们知道自己天生就是个胜利者、成功者；另外一种是没有磁性的人，他们充满了畏惧和怀疑。机会来时，他们却说：“我可能会失败；我不是幸运的人。”这种人在生活中不可能会有成就，因为他们害怕实践和付出。

每个平凡的人都有成为英雄的潜质，不要让这种潜质被催眠，应开放心灵，唤醒你心中沉睡的巨人。一句格言可能会对你有所帮助：“一个人，如果不逼自己一把，你根本不知道自己有多优秀。”

有时候，我们不知道有多少潜能。但你要坚信你的价值，采取行动来实现你所有的想法。只有开掘出你所有的潜能，你才能创造出有价值的生活。永远想着你能够做什么，而不是你可能会做什么，怎么想就怎么做，你内在的潜力会让你实现你的梦想。

90. 成功需要耐得住煎熬

不妨先让我们读一个《石头和石狮》的寓言：在一个风景迷人的度假村里，有只石狮还有一条用石头铺成的路。

一天，石头就对石狮说：为什么我们都是从一个大山里出来的，可我们的命运却有如此大的区别呢？你看你庄严威武，每天都有许多游客与你合影留念，而我呢？却整天被人踩在脚下，默默无名。我每天都以泪洗脸，我非常苦恼，这到底是为什么？

石狮说：是啊！想当年我们都是同一个大山里的，你有没有想过当年我们所承受的痛苦不一样呢？你当时因为承受不住钻机往你身上钻的痛苦，一钻你就崩开了。而我呢？无论风吹雨打，还是钻机怎么往我身上钻，我都不开一条缝，当时我真的要疯掉了，但我还是承受住了。再由石匠师傅在我身上慢慢的、细细的雕琢，才有了今天啊！

石头无语，还在原来的角落里低着头。石狮呢？还是庄严威武着。

世界上许多成功人士，年龄尚小时都经历过波折和困苦，最后都成就了大的事业。富尔顿发明了一个小小的推进机，结果成为美国最著名的工程师；法拉第仅仅凭借药房里的几瓶药品，成了英国有名的化学家；惠德尼靠着小店里的几件工具，竟然成了纺织机的发明者；贝尔用最简单的器械发明了对人类文明最有价值的贡献——电话。我国党的十八大产生的7名常委都经过基层的艰苦磨炼，仅20世纪60年代的下乡插队知青就占了4名，习近平总书记在延安插队时住窑洞、吃粗粮，白天干农活，晚上铡草、喂牲口，背起一、二百斤的粮食口袋要走数里山路。长达七、八年的困苦锤炼使他拥有了丰厚的基层生活底蕴。去年荣获诺贝尔文学奖的作家莫言出身于贫苦的农民，至今忘不了当年吃不上饱饭的滋味。正因为他们当年的困顿经历磨炼，才使他们今天走上了成功的社会舞台。毛泽东主席当年在谈到为什么要送毛岸英去抗美援朝时说过一句话："一个人最好的成长环境就是艰苦。"曾有一段格言道出了所有成功者的心声："只有经历地狱般的折磨，才有征服天堂的力量；只有流血的手指，才能弹出世界的绝唱。"

中国古人崇尚读万卷书，行万里路。实际上，一个人不但要学有所成，更重要的是要去"行万里路"，自己在生活中体验、学习。所谓智者乐水，仁者乐山；游山玩水，苦乐人生。行走途中实在是认识人生最方便的地方。自己的人生道路，最终还得自己去走，没人可以替代你，没人可以帮你。苦与乐，只有自己去体会了，才是自己的人生。现时有人对有些“富二代”、“官二代”走入歪路颇多微词，称之为“坑爹族”，实际上这两个群体多数人还是受过磨炼、富有出息的，少数人“倚老卖老”既有“坑爹”、“坑己”结局，也不排除因老一代过度溺爱有“爹坑儿”的因素。正如一位名人所说：“每个人在他的生命中必须追求的是体验他独一无二的潜能，是体验别人无法代替他去体验的事物。”

路要一步步去走，难关需要一个个去闯，担子越重，脚印越深。《脚印》的故事会让我们感悟更深：

一名僧人刚刚遁入空门时，寺里的住持让他做了谁都不愿做的行脚僧。有一天，日已三竿了，僧人心中有气，依旧大睡不起。住持推开僧人的房门，只见僧人故意在床边堆了一大堆破破烂烂的瓦鞋。住持问：“你今天不外出化缘，堆这么一堆破瓦鞋做什么？”僧人打了个哈欠说：“别人一年一双瓦鞋都穿不破，我刚剃度一年多，就穿烂了这么多的鞋子。”

住持一听就明白了，微微一笑说：“昨天夜里落了一场雨，你随我到寺前的路上走走吧。”寺前是一段黄土路，由于刚下过雨，路面泥泞不堪。住持捻着须问：“你昨天是否在这条路上走过？”僧人说：“当然。”住持问：“你能找到自己的脚印吗？”僧人十分不解地说：“昨天这路又干又硬，哪能找到自己的脚印？”住持又笑笑说：“如果今天我们在这路上走一趟，你能找到你的脚印吗？”僧人说：“当然能了。”住持听了，微笑着拍拍僧人的肩膀说：“泥泞的路才能留下脚印。世上芸芸众生莫不如此啊。那些一生碌碌无为的人，不经历风雨，就像一双脚踩在又平又硬的大路上，什么也没有留下。”僧人恍然大悟。

故事寓意很明白，只有那些在风雨中走过的人们，才知道痛苦和快乐究竟意味着什么。那泥泞中留下的两行印迹，就证明着他们的价值所在，这正如一句名言所说：“不经风雨怎能见彩虹”。

确实，一棵树曾经也这样哲思过：“树大招风，告诉我们职场低调是必要的；玉树临风，暗示我们正面形象是重要的；枯树开花，说明希望是存在的；树欲静而风不止，告诉我们凡事不可能都尽如人意的；独树一帜，提醒我们努力创新前行才是有生命力的。”

91. 告别浮躁，走好当下的路

初入职场的年轻人，常会犯埋怨、浮躁的毛病，他们干事情往往既无准备，又无计划，来了兴头时，凭着脑子一热盲目行动，碰了钉子就找借口怨天尤人。他们不是循序渐进地稳步前行，而是恨不得一锹挖出一眼井，一口吃个胖子。结果往往是事与愿违、半途而废。从客观原因讲，是生活的快节奏、工作的高压力所致；从主观原因讲，是心理失衡、浮躁心境作怪。

据报载，一则《范曾点醒朱军》的故事，让人捧腹之后受到启示：

2008 年奥运会临近开幕的那段日子，主持人朱军的工作很多。他累得筋疲力尽，心情也十分烦躁。有一天，他忙里偷闲，前去看望已经多日没见的师父范曾。

朱军一进门就开始埋怨："先生，我最近快累死了。"范曾点头说："是，你们最近肯定特别忙。""先生，累得我直想骂人。"范曾问："骂谁呀？"朱军满肚子的苦水，一脸沮丧地说："我也不是真想骂谁，反正心里觉得累，就想骂人。"

范曾看出朱军的状态确实很糟糕，便慢条斯理地说："那好办，回去找你们台长，告诉他，'我不干了'，这就搞定了啊。你把自己累成这个样子干什么？你要是不好意思说，我跟你们台长去说，我徒弟不干了，就跟我专心学画了。"说罢，范曾自己上楼看书去了。

朱军一个人被晾在楼下，傻了。过了一阵子，朱军上楼找范曾，说："我想通了。"范曾问："怎么想通了？"朱军无奈地说："我还得干。"

看自己的激将法有作用，范曾继续开导说："要干，你就不要那么埋怨。埋怨你也干不好，你自己心里还不舒畅。这个事你又不能不干，真让你选择干与不干，你肯定不会选择不干。既然这样，你又何必不愉快地去干，你非要累得好像受了多大委屈似的？没人让你受委屈，你要不愿意干就算了。"

朱军听了师父一连串绕口令似的话，彻底被点醒。从那以后，他改变了有时急功近利的烦躁心态，更加平和，更加任劳任怨。他明白，任何人都不喜欢埋怨，埋怨只能让自己对他人态度恶劣，只能令他人讨厌。爱埋怨的心态，永远不如爱感谢的心态。爱埋怨的人生，永远不如爱感谢的人生。

阎锡山曾提出，积极勤奋是人生第一要义，他说："从一个人的勤奋程度，便可预知他能成多大的事。勤奋之道，虽只八分，却要用到十分；权势虽有十分，只可使出五分。办大事者，在内贵有志气，在外贵得人心。天下古今之庸人，皆以一'惰'字致败。天下古今之才人，皆以一'傲'字致败。"

(1)成功者往往远离抱怨。

爱抱怨是一种绝症，它常常摧毁我们成功的机会。正如一位心理学专家所说："抱怨是人类最普遍的一种情绪，但同时也是寻找理由的人最善于利用的。"但凡爱抱怨者难成大器，因为在职场中，最没有价值的行动就是抱怨。

二战著名将领巴顿将军在提拔军官的时候，常常把所有符合条件的候选人集合到一起，让他们完成同一个任务。他常常提拔的是那些不抱怨就能完成任务的人。

一次，他对军官们说："伙计们，你们要在仓库后面挖一条战壕，8英尺长，3英尺宽，6英寸深。"然后，他走进仓库，通过窗户观察他们。他看到军官们把锹和镐都放到仓库后面的地上，开始议论为什么要他们挖这么浅的战壕。有的人说："6英寸还不够当火炮掩体。"还有一些人说："我们是军官，这样的体力活应该是普通士兵的事。"最后，一个人大声说："我们把战壕挖好后离开这里，那个老家伙想用它干什么，随他去吧。"

最后，巴顿就提拔了这个人。

抱怨、浮躁会限制你的思维，让你变得"近视"，把自己局限在客观条件上，而不是努力地去适应变化，解决问题。工作中，如果你能脚踏实地地工作，从不抱怨，那么你就能取得不可限量的成就。

(2)接受现实，适应现实，让心境变好些。

职场中的不如意是不可避免的，把自己的失意归罪在别人身上也比较容易。爱抱怨者总认为自己不会做错事情，不论发生了什么疏漏，他们总有办法找到一个冠冕堂皇的理由，把问题怪罪到其他人的身上。

哲学家尼采说过："人的精神有三种境界：骆驼、狮子和婴儿。第一种境界是骆驼，忍辱负重，被动地听命于别人或命运的安排；第二种境界是狮子，把被动变为主动，由'你应该'到'我要'，一切由我主动争取，主动负起人生责任；第三种境界是婴儿，这是一种'我是'的状态，活在当下，享受现在的一切。"职场中，那些喜欢抱怨的人，即使才华横溢，也难以有真正的成功。因为在人生中，最没有价值的行动就是抱怨。而成功者从来不抱怨，他们知道直面人生就要积极付出。他们清楚自己的短处和弱点，他们通过行动取长补短，以促成功。正如比尔·盖茨所说："人生是不公平的，习惯去接受它吧。请记住，永远都不要抱怨！"

有些人会抱怨职场的不公平。其实，碗端得再平稳水中也有波纹，公平不是绝对的，只是相对的。我们改变不了现实的不公平，但我们可以改变对现实的态度。换个角度，可以这样想，波折让我们变得聪慧；磨难让我们拥有了经验；生活中的失去让我们明白什么是收获和拥有；伤害也让我们学会了保护自己……聪明的人会抓住每一次机会用自己的强大适应这种公平。

著名主持人倪萍的姥姥在《姥姥语录》中说过一段既深刻又振聋发聩的话："人生下来就得受苦，别埋怨。埋怨是苦，不埋怨也是苦。你们文化人不是说'生活就是生下来活下去吗？'什么是甜？没痛没灾是个甜，不缺胳膊少腿是个甜,缺本事长了本事也是甜。”一位常坐火车的老年旅客用调侃的口气阐释道:“躺在上铺,不是一件容易的事,相比春运时坐在硬座上的人,我挺幸福;相比站在过道里的人,我很幸福;相比买了票却挤不上火车,眼睁睁地看着火车头也不回开走的人,我相当幸福。”辛苦、香甜、幸福是个比较概念,往往走到一定程度时会拐弯变向,向另一个方面发展。这个分寸我们年轻人日常应拿捏好。剧作家萧伯纳说过:“人生好比两瓶必喝的酒,一瓶是甜蜜的,一瓶是酸苦的,先喝了甜蜜的,最后必然是酸苦的。反之亦然。”

当然,生活中我们不能控制所有事情,当那些我们不能掌握的事情发生的时候,我们应该首先做到承认它的存在,然后再去面对它,适应它。这是一种积极的人生策略,我们也要试着去适应世界上的不公平。

在职场中,我们肯定会碰到一些不公平的事情,但既然事情已经发生了,这个时候,我们所要做的就是把它当做一种客观存在去接受,并适应它,否则,我们只能让它毁掉我们的前程。

在这个竞争激烈的社会,即便你有满腹的才华,也不可能一上班就做企业的中层。比如,你大学毕业,却不得不从站段最基层的工作做起,有什么办法改变?只有先适应才能得到机会,适应就是踏踏实实地去做,就像一位卓越的成功人士所说,哪怕是洗一辈子马桶,也要做个洗马桶中最优秀的人!

(3)杜绝患得患失,做好手中的事最重要。

一个将军所提的三个问题,为我们解疑释惑:从前有一位将军,一直困惑于3个问题,于是装扮成一名平民,自行上山去找禅师以求得开解。当将军找到禅师的时候,禅师正在菜园里挖地,于是将军道:“我有3个问题请禅师开导,一是做事最好的时间是什么时候?二是共事的最重要的人是谁?三是在每个时间要做的最重要的事情是什么?”禅师没有回答,只是继续挖地。将军见其年老瘦弱,便接过锄头替他挖地,说:“如禅师无以回答,请告诉,我好返回。”

正在此时,一个受重伤的人闯入,将军便为他包扎好,让其卧于草棚。次日,此人醒来不知身在何处,看到将军便请求原谅。将军疑惑地问他缘由,此人道:“在一次战争中,您杀我兄,夺我财,我便立誓要杀您。得知将军自行上山,于是便埋伏于途中,不料被您的手下所伤。本想必会丧命,可今得您的解救,我愿余生为您的仆人。”将军没有想到这件事让他与一个多年来的宿敌的恩怨就这样化解了。

将军在离开之前又重复问了禅师那3个问题,禅师道:“我已经解答了。”

将军仍很疑惑。

禅师解释道："如果你昨日没有怜悯我替我锄地，必定原路返回，在路上难免遭到此人的袭击，所以，挖地之时是你最重要的时间；如果你昨日没有救此人，他便会丧命，就不能与他和好，因此，他就是你最重要的人。记住，最重要的时间莫过于当下，它是唯一能支配的；最重要的人便是当下与你在一起的人；而最重要的事就是你手中的事，并使你身边的人快乐。这便是生活的追求。"

将军听后顿时大悟，与那个人欣然下山。

大家知道，种子从坚硬的泥土中挣扎而出，才能发芽成长为一株大树。在未付出之前，空望遥远的目标着急是没有用的。按部就班地朝着目标前进，迈出实干的腿，才能慢慢接近你希望靠近的终点。

一句名言说得在理："你知道大人物是什么吗？就是一直不断努力的小人物。"给你一句忠告："唯有埋头，才能出头"。

92. 锻炼成长比工资袋更重要

俗话说，"授人以鱼"不如"授人以渔"。现时职场上也有"发票子不如学手艺"、"搞培训、长本事是最大的福利"的说法。一则"苹果树的思考"的短文，可能会给职场上的青年人些许启迪：

一棵苹果树，经过漫长的分枝抽叶，结果了。第一年，它结了 10 个苹果，9 个被拿走，自己只得到一个。它愤愤不平，干脆自断静脉，拒绝成长。第二年，它只结了 5 个苹果，4 个被拿走了，自己依然得到一个。"哈哈，去年我得到 10%，今年得到 20%！翻了一番。"这棵苹果树心理平衡了。

另一棵苹果树恰恰相反。它在第二年更加努力地吸收阳光雨露，努力生长，结出 100 个苹果，被拿走 99 个，自己只得到一个，却乐在其中；第三年，它依然蓬勃成长，保持勃勃生机；第五年，它结出 500 个苹果，成为苹果林中辉煌一景。"得到多少果子并不是最重要的。重要的是，自己永远在成长啊！"一个人充满趣味和挑战的成长，永远比每月的薪水重要。

不可否认，工作是为了生计，但比生计更可贵的，就是在工作中充分挖掘自己的潜能，发挥自己的才干，争取更好的成长平台，做些有助于成长的事情。

当我们年轻人走出校门时，往往踌躇满志，期望值很高，认为自己无所不能，得到丰厚报酬理所当然。甚至在工资报酬上相互攀比，似乎工资成了衡量一切的标准。但事实上，刚刚踏入社会的新人主要缺乏社会和工作经验，领导不太可能对我们委以重任，薪水自然也不可能很高，于是就有的怨天尤人，好像很屈才受了许多委屈一样。

现在的年轻人虽然工作起点很高，但有的并不知足，将社会看得比上一代人更冷酷、更严峻，因而也就更加现实，将“我为企业干活，企业给我报酬，等价交换”作为口头禅。他们看不到工资以外的东西，工作没有信心，没有热情，总是采取一种应付的态度，能少做就少做，能躲避就躲避，敷衍了事，以“报复”上司。只想对得起自己挣的工资，从未想过是否对得起自己的前途，是否对得起家人和企业的期待。

出现这种状况的原因，主要是人们对薪水缺乏更深入的认识和理解。有些人只盯着目前手中的薪水，而将比薪水更重要的东西放弃了，其目光只能用“短浅”二字来形容。

有个少年想成为少林寺最出色的弟子。他问大师：“我要多少年才能变得出色？”

大师回答说：“至少十年。”

少年说：“十年时间太长了。如果我付出双倍的努力，需要多长时间呢？”

大师回答说：“二十年。”

少年又问：“如果我夜以继日地练习呢？”

大师回答说：“三十年。”

少年灰心了，他不解地问大师：“为什么我每次说更加努力，你反而告诉我需要更长的时间呢？”

大师说：“当你一只眼睛只顾盯着眼前这个目标时，那么就只剩下一只眼睛去寻找道路了。”

心理学上有个著名的“瓦伦达效应”，是说美国一个叫瓦伦达的高空走钢索的表演者，在一次重大表演之前，不停地向他妻子说：“这次太重要了，成功后能获得一大笔奖金，千万可不能失败。”结果，瓦伦达在那次重大表演中失足身亡。故事揭示了人如果只顾着朝眼前目标奔去，反而会减缓成功的步伐，甚至离成功越来越远。

由此可见，不能只为薪水工作，因为薪水只是工作的一种报偿方式，薪水最直接，但人这样做也很短视。应该说，一个人如果只为薪水而工作，并不是一种好的人生选择，至少这不只是唯一的选择，最终受害最深的不是别人，而是自己。

一则“三个打工的木匠”的故事会为你揭示这一道理：三个同一天进入

工厂上班的木匠。第一个木匠工作的目的只是混一口饭吃，他的目标是能养活自己就行。所以他上班时经常磨磨洋工、打打诨，不久就被工厂炒了鱿鱼，失去了工作。好不容易又找到了第二份工作，但他的工作态度仍然如此，所以，他一辈子都在为生计奔波。

第二个木匠工作的目的是为了养家糊口，所以他每天准时上班、准时下班，从不迟到早退。为了获得加薪的机会，他的工作表现也很积极。他经常想到自己对家庭的责任和义务，所以他总是忍受着巨大体力的消耗和各种各样的工作压力。他每天都很疲惫，但他仍然咬牙坚持着。他最大的愿望就是盼望着能够早日挣大钱、享清福，这样他就可以彻底摆脱辛苦的劳作了。

第三个木匠工作目的和前两位不同。他一直梦想着自己能够成为一名伟大的工艺师，他梦想着自己有朝一日可以亲手雕刻出一座举世无双的艺术作品。所以，他总是全力以赴地投入每一项工作，每一个细节都力求做到完美；他利用空余时间去学习设计，丰富自己的艺术修养和制作技艺。终于有一天，他获得了去人民大会堂装修的机会，并亲自为人民大会堂设计和制作了一套精美的明清式样的家具。从此以后，他声名远扬，他的每一件作品都价值连城。

三个木匠的故事启示我们：为工资而工作的人终生无果，为了生计而工作的人劳累辛苦，只有为了梦想而工作的人才能够功成名就。管理学把第三个木匠行为背后的驱使动机称为“成长性动机”。

当有人问国际连锁酒店王国“希尔顿”集团的创始人康德拉·希尔顿：“是什么原因可以让你在几十年的时间里，把一个小旅馆拓展到全球 70 多个国家数千家酒店，事业版图涵盖美洲、欧洲、亚洲等多个地区和国家？”康德拉·希尔顿说：“当我贫困潦倒躺在公园的椅子上过夜时，我已经在心中描绘希尔顿跨越全球的蓝图了。”其答案反映在管理学上也是“成长性动机”。

有种说法，在商业领域里，有三重境界，分别是：生意人、商人和企业家。有人解读说，“生意人”为蝇头小利而经商；“商人”为超额利润而苦心经营；“企业家”却把自己的企业当成实现自我成就的平台，将为社会创造价值梦想作为终生追求的目标。动机不同行为也完全不同，行为不同其结果也截然相反。生意人和商人需要的是个人的“野心”，以及必不可少的小聪明和商业头脑；企业家除了“野心”之外，更需要的是爱因斯坦所说的“正确的方法”。这些“正确的方法”包括科学的管理体系、明确的战略规划、清晰的愿景蓝图、上下同欲的目标凝聚、睿智的组织思维，高超的管理艺术、超越对手的竞争优势和志存高远的企业使命等等。

一个以薪水为个人奋斗目标的人是无法走出平庸的生活模式的，也不会有真正的成就感。虽然工作对于大家来讲也是谋生手段，但工作中获得的更多东西却不只是装在信封中的钞票。工作为了生计没有错，但是比生计更可贵的是充分发掘自己的潜能和才干，做更多有价值的事情。如果工作仅仅是为了面包，那生命的档次未免过于低下。

人生的追求不仅仅只有满足生存需要，还有更高层次的需求，有更高层次的动力驱使。

工作的质量决定生活的质量。无论薪水高低，工作中尽心尽力、积极进取，能使自己得到内心的平安，这往往是事业成功者与失败者之间的不同之处。工作过分轻松随意的人，追求急功近利，无论从事什么领域的工作都不可能获得真正的成功。

事业成功人士的经验向我们揭示了这样一个真理：只有经历艰难困苦，掌握真才实学，才能获得职场上最大的幸福，才能取得最大的成就；只有经历过奋斗，才能取得成功。

工作所给你的，要比你为它付出的更多。如果你将工作视为一种积极的学习实践，那么，每一项工作中都包含着许多个人成长的机会。

为薪水而工作，看起来目的明确，但是往往被短期利益蒙蔽了心智，使我们看不清未来发展的道路，结果使得我们即便日后奋起直追，振作努力，也无法超越。有这样一段名言："付出一点儿力气马上想有回报的人，适合做钟点工；如果有耐心按月得回报，适合做工薪族；能耐心按年领回报的，能做职业经理人；能耐心等三五年的是投资家；可以耐心等一二十年的是企业家；能等待50年至100年的是教育家；能等候300年的就是伟人。"

那些不满于薪水低而敷衍了事的人，不但对企业是一种损害，其本身也会伤害自己，使自己的生命枯萎，将自己的希望断送，距离成功越来越远，下场只能是一个庸庸碌碌、心胸狭隘的懦夫。是自己埋没了才能，毁掉了自己的创造力。

因此，面对还不算多的薪水，你应当懂得，企业支付给你的工作报酬固然是金钱，但你在工作中给予自己的报酬，却是珍贵的经验、良好的训练、管理素养的提升、品格的塑造和为他人及社会奉献的喜悦感。这些东西与薪水相比，其价值要高出千万倍。

能力的成长比金钱重要万倍，因为它不会遗失也不会被偷。如果你有机会去研究那些成功人士，就会发现他们并非始终高居事业的顶峰。在他们的一生中，曾多次攀上顶峰又坠落谷底，虽起伏跌宕，但是有一种东西永远伴随着他们,那就是能力。能力的不断成长能帮助他们重返巅峰,更好地驾驭人生。

人们都羡慕那些杰出人士所具有的创造能力、管理能力、决策能力以及敏锐的洞察力,但是他们也并非一开始就拥有这种天赋,而是在长期工作中学习得到的。在工作中他们学会了了解自我,发现自我,使自己的潜力得到充分的发挥。

不为薪水而工作,工作所给予你的要比你为它付出的更多。一个人如果总是为自己到底能拿多少工资而大伤脑筋的话,又怎么能看到工资背后可能获得的成长机会呢?又怎么能意识到从工作中获得的技能和经验,对自己的未来将会产生多么大的影响呢?这样的人只会无形中将自己困在装着工资的信封里,永远也不懂自己真正需要什么。

93. 缺憾缺失也是加油机

凡事都有两面性,没有绝对的好,也没有绝对的差。文革时期的文学作品把正面人物都写眉清目秀的“高大全”式的人物,把坏人都写成卑微低俗的可憎之人。实际上人是复杂的,不可能用一、两个简单的脸谱就能概括的。别说政治倾向中的正反面人物,就是生理上有无缺陷、职场上有无缺失,也不能武断地区分素质的强弱和能力的大小。

(1)缺陷也会闪光

大家知道,现代有许多残疾人,身残志坚,弱中求强,由于个人的超凡努力和奋争,最后成为劳模、小说家、诗人、奥运会冠军,等等。

据报载,有一个“口吃变富有”的故事,就很能给人启迪:

三个男人找工作,正好碰到有一个牧师需要推销《圣经》。牧师分别和他们交谈后,对其中的两个男人十分满意,因为他们两个口齿伶俐;牧师对第三个男人不太满意,因为这个男人有口吃的毛病,但是,牧师还是允许他们都去试一试。

一天工作结束后,牧师检查他们的成果。

牧师问第一个男人:“你售出几本《圣经》?”

第一个男人回答说:“35 本。”

这不是牧师所期望的。然后,他问第二个男人:“你售出几本?”

第二个男人回答说:“75 本。”

牧师说:“很好。”

最后，他把目光转向第三个男人，尽管牧师对这个口吃的男人不抱希望，但还是问："你售出几本？"

口吃的男人结结巴巴地回答说："175 本。"

牧师十分惊讶，问他如何能售出那么多。

他说："我告诉他们，如果他们不买，我就要为他读一读。"

最终，这个善于发现自身优点的男人，成了一个富有的商人。

某铁路局，也有这样一个真实故事。某段一个主要领导有口吃的毛病，但这个领导在大会上讲话从不口吃，原因是他长着一副有准备的头脑，要讲什么，提前早已烂熟于心。由于他有口吃的毛病，格外受人关注和关爱，就是上级来检查就餐时，他往往也成了"核心"。有一次，局领导到这个段检查工作，发现一个车间管理不善，劈头盖脸批评了一通，他马上以结巴状自责，引得领导忍俊不禁，莞尔一笑，很快解除了难堪。由于这个段领导工作勤奋，富有才识，管理有方，多次被评为部、局的先进。

一则《天使之吻痕》的故事也使人感慨良多：大学时代，我认识了一个年轻人，他脸上有一块巨大而丑陋的胎记，紫红的胎记从他的左侧眼角一直延伸到嘴唇，好像有人在他脸上竖着划了一刀，英俊的脸由于胎记而变的狰狞吓人，但外表的缺陷掩盖不了这个年轻人友善、幽默、积极向上的性格，凡是和他打过交道的人，都会不由自主地喜欢上他，他还经常参加演讲，刚开始，观众的表情总是惊讶，恐惧，但等到他讲完，人人都心悦诚服，场下掌声雷动。每当这时，我都暗暗叹服他的勇气，那块胎记一定曾带给他深深的自卑，并不是每个人都能克服这么严重的心理障碍，在众人惊疑的目光里言谈自如。

我们成为最好的朋友后，有一天，我向他提出了藏在心里的疑问："你是怎么应付那块胎记的呢？"我言下之意是：你是怎么克服那块胎记带给你的尴尬和自卑的？他的回答我一辈子也不会忘记。

他说："应付？我向来以它为荣呢！很小的时候，我父亲就告诉我，儿子，你出生前，我向上帝祷告，请他赐给我一个与众不同的孩子，于是上帝给了你特殊的才能，还让天使给你做了一个记号，你脸上的标记是天使吻过的痕迹，他这样做是为了让我在人群中一下子就能找到你。当看到你和别的婴儿一起睡在婴儿室里时，我立刻知道，你是我的！"

他接着说："小时候，父亲一有机会就给我讲这个故事，所以我对自己的好运气深信不疑，我甚至会为那些脸上没有红色'吻痕'的孩子难过，我当时以为，陌生人的惊讶是出于羡慕，于是我更加积极努力，生怕浪费上帝给我的特殊才能，长大以后，我仍然觉得父亲当年没有骗我。每个人都从上帝那儿得到特殊的才能，而每个孩子对父母来说都是与众不同的，而正因为有了这块胎记，我才会不断奋斗，取得今天的成绩，它何尝不是天使的吻痕、幸运的标记呢！”

(2)缺憾背后藏转机

机会对所有人来讲是均等的，关键看你有没有一副聪明的头脑。聪明的人会“持重待机”、“寻机而发”。有了机会，就有了获胜的希望，聪明的人，有一颗勇敢顽强的心，认为“只要心中有，机会从天至”，只有想得到，才能做得成，聪明的人，不会“在一棵树上吊死”，他往往灵活善变，出奇制胜，另辟蹊径。

国王有七个女儿，个个长得美丽无比，尤其她们金色的长发，更是远近闻名。为此国王特意送给她们每人100个发夹。

一天，大公主早上起来梳妆，发现发夹少了一个。她怕父亲责怪，便溜到二公主房里拿走了一个。

这下，二公主就少了一个发夹，于是她就到三公主房里拿走了一个。于是，三公主拿走四公主的，四公主拿走五公主的……最后，七公主的发夹变成了99个。由于七公主少了一个发夹，长发得不到有效梳理，稍显散乱的头发对容貌好像有些影响。

第二天，邻国一位英俊的王子来了。他走到国王面前，说：“陛下，我的百灵鸟昨天衔回一枚精致的发夹，我想那一定是哪位公主的。这缘分太美妙了，我决心娶这个发夹的主人为妻。”

其他六个公主一听，心中懊悔极了。她们真想说：“那个发夹正是我的啊”，可头上的100个发夹却正在闪闪发光呢。

这时，只剩99个发夹的七公主，由于少了一个发夹，头发突然像瀑布一般散了下来。这美到极致的景象，让王子看呆了……

不用说，七公主愉快地嫁给了王子，从此过上了幸福的生活。

居里夫人有一句名言：弱者等待时机，强者创造时机。确实，“成功是一首歌，失败是一首前奏曲，一首没有浪漫只有强者喜欢的前奏曲”，能唱好前奏曲就能把失败尊为老师，就能开启智慧之门，也必将能看到转机的曙光。在愚人眼中，失败是令人厌恶的枷锁和羁绊，而在智者心目中，它是深不可测的宝藏，是通向成功的垫脚石。

(3)自信是最富有的魅力

一则《自信的魅力》的故事使我们认识到美丽的内涵是自信：

有一个小女孩名字叫珍妮，她一直觉得自己长得不够漂亮，所以每天总是很自卑地低着头。有一天，她到一家饰物店买了只绿色的蝴蝶结，店主不断地夸奖她戴上蝴蝶结挺漂亮。珍妮虽然不大相信，但是心里却挺高兴，不由昂起了头。付了钱,她怀着急切的心情匆匆跑出店门,猛地和别人撞了一下都没在意。珍妮满怀信心地走进教室,迎面碰上了她的老师。“珍妮,你昂起头来真美!”老师爱抚地拍拍她的肩说。那一天,昂起头来的珍妮得到了许多人的赞美。她想一定是漂亮的蝴蝶结带来的功劳,可是当她站在镜子前一照,头上根本就没有蝴蝶结。蝴蝶结肯定是在她跑出店门的时候就被撞丢了。原来自己在别人的眼中也是如此美丽的呀!珍妮以后不再那么自卑,而是自信地昂起了头。实际上,自信原本就是一种美丽。拥有自信,你就不会在面临困难的时候想到退缩,而是勇往直前地去征服。你也不会因遭遇挫折而沮丧,自信会使你变得坚强。低下头去是自卑,昂起头来是自信。自卑和自信的区别,关键在于你敢于正确客观地审视自己。

94. 心细如丝少闪失

有句老话:“心细如发不粗心,虑事周到无漏洞”。有位全球最大连锁饭店总裁比尔马瑞特说过:“差错发生在细节,成功取决于周密。”现实,细节决定成败,细节成就完美的话,已经成了企业管理层的经典。对于企业管理者来说,整个执行过程的完美依赖于每个细节的完美;对于一个职场新人来说,上手开始工作后的一招一式,都是亮给上司的第一眼“封面”,入路伊始出现的任何一个瑕疵,都会给上司留下阴影,为自己前程打上难以擦掉的素养问号。

可以说,未来企业的竞争是细节的竞争,年轻人为人处世的缜密程度是决定未来能否有所作为的试金石。这绝不是危言耸听,而是由许多成功人士无数次验证了的实践经验所在。

(1)富有眼力架,读懂领导的眼神。

一个心细之人,往往善于察言观色。有人说:“眼神是富有表现力的体态语,能传递丰富的信息和情感。从医学上看,眼睛在人的5种感觉器官中为最敏感的,大概占感觉领域的70%以上,眼神能通过眼的神态和神采来表达感情,为传递信息的无声符号,有时他像无声命令和问候,比高喊一声更起作用。一个年轻的管理者应富有眼力架,通过读懂领导眼神来处事行事,提升工作的执行力。”

我们敬爱的周总理作为管理巨匠,在任何大的场合都能够做到眼观六路、耳听八方,通过发现外界的细小变化,然后与下属沟通交流,下达管理的每一项指令。怀仁堂宴会厅是接待外国宾客最多的地方,因为周恩来任总理，又负责外事工作，所以出现在餐桌旁的时候比其他中央领导多。

招待外宾时，周恩来都是用眼神指挥服务员，他的目光朝自己一侧滑来，服务员便明白，上菜不许从客人身边上，要从自己身边上。若不方便，周恩来便起身让开，待上完菜，才坐回座位。

也有指挥失灵的时候。一次，周恩来陪同外宾吃工作餐，一名新来的女服务员端来擦手毛巾，周恩来使眼色，示意她先给外宾。可是，这名女服务员没经验，还是给周恩来递毛巾，周恩来不动盘里的毛巾，再一次使眼色，女服务员愣了一下，没明白，又把毛巾盘子举到周恩来脸前。

周恩来发火了，这是绝少发生的事，他带着怒气说了一声："岂有此理。"

女服务员退下来，人们围上去问是怎么回事。女服务员说："我给他上毛巾，他就跟我使眼色。"老服务员们若有所悟："你肯定是没给客人先上。"女服务员委屈地说："我看就总理官最大，才先给总理毛巾……"

周恩来送走客人，特地返回来，提醒服务人员："中国是礼仪之邦，你们对这件事要提高一下认识，吸取教训。"

有句老话："会看的看门道，不会看的看热闹"。所谓会看，就是眼到心到，长就一双慧眼，看出"远近高低各不同"来，通过会看来指导自己会做，领会上司的意图后再确定跟进行动，最后达到既定的目的。

(2)读懂"潜台词"，做事扣在需求的点子上。

周恩来不仅看重这些细小的礼仪，也非常注意观察外宾们的感受。

一次，越南党政代表团访苏归来，一见面便纷纷诉苦："我们这次去苏联，真是一顿饱饭也没吃过啊。""十几天，一个盘子里只有两小片马肉，两片西红柿，真是一天也不想多待……"周恩来明白这些朋友的意思，立刻交代服务人员："搞得丰盛一些。"

那个越南代表团规模很大，由胡志明带队。宴会开两桌，分别上了十几道大菜。当时，国家定有接待标准。本国工作人员的伙食标准是一天 4 角钱，外宾标准高一些，国家领导人 11 元，工作人员 6 元。不要小瞧这个数字，那时的一级大对虾，也不过几角钱一斤，市场上花一元能买回好几只活鸡。

十几道大菜及主食全吃光了，汤也喝过了，多数人已经放了筷子，整个餐桌上，只有一个盘子里还剩两只鸭翅膀。一位分管的同志估计差不多了，他附耳请示："总理，我调车送客吧？"

周恩来没言声，把手轻轻朝后摆一下。

这时，一位越南客人的筷子伸向鸭翅膀："我打扫一只吧？"

胡志明开口说："打扫干净。"

于是，又一位客人的筷子伸向另一只翅膀："我也来一只。"

等两位客人把鸭翅膀吃完，周恩来笑着问："大家都吃好了吧？"得到肯定答复后，他才让服务人员安排车辆送客。

俗话说："干活不随东，累死也无功"。作为一个职场新人，处理任何管理工作，如果事前不做具体调查研究，没有细密的心理准备，也搞不太懂领导对这类事的态度和看法，也不了解客户的意愿，盲目从事，十有八九要被抛"白眼"，甚至跌跤子的。

(3)看小事知大节，观细处防演变。

战国时代有一小国名叫中山国，国君招纳了很多士人。

有一次，国君在国都大宴国内的名士贤才，那天到场的不下几百人。席间，有一道菜是羊肉羹，或许是准备过于仓促，羊肉羹不够分了，有些人便没有喝到。

当时，国君并不知道，别人似乎也不在意，却有一位名叫司马子期的人，因为没有喝到羊肉羹而心中暗恨。

司马子期心想："今日到此的都是名士，我司马子期再不行，也不能算做庸才呀！众人皆分得羊肉羹，都吃得有滋有味，唯独不分给我，这不明摆着小看我嘛！"

想到这里，司马子期便悻然离去，连夜投奔楚国。

没过多久，强大的楚国在司马子期的巧辩游说下，举兵攻打中山国。

中山国的国君仓皇逃离时，却听说是因为羊肉羹分配不均，而得罪了司马子期，不由仰天长叹："怨不期深浅，其于伤心。吾以一杯羊羹而失国矣。"

一位名人说过："知道看人背后的是君子，只知道从背后看人的是小人。"所谓看人背后，就是"不为浮云遮望眼"，富有洞穿力、穿透力，既识人之长，也看人之短，防止"一叶障目，不见泰山"，"只见树木，不见森林"。

从某种意义上讲，为人处世细密就是用"不预设前提"的眼光去看待一切，放弃"这怎么可能"的绝对标准，采取客观、立体、全方位地察究分析预测一切事物的方法。只有这样，得出的结论、实施的行动才有可能减少避免任何闪失和疏漏。

95. 坐几年"冷板凳"也无妨

过去讲"烧香莫忘冷庙"，那是指有的领导那里，有时"风水"欠佳，下属多是趋炎附势之人，一时造成门庭冷落，空气骤冷，此言是对一般管理人员的告诫。另外，还有坐“冷板凳”之说，这是指下属不受重视，不被认可，位置被边缘化，人被“冷藏”起来。

那为什么有人会坐“冷板凳”呢？仔细分析一下，恐怕主要有6种原因：

一是工作能力稍差。初入职场，有个成长进步的过程，开始时只能干些零碎事，大活、难活滩不上，只能慢慢适应，逐步把板凳坐热。

二是发生过工作过失。有些过错是因经验不足，免不了要犯；有些漏子容不得发生，一旦出现难以挽回影响，上司往往会用固定的眼光看“死”自己，将阴影放大，这是心理学的光环效应在作怪。

三是团团伙伙势力作祟。一位伟人讲过：“党外无党，帝王思想；党内无派，千奇百怪”。俗话说：“谁没有三个亲的两个后的”。来到社会大环境里，情商偏低，一不小心会落入帮派的旋涡被人暗算。

四是小气候欠佳。环境如何直接影响人的生存发展，可能会“时势造英雄”，也可能会落入“虎落平阳被犬欺”的结局。如果是后者，作为新人一时也难以回天。

五是同上司有误会。误会是个“死胡同”不易打通，“冤家易结难以解”。

六是上司有意考验自己。人做大事不仅要有挑战周际环境的勇气，也要有足够的耐心，还必须富有耐得住寂寞的韧性。领导有时要培养一个人，除了让他挑重担外，有时可能故意培养、训练他的耐心，事先又不能坦诚相告，这就看自己是否有悟性有定力。

作为职场新人，如何面对坐“冷板凳”的现实呢？

(1)多多历练自己。

在不受重用的时候，正是你广泛收集、吸收各种信息，学习其他知识、技能的最好时机，水平提高了，肯定有派上用场的时候。而在这坐“冷板凳”期间，别人也正在观察你，如果你自暴自弃，那么恐怕要坐到屁股结冰了，而且一旦出现对你不好的评价，你就很难有翻身的机会了。

(2)广植人脉，扩大沟通交往圈。

人都有劣根性，也包括平时讲的“人弱人欺，马瘦人骑”，你坐冷板凳，有人巴不得你永远不要站起来。所以要谦卑，广结善缘，应像一句名言说的那样：“有了人脉，一切好办；缺了人脉，许多麻烦”。

(3)用恒心做事，不左顾右盼。

不管做什么事，都讲究一个恒心，有恒心才能一如既往地把一件事干到底。古人说：“锲而不舍，金石可镂。”这都说明了要成就事业，必须坚韧不拔、坚持不渝。如果没有恒心，任意放纵，半途而废，就没有多大出息。“一暴十寒”、“三天打鱼，两天晒网”、懒懒散散是没有成功希望的。常言道：“坚持就是胜利。"能够坚持下去,必然要有一股一以贯之的韧劲。国外一家大公司在育人上有这样一个绝招,对新来的员工让他们带上公司的产品去推销,身上不准带钱,可想而知,如果不能推销出去,就没有车费,就没有吃饭的钱。这样,员工就会感到压力极大,但这是上司的一次考验,如果失败就很难在公司里混下去。于是大多数员工会克服重重困难,把产品推销出去,力争得以留用。这种方法不失为一种逆境历练得好方法。

(4)善于忍耐,不为闲言碎语所左右。

避免心高气傲,不为一时职场失意而气馁。世界上没有心想事成、一帆风顺的美差。要认准一条路,走小步不停步,把任何嘲笑、讽刺抛在身后,义无反顾地往前奔。

能有以上的作为,相信你一定会把"冷板凳"坐热。不管你坐"冷板凳"的真正原因是什么,这都是训练自己耐性、磨炼自己心志的机会;"冷板凳"都坐过了,还有什么好怕的呢?所以,什么工作都要坚持,坚持下去,把"冷板凳"坐热,也许你就有转机了。

96. 初入职场,需拥有五种朋友

有人说,只要是自己力所能及的事,就不要去麻烦朋友;善交朋友并非人人都是朋友;善用朋友,也不是事事都惊动朋友。朋友选对选好了,益处会随处可见,友谊将与日俱增、天长地久。

从前有一个仗义的广交天下豪杰的武夫。他临终前对他的儿子说:"别看我自小在江湖闯荡,结交的人如过江之鲫,其实我这一生就交了一个半朋友"。

儿子纳闷不已,他的父亲就贴近他的耳朵交代一番,然后对他说:"你按我说的去见我的一个半朋友,朋友的要义你自然会懂得"。

儿子先去了父亲认定的"一个朋友"那里。对他说:"我是某某的儿子,现在正被朝廷追杀,情急之下投身你处,希望予以搭救!"这人一听,容不得思索,赶忙叫来自己的儿子,喝令儿子迅速将衣服换下,穿在这个并不相识的"朝廷要犯"身上,而让自己的儿子穿上"朝廷要犯"的衣服。儿子明白了:在你生死攸关的时候,那个能与你肝胆相照,甚至不惜割舍自己的亲生骨肉来搭救你的人,可以称作你的一个朋友。

儿子又去了他父亲说的"半个朋友"那里,抱拳相求把同样的话说了一遍。这"半个朋友"听了,对眼前这个求救的"朝廷要犯"说:"孩子,这等大事我可救不了你，我这里给你足够的盘缠，你远走高飞快快逃命，我保证不会告发你……”儿子明白了：在你患难时刻，那个能够明哲保身、不落井下石加害你的人，可称作你的半个朋友。

那个父亲的临终告诫，不仅仅让他儿子，也让我们懂得了一个交友的真理：你可以广交朋友，也不妨对朋友用心善待，但绝不可以苛求朋友给你同样的回报。善待朋友是一件纯粹的快乐的事，其意义也常在此。如果苛求回报，快乐就大打折扣，而且失望也同时隐伏。毕竟你待他人好和他人待你好是两码事，就像给予和被给予是两码事一样。你的善只能感染或者淡化别人的恶，但不要奢望根治。当然，偶尔你也会遇到像你一样善待你的人，你该庆幸那是你的福气，但绝不要认定这是一个常理。

有段教人如何交友、处世的箴言读来让人受益：“两个朋友：良师、益友；两样食品：吃苦、吃亏；两个习惯：看好书、听批评；两个秘诀：健康在早上、成功在晚上。”培训大师俞敏洪在谈到朋友的情分、友谊时说过一段话富有意味：“两个朋友都很饿，其中有一个馒头，他可以有三种态度：自己吃掉馒头，和朋友一人一半分，把馒头全部给朋友；假如他把馒头全部给了朋友，朋友也有三种态度：接过馒头吃掉，掰一半还给朋友，宁可饿着让朋友吃。采取第一种态度的没有朋友，第二种有很好的朋友，第三种有终生的朋友。”

有人将职场的人归为五种，必须与之交际好。仔细思量、感悟，觉得确有道理：

第一种，导师、教练。他教给你实用的技巧、一定的工作经验，而不仅仅是知识。

第二种，陪练、同路人。任何人的成长都不全是学出来的，而是学而习、习而成习惯，练出来的。在这个过程中，一个人很难坚持下来，你需要一个同路人。他可以是和你有共同的兴趣、共同目标的朋友，他是一个热诚的人。

第三种，榜样。他是你人生的标杆。不需要通过机遇，只需要通过努力就可以达到的榜样。

第四种，嫉妒你的竞争者。就是那些看不起你的人，排挤过你的人。人逼不到份上是不会有斗志的，你要证明你是强者他是庸者，他会给你真正的动力。

第五种，最重要的是你自己。这个世界上，失败的人除了天分太差外，还有以下几点：懒、方向不对、方法不对、不能坚持。如果你自己做不到，就不要怪别人。

实际上，朋友是需要分类的，比如讲：“赏花须结豪友，登山须结逸友，泛舟须结旷友，对月须结冷友，捉酒须结韵友”。上述故事的主人公一生只有“一个半”朋友毕竟太少。一般来讲，为满足不同情况的需要应交不同层次的朋友，根据人生不同年龄段应结交不同方面的朋友。

那么，初入职场的青年人应交几种朋友呢？据权威行为学家的阐释，有5种朋友可能更适合你：

随叫随到的朋友：快节奏的工作和生活令我们少有闲暇。但总有一些朋友屡屡爽约，或是需提前数月定下约会时间，令我们的情绪大受影响。而这种时间安排灵活、“招之即来”的友人，总是生性乐观爽朗、兴趣广泛，有他们相伴，人生会相当惬意。

榜样型朋友：交友指南都奉劝我们结识专业上堪称行内精英、为人也相当正直友善的朋友，这并非毫无道理。他们会激发我们自我提升的意愿。当然，与此类杰出人士为友，也是对自己的考验。他们既能让我们认清自己的优劣之处，也难免会令我们滋生出自惭形秽甚至嫉妒的不良情绪。

与自己朋友圈毫无交集的朋友：他不认识你的其他朋友，因而对你的评价更客观、中肯。与之交往也更能推心置腹，不必担心你的心事成为朋友圈内茶余饭后的谈资。

讲大实话的朋友：人人都喜欢听奉承话，但有时忠言虽逆耳但利于行。在你飘飘然时、身陷危机时、亟须作出重大决策时，这类诤友都会雪中送炭。

比你更了解你自己的朋友：无论你从事何种职业、贫富与否、对哪种生活方式情有独钟、喜欢接触哪些圈子，他始终对你不离不弃，这是你最经得起考验的朋友。与之在一起，会有亲人的感觉，无需伪装，可以流露出自己最真实的喜怒哀乐。

也有文化界的人士谈到如何提升朋友交往的质量，他认为，交往的质量，在一定意义上，成就着生命的质量。最好的交往，不是双方有意识地吸附与黏合，而是彼此间无意识地渗透与融入。吸附与黏合，常常怀有目的性和功利性，或含蓄，或浓烈，总之，看起来总有些各取所需的心机在里面。渗透与融入则不然。云淡风轻的，风倏忽间来，云恬淡着去，无欲无求，是心灵最真挚的握手，是情感最纯净的需求。职场新人交友如果都提升到这个层面上，肯定会对彼此都有较大的益处。

第八章　安全风险掌控篇——一门无病早防、关口前移，切断事故链的课程

97. 防范风险在管控

现在，越来越多的企业重视安全风险管理，并把它作为一件大如天的事来抓，也有相当多的管理者对此表示困惑并产生疑问：这是个新的管理命题吗？其重要性、现实性何在？有人概括了两句话的答案："过去有，不稀奇；道道多，含奥秘。"如果把安全风险管理比作一座9层高台，那安全风险意识的培育是前提，培育意识的侧重点是了解内涵、熟知法则、掌握方法技巧。这是夯基的功夫，功底厚实了，安全生产的高台就稳固，就结实。

大家知道，美国有个杜邦公司，该公司已有200年的历史，早已进入世界500强。在美国企业界"杜邦"和"安全"几乎为同义词，可见其安全文化的影响力、渗透力有多大。

其安全理念有两句话十分深邃：人的活动离不开安全；人——安全管理的核心。它的安全核心价值体现在3个方面：第一，善待职工；第二，要求他遵守职业道德；第三，安全和环境有必然联系。

实际上，安全管理有3个或4个过程，人在日常生活、生产活动中，都按这三步或四步进行着，只不过人的意识程度有所不同。比如"把鱼吃到肚子里"也是分四步走：

(1)把鱼夹到碗里检查有无鱼刺——危害识别；

(2)发现鱼刺后判断刺的大小、软硬——风险评估；

(3)剔除鱼刺——消除风险；

(4)把鱼吃到肚子里——安全达标。

有人常常拿着爱吃鱼的天津人调侃，说其吃鱼达到了一个很高的境界：用筷子夹起一块带鱼放进左嘴角，经过快速咀嚼，很快鱼肉吞咽而下，与此

同时,鱼刺从右嘴角吐出来。也就是将吃鱼的4个过程变为一个过程,本身也反映了其防范风险达到了娴熟的程度。

应该说,只要人们从事生产活动,就必然有安全管理的问题,也必然有安全风险。活动过程是动态的,时间、空间、客观物质条件都在变化,必须因时因地而异,以变应变。

有人会问,人类日常活动中是否有忽视安全风险的情况,也就是冒险举动呢?那是肯定的。企业生产作业现场既有按章作业的人群,也有违章违纪的人群,比如"马大哈"、"小迷糊"、"冒失鬼"、"二把刀"、"魂不全"等人物,可以说违章违纪无时不在,无处不有。

以行人过马路为例:(1)什么人不进行风险识别?"盲人"。他看不见上下行汽车,不能进行风险识别,或不能准确发现风险。(2)什么人不能进行风险评估?"智障者"。他能看到汽车,但不能对车的速度、距离、危害大小进行评价判断。(3)什么样的人不采取安全措施?"行为失控者",比如人受突发刺激、严重走思、醉酒后,这时虽能看到汽车,但中枢神经瞬间错乱,大脑"空白"、"突停",行动不听使唤,所以,要么被车撞,要么撞车、撞人或撞其他设施。

但又一个问题提出来,这三种人是否都会上马路被撞?当然不会。因撞车事故的发生,不仅取决于三种人,还取决其他客观条件,比如对方车或路,但"歪打正着",没被撞上是侥幸,是万幸,是偶然的。但被车撞的可能性很大,概率大多了。

这三种人过马路同在高空作业不系安全带从本质上是一样的,但不带安全带未必会都摔下来,但这个概率会大大增加。

有一事例揭示了安全风险识别、判断的必要性:

某单位准备招聘一名汽车司机,有三人应聘。招聘时,主考官出了一道考题:一辆汽车在弯曲的山路上行驶,前面是一个悬崖,请问汽车应停在距悬崖多远的位置才能确保安全?第一人回答:一米。第二人回答:两米。第三人回答:"要根据地势的不同,汽车应停在安全有保证的位置。"主考官追问:"为什么?"该应聘者从容应答:"前面是悬崖,后面是坡道、弯道,既要避免掉进悬崖,又要防止溜车,还要让后面来车容易观察,这应该是一个万无一失的地方。"结果,第三人被录用。

有一道餐馆老板口试员工的问题:"如果端菜时手上托盘不稳,又救之不及,应怎么办?"大部分人答不出。救之不及时,唯有任托盘掉下来,还能怎么办?

标准答案是:用最后一点力量,使托盘掉向远离客人的地方。如果周围都有客人，则倒向大人，远离小孩；倒向男人，远离女人；倒向人的身体，远离客人的头部。这叫“危机处理”。

面临不可避免的危机时，选择使损失减到最低的方式。

由此可见，搞安全风险管理应将危害识别、风险评估、安全措施三个过程，由自发行动变成自觉行动，由被动行为变为主动行为。也可以说是变道理如此为行为如此，变要我安全为我要安全。这里面，防是前提，控是关键。

98. 管理者要摁住“大跳蚤”

企业职场千头万绪，纷繁复杂，干不完的活，处理不完的事，理不清的线头。有的管理者自认为“早七晚八，一天十仨”；“两眼一睁，忙到熄灯”；“五加二，白加黑”，结果造成管理现场“人盯人，人海战术，‘杨家将，一齐上’”。甚至有的行业出现了“体质差的累死，心胸窄的气死，胆量小的吓死，酒量小的喝死”的极端说法。

一次铁路企业管理者培训班上，有位学员直接向老师发问：“老师，您知道我们中间站长忙到什么程度吗？”“很抱歉，我没有当过中间站长。”老师认真回应。“我给您打个比方吧，我一上班简直就是10个手指头摁住10只跳蚤，假如某个指头下边的跳蚤个头太大，不够安分，老在蠢蠢欲动的话，我真拿不出第11个手指头去支援。”中间站长手舞足蹈，讲得活灵活现。“告诉你，10个手指头摁住10只跳蚤也有讲究”。老师胸有成竹。“怎么讲究？”学员继续追问。“你应该用两个大拇指摁住那两个最大最不安分的跳蚤，这就叫领导者要抓重点，要处理‘大石块’。”老师言词恳切，不容争辩。然后又继续说道：“过去有位名人说过，人伸出一个手掌，叫对立统一关系，因为5个手指统一在一个手掌内，大拇指朝着一个方向，另外4个手指朝着一个相反的方向，正因为方向相反，握起来才能成为拳头，打出去才最有力。因此，大拇指的作用不是一个顶俩，而是一个顶4个的作用。我们工作中一定要用好大拇指。”

接着，老师又讲起了时间问题专家处理“大石块”的故事：

一天，时间管理专家为一群行政学院的学生讲课，课中有一个演示让大家耐人寻味。教授拿出一个广口瓶放在书桌上，随后拿来一堆拳头大小的石块，把它们一块块放到瓶子里，直到石块高出瓶口。他问道：“瓶子满了吗？”大家应道：“已经满了”。他反问一句：“真的”？说着，他又从书桌下取出一堆蚕豆大小的小石块，倒了进去，并敲打瓶壁，以填满石块的间隙。“现在瓶子满了吗?”这一下学生有些明白了,“可能还没有”。一位学生应道。“不错”。他伸手又从桌子下拿出一小桶沙子,把它慢慢倒进瓶子,让它填满了石块和蚕豆石间的所有空隙。他又一次抬头问学生:“瓶子满了吗?”“没满!”学生们异口同声地回答。最后,教授又拿出一大碗水倒进瓶子,直到水面与瓶口相一致。

最后,教授望着下边已经是领导者或将要成为领导者的学生们说:“这个例子告诉我们,如果我们不先把大石块放进瓶子里,那么,你将无法把其他东西装进去,瓶子也不能盛如此多的东西”。记住:领导应先去处理“大石块”。

有人将企业管理者分为五种类型:

新任职的管理者,不知为什么干,怎么干;

包揽型的管理者,自己铆劲儿干,下属懒得干;

专断型的管理者,自己不干,逼着下属干;

敬业型的管理者,自己带头干,下属跟着干;

智慧型的管理者,自己重点转,下属玩命干。

领导在抓大事上要勤快,在处理小事上要懒惰,适当放手;大事不勤快是犯糊涂,小事上光勤快是本末倒置;下属大事看不透是缺眼光,小事上盯不住是失职;领导抓大事脑子要勤快,下属干小事要痛快;领导抓重点要勤快,分权授权要痛快。

唐太宗和隋文帝都是所谓宵衣旰食、勤勉有加的皇帝,而且他们是前朝后代,时间相接。看看唐太宗是如何评价隋文帝的,可以让我们看出他们二人的区别。

有一天,唐太宗跟大臣在一起闲聊时说道:“隋文帝此人的本性虽是明察秋毫,却怀有阴暗心理。心理阴暗,就未免思虑不周,明察秋毫,就对他人多不放心放手。早先时候,他自己是用欺骗手段从孤寡手里得到的天下,对臣下就极不信任,凡事都要亲历亲为自己决断才肯放心,他尽管把自己搞得身心俱疲,作出的处置却未必合乎情理。朝廷上的臣子读出了皇上的心思,也都不敢直言劝谏。宰相以下都只有听命的份儿。而朕的做法完全不同。天下这么辽阔广大,怎能依赖一个人的独断专行?朕正在选拔天下的人才,来从事天下的事务,委任他们监督他们,让他们舒展抱负,各尽其才,这样才差不多合于理啊。”

太宗于是下诏曰:“朝廷下的诏令,如果不适合推行,你们就应当立即启奏,不应许顺旨施行!”

日常人们常说,手大捂不过天来,但有的管理者却像隋文帝那样,自认为手很大，可以一手遮天。那么，给你一把干沙子请用力抓一下。你会惊人地发现：手抓得越紧，沙子跑得越多。这就是管理学的沙子效应。

20 世纪 90 年代末，某铁路分局江局长到沿线各地区检查工作，常常一连几天没有一个电话，下属站段领导同其秘书调侃："江局长真是享得清静啊！很少见到他接听手机。"秘书一语道破天机："局长的清静是'争'来的"。

原来，一年前江局长刚调来时，一旦到基层检查工作，常常手机不停地响："江局长，有件事向你汇报一下"；"江局长，某车务段最近发生的工伤怎么处理？"他常常停下例行检查回应："这件事按职责范围处理。""工伤这件事不要问我，找主管局长"，时间一长，他不胜其厌，干脆在月度电话会上公开宣布："事事请示，不会自行处理本职事务的处长，不是一个称职的中层干部。你事事请示，只能痛快一阵子；你按规矩开动脑筋自行决断是痛苦一阵子，幸福一辈子。让繁琐事务缠身，离不开手机的领导不是一个好领导。"电话会议室的中层领导听罢此言，顿悟："靠手机给领导套近乎，靠请示工作反映对领导的尊重并不是工作技巧，甚至在领导心目中是无能的表现。"

从此之后，江局长下基层虽然手机常开着，但基本处于"哑巴"状态，不到万不得已、非同小可的非常情况，它不会响起来。

作为一个领导者，要学会放手，学会授权，懂得如何逼迫自己的下属，拒绝无谓的干扰，杜绝反授权，练硬下属的"翅膀"，让他们尽快成长。

有位富权威的管理者说得在理："太忙，说明你领导艺术不够，领导要由做事的人转为用人的人。处长抓科长，科长抓骨干，骨干顶事干，带动一大片。"

有位在行政主要领导岗位工作 20 多年的老干部将要退休时，上级领导对其领导魅力作出了三句话的客观评价：统揽不细揽，放手不撒手，决断不独断。实际上，这三句话应成为每个领导者运权的座右铭。

其一，统揽不细揽。主要领导的活可以说是包罗万象，举不胜举，大到重中之重，小到柴米油盐，都是职责范围的组成部分，哪一条丢掉了都不算尽职尽责。结果，有的现象出现了："有的老板老是不想当老板，老是想当总管，最后连身体都无力管。"你的活太多了，你投入全部的力量就能管好吗？5＋2，黑＋白，大包大揽，事必躬亲，亲历亲为，"人海战术"，无所不用其极。我们不禁要问答：你这是科学领导吗？你这算层次领导吗？应该清楚：这是失败的领导。再说身体搞垮了，1 没有了，其他的方面也就是零再多也没有用。

其二，放手不撒手。从某种意义上讲，领导应成为甩手"掌柜"的，但甩手不可大撒手，安全这种第一位的事必须紧紧抓住不放，不可懈怠。其他方面的事可以用大事上会研究、授权去抓、适时过问、不定期抽查、充分放权的办法去处理。管理者要成为有领导力的人物，要成为懂得授权分权的领导者。“为什么有些老板这么忙？因为你不是一个卓越的领导。”“只知道人海战术，不知道自己胸中无术；只认为权力无限，不懂得权有底线，根子在不会改头换面(更新观念)。”

其三，决断不独断。管理者应懂得借力领导，借全员之力壮自己之力。决策应在充分调研之后，放在广取有益信息之后，用在下“毛毛雨”、充分疏通疏导之后，表面看是一时一人之见，实则是多时众人之智。这种决策实施后，大家会“不待扬鞭自奋蹄”，同时，对领导的尊重、敬仰之情也会油然而生。

管理学有个巴莱托定律，也叫二八法则，是讲一个管理者要用主要精力的投向，去抓职责范围内最重要的事情。其具体内涵有四个方面：

一是“二八管理法则”。领导者主要抓好 20%的核心力量管理，再以 20%的少数带动其余 80%的管理者，以达到提高管理效率的目的。

二是“二八决策法则”。领导者必须抓住企业最关键性问题的决策，达到牵一发动全身、纲举目张的效应。

三是“二八投资支出法则”。领导者要将有限的资金主要投入到企业的重要方面，以优化支出投向，提高资金使用效率。

四是“二八执行实施法则”。管理者要抓住管理实施的重点人、重点环节、重点设备、重点时间段，以引起事半功倍的叠加效应、乘法效应。

但是，观察我们有些企业安全管理现实，就会发现这样的问题：

一种现象：95%以上的事故是由不到 5%的管理人员、作业人员的不良行为造成的。

两个误区：(1)在安全资金投入中，80%以上的费用用在一般安全问题上，只有不到 20%的费用用在较大的安全问题上。

(2)管理者用了 80%的时间精力去开会、发文件、写材料、迎来送往，只有不到 20%的时间、精力去抓安全关键。

为什么有些管理者，走入误区，整天忙忙碌碌？结论：“二八法则”未体现。从关键点上讲，工作胸中乏术，本末倒置。对此，我们要大声疾呼：事不必躬亲，权不必死抱；从头管到脚，不是好领导；“将帅不智，何以将帅？”

据说，美国前总统克林顿在任时，曾到中国访问，其到上海市考察访问期间，他对与市长会谈、宴请以及副市长到机场迎送、陪同参观等大量紧张紧凑的访问安排赞不绝口，返程回国，临上飞机时，他颇有感慨地说：“上海的接待效率及规则比其他城市进步 20 年”。这里，他主要称赞的是该城市简约而不简单、精到而不繁琐的管理章法和接待礼仪。

企业管理者应该做到“每周三问”：

(1)我是否用了 80%的时间和精力去处理 20%的工作重点？

(2)我是怎样用 20%的时间、精力去打发日常一般事务的？

(3)我用 80%的时间、精力抓重点、抓关键的工作技巧是什么？

删繁就简，抓住重点要务起码应体现三个内涵：

(1)“管得少的政府是管得好的政府”。抓重点，就是“最要紧的事不能受最不要紧的事的摆布。”多重点等于无重点，重点只有一个。日常工作的摆布，应善于抓一个盯一个丢一个，最关键最要紧的事要抓住，亲自去安排，花大力气去抓；有些工作要盯死，看结果，要“落地率”；其余的事，交给 放心人去办，不用管他，“用人不疑，疑人不用”，最后听喜讯就是了。

(2)成功的领导者不仅是授权高手，也是控权高手。“权柄每个人都想去用它，难的是什么时候不去用它。”确实，领导者享有许多事务的万能权力，但你一定不要把权力搞成累赘和麻烦，更不要成为下属发挥才能的绊脚石。安全工作也必须抓过程，安全管理的过程是“着眼多数，盯住少数，防止个别人砸锅”，突出抓好五个大跳蚤：“重点人、重点岗位、重点设备、重点环节、重点时间段”。

(3)“管理者要成为有领导力的人物。”领导力要体现在抓住 3 件事上：“出点子、拽绳子、点名字”。所谓“出点子”，就是把重要路数搞准确，会指点迷津。所谓“拽绳子”，就是把主要矛盾抓住，“牛鼻子”抓住手里，“牛”就会乖乖跟着走，“不待扬鞭自奋蹄”。所谓“点名字”，就是重点工作进展情况抓在手里，不能“眉毛胡子一起抓”，也不可搞工作“大平推”，应适时搞重点讲评，重点工作部署了，要检查做得怎么样，谁是千方百计、谁是“三心二意”，谁是“一败涂地”，得讲在明处，“当面锣对面鼓”，让好的扬眉吐气，让工作一般的加油用力，让素质“二把刀”的无地自容，让干事“滥竽充数”的吃上一剂“后悔药”。

99. 杜绝多米诺骨牌效应

让我们先对多米诺骨牌理论进行物理解析：骨牌竖着时，重心较高，倒下时重心下降，倒下过程中，这个重力变成动能，倒在第二张牌上，动能传到第二张牌上，然后动能之和再传给第三张牌，这时倒下的力量就变大了，往后依次叠加传递，结果骨牌的动能越来越大，速度也越来越快，倒下去的劲也在递增，本身就是累加，能量不可摧，像雪崩一样，体系瞬间垮掉。

我们职场经常看到这种现象，班前点名时，发现一职工迟到了，直到半小时后才慢慢吞吞来到作业现场，车间主任发现后，肯定应问一下缘由："小张，怎么迟到了？是昨天晚上睡得太晚了，还是家里有事？"然后根据情况对"症"下药，进行疏导。假如车间领导对此情况眼开眼闭，不吭不哈，今天一个人迟到，后天就可能 3 个人迟到，一周后会有 8 个人迟到，最后连擅离职守、中途溜号的现象都发生了，那时你就法不责众啦！甚至会在不太长的时间内使你辛辛苦苦数年建立起来的管理章法和秩序瞬间瓦解垮塌。

原台湾首富王永庆先生讲过："要叠 100 万张骨牌，需要耗时一个月，但倒骨牌只消十几秒钟。""一根火柴不够一毛钱，一栋房子价值数百万，但一根火柴可以烧毁一栋房子，可见微不足道的潜在破坏力，发作起来，其攻坚灭顶的力量，无物能御。"这就是我们常说的多米诺骨牌效应。

多米诺骨牌效应反映的是事故的内在联系，第一张牌倒下往往是事故发生的直接原因，接连倒下的第二、三张牌则是事故的相关因素，或者叫事故造成的影响和损失程度，相关因素则包括人的其他因素、物的状态及天气原因等等。那么，如何防止发生骨牌效应呢？假如我们事先及时将第二、第三张牌拿掉，情况就可避免，也就是事故链断了，事故的发生过程中止，防止了事故连锁效应的出现。

20 世纪 90 年代初，某机务段提出了一个"两冒头"的做法，就是"违章违纪一冒头就刹住，好人好事一冒头就表扬。"还有的站段提出了"处理第一个违章者"的方法。这反映了在骨牌理论上就是拿掉先行倒下的那两张牌，杜绝发生事故的直接因素，防止出现聚集效应，防止毁坏管理秩序的重大灾难。这方面，人的违章违纪或者叫第一个人违章违纪往往是倒下的第一张骨牌。管理者如何做好先期倒下骨牌的拯救工作，防患于未然，是我们安全管理的重中之重。

安全管理有个链条理论：一条链条，最脆弱的一环决定其强度；一只木桶，最短的一片决定其容量；一个人，素质最差的一面决定其发展。

链条理论也叫失效理论，或事故链。但事故链的形成也是由多种因素构成的。往往几种因素都弱化了，事故也就形成了。假如一个链条，长时间放在仓库阴暗潮湿的角落里，一旦拿出来使用拉拽时，很容易从薄弱的链环处断裂、断开，断裂、断开就是事故。但是，这个事故的发生主要是由 4 个主客观因素造成的，这 4 个因素分别是拉拽用力过猛、先天制造工艺不良、原材料低劣、存放处所潮湿易生锈，而制作人制作工艺粗糙往往是最主要的、最直接的原因，就像铁路 7.23 事故是由多因素构成的，而信号设计缺陷是直接原因一样。假如我们提前强化弱链条、更换存在处所、适当用力则会大大降低链条断裂事故的概率。

西方管理学提出的“人机轨迹交叉理论”也揭示了同样的道理：通过人和物两种因素轨迹交叉，来防止个人违章同设备隐患同时同地碰头见面，以防止事故链形成。过去铁路系统在分析事故的产生原因时，提出的“人、机、料、法、环”五要素理论，比较客观、全面。所谓“人”，指管理人员、作业人员违章违纪；所谓“机”，是讲机械、设备不良；“料”是说原材料低劣，不合标准；“法”是作业的方式方法不妥；“环”则是天气、道路等客观环境不好。

具体到现场作业时，必须防止“五要素”中三碰头、四碰头甚至五碰头的情况，也就是避免几个“冤家”拐进一个死胡同。综观绝大多数事故，基本属于“疯牛拉破车走在崎岖不平的山路上”造成的。有人甚至将此形容为“愣头青与二把刀一起作业，又有拐子腿设备帮倒忙，误打误撞赶上了一个雷雨天，肯定是一桩砸锅的买卖。”出现了这样的四碰头，事故概率会大大增加，骨牌效应立马显现，发生问题则具备必然性。

100. 让违章违纪的“冰山”融化

不违章、反违章是我们经常谈论的一个话题，本身也是防止事故的前提。我们高风险行业必须具有“章不可违”的定论。

老子说过：“图难于其易，为大于其细；天下难事，必作于易，天下大事，必作于细。”是讲办难事应先从容易的事做起，办大事必须细心、细致。换句话说，天下之所以有难事是因为容易的事没有做好；要做好大事，必须从细小的事做起。中国人很有智慧，从老子的这句话就可以看出来，他的智慧也揭示了安全管理的奥秘。

“违章不一定出事故，但出事故肯定是违章”。这里面暗藏着一个侥幸心理。何为事故？这里面有个公式，事故＝违章违纪＋客观条件不良。违章是大事还是小事？不违章是难事还是容易的事？可以说，违章是小事，是容易的事，因为作为个人来讲，不违章、少违章，只要有决心有毅力不难做到。可是从另一个角度来讲，又是难事，往往好多人在违章上已成为惯性，认为违章顺手，干活利索，改起来也难，形成了习惯性违章。有一句名言：“一种不良行为重复三周即成为习惯，重复三个月会成为毛病。”美国管理大师亨利·詹姆斯说过：“改变一个人的习惯，往往像改变一个人的鼻子一样困难，因为它们都处在核心地位，一个在脸的中央，一个处在性格的中心。”

同时，违章又是大事，因为从后果来看，一旦碰寸了，赶巧了，就是事故，后悔药吃上了，“早知今日，何必当初”，悔之晚矣！因此，并非小违章出小事故，大违章出大事故，正确客观地讲，小违章也会出大事故。老子的话有道理，保安全防事故还应从小事做起，从容易的事做起，从细心细致做起，从不违章、反违章做起。

老子有这样的理论，西方管理大师也有相关的说法。美国学者海因·里希曾提出了一个“安全金字塔原理”(或事故冰山理论)。他认为，在一个死亡或重伤事故背后，有30起严重违章；30起严重违章背后，有300起记录在案的隐患；再下面则是3 000起潜藏在各处、不易察觉的隐患；再往下追索，则是一万起违章和不安全因素。他揭示了违章和事故的内在联系，下面是一个庞大的可怕的不容忽视的违章基础底座，金字塔尖或冰山之巅则是浮出水面的部分——事故。

可以看出，这一理论很具体，是量化的，用数据说话，用图形说话，针对一个问题解决一个问题，他的理论背后是对55万工伤的概率统计分析，是大量辛苦劳动的智慧所得，而不是什么学术推理。

有人可能对这个事故冰山理论不以为然，认为只是概率而已。概率是什么？概率是可能性。先打个比方，买彩票中头奖的概率很低，是千万分之一，上千万人不重复的购买才有一个中头奖的，可是为什么好多人还要去买？因为有一丝希望，上千万分之一的微小希望让人们都觉得有希望，为什么万分之一的危险很多人不觉得是危险。

再作个比喻，一个与世隔绝的小岛因食物缺乏，每天有一万人抽签决定一个人做出牺牲，被扔到大海里淹死，这时候万分之一的概率让人很害怕。事故的冰山理论相当于一万人去抽签，谁抽到那个签会丢命。这并不是说，违章一万次才会发生事故，就像买彩票并非第一千万个人去买才会中大奖，运气好的话，第一个人买就可能中头奖。换句话说，条件具备的话，你第一次违章就可能带来终生的遗憾。

事故是违章行为积累到一定程度的时候发生的。就像中国一句老话“不是不报，时候未到。”“多行不义必自毙”，习惯性的违章必然会使行为人咽下自己酿造的苦酒。

细察企业安全生产纪录，常常会发现这样奇怪的现象，有的站段一月份刚刚发生了一件调车事故，结果造成安全管理紧绷，上下启动大打安全翻身仗的序幕；到3月份，又发生了一件重伤，雪上加霜，全段抓“两纪”的螺丝拧得更紧了；时间不长，到8月份，该段又出了一件类似年初的事故。

一个问题提上案头：为什么一个企业会连续发生事故，甚至出现事故

“扎堆儿”现象呢？

如果请一位高明的“大夫”，对事故“扎堆儿”现象进行“体检”，可能会得出以下结论：

(1)“福无双至，祸不单行”。这是一句人所共知的俗语，但含有一定的哲理。人生有喜有悲，好事喜事是人们追寻的目标，往往目标达到后，不少人会“见好就收”，嘎然而止，停滞前进的脚步，自然“天上也不会掉馅饼”；灾祸则不同，有些人认为“事出偶然”，难以想象，面对事故，心慌意乱，手足无措，领导者失去胆略，难以组织力量，拿出打一场安全翻身仗的勇气和智慧；普通员工失去方寸，无心再战，只能忙于应付，“挖肉补疮”，“拆了西墙补东墙”。结果，事故钻了恐惧心理的空子，接连遭遇败绩就不足为怪了。

(2)“破房偏遭连阴雨”。单位发生事故，就同人得了一场大病一样，容易造成“并发症”，经不起再折腾。人们有时去探视白血病患者，常常看到其戴着一个大口罩，探视者唯恐避之不及，懒得去握患者的手，担心受到传染。实际上恰恰相反，真正害怕被各种病菌病毒侵袭的是患者自己，因为他这时免疫力低下，各种病菌病毒很容易找到他的头上。好像两台同一类型的设备，一台尚未经过大修，正常管护到位，在高强度的正常运转状态下，一般不会出现任何问题；一台是老化的设备，日常维修保养跟不上，假如长时间地高速运行，发生故障的概率肯定要高得多。所以“破房偏遭连阴雨”的话具有一定道理。

(3)“黄鼠狼专找病鸡”。一个企业或者一个人的素质高低优劣肯定有区别。具体到某一事故的发生往往是一个人在特定的时间和环节上出现疏忽或违章违纪造成的，这里表面看来有偶然性，但偶然中含有必然因素。如果某个企业素质低下的人群比例偏大、“漏空”的时间和环节就多一些，就容易让“黄鼠狼”钻空子，多次找到“猎物”。企业安全连续出现危机就会成为难以避免的现象。

(4)“得病如山倒，病好如抽丝”。有的人对安全管理处在顺境或逆境时的状态不甚理解，为什么事故不期而遇，而摆脱逆境却如此熬神费力呢？

有一条鱼，原本住在一个小水缸里，突然，小水缸出现了一道裂痕，有些水流了出去。这条鱼立即警觉起来，水缸里只有那么一点水，要是水流干了，它可就完蛋了。于是，鱼马上就想办法把那道裂痕填补了起来。

后来，这条鱼来到了一座大湖里，湖水烟波千里、浩瀚无边，环境非常广阔舒服，鱼在大湖里游来游去，好不快活。从此它再也不必担心漏水了，因为这么大的湖，水一定永远漏不完。

有一天，湖堤塌了一个大缺口，湖水哗啦哗啦地奔泻而出。但鱼一点也没把此事放在心上，它心想：流出这点水算什么，湖水多的是呢！

一只海狸鼠提醒鱼说："鱼先生，照这样流下去，湖水迟早会流干的，得赶紧想办法止住流水啊！"鱼回答说："我说海狸呀，你可真是杞人忧天，这一大片的湖水，怎么可能流干呢？"

鱼仍旧在湖里游来游去，不亦乐乎。它一边欣赏着湖堤缺口上的流水声，一边享用着美味佳肴，可是，有一天它一觉醒来，竟连想翻个身都动弹不得，仔细一看，不由得惊吓万分，湖水居然就要流干了！最后，鱼只能眼睁睁地看着湖水流尽，一筹莫展地躺在干涸的湖底上等死了。

发生事故也是如此，"它是人们不注意时积累的灾难"。日常工作中，五花八门的细微差错和违章违纪无时不有，无处不在，它像"小甲虫"一样蚕食着安全这棵"参天大树"，它犹如大河堤上不起眼的小决口冲刷着安全大坝，事故发生是瞬间之事，但它遭遇的侵害却经历了日积月累，从量变到质变的漫长阶段，"违章不一定马上出事故，但出事故肯定是违章惹的祸"。但是，反败为胜、扭转败局，打好安全翻身仗则需要一个更为艰苦和漫长的过程，正可谓"溜车容易上坡难"。拯救安全、强化管理，既要"对症下药"，又要补充营养，只要措施有力，具有耐心，"功到自然成"，身体"康愈"就是时间问题。

还有一个非常关键的因素，就是有的单位违章违纪的总量达到了相当高的程度和规模，假如事故站段月违章总件数达到一万件，别的单位是2 000件；虽然发生事故后管理力度加大，安全意识有所增强，但你的单位违章总量减少后仍高达 8 000 件，你出问题的概率依旧偏大；第二件事故出现后，上下左右翻箱倒柜，围剿违章现象，但"冰冻三尺，非一日之寒"，违章总量下降到 5 000 件时，别的站段仍处在 2 000 件的水平，说明你这个事故单位安全管理仍处在高风险状态，一旦赶寸碰巧的话，又会重蹈覆辙，跌入难以自拔的深渊。可以说，事故"扎堆儿"、赶蛋对于某些单位是必然现象，用不着大惊小怪。

由此看来，减少事故风险，必须控制违章总量，减少事故概率，切断发生灾祸的链条。给你一个忠告：让违章的"冰山"融化！

101. 安全监管不能不吹哨、吹"黑哨"

数年前，某电务段在安全管理上曾发生过这样一件事：

月底安委会上，安全科长对当月发牌情况进行分析，发现发牌总数比上月增加 10%，本月发牌违章占 12%；因违纪发牌占 10%；因管理不善发牌占20%；因设备问题发牌占58%。结论：广大管理干部安全第一意识增强，忠于职守，敢抓敢管，超额完成发牌任务，值得表扬。全段本月未发生任何事故，成绩显著，安全管理干部功不可没。科长话音未落，段长拍案而起，大声申明：安全分析不足为信，结论错误。第一，本月工程量比上月增加40%，发牌数量却只增加了10%，作业现场违章违纪无时不在，无处不有，发牌数量说明管理力度减弱；第二，因违章违纪发牌过少，设备问题发牌偏多，原因是设备问题可上推下卸，多属"无头案"，特别是与现场客观状况不符，说明"人情"作怪。

段长最后宣布：第一，根据本月安全管理状况，免发主管段长50%的奖金，免发安全科长全部奖金；第二，要求大家在两个月内改变因违章违纪在统计表上占少数在作业现场占多数的反常状况。

接下来的情况，不言自明，肯定是管理力度增加，安全管理发牌不仅数量多了，质量上也升格了。

事情并没有结束，到了年底对全体干部考核测评时，几个得了黄牌、红牌的"劣马"使"绊子"，管理发牌不讲情面的几个"包公"的得分，急转直下，到了被"诫勉"的边缘。不料段长、党委书记"棋高一招"，早在考核测评前，就统一班子成员认识，作出了"凡超额完成安全发牌任务，而且质量突出者，一律增加20分考核分值的决定"。

有一句话说得好：要么你去驾驭事业，要么事业驾驭你，你的态度决定了谁是骑者，谁是坐骑。领导者的管理智慧，鼓励支持了敢抓敢管的"包公"，也抑制、约束了企业暗算他人的"劣马"。

通过这一事例的分析，有三个道理应弄明白：

(1)"形势决定政策"，安全牌该发则发。

铁路等高风险行业的员工往往会向管理者提出两个疑问："处置现场违章违纪能否不发牌？""领导能不能不给包保干部下达发牌指标？"对上述问题应作出这样的解释："形势决定政策"是大家都知道的道理，现在我们作业现场违章作业司空见惯、应有尽有，好多人还并未养成循规蹈矩的职业习惯。扼制这种现象，必须出重拳，下猛药，让人们瞻念法规的严厉，自警、自省、自律。试想一下，一场好的足球赛，如果裁判员手中没有那两张牌，没有严格的执法，足球比赛要想顺利进行是难以想象的。作为施工作业现场也一样，如果缺少严格的监督、检查，作业秩序就会出现混乱，伤人伤己害企业，竣工的工程大多会是个"豆腐渣"工程，最后必然会殃及国家财产和人民生命。

违章发牌也是一个两难的选择，职工怕发牌，管理者不愿意发牌，前者担心受处罚，后者不想得罪下属，而领导顾及工作受影响。如果让包保干部自行决定是否发牌，这个牌则很可能束之高阁，并不出手，很难发出去，难以达到治理现场作业秩序的目的，所谓严格管理就变成了一句空话。因此，确定发牌数量是顺理成章的无可非议之举。当然，并不是说发牌越多越好，牌发多了，会伤人；发得过少，既达不到目的，最终也会害人，如何正确确定发牌任务，使之合情、合理、合法，是管理者慎重客观理性应对的一个课题。

(2)不吹“哨”是讲面子丢里子，好人主义背后是害人主义。

有人把作业现场发牌称作吹“哨”，有一定道理。一个管理者肩负管理企业之责，既是执法者，也是守法者，如果面对违章作业充耳不闻，视而不见，不吹“哨”、不举牌，是失职，是不作为，是没有遵守管理企业的章法。面对违章现象，举牌制止，是“伤”了个人，救了企业，救了更多的大众群体。“伤”个人是“伤”了其口袋的金钱，但挽救的很可能是他的生命。取悦少数，丢了多数，是管理上的以小失大，得不偿失；执法者变成了管理现场的“盲人”，是面对个体及群体于“水火”而不施救的麻木不仁者。俗话讲：“当官不为民做主，不如回家卖红薯”。这样的不作为干部还是越少越好。“监控得力会控制违章总量，最后受益的还是企业，还是员工”。

(3)吹“黑哨”，是安全管理执法上的乱作为，势必变成干群关系情绪对立的“导火索”。

经常会听到现场员工的抱怨：“我今天上班后忘了擦桌子，被包保干部发了白牌”；“我们值班室地上有个烟头，结果得了张黄牌，扣了200元”。实际上，包保干部发卫生牌、环境牌，是管理上的随意性表现，是小题大做、乱贴标签的乱作为。试想，足球比赛上轻微冲撞，常常被裁判员口头警告，并不掏牌，而这种执法本身是面对较轻违章进行的，是一种人性化的批评教育，是区别对待的理性选择。那么，我们员工中出现的不规范行为，忽略环境卫生的现象，并非作业规章的范畴，充其量只是教育提醒的问题，不可将二者混为一谈，“不分青红皂白各扣5斗红高粱”的做法不可取。企业现场管理的简单化、庸俗化，是管理者素养的客观折射，长此以往，势必伤害职工利益，造成干群关系的严重对立，自觉不自觉地处在员工的对立面。安全管理必须有理有力有节，处之有度，操之有情很有必要，任何拿伤害员工利益当儿戏的做法都是万万要不得的。

102. 警惕安全风险小概率事件

安全风险管理提出了一个实施预警管理和风险识别的说法。说白了，预警管理就是关口前移、“无病早防”，“多看两步棋”；风险识别就是对事故隐患有消于未萌、释于未发的本事，“一冒芽就掐尖”。比如小风险、小疏漏，涉及面大，数量多，人员广，但绝不能说“虱子多了不咬，欠账多了不愁”，小风险虽然在一定程度上不会必然造成重大事故，但疏忽大意、不予管控、不加理睬，小风险的累加也会捅大娄子。正如一句名言所说：“细节是这样一种东西，轻视它会惩罚，太重视它，又干不了大事。”

被称为20世纪西方文化的三大发明之一的墨菲定律告诉了我们这一道理：

墨菲是美国空军上尉工程师，1949年在进行火箭减速超重试验时，将测量仪表装反，结果造成仪器失灵火箭发射故障而失败。事件说明，做一件事有多种方法，而其中一种方法会造成事故，那么肯定会出现这种倒霉蛋。也就是说，一件事容易出岔子，就肯定有可能出岔子——技术风险能使可能性变成风险性——别忽略小概率事件。

对墨菲定律应从8个方面进行解读：

(1)不管科技多发达，事故也有可能发生。解决问题的手段越高明，意想不到的麻烦也会存在。

(2)凡事容易出错，就一定会有“愣头青”钻进“死胡同”。

(3)事故会让“马大哈”知道它的厉害——周密很重要。

(4)好的开始，未必会有好的结果；坏的开始，往往结果会更糟。

(5)人算不如天算，“上山路多终遇虎”，小概率在起作用。

(6)携情侣出游，怕被人看见，越会遇到熟人——“冤家路窄”的缘由在于见面频率太高。

(7)一分钟有多久？这看你蹲在厕所里，还是等在厕所外——做事耐心很重要。

(8)侥幸心理是造成小概率事故的根源。

墨菲定律的告诫，还反映在对工作的不同态度上，如果你工作态度是消极的，既然纰漏难以避免就肯定过不去；假如你工作态度是积极的，就会高度警觉，严防或推迟事故的发生——路由自己选择。

一则“硬币如何着地”的短文将告诉你这方面的奥秘：

手拿一个一元的硬币，往空中抛，如果按规矩去抛，硬币正面朝上；如随意乱抛，硬币有可能背面朝上。但这两种状态都不会造成问题。现在开始：1次，正面；2次，正面；3次，背面；4次，正面……10次，30次，80次，100次，500次，700次，1 000次，3 000次，5 000次……如果有人向你发问，硬币抛的次数多的话，会不会出现第三种情况？答案是肯定的。

当人们抛到将近 9 000 次的时候，奇异的现象出现了：硬币在地上立住啦！硬币立起来就是非常状态，非常情况就是大事故！

但是，硬币立起来有 4 个前提：硬币的楞必须先着地；着地的点适合它立起来；这时没有刮风；没有外力将它放平。如果这 4 条都成立的话，硬币就会立起来。有人不禁会问：是否抛的 9 000 次就会立起来一次呢？答案是否定的。假如你试一把的话，有可能抛了 7 次硬币就立起来了。然后又继续抛了两万次，硬币一直处于躺平状态。硬币直立就是小概率事故。

这里有个另版的"马蹄效应"的真实故事：

英国国王理查三世和公爵亨利准备决一死战，这场决斗将决定由谁来统治英国。决斗进行的当天早上，理查三世派了一个马夫，令他备好自己最喜欢的战马。

"快点给它钉上铁蹄！"马夫对铁匠说："国王希望骑着它打头阵。"铁匠回答："那你得等等了。前几天我替国王把其他的马全都钉了铁蹄，现在已经没有制作铁蹄的铁片了，我得再去找一些来才行。"马夫不耐烦地吼道："我等不及了！"

一脸无奈的铁匠，只好赶紧埋头干活。他用一根铁条做了四个铁蹄，把它们敲平、整形，固定在马蹄上后开始钉钉子。钉了三个铁蹄后，铁匠发现没有足够的钉子钉第四个铁蹄，他原本准备再制作一根钉子，但由于马夫不断催促，铁匠只好暂时将铁蹄挂在马蹄下。

两军交锋之际，理查国王就在军阵中冲锋陷阵，指挥士兵迎战敌人。远远的，他看见在战场另一头的几个士兵退却了，他心想如果别人看见他们这样也会后退的，所以他快速冲向那个缺口，召唤士兵调头战斗。

没料到，当理查国王还走不到一半，坐骑脚上挂着的铁蹄便掉了，战马跌翻在地，他也被摔在地上。

理查国王还没来得及抓住缰绳，他惊恐的战马就已跳起来逃走了。他环顾四周，发现他的士兵纷纷转身撤退，亨利的军队已包围了上来。他在空中挥舞宝剑，气急败坏地喊道："都是那匹马！我的国家倾覆竟然只是因为这一匹马！"

有人可能知道，管理学有个 90/10 法则，简单说，就是生活的 10%，是客观因素给你造成的事端，是你不可左右的，而另外的 90%则由你对所发生的事情如何反应所决定。"90/10 法则"的内在含义：我们确确实实无法控制客观外界的社会因素、自然因素给我们生活造成的"牵累"和影响，如我们靠一己之力无法面对市场物价的波动，也无法扭转社会治安问题的侵扰，更无法阻止我们的汽车、住房、家用电器一天天变旧老化。另外的 90%就不同了，你完全可以决定这另外的90%。

这儿有个真实的事例：35年前，某机务段有一个机车检修工，直率，“横声粗气”，家住在距市70余里的农村，一个周末开工时，突然向工长提出要求提前回家。工长答复他：“今天机车洗修范围大、零活多，必须干完活再说。”该检修工对工长回答很不满意，心里“窝”了一肚子火，干活时“摔摔打打”，粗枝大叶，不是拿工具、机件出气，就是简化作业程序，一门心思想抓紧干完活回家看望生病的老人。结果，慌中出错，两个机车“鼠尾销”未装，交车出库前，验收员未能发现，工长也没有检查出其中的疏漏。

机车挂车运行不足60公里，灾祸降临，一侧伐装置散落，机车大破，整列货车瘫痪在线路上，构成行车大事故。这时，那个检修工刚骑车走进家门，还未问候老人一句话，就被段上派去的汽车“请”了回来。

到事故现场，他从月牙板一侧拿出那两支未装上的“鼠尾销”，十分后悔地说：“千错万错都是我的错，请领导处分我吧！”是谁造成了这么糟糕的后果呢？

答案是检修工自己。他对提前回家被拒绝一事反应方式有问题。

不妨换一种反应。比如想提前回家，先平气静气地给工长说明老人生病需要早点回去看望的原因，假如工长因机车洗修任务繁重没有答应，也需要面对现实，放宽心，沉住气，不烦不躁，一板一眼，作业不为心情所累，处事不惊、临急不乱把活干彻底才是最好的选择。如果这样做，洗修活没耽误，老人也提前得到照顾，肯定是两全其美。

凡事举一反三，工长也有自我调整的责任，检修工请假需问明事由，灵活处理，周全应对。确因工作摆不开，也应耐心解释，打通思想，而且作业中注意补位，细致察看该员工的神态举动，以及作业完了的质量检查，避免“偷工减料”慌不循距的现象发生。

同样一件事，却有完全不同的结果，主要是反应方式的不同。你控制不了所发生的10%，也就是洗修活的多少和老人的病状；但你完全可以通过你的反应决定剩余的90%，防止事态的扩大以及事故的发生。也就是说，“生活里有10%的事是既定事实，剩下的90%的事情取决于我们的行为。”拿破仑讲过：“习惯可以成就一个人，也可以摧毁一个人”。千万记住：调适你的反应方式！

古代“曲突徙薪”的典故其实就是一种风险告诫：

古时候，一老农正在家中做午饭，突然听到有人敲门，开门一看，原来是邻村老朋友路过造访。将客人迎进屋中，老农边烧灶做饭边与老友攀谈起来。闲聊时，朋友突然严肃地提示道：“哎，老伙计，你这灶间烟筒太短了，应加长一点，再做个弯头，不然做饭时火星冒出来易失火的。再说你将大堆柴草放在屋中很危险，应将其移到院内，用多少取多少。”老农不以为然，漫不经心地说：“十几年前我就用这烟灶做饭，屋内柴草数年如一日常堆在这里，很方便，未曾发生过任何灾祸。”

数日后，老农晚间做饭时，突然发生火灾。邻里发现后蜂拥而至，迅速将火扑灭。

为答谢乡邻的救火之恩，某日，老农置办一酒席，席间，老农将数位衣衫被烧得不成样子的邻居奉为上宾，举杯致谢。不料，一邻居突然提醒道：“老兄，你请的客人还少一位呢？那人才最应该坐上座。”老农莫名其妙，回答道：“不缺人嘛！救火的都入座了。”邻居高声点拨：“那天让你改烟筒、移柴草的老朋友，你听了他的话，还会发生火灾吗？”老农顿悟，一拍脑门：“犯傻！这把火还没让我变得聪明点儿。等等，我马上去请。”言罢，老农一溜烟出了门。

有句俗言讲：“救火的是英雄，让火着不起来的是大英雄。”阎锡山说得很深刻：“大错成于渐，大病成于微，大患成于细，大富积于零”。“未病须得防，既病须得疗，病愈须得养”。我们面临的许多灾祸，不是没法防，而是没去想。有人常常颠倒了预防和处置的关系，只重视事后处置，忽视了事中控制，特别是忘记了事前预防，结果出现了“曲突徒薪无恩泽，焦头烂额为上客”的难堪局面，安全防范如同下棋，应“走一想二眼观三”，多讲“未雨绸缪”，少搞“亡羊补牢”；多打预防针，少当事后诸葛亮，高防胜于高治。

一段“多数人弄错因果”的侃语，让人笑罢引发很多思考：

人最清醒时：灾难降临后，东窗事发后，大祸临头后，重病缠身后，遭遇挫折后。

人最糊涂时：春风得意时，忘乎所以时，有权专横时，过度自信时，漫不经心时，想占便宜时，老年痴呆时。

103.“扫雷”搞定“埋雷”的

美国管理大师泰罗提出了“例外原理”这一管理学命题，他认为，有些事故带有偶然性、突发性，猝不及防，防不胜防，实际一琢磨，并非如此。偶发也有必然性，是“意料之外，情理之中”，关键是我们被挫折吓怕了，脑子被老框框“囚”住了，缺乏打破陈规、突破现状的能力。应适时“让思维的大脑拐个弯儿，转转向”，一条路走不通时，就转换途径，因为世界上并没有死胡同。

安全风险管理要常抓常新，常抓不懈，五个重点（重点人、岗位、设备、环节和时间段）也不是固定不变的，它是动态的，重点和非重点是相互转化的，此消彼长的，往往会“按下葫芦起来瓢”。实施体现“二八法则”也不能机械僵化，重点和非重点、关键和非关键、安全处所和隐患多发处所之间，你一不小心，就换了个。你作为扫地雷的不可怕埋地雷的，既要琢磨他正常情况下会将地雷埋在什么地方，也应预判他不按常理出牌时又会将地雷埋在哪里。

应该说，安全风险管理要抓动态，动态抓，灵活控制，随时分析，准确研判，严密防范，控制“常见病”，减少“多发病”。应急处置也需前移，非正常情况备有预案，超前处置。不管埋“雷”的搞出什么新花样，都可以搞定他。

一则“阿喀琉斯脚后跟致命”的故事告诉了我们疏于防范的遗憾：

古希腊神话中有一位伟大的英雄阿喀琉斯，他有着超乎普通人的神力和刀枪不入的身体，在激烈的特洛伊之战中无往不胜，取得了赫赫战功。但就在阿喀琉斯攻占特洛伊城奋勇作战之际，站在对手一边的太阳神阿波罗悄悄一箭射中了伟大的阿喀琉斯。

原来这支箭射中了阿喀琉斯的脚后跟，这是他全身唯一的弱点。在他还是婴儿的时候，他的母亲、海洋女神特提斯曾捏着他的右脚后跟，把他浸在神奇的斯提克斯河中，被河水浸过的身体变得刀枪不入，近乎于神。可那个被母亲捏着的脚后跟由于浸不到水，成了阿喀琉斯全身唯一的弱点。母亲造成的这惟一弱点要了儿子的命。

由于局部细微的弱点而导致全局的崩溃，就是这则故事所揭示的道理。在管理过程中，无论是战略决策还是具体作业控制，很多失败都是由于细微的失误造成的。

2009 年 2 月 22 号，山西省某国有煤矿一声爆炸震惊全国，矿难死亡 70 余人，这次瓦斯爆炸引发的事故结束了该矿长达几十年安全无事故的历史，连该省矿业“擦的最亮的这块玻璃震碎了”，全国采煤设备最先进、该省最干净的矿井也沾染了“血迹”。事发后，国家安全监察总局局长一行迅速赶往事故现场，调查原因，处理善后。调查事故原因时，有关领导询问带队下井的队长：“你们下井带着瓦斯报警器没有？”队长回答：“报告领导，我们带着 3 台瓦斯报警器，我一台，安全员有一台，井下也装有一台，设备是全国一流的。”领导接着追问：“那为什么没报警就爆炸了呢？”队长莫名其妙：“我真得搞不清楚！”

后来经调查得知，该矿的瓦斯报警器购置数年后一直没有按期检修过，早已失效了。这好比一个人得了感冒，烧到 38 度，突然想起家中还有感冒药，服药两小时后，不仅没退热反而又持续高烧到 39.5 度。患者这才记起，药是 3 年前买的，早已过期。

在该矿事故鉴定会上，国家安监总局领导大声疾呼："设备再先进，人的因素也是第一位。决定煤矿安全的首要因素是人，不是物！"

一则安全帽藏"猫腻"存隐患的真实案例，也揭示了扫"地雷"同埋"地雷"的一场较量：

某供电段李副段长参加完现场施工作业返段时，将一顶自己刚戴过的安全帽也带回了单位办公室。

翌日，在段安委会上，李副段长突然向段材料科长发难："赵科长，咱段职工的安全帽从哪儿买的？"那位赵科长不明底细，含糊其辞。李段继续放炮："如果是国有大企业生产的安全帽，是50元一个；如果是从自由市场购买的，那20元就可以买到。我并没有说你们有人吃回扣，我没根据。但我要告诉你，昨天我带回来的安全帽，被我用拳头轻轻一敲，砸了稀巴烂。你们采购这样的劳保用品，是拿职工生命当儿戏"！李段停顿了一下，环顾会场又继续问道："安全科长，现场电力工用的安全带，多长时间进行一次疲劳拉力试验？""报告李段，旧型号安全带半年进行一次拉力试验，现在已换发新型号安全带。"安全科长是业务通，难不倒他。李段并未罢休，继续追根究底："请问科长，新型号多长时间进行一次拉力试验？""给李段汇报，新型号质量好，没有时间规定。"安全科长轻松作答。"新型号就没损坏那一天吗？没规定你也要给我定个规定！"李段一锤定音。

第三天，现场劣质的安全帽被收回，换发了质量好的产品；安全带也确定了试验周期。在周一大交班会上，段长、党委书记力挺李副段长："李段做得好，我们完全赞同。安全第一不是口号，必须落实到每个环节、每个角落，进行全覆盖。"

三个月后，该段段长、党委书记正在研究工作时，突然电话响起。段长拿起电话，一个急促声音传来："报告领导，我们车间发生一件职工死亡。""是电死的还是摔死的？没办停电手续吗？"段长急得都岔了声。"报告领导，全不是。办了停电手续，也没有上错杆。再说安全带、安全帽都佩戴着，但是人死在杆上了！"话筒里车间主任的声音充满着委屈。"好，我们马上过去。"段长边说边扔下了电话。

施工现场，紧张的空气快要爆炸。段长、党委书记发现死者确实死在电杆上，作业时按规定使用劳保用具，而且其他职工一个人上一棵杆，都未出现问题。二位领导立即下令："马上通知死者家属，他家属在哪儿上班？"劳资科给出了答复："死者父母都是公安局的。"段长立即被气蒙了，指着车间主任鼻子喊道："告诉你，死这个人比死爹还难办！你懂不懂？"

果然不出所料，死者父母听到信息，带领十多个亲友，直奔车间要儿子，在车间及段机关大闹十几天,全段上下没有安宁之时。

这时,有个中层干部坐不住了,找到两位领导献计策:"我们不能被动挨打,既然不是工伤死亡就不必害怕,应找铁路法医进行尸体鉴定。"法医来了,紧张工作后出具了鉴定证明:"尚未发现死者有电击及其他外伤痕迹,排除工伤死亡可能,属自然死亡。"

鉴定结果交到死者家属手里,其理由也很充分:"铁路员工死亡,让铁路法医鉴定,这是铁铁相护、官官相护,不足为凭!你们这是既当运动员,又当裁判员。我们请求省高检法医进行尸体解剖。"

第二天是个星期五,8点半刚过,省高检、高法的法医应邀来到火葬场停尸房,因尸体未化冻解剖无法进行。法医临走时,留下嘱咐:"周日上午将尸体移出冰柜,用一天一夜时间充分解冻。我们下周一上午再来。"

正当段长、党委书记愁眉不展时,有两位车间干部闯进来:"领导,我们不能被人牵着鼻子走。肚里没病死不了人,我们安全防护是到位的,既然人死了说明另有隐情。我们听班组职工反映,死者生前表现不错,但身体不太好,经常头疼。"党委书记听罢眼睛一亮:"马上让劳资科查一下死者入路前是做什么工作的,找一找线索。"段长微微点头,随后作了认真布置。

死者档案被翻出来,记载很清楚:曾为武警战士,入路前,在某市武警部队服役。随后,顺藤摸瓜,找到了死者服役所在的某武警部队所属医院。一份医疗档案赫然在目,揭开了谜底:死者曾患有脑肿瘤,手术不太成功。术后,仍有头疼发作的症状。

第二天晚间,段长、党委书记带着礼品到死者家中拜访。段长开门见山:"孩子的不幸让我们都很难过,是你们的孩子,也是我们的职工啊!你们儿子在段里是个好职工,人缘好干活勤快。但是听人说,他身体不太好,你们也回忆一下,孩子过去得过什么病没有?做过手术吗?"死者父母闻之,微微一震。暗忖:"难道孩子做过脑瘤手术的事单位听说了?"党委书记见状马上接过话茬:"这个不幸我们谁也不愿看到。既然发生了,我们应冷静面对。虽然不是因公死亡,我们可以比照该条款对待,因公死亡给多少补贴,我们可以照此办理。今后家里有何困难,段里随时可以提供帮助。但是,不属于工伤,我们如坦承下来,领导受处分是小事,全段三千多员工要受连累,起码三个月的奖金全免了。这种后果恐怕你们也不愿意看到。再说解剖,我们并没顾忌。但是人已经没了,再开肠破肚,你们愿意走这一步吗?"党委书记恳切的话语深深打动了死者父母,他们"就坡下驴"承认了儿子生前患脑瘤,术后不愈造成作业时发病死亡的事实。

这个真实的案例历经种种波折,终于画上了句号。故事初始,劳保用品采购员在埋“雷”，李副段长在扫“雷”；安全科干部在埋“雷”，李副段长在扫“雷”；死亡事件发生前后，有关武警部队在埋“雷”，有关中层干部在提供扫“雷”用具，铁路公安处法医在排“雷”；后来，死者在埋“雷”，车间干部揭示“雷区”线路图，段长、党委书记亲自排“雷”。说穿了，高风险企业实际是一场埋“雷”和扫“雷”的博弈。

《君主论》的作者马基雅维里说过这样的话：“君主应当同时具有狮子和狐狸双重本领：狮子有足够的实力威慑野兽，狐狸懂得躲避猎人的陷阱”。实际上，高风险企业的领导者应具备丰厚的管理技巧熟练驾驭职场，又应有非凡的扫“雷”本领，这样，才能驰骋在错综复杂的“雷”区。

有位大型企业的老总对自己的职责从三个方面进行定位：“第一，看别人看不到的地方；第二，算别人算不清的账；第三，管别人不管的事情。”

对于第一点，“看别人看不到的地方”，我理解就是作为企业主要领导者，应长就一双慧眼，有很强的观察力、洞察力，看过《狮子王》的人，应觉得他们应具有这样的形象，“既无狮子的威猛，也无老虎的凶悍，更无猎豹的速度，但是，它们有着对生存的强烈渴望。它们在复杂多变的环境中，修炼出对危险和机会特殊的直觉，它们四处奔跑，永不疲倦；它们靠敏锐的嗅觉、快捷的行动，巧妙地避开陷阱，迅速抓住猎物。”

假如你是高明的企业领导者，就应具备超人的素质，既能观察事物的正面，也能透视其反面，看到消极的东西；看到主流，认识起主导作用的因素，也能看到类似针头线脑的微小腐蚀物，防止其蔓延成灾，侵害企业健康的肌体。在企业管理活动中，潜藏的纰漏和隐患太多，它们隐蔽在组织指挥系统的“软肋”之间，附着在各个管理环节的夹缝之中，也渗透在生产作业的具体过程里面，忽视它们的存在，看不到其危害性和泛滥速度，就会贻误我们企业自身。

高明的企业领导者也应该是熟练驾驭工作局面，精通管理活动规律的企业家，人们知道，企业管理有漏洞是正常的，没有漏洞是不现实的。关键是领导者要把握漏洞的产生、扩大和防范规律，尤其要从自然因素、人们心理活动因素、经营管理因素中找到漏洞滋生、繁衍的温床，从根本上从源头去铲除它、堵塞它。

有一句话说得好：“人站在房顶上是发现不了新漏洞的”。领导者要有重心下沉、“一竿子插到底”的作风，“看别人所不会看，察别人所不愿察”，在强化企业执行力、落实力上下功夫，见高低。既要有巡视大堤的工作习惯，也要有发现“蚁穴”的功底，更要具备堵塞根除“管涌”的本领，绝不能像老木匠给“虫蛀眼”灌注生石灰那样“简单处理”，给企业的“擎天柱”埋下隐患。

至于“算别人算不清的账”这一职责也尤为重要。前面曾经讲过，1996年朱镕基总理总结的防汛公式：99％的努力＋1％的管理＝0。可见，作为企业老总，必须要用100％的力度去堵1％的漏洞。大家知道，水温升到99℃，还不是开水，其价值有限；若再加一把柴，让它再升高1℃，水就会沸腾，并产生水蒸气来开动机器，巨大的经济效益就会到手。有100个作业环节，如果99个都做得好，一个环节稍有差池，而这一环节就可能对一条运输线路、一个单位、一个人产生100％的影响。

企业领导者，从某种意义上讲，也是“不管部”部长，“管别人不管的事情”。这一职责范围往往是管理的“结合部”。

企业里“两不管”、“三不管”的结合部很多：两个部门、两个人职责的交叉点、分界点，有关各方唯恐多干一点，伤神费力，视分工为“分家”，“自扫门前雪”的思想在作怪；视分界为“雷区”，担心“越位”，不敢逾雷池一步，害怕背后被人说三道四，认为出“风头”、有“想法”。比如企业里分管安全与分管技术、分管工程的，管经营与管多经的，管办公室与管后勤的，往往工作交叉，存在结合部位。两个重要活动或两项施工作业衔接期间也容易出现结合部或空挡，一个重要活动或施工完了，尚未总结落幕，还有遗留工作，句号没有画圆；新的活动和施工刚刚提出，没有郑重宣布，计划、日程、步骤尚无明确、完善，这时，往往人员懈怠，管理松弛，节奏迟缓，漏洞、疏失、违规现象会接踵而至，甚至不经意间会跌一跤。副职分工变化或中层新老交替也是出现结合部的易发时段，尚未结束的工作因为领导变换暂时中止，下边盯着上边，猜想是否会“一个将军一个令”；刚刚履新的领导正处在了解情况、熟悉人员期间，不想下车伊始，冒昧出手，这时，事故往往会与“空档”套近乎，如果主要领导不加干预，结果就会可想而知。

显然，企业老总们应该明白，这些结合部就是空档、就是真空地带，是别人不愿出手、不便出手的地方，也是漏洞甚至是事故的易发时机和区域。你这时应该立即出手，“管别人不管的事情”，将管理触角伸向这些薄弱环节，及时干预，迅速消除，以免后患。

当然，对于其他方面的漏洞，领导者也不能袖手旁观，应动员组织各级管理者和工作骨干，群策群力，层层设防，打一场杜绝防范漏洞的歼灭战。

104. 消除惰性，让拉丁鱼游动起来

大家知道，管理者搞管理绝不应事事大包大揽、事必躬亲、亲历亲为，但

是，管理者授权后也需要盯过程。有这样一段名言："授权就像打篮球，不是把球交到谁手里，责任就是谁的，管理者就无事可做了，还一定要考虑整体局势，进行有效控制。"管理学家史坦普也告诉我们，授权之后并非是不再管任何事。

我们企业有些领导者对职责理解上有偏颇之处，认为领导层是抓宏观的，要的是结果；车间、班组的管理者是抓微观的，盯的是过程。实际上，领导工作实践中以小见大、抓早防出，"窥一斑而见全豹"，既是抓微观，也是抓宏观；选准入手点，以点带面体现的也是从微观着眼，驾驭宏观、掌控全局的一种方法。

源于误解，有的领导者着重指挥，不善操作；擅长会议推动，不愿实际指导；习惯要结果，很少问过程。

有一句话对领导工作技巧进行了透彻的诠释：抓而不紧，等于不抓；抓而不实，等于瞎抓；抓而无效，等于白抓。实际上，这句话侧重于对领导者抓微观的必要性和状态进行了明白无误的剖析。确实，在好多人的概念中，大人物都是动脑动嘴，大框框一定，小框框不管；小人物都是动手动腿，实际操作干小活的印象。实际情况，也不尽然。十大开国元帅中，建国前经常到一线指挥打冲锋、夺山头的大有人在，只不过你不知道而已。就连毛泽东主席在井冈山、在长征途中，也是抓战术抓过程的样板。不久前，有位省委书记发出这样的感慨：当省长是觉不够睡，当书记是睡不着觉。省级主要领导职位不能说不高，但省长仍在操心费力地抓落实，以至搭进去了不少休息时间；省委书记绞尽脑汁思考如何决策，如何推动执行力的提升，这里既有抓宏观的体现，也饱含抓过程的力度，"你中有我，我中有你"，二者之间并行不悖，不可能有明显的界线。

再说，我们基层站段作为生产一线单位，除了年初确定大的宏观决策以外，不可能每天都在琢磨大的工作套路，也不需要经常调整修改既定的章法。"战略一旦确定，战术就是决定的因素"，我们领导者的主要精力就要投放在决策的实施上。

过去还有个"鲶鱼效应"的说法，是讲过去挪威人去外海捕到拉丁鱼后，将其放进船的鱼槽里带到岸上，经过几天的海上奔波，运到岸上卖给顾客后，大家反映鱼味不鲜美，不怎么受欢迎。问题出在哪里呢？后来发现拉丁鱼惰性很强，呆在鱼槽里几天几夜不动弹，直接造成肉质下降。原因找到后，挪威渔民便在盛有拉丁鱼的鱼槽里放进几条它们的天敌——鲶鱼。拉丁鱼一看鲶鱼来了，吓得不停地乱跑乱窜。结果，惰性消除了，拉丁鱼味不鲜美的问题迎刃而解。何为惰性？一种元素不容易同其他元素和化合物化合叫惰性。惰性人人都有，只不过是多少不同，惰性强的人往往思维不转、观念不换、行动迟缓、反应甚慢，属于泥菩萨的屁股——推不动。要想克服必须有点外界压力，给他点紧迫感，让其有点“事已临头，必须为之”的意识，时间观念一提升，什么灵感、状态、主动性就会有了。

有一个不少人都知道的真实故事，说明了这一道理：

一个在日本打工的中国留学生，同其他留学生一样，在课余为日本餐馆洗盘子以赚取学费。日本的餐饮业有一个不成文的行规，即餐馆的盘子必须用水洗上七遍。由于洗盘子的工作是按件计酬的，这位留学生一天累下来，也得不了多少工钱。于是他计上心头，以后洗盘子时便少洗一两遍。果然，劳动效率便大大提高，他也因此受到老板的器重，工钱自然也迅速增加。一起洗盘子赚学费的日本学生便向他请教技巧。他毫不避讳，说：“你看，洗了七遍的盘子和洗了五遍的有什么区别吗？少洗两次嘛。”日本学生诺诺，却与他渐渐疏远了。

日本人看人，有两个预先推定：一个，你是无罪的；另一个，你是诚实的。所以，餐馆老板只是偶尔抽查一下盘子清洗的情况。一次抽查中，老板用专用的试纸测出盘子清洗程度不够并责问我们这位留学生时，他振振有词：“洗五遍和洗七遍不是一样保持了盘子的清洁吗？”老板只是淡淡地说：“你是一个不守规矩的人，请你离开。”这位留学生走到大街，仍然愤愤不平，举起拳头对着日本餐馆高声发泄愤怒。

为了生计，他又到该社区的另一家餐馆应聘洗盘子。这位老板打量了他半天，才说：“你就是那位只洗五遍盘子的中国留学生吧。对不起，我们不需要！”第二家、第三家……他屡屡碰壁。不仅如此，他的房东不久也要求他退房，原因是他的“名声”对其他住户的工作产生了不良影响。他就读的学校也专门找他谈话，希望他能转到其他学校去，因为他影响了学校的生源。万般无奈，他只好收拾行李搬到了另一座城市，一切重新开始。他痛心疾首地告诫准备到日本留学的中国学生：“在日本洗盘子，一定要洗七遍呀！”

那位留学生为自己的简化作业付出了代价，但在现实工作中，还有一些人还为自己的消极行为未被人察觉而暗中窃喜，自诩高明过人。

一般来说，领导在评价员工的基本素养和能力才干时，往往把其工作过程中综合表现放在重要位置，这主要是人们之间接触时空的差异，毕竟工作时间打交道的时间最多，观察最仔细，员工的日常作业状态成了领导对员工的直接认定标准。这样，如果员工自觉不自觉地养成了简化作业、草率行事的工作习惯，到头来恐怕会像那位留学生一样，出现害人害己、“一损俱损”的后果。

海尔集团的张瑞敏说过一段入木三分而且入情入理的话：“什么叫不简

单？把简单的事千百遍地做好就是不简单；什么叫不容易？把容易的事千百遍地做好就叫不容易。”管理学的赫勒法则认为：“人知道自身工作有人监督会加倍努力；没有有效的监督，就没有工作动力。”

有人讲，作业现场历来有三部分人组成：主动做的人；被动做的人；光捣蛋不做事的人。对三种人应有三种不同的管法，“有能力也主动做的下属，让他做；缺能力或做不好的下属，帮他做；光说不练、调皮捣蛋的下属，管理他。”“道理是给通情达理的人讲的，规矩是给歪瓜裂枣定的。”

有人会问：能否让自律和他律揉到一起，结合并用呢？仔细梳理一下，主要有四条：

(1)让“不令而行”的管理方式大行其道。成功的管理是潜移默化的，不知不觉的，是在对方毫无觉察的情况下心弦受到拨动。周恩来总理讲过：“一个好的领导让人感觉不到他在领导。”日本的横山法则提出：“好的管理是触发被管理者的自我管理。”有时不免让机制起作用，充实、增加富有文化的内涵。某单位组织荣获作业标准化称号的员工，携家属和孩子外出旅游。孩子回校后兴高采烈地向同学炫耀自己的所见所闻。有的同学听后回到家里询问父亲：“你什么时候被评为先进？那时让我也有外出游玩的机会。”大人闻之，愕然。从此，在孩子的刺激下，奋发工作，严于自律。

(2)有效控制建立在刚柔相济、恩威并重的基础之上。现场管理是惩罚和宽恕相互结合、相辅相成的，应让领导管理意图和职工意愿自然而然地融合，上下心心相容，心心相印，感同身受地发酵并发挥作用。管理者应将“大棒”和“胡萝卜”两种东西都带在身上，常用柔的心怀去强化员工的“软肋”。“铁面孔、铁心肠、铁手腕”不可取，“宁听骂声，不听哭声”的说法也要讲分寸感、尺度感，“感人心者，莫先乎情”，严之有情、处之有道是我们管理应追寻的境界。

(3)将管理环境变成一个大磁场。“用心多于用脑，诚意大于技巧。”采用“润物细无声”的管理教育方式影响下属，影响职工，变管理现场为强大磁场，靠强大的吸引力、感染力让员工不由自主地按规矩办事，按铁路高、大、半的精神行事。领导者、管理者有了领袖魅力，员工会有责任修养。适度的工作压力是必要的，过大的人际关系压力是有害的。

(4)掌握“黄金分割点”，体现宽严适度。处理人不可赶浪头，搞突击式、运动式的大面积处置，更不可无限度地株连。处理人是很慎重的事，过轻了，是隔靴搔痒；过重了，会伤及脸面，失掉自信。不能因下属脾气、态度、长相、好恶的差异，无原则延伸至工作层面上。有的违章者能够认识错误，并有改过的决心就应适情从轻发落，给人以出路，防止别人偶尔轻微出错，便喋喋不休地追究指责，甚至“赶尽杀绝”，一棍子打死。

105. 台账、报表过多是给管理帮"倒忙"

车间、班组负担过重是个不争的事实。有的单位从某种程度上讲，台账成柜，报表成堆，负担如山，头绪如麻，一线管理人员议论纷纷，怨声载道。

车间班组负担过重会造成主要精力严重走偏，四分之一的时间做与中心工作有关的事，四分之三的时间应付检查，填写台账，迎来送往，开会布置，用发文件来贯彻文件，用开会来落实会议精神，干了不少劳而无功、劳而无效、"白忙活"的事。

台账、报表过多的原因何在呢？冷静客观地分析很有必要：

(1)出发点是好的，动机应该肯定。应该说，建立必要的管理台账、报表并没有错，但我们共产党人是动机和效果的统一论者，动机好未必都是好效果，方法常常很重要，如果桥是"豆腐渣工程"，船是"破"的，过河就是空话。

(2)防止事与愿违。必要的形式可以有，但形式不可往前多走一步，多走一步就是形式主义，会走向反面，造成牵累中心工作的消极后果。列宁讲过："本来是想去拜访真理，结果走到了真正的隔壁。"阴错阳差，拐进了管理的"死胡同"，最后没摘到好"果子"，反而伤了一线管理者和员工的心。

(3)视"责"过度。本来单位"大盘子"有一斤重，但许多部门都认为自己很重要，把自己"一两、二两"的客观应有分量，看成四两重、半斤重，"我这个部门必须让下边建两个台账三个本四张表"，十几个科室都这么干，无形之中一线的管理负担就成了小"山包"。把自身"一亩三分地"看得过重了，忽略了大局，干扰了总目标，转嫁并增多了不适当的管理累赘。一句名言："心用到了，事能成；心用过了，事不成；心用偏了，事也不成。"企业管理中"黄金分割"就是恰如其分，恰到好处，有尺度感、分寸感，但这需要管理智慧。管理成功常常需要"黄金分割点"把握得好，管理遇挫也往往是分割点的偏移。有句箴言："真理和谬误之间、文明和野蛮之间，差距往往只有一步之遥"。实际上，在处理车间、班组管理负担过重问题上也需要智慧、素养和勇气。

现实中的非理性现象需要用管理学的理论来理清：

(1)"奥卡姆剃刀"磨锋利。

车间、班组负担过重的症结使台账、报表过多过滥，变成了一个安全风险因素，甚至成了管理"垃圾"。因此有必要"化繁就简"，用一把"奥卡姆剃刀"去剔除它。

“奥卡姆剃刀”法则也叫简单有效原理，是讲把事情变复杂很简单，把事情变简单很复杂。换句话说，“把复杂的事变简单是智慧，把简单的事弄复杂是犯傻；好钢要用在刀刃上，管理要抓在点子上”。说白一点儿：就是做任何事情，不要人为地复杂化，“应做有价值的事，有价值地做事”。

古希腊有一则寓言：狐狸使出各种手腕想吃掉刺猬，但是刺猬只记住一件事，自己有一身带刺的外衣，千万不能丢掉。尽管狐狸比刺猬聪明，斗争的结果却是刺猬屡战屡胜。

一位管理大师从这则寓言中得到启发，他把人也分为刺猬和狐狸两种：狐狸追求多种目标，其思维是扩散性的，不成体系。刺猬则把复杂的世界简单化成一个简单理念，让它起主导作用。刺猬并不笨，它只是注重本质而忽略其他。

复杂与简单一直是我们在职场中纠结的一对矛盾。事情原本很简单，只是人为地把简单的事情复杂化了：人生原本很快乐，只是人为地增加了很多烦恼。

有位管理大师曾经阐明：“人的境界的四个阶段从低到高分别是：聪明、智慧、天才、简单。”爱因斯坦讲过：“万事万物应尽量简单”。乔布斯也作过同样的诠释：“简单和专注一直是我的一个秘诀。简单可能比复杂更难做到：你必须理清思路，让其变得简单些，最后会证明这是值得的，一旦你做到了，就是创造奇迹。”

用“奥卡姆剃刀”法则审视安全管理：

①一个管理者要用“大块头”的时间处理“大石块”，别左顾右盼；

②一项任务一个会议能讲清楚，别开一连串的会；

③一个台账能记录的事，其余的重复台账都是“废纸”；

④一个电话三分钟能布置完的话，不用开什么会议；

⑤单一内容的会议有相关人员参加，无关人员“陪会”是人力资源的最大浪费；

⑥用名目繁多的活动推动工作，是一种思维陈旧，本身缺乏文化含量，缺少创新力；

⑦一个领导来检查工作，有两个人陪同就够了，过多人员前呼后拥、装门面造声势是走入落伍接待管理的“怪圈”。

(2)“卡贝定律”大有益。

所谓卡贝定律是美国一公司经理卡贝提出来的。该定律用一种现象可阐释。

印度一个原始森林的猎人捉猴子，先制造一木盒，木盒上方开一小口，里面装进去小核桃。猴子来偷吃核桃时将爪子伸进去，抓住核桃，爪子则无法出来，但其贪吃的个性又不肯松开核桃，放弃食物，结果被猎人活捉。人们都笑其愚蠢，猴子为什么不松开爪子、弃果逃命呢？

审视我们的企业管理，会发现许多管理者也在犯同样的错误，把目光盯在自己没有的东西上，拼命去增设、去建立、去获取形式化的东西，全然不顾它对基层站段、对车间班组有没有用，有多大用，会不会带来风险和危机，成为包袱和累赘，甚至丢掉第一位的东西。这也应了一句格言："何为愚笨？做加法，层层叠加地人云亦云；何为杰出？做减法，力求简单地直奔主题。"

(3)"蜕皮效应"讲实理。

"知了猴"从地下钻出，爬到树干上，想展翅高飞前必先蜕皮。"蜕皮是丢弃多余的东西，去掉妨碍安全管理的陈旧行事习惯方式和多余负担"。"知了猴"蜕皮时如被小孩发现，想帮它一把，全给它把皮剥掉了。没想到，事与愿违，强制性的动作伤害了它，"拔苗助长"的结果使它永远不能展翅高飞。说明多余的负担，谁的"孩子"谁抱，谁强加上的"衣衫"谁"脱衣"，不可替代。减负工作必须由相关部门主动为之，应讲清利弊，可引导不可强制包办，更不能"泼洗澡水时连孩子一起泼掉"。

(4)"稻草理论"响警笛。

给骏马身上加一根稻草，毫不反应；又加一根稻草，还无反应；再加一根稻草，也没什么反应……一根根地加上去，总有一天，一根并没多少分量的稻草，放到马背上去的时候，骏马不堪重负，瞬间倒下，瘫倒在地，再也无法爬起来。这就是"稻草理论"给各级管理者发出的警报。企业的车间、班组就像一匹匹骏马，它身上根本驮不动人们日积月累叠加上去的"稻草"，可怜地倒地是它绝命前的抗议。但愿各级管理者放下手中的"稻草"，给企业生存发展更多的生机和活力。

(5)"自吃幼崽效应"最给力。

有只狐狸被猎人用夹子夹住了一个爪子，它毫不犹豫地咬断了那只小腿，然后逃掉了。放弃一条腿，而保全了一条性命，这是狐狸的哲学。实际上人也一样，当竞争的环境迫使我们必须付出惨重代价之时，主动舍次求主，趋利避害，不失为最明智的选择。古人讲："两弊相衡取其轻，两利相权取其重"，恐怕说的就是这个道理。

过去讲，"虎毒不食子"，实际情况也不尽然。据观察，家养母兔产下一窝小兔后，会十分口渴，如这时主人忘记给它喂水，母兔为保命也为多数兔崽的存活，会忍痛割爱，吃掉两个刚产下的小兔。这一原理反映管理者也要有危机意识、忧患意识，在研发新产品生"孩子"的同时，要敢于吃掉、淘汰现有的“孩子”。在减负问题上也应有这一意识，谁多怀了“孩子”谁做“人流”，谁多生了“孩子”谁把他“掐死”！

减负是个老话题，其常常“反弹”、回潮，甚至愈演愈烈，说明其本身是一个痼疾和顽症，是个难题，“老大难，老大难，老大出面就不难”，各级主要领导能否亲自关注、督导是减负成败的关键所在。

首先，党政正职亲自挂帅，指定一行政主管副职牵头主抓。机关主管部门负责人统领，自上而下抓落实才是正确途径。

其次，认识上要有高度，减负需要壮士断腕、断尾求生的勇气和胆略。实施安全风险管理，应集中精力办大事，确保主要精力投向正确，“不能让最要紧的事受不要紧的事摆布”，形式这东西没有不行，多了会形成形式主义，本身是一把双刃剑，可帮你，可害你；可补台，可拆台。

在充分认可各部门良苦用心的同时，引导他们清醒地认识到，负担过重，形式过多会形成基层的累赘，违背原有的初衷，构成新的安全风险，没有时间和精力抓过程管理，本身会帮倒忙。如同一只壁虎被蛇咬住尾巴，如果它富有智慧会丢弃尾巴，迅速脱离险境，保全生命。实际上壁虎丢弃的尾巴就是管理垃圾——繁琐的台账。但现实的情况是“屁股决定脑袋”，上下温差体验区别较大，有些部门听之任之，不痛不痒；一线车间、班组深恶痛绝，叫苦不迭。有人提出：“将台账报表砍掉三分之二还有水分”。现在上下认识统一是前提，上下左右换位思考，感同身受，看清危害，拿出断尾求生的决心，用利器，下猛药，忍痛割爱，保安全，避风险，赢人心。对迟迟不予行动的部门可逼他一把，不拿掉超生的“孩子”就拿掉你！既然六个手指头挠痒痒——多一道子，那就剁掉一个“手指头”！

另外，倡导对车间、班组实行少要多给，少指令多指导，减少规定动作增加自选动作的原则，既要注重给管理空间，让一线活起来，也应强调给营养，让一线管理者健康成长。

106. 用篮球架原理考核安全目标

好多人有喜欢打篮球的爱好和经历，也知道同踢足球相比，篮球入筐要容易得多。原因何在？这主要同篮球架高度有关，如果把篮球架做得有两层楼那样高，你投球就不容易了，那时你参与篮球运动的热情会锐减；反过来，篮球架如果只有普通人那么高，进球毫不费力，你还会去玩它吗？正因为篮球架有一个“蹦蹦高，够得着”的高度，才使篮球成为一个世界性的体育项目。目标有吸引力，人们参与热情才会高，这就是美国管理大师提出的“篮球架”原理。

应该说，安全管理的考核目标也有一个适度、可行而又富有吸引力的问题，有个故事可给予我们诸多启示。

美国加利福尼亚大学的学者做过一个实验：把六只猴子分成三组，每两只关在一间房子里，每间房子里放上同样的食物。第一间房子里，食物搁在地上；第二间房子里，食物悬挂在屋顶上；第三间房子里，食物从易到难悬挂在不同高度的架子上。数日后发现，第一间房子里的猴子一死一伤，第二间房子里的两只猴子全死了，第三间房子里两只猴子活蹦乱跳。

摄像头记录显示：第一间房子里的猴子为了争夺唾手可得的食物，常常互相撕咬扭打，结果一只被活活咬死，另一只遍体鳞伤。第二间房子里的猴子再三努力，终于因食物放得太高，它们够不着而断粮饿死。第三间房子里的猴子先把底层的食物吃光了，再向上面架子继续取食。为了吃到最高层的食物，一只猴子托起另一只猴子，跳跃着取食。它们轮流垫底，每天都能获得足够的食物。

学者们得出结论：猴子的生存与取食的难度有关。食物太容易得到，可能会产生哄抢，导致互相残杀；太难获得，超出取食能力，则等于没有食物；只有循序渐进、从易到难的取食方式，既可以满足取食的需求，又可以提升猴子的智慧和能力。

(1)“没有罗盘的船，往往走不远”，目标确立很重要。

安全管理是一个系统工程，必须各部门、各单位、各工种密切配合，协同作战，任何单打独斗、孤军奋战的个人英雄主义是不可取的，得过且过、随遇而安不可行，自我满足、小进即安的意识也要不得。抓安全须坚持结果和过程并重，将结果作为人们追寻的目标。这个目标是循序渐进的，看得见摸得着的，能够吸眼球，给人不断登攀的信心和意愿。在实现目标的过程中，应将安全生产视作九层高台，引导人们迈小步、不停步，打一仗进一步，跨上一个新台阶。阎锡山说过：“走路之人说慢走强于息，做事亦然。短期之急进，不如长期之继续。”

“一口不能吃个胖子，一担挑不走大山”，任何一蹴而就、毕其功于一役的想法都是难以实现的幻想。

(2)考虑到差异，确立不同的竞赛“场地”。

从铁路诸系统来讲，安全生产的难易程度不同、站段的规模大小不同，需设立富有特点的竞赛规则和指标体系，大一统，“一锅煮”的做法会失之于简单化，使人们丧失参与的兴趣和热情；过于繁琐细密也会将事情弄复杂，将大家引入无休无止的比较和争执之中。因此,切实可行是前提,正确的做法可划分不同的若干系统,在业务性质相近、难易程度相当的基础上,参考历史的最好指标,确立不同等次的规则做几个不同高度的"篮球架",边竞赛,边总结,使之逐步完善。

(3)奖励办法公开、公平,一视同仁。

目标是在大家充分参与之下才能得以实现,充分参与的前提是告之权利的尊重,就像上述故事中分粥办法的改进是在人们七嘴八舌、评头论足的情况下开展一样。员工不是在真空中进行工作,他们总是在不断进行比较。不公平会让他们丧失工作信心和积极性。因此,领导者在确立工作目标和竞赛办法时,员工的作业繁简程度及工作经验、能力、付出劳动的多少等应当获得公平的评价。从某种意义上讲,安全竞赛的公开、公平程度决定了员工参与的广泛性和工作成效优劣,也反映了单位小气候的状况。

第九章　安全心理调节篇——一门开发心智理性应对危机的课程

107. "安全"二字原意含奥秘

人们都知道，安全在高风险企业各项指标中坐着头把交椅，安全第一、预防为主是国家管理生产的基本方针。比如铁路员工从入路那天起就要把安全挂在嘴边，放在心中，落实在行动上。有人问：安全有这么重要吗？我们的身边有没有安全？答案是肯定的。比如旅客跳车、列车严重超员怎么办？有的旅客面对列车员服务随意挑剔、危及运输秩序怎么办？员工当班违章违纪如何处理？发生事故后如何处理现场人员救助和恢复线路畅通的关系？等等。这里有两条需注意：一是安全组织管理问题；二是应抱着什么心态搞管理保安全。

先说什么叫安全？从字面上理解人们大都明白，但说它的本来之义，原有之义，未必每个人都清楚。从文字构成来看，"安"字实际是一张画面十分简洁的古人生活的"照片"，或者是一幅概括性很强的古代妇女的肖像。汉字是象形文字，相传是仓颉先生造字。"宀"好比一座房子，上面的一点就像是"烟囱"，说明有人在房中做饭。一个女子很安详地坐在家中，安安稳稳，悠然自得，家中有女则安。这是一般人从"安"中读出的含义，即家有女子，男人才能心安，才能安乐和稳定。这里"安"有静的意思，"安"是人生的一大祈望，是本源。建国初期，老百姓就把"三十亩地一头牛，老婆孩子热炕头"当做人生的一大基本需求，现实生活中，女子寻求情侣，常常将对方是否有安全感、责任感，作为挑选意中人的基本标准。

人从诞生那天起，寻求安全感就成为一个自然人社会人的天性。发展心理学有句名言："母爱是人生的安全岛"。几个月大的婴儿睡醒后大声哭闹，母亲将其抱起轻轻亲吻、拍打，其哭闹声立刻变小并停止。母亲这个爱抚作用是他人无法替代和等同的。原来婴儿出生后对母体的气味特别亲切敏感，一旦感受到母亲的爱抚，安全感油然而生，烦躁不安的情绪顿时消失。医学家和心理学家合作对大量病例进行调查，作出如下结论：两个怀孕8个月的孕妇，由于意外磕碰住院早产，第一位产妇每天数次让护士将新生婴儿抱来，自己不顾浑身乏力，将宝贝亲自抱起来，亲吻爱抚；第二位产妇只待护士抱来新生儿后看上几眼，并无爱抚举动。最后，前者比后者早出院两到三天。前者的爱抚为母亲的康复和婴儿成长创造了优裕的条件，后者则相反。

在日常生活中，有人对新生儿的成长发育情况不以为然："刚出生几天看不出什么，不是吃奶就是睡觉，连眼睛都不怎么睁的！""是吗？假如你用一块黑布将婴儿的眼睛蒙上六、七天，看看会发生什么情况。"医学家马上对上述说法提出质疑。"大概不会出现什么事情吧？"回应者懵懵懂懂。"告诉你！情况会很严重，孩子长大后简直就是一个盲人。儿时外界危机干扰的后果是终生难以挽回的。"医学家言词确凿，不容反驳。

心理学家告诉我们，人们受到突然惊吓时往往会情不自禁地自觉不自觉地高喊"妈呀"的话语，虽然未必都是当时想到了自己的最亲的人，但是人们是在潜意识里寻求母亲的安全保护。母亲是自己的保护神和第一道防线，这是人类所共有的意识。同样，人们对宿敌和嫉恨的人也往往用"国骂"来回击对方，以发泄自己的愤怒，企图摧毁对方的第一道安全防线。

人们常常听说这样的现象，小偷晚上零点之后从阳台入宅后做的第一件事并非是翻找寻求金钱及贵重物品，而是将外门打开，找到退路，然后再行偷窃之事。如翻找物品过程中主人被惊醒，便迅速逃之夭夭。可见，小偷都将安全感放在第一位。可以想象拥有安全意识是多么重要。

我们从词典中求证，"安"有不受威胁，没有危险，有太平、安稳、安康、安乐、安心、稳定之意，也就是无危为安。

"全"字怎么讲？"全"字上面为"人"，下面为"王"，也就是没伤害、没残缺、无损坏、无损失，主要"零件"不少，"胳膊"、"腿"不少为人中之王的基本条件，也就是无损为全。也可以有另一种解读，"人"的因素是第一位的、顶天的因素，"安全生产大如天，安全责任重于山"。

"安全"是指各种事物（天然、人为）对人不产生危害、不导致危险，不产生损害，不发生事故，运行正常，进展顺畅。因此，有人给本质安全下了一个定义：不伤害别人，不伤害自己，不被别人伤害。安全，用一句话讲：无危为安，无损为全。你"安"，家才能"全"。

我们知道，人是自然人，也是社会人，人是多姿多彩的，也是千变万化的。有句老话："百人百性"；"人过一百，形形色色"。这是讲人的自然形态的多元性、多样性。“百性”就是讲人的性格特点是千姿百态的，不是整齐划一的，也不是千人一面的，这个“性”是讲的“性格”。企业管理者都清楚，保安全无事故一是靠遵章守纪，按规章规矩办事；二是要有一个好心态、好心境，富有智慧，情商要好。有了这两条，安全就有了较大把握。把心态和安全拉到了一起，这就涉及一个学科——安全心理学。

什么叫安全心理学？安全心理学就是从心理学的角度研究安全活动中个体或群体心理行为特点和规律的科学。

108. 安全是个“易碎品”

没有事的时候心里不安稳、不踏实，琢磨哪个地方可能有纰漏、有欠缺，较薄弱，需要补救、强化，这是成熟管理者的心态。越是平安无事的时候，越是密切关注事物的发展动态和趋势，经验丰富的领导善于从大静中窥视孕育着的大动。“平静的水是可怕的水”，古代有个成语叫杞人忧天，是讲春秋时有个杞国人，晚饭后看着满天的星斗，突发奇想：现在天晴得很好，但是否有一日天会塌下来，砸破头、砸死人呢？表面看，这是贬义的痴人说梦。仔细一想，也不尽然。杞人忧天同安全生产领域常讲的如临深渊、如履薄冰、如坐针毡的“三如”意识是相近和一致的。在安全问题上，我们应做杞国人，具有“杞人无事忧天倾”的心态。高风险企业的管理者从某种程度上讲，是在高空踩钢丝，或者说是游走在一个布满地雷阵的区域里，“常思危困必无危”、“路到坦处亦防倾”，任何“马放南山，刀枪入库”、睡“安稳觉”的思想都是要不得的。

管理大师认为：“没有危机感，其实就有了危机，有了危机感，才能没有危机；在危机感中生存，反而避免了危机”。一个管理学家曾发出警告：“21世纪，没有危机感是最大的危机”。生产一线的管理者都知道，安全是个动态指标，一分钟前你可能是全局安全纪录最长的，一分钟后你有可能是全局安全天数最短的。放在一个长时期看，从全局来看，出事故正常，不出事故反常，大轱辘一转，就有发生事故的可能。

一段哲人趣谈揭示了发生事故的客观现实性：有人问古希腊思想家阿那哈斯：“什么样的船最安全？”阿那哈斯说：“那些离开了大海的船。”不走路，才不会摔倒；不航行，才没有危险。但船离开了大海，也就没有存在的价值。

你把发生事故的时间往后多推迟一天，就多一份成绩。998 天安全无事故就比997天成绩大。从某种意义上说，从全局来看，从长时期看，事故是不可避免的；从短期来看，从局部看，事故又是可以避免的。“文革”刚结束时，某位铁道部领导提出，铁路分局要争取实现500天无重大事故，基层站段要实现500天无一般事故。当时很多人认为，这是异想天开，不可能实现的幻想。从现在看，实现千天无重大事故的铁路局、数千天无一般事故的站段比比皆是，并不罕见。

应该说，从安全管理的深层内涵来讲，安全是相对的，不是绝对的，理想安全、绝对安全是水中月、镜中花，是古代陶渊明笔下的“理想王国”、“世外桃源”。你想想，哪里有纯粹的完美、永远对人身心无损无害的安全，零风险、零事故、零工伤、零灾害，只是安全的理想值。大家知道，我们的员工都是社会人，是吃五谷杂粮长大的，有喜怒哀乐。我们面对的是一个复杂的社会大环境。这个环境有时不可捉摸，充满了变数，不确定性很大。再说安全值的提高是各种因素相互作用、相互影响耦合效应提升的结果。有人曾作过这样的比喻：“安全是一种精美的瓷器，打碎很容易，维护它却不太容易，所以，需要人们精心地呵护它，用双手小心翼翼地捧着它。”

20世纪70年代，某机务段有个姓王的司机，人称“王大胆”，原来他开上火车之后，本来还是“二把刀”，但胆量很大，起车猛加速快，有了开快车的习惯，曾经在一个月内，因行人抢道，停车不及，发生了6次“路外”，撞死7个人。当受到通报批评之后，心理状态发生极端改变，恐惧心理占了上风，几次在区间正常行驶时，看花了眼，误认为有行人抢道，“撂非常”紧急停车，造成晚点。结果，被运转主任训斥：“你‘王大胆’变成了‘王小胆’，现在要安全没安全，要正点没正点，别跑车了，下来干日勤吧!”王大胆通过干日勤调整心态，三个月后，心态平和了，又登上了机车。从此很少再发生路外伤亡和因紧张造成非常停车的现象。

一位德国心理学家曾说过：“没有压力的生活同没有恐惧的生活一样，并不是我们真正需要的，所以一定程度的压力是有用的，可取的。”心理学权威认为，压力同绩效呈倒U形，压力小时，成效也小；压力太大，精神都快崩溃了，成效也会垮塌下来；压力适中是最为理想的。因此，压力是对生活持冷漠态度的对抗剂，是自我满足、停滞不前的预防针。“人无压力轻飘飘，井无压力不出油”，大庆铁人王进喜这句话有一定道理。当然，压力太大并不是理想状态，必须适时自我调节，并对他人进行心理疏导。

从物质层(设备)看，也有潜在的危险因素，磨损、超限、残缺、损毁，不可能常用常新、一成不变，“完美永驻”；再说人的认识、判断、控制能力有限，人们对万事万物的危害机理和事故风险抗御能力都在认识、探索、适应当中，肯定存在从必然王国到自由王国的渐进发展过程。“矛盾的普遍性”决定了只能实现相对的安全目标值，距离理想安全一天比一天近，最大限度地实现本质安全化。

在安全问题上没有赵子龙，不存在常胜将军。我们安全天数时间长，不能把希望寄托在别人出事故上，应把安全放在事故的预防上，应该做到居安思危、预防事故。

20世纪60年代初，日本女排是世界强队，数年同别国强队比赛均保持不败纪录。也曾多次来华比赛，均以3∶0获胜。周恩来总理是个“排球迷”，为了揭开其不败的秘诀，观赛后随即把时任国家体委主任贺龙叫来，询问缘由。体委主任贺龙据实相告：“总理，日本排球队有个好教练叫大松博文，他训练球队很严格，也富有章法，他有段名言‘不安是前进之本，只要活着就有不安，希望越大，不安越深。一个没有不安的人，只能平庸度日’。他还说过类似的话，现在日本队同他国比赛是3∶0，‘剃光头’，我们要想到有朝一日别人可能要剃我们‘光头’，只有想到这一天可能会到来，我们才会永远立于不败之地。”

周总理听了，频频点头，告诉这位体委主任贺龙：“请你们想想办法，请大松博文来执教中国排球。”不久，大松博文来到中国执教。一次，总理在百忙中抽出时间在体委官员陪同下，观看大松执教中国女排的“魔鬼训练”情况。训练间隙，总理接见了大松和女排队员，并告诉大松：“我很欣赏你从难、从严的训练方法和工作理念，但我要告诉你，训练严格一点是应该的，但不能打骂我们女排姑娘”。大松连连称是。签约期满回国后，大松成了周总理的朋友，还多次应邀来中国观光旅游。

居安思危的理念并非大松博文所独有。世界首富比尔·盖茨曾讲过：“我们微软从鼎盛到破产只有十八个月。”中国小天鹅洗衣机的高管提出了一个“夕阳理论”来告诫员工：“都说我们小天鹅洗衣机如日中天，我要告诉大家，如果不重视产品质量，我们将变成夕阳。洗衣机质量只有常抓常新，才能做到永远如日中天。”

从前有一位农场主，在大西洋沿岸耕种一块土地。他总是不断地张贴雇用人手的广告，可还是很少有人愿意到他的农场工作。因为大西洋沿岸的风暴总是摧毁沿岸的建筑和庄稼。直到有一天，一个又矮又瘦的中年男人找到农场主应聘。

“你会是一个好帮手么？”农场主问他。

“这么说吧，即使是飓风来了，我都可以睡着。”应征者得意地回答。

虽然这听上去有点狂妄，农场主心里也有点怀疑，但是农场主还是雇用了这个人，因为他太需要人手了。

新来的长工把农场打理得井井有条，每天从早忙到晚，农场主十分满意。

不久后的一天晚上，狂风大作。农场主跳下床，抓起一盏提灯，急急忙忙地跑到隔壁长工睡觉的地方，使劲摇晃睡梦中的长工，大叫道："快起来！暴风雨就要来了！在它卷走一切之前把东西都拴好！"

长工在床上不紧不慢地翻了个身，梦呓一样地说："不，先生。我告诉过你，当暴风雨来的时候，我能睡着的。"农场主被他的回答气坏了，真想当场就把他给解雇了。

他强压着火气，赶忙跑到外面，一个人为即将到来的暴风雨做准备。不过令他吃惊的是，他发现所有的干草堆都早已被盖上了防水布，牛在棚里，鸡在笼中，所有房间门窗紧闭，每件东西都被拴得结结实实，没有什么能被风吹走。农场主这时才明白长工的话是什么意思。

这个长工之所以能够睡得着，是因为他已经为农场平安度过风暴做足了准备。如果你在精神、心理、身体等方面做好了准备，那么就没有什么东西可以令你害怕了。

有些动物也具有居安思危的本能。比如鼹鼠是完全生活在地下的地鼠，它们擅长在地底挖洞，挖的不只一条，而是四通八达、立体网状的坑道。要挖出这样的坑道当然很辛苦，但一旦完成，就可以守株待兔地等食物上门。同样在地底钻土而行的蚯蚓、甲虫等等，常会不知不觉闯进鼹鼠的坑道中，被来回巡逻的鼹鼠捕获。鼹鼠在自制的网状坑道里绕行一周(有时要花上几个钟头)，就可以抓到很多掉进陷阱的猎物。如果俘获的昆虫太多，吃不完的就先将它们咬死，放在储藏室里。有人就曾在鼹鼠的储藏室里发现数以千计的昆虫尸体。

先多花些时间，做好完善的硬件设施，未雨绸缪，这样才有安逸清闲的日子可过。

可见，具有居安思危的头脑很重要，管理者应做到"耳聪目明"，就像铁路石德线某中间站总结的20字经那样："说就说全，走就走到，看就看准，听就听清，干就干实"，调动人体器官可允许的最大功能，全神贯注、全力以赴保安全。特别是在安全天数长、工作平稳，受到领导表扬的时候，你不要被成绩陶醉了，对顺利时期和非顺利时期安全生产局面的控制，构成了安全运输管理的全过程。"月有阴晴圆缺，人有悲欢离合"，不过还是晴天多，别忘了老百姓的一句告诫："热了带衣裳，饱了带干粮"。安全生产有时顺利有时不够顺利，两者相比，还是顺利时候多，不过顺利时的管理难度就大多了。

有句老话揭示了这方面的奥秘:“处在顺境时的人最难驾驭”,“胜易骄纵顺易傲,居安思危有必要”,出了事故,怎么批,怎么是;长期安全无事,你的告诫别人就会当成耳边风。再一个要亲自动手或者组织力量,把工作触角伸向可能会发生事故的隐患处所,抓薄弱环节,捕捉事故苗头,防患于未然,把住安全的主动权、导向权。

109. 事故临头心不慌

没有事你不安,出了事你能不乱,这又是辩证的思维方式。有人讲,在安全上要没事想事,有事看开事。安全天数长的时候,不能当拍胸脯的光棍,不可高枕无忧。琢磨有一天天会塌下来砸破脑袋,要没事找事、找问题,抓小防大,保持常抓不懈、常抓常新的状态。但是出了事,就应该想开事放宽心,沉着冷静,稳住阵脚,琢磨化被动为主动,大打翻身仗的办法和路数。有的人一看发生了事故,老吃“后悔药”,互相埋怨,这种态度不可取。我们对事故的态度,应该是少出事,不怕事,高风险的行当不可能一路顺风,攻无不克,战无不胜,谁也不是一路坦途、“风调雨顺”、心想事成的“神仙”,干一辈子铁路最后到退休时背两、三个处分的人很常见,关键是少出事,少出违章蛮干的事,特别是少出重大、大事故。

出了事故不能惊慌失措、草木皆兵,亡羊补牢,犹尤未晚。要稳住情绪,琢磨如何化险为夷,也就是摔个跟头要买个“明白”,交了学费要有所收获,要换来教训。有句名言:“人生是个奇特的账本,痛苦和挫折也是它的收入”。出了事,站段不能乱,车间不能乱,既要马上救人,挽救生命,又要抓紧恢复,减少损失,让线路设施尽快恢复畅通。做到这一切的前提,是具有一个稳心稳神、稳扎稳打的心理状态和工作状态。

一场大火,把实验室烧成一片瓦砾。爱迪生研究有声电影的所有资料和样板被烧成灰烬。他的老伴难过得哭了出来:“多少年的心血,叫一场火烧了个精光。而今你已年迈体衰,这可怎么办啊!”爱迪生也很伤心,但他决不会由此趴下。发明电灯时,他就先后试验了 7 600 多种材料,失败了8 000 多次,仍不气馁,终于获得成功。眼下这场火灾也同样不能使他后退。爱迪生对老伴说:“不要紧,别看我 67 岁了,可是我并不老。从明天早晨起,一切都将重新开始。”

挫折也是一种美,但这种美,只有少数人才能感知其色彩。挫折对弱者来说,只能是一块块绊脚石,只知道在再次遇到它时绕过去,却不知道应该把它从脚下踩过去。有人曾经说过:世界荣誉的桂冠,都是由荆棘编织而成的。古今中外,多少有为之士没受过半点挫折?美国总统林肯22岁经商失败,27岁精神崩溃,34岁争取国会提名失败,46岁竞选副总统失败……失败与挫折锤炼着这一世纪的伟人,坎坷的经历造就了他的辉煌。假如,他在第一次受挫折时一蹶不振,那么,世界上不会有林肯这个卓越的总统。

中国有句老话叫:“蚌病成珠”。如果说珍珠是蚌艰苦磨炼的结晶,成功就是我们在接受着一次次挫折后所应得的奖赏。就像爬山,当你在半山腰克服了疲惫,当你在后悔时选择了坚持,等待你的将是山顶上那“会当凌绝顶,一览众山小”的美景。

挫折是无处不在的,没有人一生老是顺顺当当,波澜无惊的。没有挫折的人生是不完整的。天灾人祸,自身的缺陷,或者只是一道数学题。人们都希望能“一帆风顺”、“万事如意”,但那只是人们的一种向往,一种希冀。挫折是我们生命中的一部分,从开始走路,学说话,学写字,我们就是从挫折中一路走来,在战胜挫折中成长。它会阻碍我们前进的步伐,但没有它,我们就不能变坚强,没有它,我们就不会有斗志,没有它,我们就不能在社会上立足。挫折,是不是很美丽。

挫折是一阵轻风,清醒着我们的头脑,挫折是油灯中的油,给我们上进的燃料,挫折是点燃蜡烛的火柴,点燃前进的希望,挫折是那一块块铺路的砖,为我们铺下一条通往成功的星光大道。挫折也是一种美丽。

原国家体育总局局长袁伟民在《我的执教之道》一书中写道:“体育比赛常常是一家欢乐一家愁,但是教练员、运动员应该赢得起,更应该输得起,乐不能乐昏了头,愁不能愁没了志,输球不能输精神、输志气。”在安全管理上,我们有些人驾驭局势、驾驭自己心态的能力欠佳,处变不惊、临危不乱的本事不行,安全上打胜不打败,出了事故就丈二和尚——摸不着头脑,就抓“瞎”,结果是黄鼠狼专拉病鸡,福无双至,祸不单行,连续发生问题,造成手足无措,事到头迷。实际上,出了事要处理的问题很多,会很忙,但是要忙而有序,忙而不乱。以“忙”推脱是心的失落者,“忙”字拆开,就是“心亡”。古人云:“哀莫大于心死”,缺了心思,死心眼了,面对事故现场一片狼藉、一片混乱,轻则干什么,怎么干,一头糨糊;重则落花流水,屁滚尿流,晕头转向,找不着北。

我们搞企业的同领兵打仗一样,“帅是兵的胆,兵是帅的威”、“一将无能,三军受累”,“兵怂怂一个,将怂怂一窝”,出了事故以后,元帅先乱了阵脚,士兵就会更乱套,就会对下边的情绪、士气产生更大的影响。人心一乱,就会产生恐惧情绪、畏难情绪,祸不单行就不奇怪了。

有句名言："别人跌倒了要一笑置之，自己跌倒了更要一笑置之"。事故"一票否决"反映的是安全生产的重要性，这是由安全工作的位置决定的，是为了提升人们对安全的重视程度，同西方管理学 100－1＝0 的定律意思是一致的。但从具体原因来分析，则是一个人、某个时候、某个环节处理不当引起的，因此不能说明其他工作就没有成绩没有好的方面了。出了事故，一方面要分析原因，查明责任，吸取教训；另一方面要稳住阵脚，鼓气不泄气，让大家懂得干工作不摔跤是不可能的，摔跟头不可怕，可怕的是摔懵了头，越摔越糊涂，摔没了精神，摔丢了志气。"让同一块石头绊倒一次是教训，绊倒两次是丢人。"

事故后，既要找教训，又要提目标，用教训教育人，用目标感染吸引人，这才是正确的思维方式。实践表明，以稳治乱，越治越稳；以乱治乱，越治越乱。

从某种意义上讲，事故本身就是"财富"。一则"金币丢了"的故事就说明了这一道理：

有人去请教他的导师，智者与普通人有什么不同。

他的导师捋了捋胡子，给他讲了一个故事。

从前，有一个国王，想从两个儿子中选择一个做王位继承人。就给他们每人一枚金币，让他们骑马到远处的一个小镇上，去随便购买一件东西。而在这之前，国王命人偷偷地把他们的衣兜给剪了一个洞。

中午，兄弟俩回来了，大儿子闷闷不乐，小儿子却兴高采烈。

国王先问大儿子发生了什么事，大儿子沮丧地说："金币丢了。"

国王又问小儿子为什么这般高兴，小儿子说他用那枚金币买到了一个无形的财富，足以让他受益一辈子。

这个财富就是一个良好的教训：在把贵重的东西放进衣袋里之前，要先检查一番，看看衣兜会不会有洞。

"你瞧，"导师最后说，"同样是丢了金币，一个人用他买来了烦恼，而另一人却用他买来了教训。这大概就是智者与普通人的区别吧。"

确实，有些庸者总是把眼光放在事故的痛感上，不是怨天气不良就是恨运气不佳，结果很难再抽出身来想一想自己下一步如何努力，如何奔向成功，去摆脱过去的阴影。许多对抗性的运动也表明，即使面对对手无比强劲的攻击，你还得睁大眼睛琢磨反击的机会，不然的话，一定会失败得更惨。故事中的小儿子丢失金币后就没有怀抱落寞的心绪，而是满怀希望——比金币还要宝贵的"财富"。正如一句格言所说："你没有能力调整天气，但你有能力调整心态。"

20 世纪 90 年代初，某铁路分局发生了一起重大事故，事故后分局长立即赶往事故现场，紧张的救援及善后工作让其三天四夜没有合眼。等他回到家里，儿子惊奇地喊道："爸爸，你头发怎么啦?""怎么啦? 是不是白头发多了几根?"局长不以为然。"不仅白了许多，头发也少了许多哇!"儿子像发现了新大陆，面对坐在沙发上的爸爸的脑袋指指点点。"儿子，爸爸有好几天没睡安稳觉啦，这都是让事故急的，在事故现场我的头发一缕一缕往下掉啊! 春秋时伍子胥过昭关一夜愁白头，也不过如此。没关系! 这一关我会闯过去的。"紧接着，局长将一头白发全部染黑，以焕然一新的状态出现在分局大打安全翻身仗的电话会议上，让全局 6 万多名员工精神为之一振。

一年后，该局通过卧薪尝胆、背水一战，安全管理迈上了一个大台阶，大事故换来了一笔大财富，"学费"交得值。所以，事乱人不要乱，不能仅仅围着事故转，必须要围着你手下的几百、几千个人转，稳定人心，以利再战，努力转败为胜。这就是理性思维，属于辩证的思维方式。

过去有句老话："小祸背后有大福，小福背后有大祸"、"大难不死，必有后福"。还有不少这种说法，老子讲："祸兮福所倚，福兮祸所伏"。据报载，建国初期，毛泽东主席一次会见民主人士周谷城时说："周先生，古话讲，失败乃成功之母"。周谷城马上回应道："毛先生，成功也是失败之母啊!"确实，"好事是坏事的老师，坏事是好事的借鉴"。塞翁失马的故事恐怕大家都知道，这说明任何事物发展到一定程度的时候，就可能向相反的方向转化，或者说已经具备了向另一个方向转变的条件和机会，要拐弯了，要变向了，这就是所说的物及必返、否极泰来吧。"成功和挫折是比邻而居，也是前后步伐。"一个领导者、管理者，在关键时期要有大将风度，处变不惊，临危不乱，有时可来点幽默感，"幽他一默"，用来稳定形势、稳定局面也是十分必要的。

据说，从前有一群印第安人被白人追赶，逃到了一片荒地，处境险恶。由于情况危急，酋长把众人集合在一起，开始训话。他讲："现在我必须同大家打个招呼，我们现在面临险境，前有荒地，后有追兵，我们已经无路可走，我这里有一个好消息，也有一个坏消息"。下边马上开始骚动，有些人慌乱起来。酋长说："我先讲坏消息"。众人惴惴不安，静耳细听，唯恐漏掉一句话。酋长接着讲："除了水牛饲料以外，我们已经没有什么可吃的东西了。"下边许多人立刻把心提到嗓子眼，发出无可奈何的衰叹，感到绝望了。这时，酋长把话锋一转，突然抬高声音说："我还有一个好消息，那就是还有几十车水牛饲料。"

这个故事充满了辩证思维，酋长既智慧又幽默，面临困境，泰然自若，挫而不折，失而不败，“置之死地而后生”，他看到的，只有生的希望。应该说，1%的希望，需要做出100%的努力，一个人在失意面前没有绝望，在日常工作中就永远也不会被击垮。事实上，现实生活中，我们的好多次失败，不是败给了别人，而是败给了自己的悲观，败给了不自信。

这就是所说的“心态决定命运”，这个命运不仅是个人命运，甚至是企业命运、国家命运。另一个方面，故事也说明“败棋也有胜招”；“败军之将，不可言勇，但可言谋。”

大家都知道美国前总统里根遇刺的事件。当时全国一片恐慌，记者在第一时间把消息发了出去，各种说法、传言满天飞。刚刚被送到医院急救的里根脑子一点儿也不糊涂，他很清楚个人处境，也很明白个人应该说什么、做什么。这时总统太太慌慌张张来到医院探望他。里根笑着对太太说：“夫人，我今天有点儿发懵，子弹好像长了眼睛，我却没有长眼睛”。“到底怎么回事？”里根太太追根究底。“当时我看见子弹朝我飞过来了，我却忘记躲开它，结果让子弹吻了一下。”里根的幽默很快通过媒体传到全国，“总统没事啊！说话如此幽默、智慧，说明身体无大碍，心态很好，老百姓用不着担心，国家不会乱。”这正应了一句老话：“流言止于智者。”

不妨让我们读一个“国王和朋友”的故事，看看达观者心态的可贵之处。

一个非洲国王的朋友有个习惯，看到生活中发生的任何事情，他都会说：“这是件好事！”

一天，国王和朋友一起出去打猎。朋友负责为国王上弹和调枪，在调试其中的一支猎枪时，他明显地出现了失误，国王拿枪射击时，打掉了自己的拇指。

查看国王的伤势，朋友像往常一样说道：“这是件好事！”

国王听了很生气：“不，这不是件好事！”回国后，他将朋友关进了大牢。

大约一年后，国王到原始森林里打猎时，被食人族抓获并带回了部落。他们捆住国王的双手，堆起一些木柴。当部落的人们准备点燃木柴的时候，他们突然发现国王少了一根拇指。部落里有一种迷信，就是从来不吃身体部位不完整的人。因此，他们解开国王，将他送回家。

回到王宫，国王想起使他失掉拇指的那件事，为自己对朋友的处置而感到懊悔。于是，他立刻前往大牢，想跟朋友好好谈一谈。

“你说得对，”国王说，“上次我掉了拇指的确是件好事”。

接着，他告诉了朋友他所遭遇的一切。“所以，我很抱歉将你关在牢里这么久，我做了件糟糕的事儿。”

“不。”朋友回答，“这是件好事！”

“你这是什么意思？我让你蹲了一年大牢，怎么会是一件好事呢？”国王不解。

“如果不是待在这里的话，我定会跟你在一起，那么，成为他们美食的就是我了。”

对于人们普遍认为有害甚至厌恶的东西，有人也能换个角度，得出完全不同的结论。

实际上这应了一句老话：“没有永久的幸运，也没有永久的不幸。”有一句话讲：“我们无法掌控风向，但我们至少可以调整风帆；我们可能无法左右事情，但我们至少可以调整心情”。发生了事故，能不能尽快从事故阴影里走出来，关键看你领导者、管理者有没有智慧，看你能不能把相关人员的心态调整好，也看你的组织管理技巧有多大。总之，一句话：“心态决定时来运转。”

110. 小洞不堵，大洞吃苦

安全管理领域里大事和小事之间是互相转化的，没有绝对的大，也没有可忽视的小。有人说，爬陡峭的高山很危险，但从高山跌入山涧的人并不多；你说山坡上的小树棵子不起眼，但常常有人被它刺破扎伤，流血不止。这就形成了一个不成文的规律：面对通天连地、关系全局的大事，你瞪大双眼盯着它，千方百计地对付它，结果可能化难为易，“如蹚平地”，画上圆满的句号；面对毫不起眼、不足挂齿的小石头、小树棵子，你如果不拿正眼看它，最后可能被它搅得天昏地暗，摔个“大跟头”。因此，在安全管理上，就有了一个抓小防大、抓早防出的说法。

早在两千多年前，我国安全管理的泰斗式人物荀况就深刻阐述过预防和惩治的关系。他认为：“处事有三术，一曰防，二曰救，三曰戒；先其未然谓之防，发而止之谓之救，行而责之谓之戒；防为上，救次之，戒为下。”也就是说，在安全管理上，预防为上策，补救为中策，惩罚是下策。

不少人都有患口腔溃疡的经历，此病不大，但一旦有了此症，很不舒服，治起来也很麻烦、很顽固，常常医院会给患者开上一包包维生素什么的，吃上十天、八天仍不见好转。偶见医生教给患者一个小秘方，倒很见效。取两粒抗生素胶囊，打开后将药粉倒到纸上，晚饭后、就寝前将药粉撒在口腔内，不得漱口，第二天会惊奇地发现，口腔溃疡已痊愈。究其原因，主要是采取了集中兵力、打歼灭战的方法，通过局部用药将口腔的细菌杀灭，使创面迅速愈口，而要从根本上预防口腔溃疡则必须做到不偏食，防止出现某些维生素缺乏的诱因。

一则扁鹊与蔡桓公的故事也揭示了这方面的道理：

扁鹊有一次见蔡桓公，对他说："您的皮肤有病，不治就会加重。"蔡桓公不予理睬。过了些日子，扁鹊又对蔡桓公讲："您的病已经侵入肌肉，再不治就麻烦了。"蔡桓公还是不当回事。又过了些日子，扁鹊又对他进行劝告："您的病已经深入骨髓，再不治就没救了。"蔡桓公仍然置若罔闻。果然，没多久，蔡桓公就病死了。

据上述故事的寓意，我们在抓小事、防大事有 3 个方面应该搞清楚。

(1)应长就一双慧眼。

观察是智慧的能源，也是常讲的有"眼力架"、"有眼色"。有位科学家讲："人身上有 5 万条神经向大脑传递信息，两眼占一半，人 80%的见识是观察获得的。"有三句话说得好："慧眼识大千"、"慧眼识英才"、"慧眼斩情愫"。达尔文说过："我既没有突出的理解力，也没有过人的机智，只是在精细观察的能力上我能在众人之上。"巴甫洛夫也认为："一个人应当学会观察——不学会观察，你就永远也当不了科学家。"俗话讲："会看的看门道，不会看的看热闹。"我们要当会看的，不可当"傻"看的。管理型的领导者常常从横向、多方位、多角度仔细观察、通盘考虑，好比达·芬奇《画蛋》，立体感很强，要能看出"远近高低各不同"。可以说，管理者的慧眼观察安全隐患，要看到别人不易看到的问题，看到潜藏的问题，看到问题背后的问题，透视出小纰漏可能引发的大乱子。

(2)善于"见微知著"，精于"窥斑见豹"。

聪明人见一叶可以知秋，愚钝者往往是因一叶而障目，其中的根本区别就在于人们对细节的观察是否敏锐、是否具有从微小事物中把握大局的统御能力。小问题可能会带来大祸患，小变化可能引起大事件，千万不要随意忽略身边小事，抓早抓小是人们挂在嘴边的话，但真正能做到的却不多。人类天生有一种惰性，不到迫不得已不会去改变既定的各种还过得去的做法，当这种做法还能够让人得到安逸和容忍时尤其如此，这时一般会采取得过且过、视而不见、听而不闻的敷衍之策。但是，如果一个管理者、一个部门、一个单位失去必要的外在"刺激"，长期处在一种安逸的工作氛围中而不自觉，就会失去活力，"昏昏然而不知"。等危机到来时，就来不及了。

造成事故的小纰漏是多方面的，同样，危机产生的原因是多种多样的，并具有偶然性，可能在某一天因某个人或某个工作环节而引发。但是，危机局面的产生却有一个从"潜伏期"到"爆发期"的渐变过程。也就是说，危机的发生都有“苗头”，有“端倪”，有预兆性信号，并非突发而至，无蛛丝马迹可寻，正所谓“冰冻三尺，非一日之寒”。作为企业管理者，要时时保持头脑清醒，保持高度警觉性，善于在“暴风雨”的前夜，察觉到各种不良不祥的“异动”、“异情”和“异物”，及时出手，将之扼杀在“萌芽”状态。

(3)安全管理贵在抓小事。

有一句名言：伟大乃处处注意细节的积累。一个称职成熟的领导者、管理者，其高明之处主要是能见大识小，见大就是站位高、看得远，能与上级领导同步思维、富于创新思维，“见别人所不能见，识别人所不曾识”，举手投足快他人半拍；识小就善于从针头线脑、支离破碎的细微处，看出端倪来，察出苗头来，发现并理出事物发展的趋势和规律，遇有不良事端，“掐尖补漏”，以绝后患。

一则“小石头打败野猪”的寓言会给你同样的启示：

被小石头打败的是一头体格壮实的野猪，它在无边的荒原中走着，不小心被坚硬的石头划破了脚，血顺着脚往下流。

非洲的荒原上，有成群的野兽和各种猛禽，还有那把蚁巢筑得高高的红蚂蚁、黑蚂蚁，它们都忙着寻找食物。当带着血腥的野猪走进荒原时，野狗扑向了它，秃鹫也飞下来啄食它的身体。不一会儿，野猪就被咬得遍体鳞伤。

野猪东奔西窜，想甩掉野狗和秃鹫，可它又撞倒了几尺高的蚁巢。无数蚂蚁立刻爬满它的身子猛咬，它疼得满地乱滚。远方的蚂蚁闻到了血腥的味道，又浩浩荡荡地赶来，每一只蚂蚁都从野猪身上咬去一点儿皮肉。可怜的野猪无论怎样打滚，也摆脱不掉成群的蚂蚁，一会儿，它便没有力气了，一只只蚂蚁在野猪身上撕咬着。两天过去了，非洲荒野里，出现一堆猪骨头。

野猪怎么也没有想到，一块石头划破了脚，竟使它变成了一副骨架。

现实工作中，类似的事情并不鲜见。常言道：“大江大河好过，小河沟里翻船”。许多时候，繁重任务、突降的自然灾害、巨大的工作障碍不曾难倒我们，结果却被不起眼的枝枝杈杈绊倒在泥坑里，难以自拔，受到意料不到的伤害。

具体分析一下，有三种“小石头”不可忽视：一是摆在地平面的“小石头”，对其人们往往不以为然，看不上眼，忽略它的存在，对其危害性认不清、看不透，认为它既无用处，又无害处，漠然置之。二是碰伤过人的“石头”，这种“石头”往往正处路中间，为人们的必经之地，对很多人怀有侥幸心理，“我肯定不是那倒霉蛋”，殊不知，“冤家路窄”，有第一次，就可能有第二次。有一段精彩的对话：有人问科学家，“怎样的愚人不可救药？”科学家回答：“他常在老地方绊倒”。三是隐藏在草丛里的“石头”。其具有隐蔽性、迷惑性，“不声不响、默默蹲守”，对人们的伤害“出其不意，乘其不备”，侵害于人的成功率很高，“明箭易躲，暗箭难防”，人们在它面前的安全概率也最低。

不同“石头”的危害表现清楚了，就不难找到对付它们的办法。对第一种，应保持足够的警觉，不可熟视无睹、眼开眼闭，“不拿豆包当干粮”；对伤过人的“石头”，要百倍警惕，“吃一堑、长一智”，牢记“被石头绊倒一次是教训，绊倒两次是丢人”；面对藏身于暗处的“石头”，更不可对其掉以轻心，应长就一双慧眼，拨开草丛，驱散“谜团”，识得弊害，择善而行。正如一段箴言所说：“人生就是如此，被小石头打中，如果不能及时醒悟，一味置之不理，就会被砖块打中，如果仍执迷不悟，就会被大石头狠狠击中。只要老老实实扪心自问，我们就可以找到出现警报的地方。”

事故疏漏都表现在具体小事上，大事故都是由无数个小的不良诱因引起的；没发生事故前是小事，一旦发生就是大事。

古代思想家韩非说过：“有形之类，大必起于小；行久之物，族必起于少”。韩非思想受老子、荀子影响比较大，这里提出了一个事物从量变到质变的道理，认为事物生成、发展总是由小到大，由少到多，由易到难，由细到粗的过程。他举例说：“长堤可以由蚁穴而崩溃，一个大房子会由墙角一个小火星变成大火，所以，一个聪明人要走到大堤上去堵蚁穴，一个明白人要扑灭墙角的火星，这样才能防范洪灾、火灾”。他说，干什么事都要趁早注意到，存在和发展有个过程。淹死的都是喝多了水，太渴适当喝点才能生存。不喝不能生存，喝多了会淹死，有个限度。

职场中每个人的作业过程，都是由一件件小事链接而成的。但对职场人来说，工作无小事，所有的成功者，都曾做过同样的小事。与平庸者不同的是，他们不认为自己所做的是无需出手、不足挂齿的小事。一个成熟的管理者，既不应该敷衍了事、马马虎虎，也不应该对小问题的出现抱着视而不见、听之任之的态度。正如一句名言所说：“事不分大小，物不分巨细，都在于谨慎之机。人要谨慎于事，谨慎于言，谨慎于行，谨慎于心，谨慎于意。”

很多人都怀有一种“扫天下而不扫一屋”的英雄心理，他们愿做大事业而对细枝末节的小祸端不屑一顾。这本身就是一种眼高手低的心里反映。作为一名管理者，你首先应注意你自己，因为你在很多时候，都在自觉不自觉地出示本单位或个人的“名片”。阎锡山说过：“积损则凶，积益则吉”。展示完美的自己很难，需要每个细节的圆满无缺作保证；但毁坏自己很容易，只要一个细节考虑不周、处之不当，就会自毁自身，甚至毁掉全盘。消除日常违章行为和不安全现状，必须重视细节。

对下属细节上的疏忽也应及时出手纠正和制止，这是你的义务，责无旁贷。

最后，给你一句告诫：从大处着眼，从小处着手。对小疏忽的态度反映了一个职场人管理素质的高低，请勿自打折扣！

111．“宁听骂声，不听哭声”要讲尺度感

“严是爱，松是害，松松垮垮招祸害”，是铁路系统“毛泽东号”机车组的安全行车经验，它深层内涵体现的是遵章守纪的利害关系，本身是警示标，是常鸣钟。

有一个脱线的风筝的寓言，揭示了规章和安全的关系，不妨摘录如下：

风筝迎风自由飞翔，可它还不满足。它想：要是没有线的束缚，可以飞得更高、更远。于是它老想着摆脱线的束缚，摇头摆尾地说：“谁能帮助我获得自由啊！”大风自告奋勇地说：“我来！”于是，大风拿出看家的本领刮起了风，蓦地天昏地暗。“咔嚓”一声线断了，风筝正得意忘形，可是没想到在空中翻了几个跟头便摔落在地上，落得个千疮百孔的下场。

风筝离不开线，受到线的约束，但线是保证风筝自由顺利飞翔必不可少的条件，它们既互相制约又互相联系；脱离线约束的风筝，最终会自取灭亡；一味地追求自由，换来的将是永远的不自由等。

也可以说，风筝和线的关系就是，员工和规章的关系。没有线的束缚，风筝不能自由飞翔；没有规章的约束，员工就不能安全工作。

“毛泽东号”机车组的经验有道理，但道理归道理，未必每个人都能接受，都能听得进去。管理从严，避免了事故发生，但会时不时地招来埋怨、白眼、牢骚甚至痛骂；管理松松垮垮，领导不作为，怕得罪人，没出事故“你好我好他也好”，大家皆大欢喜；一旦发生事故造成伤亡，受害者流血流泪，家属哭天喊地，受处罚人蒙受经济损失，企业也会受到影响。因此，有位铁路分局副局长发出一句振聋发聩的疾呼声：“宁听骂声，不听哭声。”

仔细琢磨一下，这句话里有不少道道值得探究：哭声和骂声互为前提、密切相关。有人讲，有骂声可能没有哭声，“黑脸包公”式的从严较劲虽然当时会招来或明或暗的咒骂，但没有事故就听不到哭声。没骂声可能会出现哭声，但哭过之后还不算完，紧跟的就是痛骂。如果对违章熟视无睹，束手不管，事故前没有骂声，出了事故哭过之后，更会有更大更多的怨恨。

骂声中受委屈的是领导者、管理者；哭声中受伤害的是员工、是家属、是受管理者。无论骂声、哭声，谁都不愿听，本来是干公家的事，为企业为大家提供服务，动机很好，心情也很好，突然挨几声骂，心情肯定不好受；工作受

挫的同时传来哭声，心情也会感到困惑、纠结和颓丧，很不舒服。可见，“宁听骂声，不听哭声”是一种无奈的两难选择。

如何把握二者的分寸呢？一则古代思想家管理教育人的故事会给我们以启迪。孔子非常热爱自己的学生，教育学生时很少疾言厉色，通常是用和缓的、因循诱导的方式开导自己的学生，但孔子同时又是一位严师，对学生的不良行为决不姑息迁就，问题一经发现，就会及时纠正。

《论语》里讲过一个宰予被孔夫子责骂的故事。

宰予是孔子门下的优秀学生之一，成绩一流，能言善辩，毕业后很有成就。如果让现在的一些老师、家长来教育，那肯定是捧在手里怕摔了，含在嘴里怕化了。别说批评，表扬都怕来不及呢。但孔子对宰予批评起来可不一般，简直就是严厉痛斥。这种痛斥，放在现在的某些独生子女身上，可能连死的心都会有。

其实宰予也没犯什么大错，无非是在白天睡睡懒觉而已。可孔子就不放过他，开口就骂：“朽木不可雕也，粪土之墙不可杇也，于予与何诛？”转换为今天的话就是：你这个人呀，就像一块烂木头，无法雕琢；就像一面烂墙，粉刷都没有用。你这样无可救药，我都无法责怪你了。

可能是宰予曾在老师面前表过决心，说过好好学习、天天向上之类的话，所以孔子看到宰予现在这种言行不一的行为，骂起来就不只是就事论事了，孔子就越发往狠处接着骂：“始吾于人也，听其言而信其行；今吾于人也，听其言而观其行。于予与改是。”他是讲，从前我听了一个人说的话，就相信他的行为；现在我听了一个人说的话，还要观察观察他的行为。这个改变，就是宰予给我的启发啊。

孔子这一骂，骂出了几个千古名句：“朽木不可雕也”，“粪土之墙不可杇”，“听其言而观其行”。

故事的含义概括起来，主要有五条：

第一，“爱之深，责之切”，管理是严肃的爱。

从难从严管理是爱在深处，爱在远处，爱在根本上。对一个员工如此，对一个管理者如此，对一个企业的风气也是如此。

溥仪先生的《我的前半生》记述了这样的情节，皇室的孩子们多数在10岁前夭折。为什么呢？究其原因是管理方式不当：饮食上完全随性，想吃则吃，不想吃则罢，造成严重偏食；日常看护上，“含在嘴里怕化了，捧在手里怕摔着”，放纵的结果是营养失调，甚至缺少营养，以至葬送了生命。

家庭和企业有同理，正确的管理方式是增长剂，表面爱护实则误导的管理方式是看不见的无形“枷锁”。好比一块铁，适当加温、加工、锻造就有可能变成钢，如果放在蜜水里时间久了就会变成“锈疙瘩”。企业管理者都做“好人”，不敢管，怕得罪人，对员工哄着、捧着，最后倒霉受痛苦的是职工，是企业。管理就要言出“法”随，执法必严，解决落实好“谁来干、怎么干、干到什么程度”的问题。在安全管理上，如果都讲“面子”，最后会弄的都没“面子”；对违章违纪现象不可“看着疖子等化脓”。

第二，人的管理，应处之有度。

任何事都不能做过头。职工违章蛮干的处理要合章合法合理，不能为处罚而处罚，也不是处罚越严越好、处罚人越多越好，处罚人也不能搞“运动”、赶“浪头”，成拨赶蛋地壮“声势”，讲什么轰动效应。具体处罚认定上，应冷静、客观，放在具体环境中去考量，从情节、后果、历来表现等方面出发，“当众少批评，私下不留情”，任何上挂下联、上纲上线、无限株连的说法做法都不可取。有个比喻很有道理：“处罚是什么？处罚是浇花的水。浇的水适量，可以使花木健壮，繁花似锦，花开四季鲜艳夺目。浇的水过量，就容易使花木连根腐烂。”

孔子是个大教育家，其诲人不倦的精神为历代的人们所称道。但任何人都有不完美之处，故事中孔子训诫宰予，指斥其为“朽木”、“腐泥”，就有点儿过分了。批评人不仅要有好的出发点，语言方式也要讲究，不可伤人自尊，“赶尽杀绝”，“口出恶声”也是不妥当的。

反映在安全管理上也是如此，“铁面孔、铁心肠、铁手腕”不可提倡，“爱之深，责之切”也要讲分寸，富有尺度感。

第三，营造“无情管理、有情操作”的氛围。

实际上，安全管理中没骂声、没哭声，只是一种理想境界。没有哭声是我们追求的境界；没有一点儿骂声，现实中也不可能。应该说，安全管理富有人性化比较好，用人情味去触动违章者的“软肋”，让他乖乖地接受规章的约束。人们常讲“一碗水端平”，这句话体现在管理上就是处置人公平、公道，“对事不对人”，一视同仁。

两年前，华裔蔡美儿写了一本《虎妈战歌》的书，内容主要讲她用严厉的方式教育孩子，甚至提出“十不准”的规定去约束女儿。结果在美国引起了极大轰动和争议。实际上，东西方教育方式是有差异的，都有其优劣的两面，片面强调一面，把它推向极端，会走向反面，带来负面影响。正如一句名言所说：“一等家长用眼睛管教孩子；二等家长用嘴巴管教孩子；三等家长用拳头管教孩子。——家长也分等级。”“家教严，子女常会‘反弹’；家教松，子女常会‘反常’。——宽严适度很重要。”

管理员工同管教孩子有同样道理，应博采各长，一种东西方结合的、张弛有度的教育方式会更好些。

第四，“恨铁不成钢”，言词激烈些也应接受。

耕柱是春秋战国时期一代宗师墨子的得意门生，不过，他老是挨墨子的责骂。有一次，墨子又责备了耕柱，耕柱觉得自己非常委屈，因为在许多门生之中，大家都公认耕柱是最优秀的，却偏偏常遭到墨子指责，让他面子上过不去。

一天，耕柱愤愤不平地问墨子：“老师，难道在这么多学生当中，我竟是如此的差劲，以至于要时常遭您老人家责骂吗？”

墨子听后，毫不动肝火地说：“假设我现在要上太行山，依你看，我应该用良马来拉车，还是用老牛来拖车？”

耕柱答：“再笨的人也知道要用良马来拉车。”

墨子又问：“那么，为什么不用老牛呢？”

耕柱答：“理由非常的简单，因为良马足以担负重任，值得驱遣。”

墨子说：“你答得一点也没错，我之所以时常责骂你，也只因为你能够担负重任，值得我一再地教导与匡正你。”

通常来讲，能够当面被批评，经常被批评的下属，肯定是上级喜欢的下属。一般没有一个领导会对难以挽救的自己不喜欢的下属批评和指责的，因为“朽木不可雕也”。

从员工的角度讲，管理者从严管理是为自己不受伤害，是对自身的安全负责，理应理解对方的出发点和良好动机，使对方少一点火气。如果别人为自己好，自己再出口伤人，实在说不过去，本身是素质低下的表现。违章受到处罚是制度使然，制度不是对自己一个人订的，是让大家遵守的，如果迁怒于规章制度本身也毫无道理可言。

有一句名言：“对于不在乎的人，人们要宽容得多”。管理者批评自己，严格要求自己，说明领导在乎、看重自己，是“恨铁不成钢”的反映，是总体上的一种认可，是期望、期待，是希望自己加速成长。从某种意义上说，墨子对耕柱的态度反映了有爱才有批评，批评使人进步——小批评小进步，大批评大进步，严批评快进步，不批评不进步。

112. 慎终如始莫草率

二次世界大战结束后，英国皇家空军对战争失事的飞机、牺牲的飞行员、失事原因、地点进行分析。分析结果令人大吃一惊，夺走飞行员生命的原因不是敌人的高射炮、机关枪，也不是狂风暴雨、天气异常，主要是飞行员操作失误。继而发现失事的时间段不是战斗频繁、激烈交火时，也不是紧急撤退时，而是战斗机完成任务凯旋即将着陆的几分钟时间内。

心理学家对这一现象进行心理分析，将这一典型心理称为“虚假安全”现象，也叫“虎头蛇尾法则”。认为：高度紧张的战斗之后，外界刺激消失，心理产生“不可抑制的放松倾向”。返航的飞行员看到熟悉的机场和家乡，提着的心落了地，出现了“瞬间安全感”。恰恰就在这时，思想走神，操作失误，酿成大祸。这种行为本身是钻进句号留口的怪圈，陷入处事了了的陷阱。有些企业员工也经常犯这一毛病：临到下班收工时，“眼盯钟表活欠细，归心似箭丢两纪”；工程即将竣工时“捷报鞭炮提前响，作业终了出工伤。”

20世纪80年代末，某列车段运转车长老李与实习学员小吴，在列车到达终点站后，收拾完背包便直奔乘务员公寓准备吃饭休息，以洗刷掉一个夜班的疲惫，当二人有说有笑、旁若无人地穿过调车场时，一个意想不到的场景发生了，两节车厢神不知鬼不觉地从驼峰甩过来，两人瞬间被撞身亡。老李同“铁老虎”打了一辈子交道，最后临近退休时被“铁老虎”吃了；学员小吴“初生牛犊不怕虎”，刚入铁路即落“虎口”，这都是心态突然放松惹的祸。

古人讲：“慎始而敬终，终因为困。”是说谨慎地开始，不怠慢终结，就不会有窘迫之患。不论做什么事，只有“慎始而敬终”，才能有好的结果。不然就会陷入“为崇山峻岭九仞，功亏一篑”的尴尬遗憾局面。正如一句古话所言：“行百里者半九十，此言末路之难也。”

“功亏一篑”的成语故事则具体阐述了这一道理：

古时候，有一个人要筑一座九仞（八尺为一仞）高的山。他堆了一年又一年，不论严寒酷暑，废寝忘食地从远处挖土，再挑土，再堆到山包上，终于有一天，他就要完工了。这一天也如往常一样，鸡刚叫就起床开工，一筐又一筐，眼看着山就要9仞高了，只差一筐土的工夫。但他一摸肚子咕咕叫，天又下起雪来，认为只剩一筐土回头再干也不迟，就回家去了。此后，他总认为只有一筐土而偷懒，所以这一筐土至死他也没堆上，终究这座只差一筐土的九仞高的山还是没有堆成。

（1）“拜了三十六拜，不可缺一哆嗦”。

抓安全生产的过程，尤其能反映这一原则。实现安全千天，越接近目标，工作难度越大，主客观的干扰因素往往骤然增加，说不准什么时候会跑出几个打劫的、拦路的，出点岔子。这应了老百姓一句话：三十六拜好拜，一哆嗦难。搞安全生产同登山有相似之处。攀登珠峰，往往开始山势比较平缓，但是到后来就有几个坎，特别七、八千米的时候就是大坎，山路陡峭，空气稀薄,体力接近极限,“负重爬陡坡”,每前进一步,都要付出极大的努力。

另外,我们在接近目标时,还要接受自身的挑战,就是松劲、自满、麻痹情绪抬头,来自主观的干扰,“自己跟自己过不去”,对这一点尤其不能忽视。应该引导人们在面临冲刺之时,“遥望南天门,苦渡十八盘”,既看到希望,又看到难度。古人有一句话说得很贴切:“处非常之时,干非常之事,需非常之力”,认清形势的特殊性、非常性,强化自身的重视程度,把握冲刺工作的重点,选准工作的落脚点,敲准工作的切入点,倒排时间,正排工作量,战略上藐视他,战术上重视它,仗一个个地打,百日一天天地算,多一份不安,增大一份把握,最后通过坚持不懈的努力,把最后“一哆嗦”“哆嗦”好,拿下既定目标。

(2)善始善终,“则无败事”。

老子认为:“民之从事,常于几成而败亡。慎终如始,则无败事”。是说人们做事,常常快要成功的时候失败了。如果结束时仍像开始时那样慎重,就不会把事情办坏。这位思想家还曾详尽揭示了这方面的奥秘。

“合抱之木,生于毫末;九层之台,起于累土;千里之行,始于足下。”老子的这些话我们耳熟能详,其中蕴含的事理我们也都懂。老子是告诉我们,做事情要想成功,除了注重小的细节之外,还是要注意的是,不要在将要成功的时候失败,而要避免这一局面的出现,就要做到慎始如终。功败垂成的事儿生活中常有,我们会说其原因是人们在事情接近成功的时候对事情掉以轻心。实际上,过分执著于结果,缺少平常心才是主要的原因。

确实,要保持慎终如始的精神状态,并不容易。一项工作通常刚刚开始的时候,人们精神激奋,工作专注。时间一久,就会有些不耐烦,甚至想草草收场,出现虎头蛇尾的状况。因此,越是工作快要画上句号时,越是将要奏响凯歌送上喜报时,越需沉住气,憋足一口 ,防止临末杀出一个“程咬金”,窜出一匹惹祸的“黑马”。假如我们真能“慎终如始”,首尾一贯,那么,“则无败事”的结局就会出现。曾有一句话这样讲:“生活的悲剧,往往不仅仅是在于输了,而更是在于只差一点赢了。”

(3)半途而废,是消极心态所致。

邓小平讲的“摸着石头过河”这句话,从某种意义上讲,是让我们做事情,既要有一个明确目标,又要踏踏实实,慎重实干,这本身是一个工作方法,也是一个思想方法。同时也反映一种心理素质。“摸着石头过河”,不是说在过河的开始,也不是说到河的中间就算完了,而是指过河的全过程。那种刚涉过一小段或半段便忘乎所以,认为大功告成指日可待,便草草行事、轻率做事,是一定要跌跤的。安全生产是一个大过程,是一个有始无终的过程。安全千天是一个过程，是一个打一仗进一步的阶段性目标。就是到了999天，最后未到零点钟声敲响，不能算这一阶段目标的终结，在此以前，任何消极心态的膨胀，任何简化作业、应付了事的态度和做法都是有害无益的。这应了一句老话："没有到手的成功，不是你的成功"；"胜利在望不是胜利在握"。

113. 小心驶得万年船

美国学者维纳写过一个民谣。钉子缺，蹄铁卸；蹄铁卸，战马蹶；战马蹶，战士绝；战士绝，战事折；战士折，国家灭。

民谣是讲古代某国，飞马传书，因马掌缺了一个钉子，造成马掌脱落，战马跌倒了，战士被摔死。因战士牺牲，信未送到，造成战争失利，最后导致了这个国家的灭亡。把缺钉子同国家灭亡画等号，许多人会不相信，认为风马牛不相及，或者是牵强附会，强拉硬拽。实际上，事物发展趋向必然的因果关系、连锁反应和大小演变导致了惨局的发生。国外历史上不是还有错译战事电报一个字，造成一场战争爆发的真实故事吗？

这里还有一个发生在自然界的故事：

有一只燕子因为每年都要旅行，因此见多识广，也就知道了许多本地以外的事情，所以燕子常常可以预知事物的发生。

有一天，燕子意外发现一片能分泌黏胶的树林，而这种树产生的胶黏性很强，鸟儿只要停在上面，就会被牢牢黏住。于是燕子号召附近的鸟儿，合力将这树的种子全部吃掉，以绝后患。可是鸟儿们并没有把燕的话当一回事。

春天来了，满山的小树苗绿油油地长了起来，燕子又对鸟儿们说："如果不在树苗长大前把它们全部拔掉，等它们长成大树，后果将不堪设想。"然而，鸟儿们依旧没有理睬燕子的话。

日子一天天地过去，树苗长成了一棵棵的大树，而且还散发出阵阵清香，引来了许多小虫子。鸟儿们对燕子说："糊涂的预言大师、愚蠢的先知，幸好当初我们没有听你的话，不然可就错过这一顿美妙的佳肴啦！"

燕子听了，叹道："你们为什么还不了解？难道你们真的不知道灾难就要发生了吗？"在一片嘲讽声中，燕子离开了这里。不久，每棵树都开始分泌黏胶了。

看到树上那些可口的猎物，鸟儿们发出阵阵欢呼，它们一群接着一群地飞进树林，最后，正如燕子所预料的，鸟儿一只只都被黏在树上痛苦地挣扎着——悲剧就这样发生了。

老子有一句告诫：天下大事，必作于细。在领导者、管理者的日常经历中，经常可以发现这种情况：有些大事，大家特别关注，人们用心去做，集中精力去做，往往会化大为小，效果显著；有些细微末节小事，大家关注度不够，思想懈怠，忽略忽视，反而由小变大，最后酿成大祸，难以收拾，成为惨痛教训。因此，在领导科学的辞典中，就有了举重若轻、举轻若重之说。

在现在这个大环境里，应懂得大与小的辩证法，要想把事做好，做牢靠，特别多关注一下细节，尤为必要。

周总理是一个举轻若重、关注细节的伟人。据报载，凡有毛泽东主席要出席的一些重大场合，毛主席要坐的椅子，总理先要坐一坐；毛主席要路过的地方，总理先要走一走。就连坐飞机的权利，也是因毛主席一九五六年乘飞机遇到过一次险情，事后被周总理无情地“剥夺”了。

美国总统尼克松一九七二年访华期间，周总理专门到上海看望了美国国务卿罗杰斯。当周总理发现罗杰斯等住在锦江饭店十三层时，马上意识到这是接待人员的疏忽，因为西方人最忌讳“十三”。当周总理走进罗杰斯的套间，官员们都站起身来，但笑得很不自然。先说了几句寒暄话，然后，周总理说：“有个很抱歉的事，我们疏忽了，没有想到西方风俗对‘十三’的避讳”。“我们中国有个寓言，一个人怕鬼的时候，越想越可怕，等他心里不怕鬼了，到处上门找鬼，鬼就不见了。西方风俗的‘十三’就很像中国寓言中的‘鬼’。”说得在场的人们哈哈大笑。周总理的幽默，使来宾消除了误会，也赢得了友谊。后来，罗杰斯成了中国的好朋友，曾多次来华访问，至今仍对中国人民怀有友好的感情。

周总理过去经常告诫外交部：外交无小事。他在对外交往中，将高度的原则性同巧妙的灵活性相结合，特别在处理一些细节问题上，得体得法，游刃有余，成了举世公认的谈判高手。

下面有个周总理明察秋毫避免一场外事失误的范例，读后让人不免肃然起敬。

善于发现问题，是周恩来总理的特长。他的那双又大又亮的眼睛总是比别人敏锐，一些极细小、极不容易引起注意的问题，也逃不过他的眼睛。

1971 年底，埃塞俄比亚的塞拉西皇帝来我国访问。在北京的会谈结束后，周恩来陪同他到了上海，然后飞往广州。

在广州宴请塞拉西皇帝时，周恩来习惯地在开宴前进了宴会大厅。他在门口停下来，举目环顾整个大厅的布局。第一个映入眼帘的，就是正面挂着两面国旗。周恩来看着埃塞俄比亚的国旗，觉得很不顺眼，他又仔细瞧了一遍，脸上的神色顿时严肃起来，他手指埃塞俄比亚的国旗，眼睛望着身边的外事局负责人："你看这面国旗应该怎么挂？"

那位负责人在此之前已经检查了又检查，并没有发现什么问题。听周恩来如此问，他望望国旗，又望望周恩来，还是没有看出什么问题，一时显得非常尴尬。

"应该怎么挂？"他纳闷地重复了一遍。

周恩来用严肃的口吻说："你把人家国旗都挂倒了，还不知道是怎么回事！做外事工作，这样马马虎虎怎么行！"

埃塞俄比亚的国旗，由红、黄、绿三色组成。红色在下面，黄色居中，绿色在上面，稍一疏忽，就会把红绿两色来个上下对调，而且挂颠倒了还不易发觉。

在周恩来看来，"眼观六路，耳听八方"是每一个领导者、管理者必须具备的能力。这是一种捕捉信息的能力，也是善于发现问题的能力。

启示一，"魔鬼存在于细节之中"。

上述名言出自世界著名建筑大师密斯·凡·德罗之口。作为大师级的人物，他很懂得"九层之台，起于垒土；不集小流，无以成江海"的道理。我们无论做什么事情都是由点点滴滴的努力，一砖一瓦的垒砌而成，一个真正懂得成功内涵的人，都是关注细节的，都不会忽视细节累积的过程。

当今社会最让人惊慌害怕的是什么，是肉眼看不到的细菌，是至今人们找不到闹不清的癌细胞，是难以医治的艾滋病病毒。

任何庞然大物，都不可忽略其小，小的细枝末节，小的忽毫之处，往往是最具繁衍力，也最富破坏力的。纵观企业许多大事故的发生，不少是由于对小隐患、"小苗子"视而不见、疏于管理、侥幸心理作怪，最后发展成大的祸患，责任者醒悟后，悔不当初，甚至痛不欲生。

细节决定成败，小事成就大事。百姓开门七件事，柴米油盐酱醋茶，领导者不可忽略，忽略会危及施政；员工作业七要领，"听说走看做查验"，一点儿不可走偏，走偏会酿成大祸。

启示二，"小过不生，大祸不至"。

历史上记载的许多兴衰变迁，最触动人的往往都是那些发生在枝枝杈杈间纵横交错的细节。有些片段、小插曲，当时看无关紧要，后来事实上却牵动了全局。中国历朝历代发生的"巨堤容蝼"而致"漂邑杀人"，"突泄一星"而致"焚宫烧积"的事，实在太多了。"迎钟修路"就是印证了韩非子"小过不生，大祸不至"名言的突出事例。

春秋时期，有个仇由国，是个山区小国。国内只有几条弯弯曲曲的小路和国外通连，交通十分不便。

它的邻国晋国是个大国，晋国的掌权人智伯早就想吞并它，已准备好人马随时踏平仇由国，但是因为仇由国的道路狭窄进不去，于是便想出来一个办法。

智伯花费了好多钱铸了一口大钟，这钟比仇由国的道路还宽大好几倍。智伯让人告诉仇由国国君说，不久就要送去，让仇由国准备迎接。

仇由国君听了这个消息非常高兴。为了迎接这口大钟，他下令让大家赶快砍树凿石准备修路，把道路修得又平又宽，好迎接智伯送来的大钟。

仇由国有个非常聪明的人，名字叫赤章蔓枝，他是仇由国的第一谋士，也是国君的军师。当他知道这件事后，立刻去见国君。

他对国君说："这条路千万修不得！之所以现在许多小的国家都灭了，而我们的国家还存在，周边的一些大的国家也不侵犯我们，并不是因为他们怕我们，而是因为我们是个山区小国，道路狭窄，交通不便，紧要关隘，只需要用几百名兵士就足以守住，所以我们才得以太平。如果把路修平加宽，就等于给侵略者的军队铺平了道路。一口钟事小，失国事大，请大王千万不要因小失大。"

仇由国君听了哈哈大笑说："真是少见多怪，我们不花一个钱，得到这么大一口钟，怎么是个小事呢？晋国是一个大国，人家能送给我们一口大钟是看得起我们，是要和我们友好往来，建立亲密的邦交关系，怎么说人家要侵略呢？"

赤章蔓枝说："国君有所不知，晋国的智伯是个阴谋家，他对我们国家早就垂涎欲滴了，一直虎视着我们国家，不是他不想消灭我们，而是因为我们国家的路使他们进不来，以臣之见，他要送给我们大钟是假，想吞并我们的国家是真。等您把道路修好，他前脚送来大钟，大队人马随后就会跟进来。那时他们不费吹灰之力，就可以得到我们的国家。这实在是个大阴谋，千万不能上他们的当呀！"

仇由国君非常生气，不由分说让人把赤章蔓枝赶了出去，然后继续修路。路修好之后，悬灯结彩，鼓乐喧天地准备迎接大钟的到来。

不久，智伯前脚把大钟送来，随后就灭了仇由国。

由此可见，领导者、管理者应对管理事务的视角很有讲究，稍有差池，就会胜负两重天。少了一颗钉子，灭亡一个国家；挂错一面国旗，会毁掉两国关系；错迎一口大钟，使祖国惨遭吞并。我们常讲"大处着眼，小处着手"这两句话，但实施起来有人往往将两句话割裂开来，对立起来，有倚重倚轻之嫌。过度倚重远景规划的制定，却忽略了如何从小处着眼，稳扎稳打，步步为营，不懂得“防事于未萌，避难于无形”的道理。作为企业管理者应搞清楚，“如果不在质上斤斤计较，就难在量上绰绰有余”，于小处可见大精神，从小处入手可以解决大问题。看似微不足道的失误或瑕疵，会让人所有的努力付诸东流、毁于一旦。这不是危言耸听，是一个个惨痛教训的忠告。

启示三，善待细节，加长“短板”。

一位名人讲过：“祸患多隐藏在隐蔽的地方，而发生在人们疏忽的时候”。实际上，人生发展有个定律：一个锁链，最脆弱的一环决定其强度；一只木桶，最短的一片决定其容量；一个人，素质最差的一面决定其发展。比如铁路最大的链条是车、机、工、电、辆、供水电，一环脆弱，链条则废。每个系统、每个单位、每个车间科室、每个班组工种，又有无数个大大小小的链条，链条又有链环的材质、强度、接续等无数个细节，只有关注了每个小的细节，才能保证大的细节；大的细节好了，又能衔接牢每个环节；坚固才能保证整个系统的正常运转，继而保证大联动机的万无一失、长治久安。一个人也是这样，成功取决于其学历、经历、素质、品行、脾气性格诸方面的优劣程度，往往最短的“木板”决定了其综合素养的高下，反映了其成功机会的多少，而且“短板”也带有隐蔽性。“一个爱惜自己的人，绝不会连自己身上的疤疮也爱惜。”世界上大多成功者会洞见自己的“短板”，提准自己那把不开的“壶”，补强堵漏，扬长避短，慎待疏弊，一步步走向成功。

114. 别让消极心态伤着你

一个故事可以让我们看到心态对事态发展的作用。

有两个秀才一起去赶考，路上他们遇到了一支出殡的队伍。看到那一口黑糊糊的棺材，一个秀才心里立即“咯噔”一下，凉了半截，心想：完了，活见鬼，赶考的日子居然碰到这个倒霉的棺材。于是，心情一落千丈，走进考场，那个“黑糊糊的棺材”一直挥之不去，结果，文思枯竭，果然名落孙山。

另一个秀才也同时看到了，一开始心里也“咯噔”了一下，但转念一想：棺材，棺材，噢！那不是有“官”又有“才”吗？好，好兆头，看来今天我要鸿运当头了，一定考中。于是心里十分兴奋，情绪高涨，走进考场，文思如泉涌，果然一举考中。

回到家里，两人都对家人说：“棺材”真的好灵。

任何事情都是如此，“事物本身并不影响人，人们只受对事物看法的影响”。对事物的看法有积极和消极的区别，这种区别往往决定了一蹴而就朝哪个方向发展。一般来讲，思维消极的人，对事情从消极的角度看得多一些，并寻找似是而非的借口或说辞，其成功率可想而知；而积极的人，就是面临困难也不气馁，充满积极进取的情绪，执著地寻觅通向成功的钥匙，结果常常可以打开幸运的锁链。

面临出乎预料的事态，是想方设法解决，还是退却逃避，是情趣状态优劣的检验，也是成功者与失败者的试金石。好像两个重病的患者，一个心情乐观，一个绝望沮丧，尽快康复的希望肯定属于前者而不是后者。

人世间从来没有绝对完美的人和事，人有优缺点，物有长短处，关键是看问题的角度、处理问题的方式如何，如果你善于用好的、积极的态度去思考、去推进事物的进程，成功的机会就会属于你，即便面临危机，也会出现转机。

暗示也有积极和消极之分。积极暗示也称良性暗示，能够对人们的心理、行为、情绪产生一定的积极影响和作用。从心理学角度分析，言语中的每一个词、每一句话甚至行为中的一个举止，都是外界事物和生活现象的代表，会在人们大脑中出现反映，对人体有所启示。

建国后，某位省级领导干部由于过度操劳患了失眠症，每天睡觉前不服安眠药难以入眠，因为安眠药有一定副作用，依赖性也较大，所以其服的药量也在增加，由开始的每晚两粒安眠胶囊逐步增加到 7 粒，仍然休息不好，要求加量。大夫经过私下沟通，认为睡眠不好既有药的依赖因素，也有心理因素。便让药剂师“偷梁换柱”，8 粒安眠胶囊中有 6 粒换成葡萄糖粉，然后将药交给这位领导，并告诉他：“今晚药加量了，服 8 粒，您肯定能睡个好觉。”这位领导听后十分高兴，结果一觉睡到天亮。

要想使积极暗示达到预期效应，有两点必须注意：一是心情必须平和，氛围良好，浮躁心理不可有；二是不应急功近利，仅靠一蹴而就或三天打鱼两天晒网不会奏效。特别是作为管理者处在一种充满竞争和工作繁忙的节奏里，必须使积极暗示在潜移默化中、不知不觉的气氛中进行，身心始终处在放松状态，这样效果才会理想有效。

同样是一件事，往往心态不同，会得出完全不同的结论。比如二人在黄昏时散步，悲观者触景生情，无奈地说：“太阳正在落山”，而乐观者则高兴地说：“繁星正在升起”。这里面的悲观者往往会从消极方面得到不应有的暗示。

这方面的实例很多：一位年轻人患了风湿性心脏病二尖瓣狭窄，经住院治疗后病情已经好转，为了根治，经会诊，准备施行二尖瓣扩张手术。由于这是第一例，为慎重起见，术前进行了动物实验。不知出于什么考虑，让病人也自始至终观看了实验手术的全过程。很遗憾，手术在动物身上失败了。

患者看过实验手术后，默默无语，回到病房，坐立不安，彻夜不眠，因为明天他自己就要被推上手术台了，动物实验的失败，使他感到恐惧。虽然医生、护士看出他心情忐忑不安，但没有重视，也没给他一定的心理治疗及药物治疗，甚至连一点镇静催眠药也没有给他服用。第二天早上，正当手术室做准备时，他突然心搏骤停，瞳孔放大……他死在手术前。

这位患者本来有着强烈的生存欲望，但在动物实验手术中，他看到可怕的前景，形成了他可怕的心理暗示。正是这种心理暗示摧毁了他的生存欲望，于是，发生了猝死。由此可见，心理暗示的作用确实是巨大而灵验的。

暗示，从某种意义上讲，也是一种领导技巧。作为一个管理者，应把暗示作为一种职场驾驭术，它本身具有含蓄、间接的特点，与其对下属进行简单的行政命令，倒不如采用迂回、委婉的方法，借用它途，灵活造势，达到既定的目标。

(1)传递积极心态，杜绝消极暗示。

暴风雨天气对铁路各站段富有挑战性，有了类似的天气预报，领导者首先要为自己"打气"。员工业务素质良好，灾害天气预案很充分，一切准备工作就绪，闯过这一关口没问题。并将这一心绪反映在班前点名及安全预想当中，让员工满怀信心迎战暴风雨。如果"当头儿"的听到天气不良，心里提前发怵、打"鼓"，就会将消极神态、口吻自觉不自觉地影响、"传染"给下属，消极面一扩大，后果就可想而知。

(2)提前下"毛毛雨"，让下属富有心理预期。

一职工违章蛮干造成他人工伤。管理者提前"示警"：这事很严重，上边已经知道了，现在还没拿处理意见，主要看你的认识态度和伤者检查结果，你要好自为之，把自己的事思量好。使肇事者稳住心态，对后续情况提前有所准备。

(3)适当降温，调低期望值。高铁新线即将投入使用。

普快列车乘务员掰着手指头数日子，眼巴巴看着想争取第一批跑"高铁"，段领导提前告之员工："今后这种好工种、好岗位机会很多，有第一批，也有第二、第三批。能不能尽快上动车，全在自己，把翅膀练硬了，长本事了自然会有份。"

(4)展示具体前景，气可鼓不可泄。

调车事故发生后，运转车间被免发奖金 3 个月。大家情绪低落，垂头耷拉脑。段党委书记适时在员工大会上鼓劲加油。"我们要憋足一口气，争取先拿下安全月，只要这个目标拿下来，就提前恢复大家的月奖金！”

玛菲博士有个心理法则：“你的人生按照你心理描绘的蓝图展开。”心理学有个观点：“事物本身并不影响人，人们只受对事物看法的影响。”心理学家还提出了一条区分不合理信念的标准，那就是“合理信念使人达到自己的目标更快，不合理信念使人为难以达到目标而苦恼”。大家已经知道，对事物看法有积极、消极两种情况，你思想消极，就会看负面东西多一些，甚至毫不相干的事也强拉硬拽，牵强附会，自己给自己拔“气门芯”，那成功的可能性就大不了；你思想积极，就会看什么都顺眼，晴空万里是为自己营造的氛围，乌云密布那是黎明前的黑暗，阳光就会出现，自觉不自觉地给自己“打气”，那成功的钥匙就会掉到自己手里。也就是说，良好的想法催生良好的结果，消极的念头导致糟糕的结局。

实际上，心理暗示是人的情感和观念不同程度地受到的外界下意识的影响，它是一只无形的手。同样，它也是一把“双刃剑”，它可以给你帮大忙，也可以给你帮倒忙，可以拉你，也可以害你。

管理心理学有一个捕捉灵感思维法，提出了 4 句话：思想艰苦是产生灵感的土壤；抓住机遇是产生灵感的钥匙，身心放松是产生灵感的奥秘；积极心态是捕捉灵感的技巧。

仔细琢磨一下，确实很有道理！

第十章　兵头将尾战法篇——一门提升车间班组团队建设执行力的课程

115. 层次管理杜绝"大呼隆"

班组管理是个老话题,也是个实话题,从某种意义上讲,抓班组管理不需要空洞、乏味、玄而又玄的"理论",主要是如何操作落实的实在活。

细察有些企业的车间、班组现状,以及抓基层、夯一线的管理章法,有许多现实问题值得探讨。从存在的突出问题及症结来看,主要有两个方面:一是都抓都不抓,班组长不当家;都管都不管,班组长没有权。作为兵头将尾的班组长缺乏自主活动的空间,没有自己可支配的"领地"。作个形象的比喻,其窘况更像一个"磨道的驴——听吆喝的",好像唐山的皮影戏,舞台人物的一招一式都由幕后人左右,缺少、必要的动力和活力。二是疲于应付,四处招架,不堪重负。突出表现是"五如"状态:负担如山,头绪如麻,检查组如毛,班组长如牛,一线班组如筐。"上边千条线,下边一根针",诸多层次、众多处室科室,都在给车间班组交任务、压担子、卸责任、设台账、要报表,轮番轰炸,给"磨道的驴身上"加上一根又一根"稻草",只按传统僵化的管理思维行事,而不顾一线管理者的承受能力和后果。

症结主要有两条:管理体制问题——职责划分不清;工作章法问题——服务对象主客体倒置。

消除上述症结的思路和途径,就是强化层次管理,谁的活谁干,不同层次干不同的事,各司其职,各负其责,把个人的"自留地"种好。

主要应确立 5 个层次的管理职责:

(1)规划在上边

作为企业的高层领导机关,不可伸手过长、管得过细,"六个手指头抓痒痒——多一道子"的事不可干。管班组的精力主要应放在订规划、搞顶层设计上，管理是宏观的，着眼点是管方向、立目标、定重点。一个规划可以管三年、五年，规划一旦确立交由下边结合基层实际具体实施，千万不要打着抓落实的“旗号”干扰下面的具体工作，做那些管不了、管不好、不会管的事。

(2)统领在站段

基层单位了解班组的设置、性质和管理现状，负有统领职责。哪类班组怎么抓，哪项工作哪个阶段不同班组如何推进，心里有底，手中有数，部署讲章法，抓起来驾轻就熟，切合实际，容易见实效。

(3)指导在机关

机关各科室负有对班组的指导任务，诸科室中劳资部门担当班组管理的牵头之责，应成为“门清”的权威部门。中心工作推动进度、班组长配备状况、管理素质的类别分析、选点带面的工作布局、现场困惑与难点，应了然在胸。工作侧重点需敲在服务上：少指令、多指导；少“索取”，多培训；减少规定动作，增加自选动作。特别要牵头协调各部门统一口径、协同动作，立住、立好随意增加班组管理台账的“闸门”，杜绝一有大的工作部署到来时就增加班组负担的不良习惯。

(4)谋划在车间

车间是班组管理的直接领导层，对所属班组的工作性质、管理现状了如指掌、知根知底。应该说，这一层次对班组工作最有发言权、决策权，指导也最得力，符合实情。其主要职责可以用4句话来反映：制订办法，规范操作，区分侧重，因组而异。将现状症结点敲得更准些，谋划点确立得更细些，将管理意图和工作实效的线拉得更紧些。

(5)实操在一线

基层班组长是一线管理的主体，也是实操者、落实者，其工作优劣程度直接关系企业全局成效的大小，其素质和作为状况也对企业基础强弱构成巨大影响，可以说，抓班组管理要在“兵头将尾”上下大气力。班组长的管理职责主要有4句话：扬长避短，细化实施，富有点子，以我为主。

116.“漏斗型”管理者最给力

主管班组的部门或班组长，实际上有两重身份，既是管理者又是部下，既要领导下属还要被上边所领导。这种身份特征，有一个重要职责就是畅通渠道，把路畅通。工作途径就是顾及“两头”，了解上情，把握下情，上情下达，下情上达。可以说，不了解上情就是缺“头脑”，不清楚下情就是缺“耳目”。管班组管到了这个份上，就找到了位置。“桥”修通了，“纽带”牵上了，承上启下就做到了一大半。

所谓“上情”，就是摸好领导的“脉”，上司的意图要“吃透”；所谓“下情”，就是本车间、本班组的“底”，“底数”要明白，要掌握。这个“底数”，包括人员底数、设备底数、业务技术底数、任务状况、思想动态等等。大家知道，赵本山演小品上春晚20年经久不衰，宋丹丹称道：“本山，本山，是两脚不离地。”这个赞誉是反映赵本山表演富有底蕴，生活根基扎实。我们讲熟悉“下情”，也就是讲要善于把握底数，有一线的根基。有一句名言：“有两种人不会走向卓越：一是不按上级指示办事的人；二是只会照搬重复上级指示的人。”这两种人的毛病都出在只顾一头，丢了另一头。

上情、下情都有了，还有个结合的问题，还必须练好“结合功”。

练“结合功”主要有三方面：

(1)付出“变大为小”之力

上级精神是管全局的，管方向的，有普遍的指导性，说俗一点儿就是比较宏观、原则、概括，概念化、理论性较强。但下边执行起来不能上下“一般粗”，“照方抓药”。对上边明确、普遍适用的要求，应有具体措施，拿“小点子”；上边的笼统说法和一般性原则要求，要从自己的“一亩三分地”出发，上边说了一条、两条，到班组要变成三条、五条，甚至七条、八条，也就是要细化、具体化。工作安排上也要有差异性，进度上有急有缓，顺序上有先有后，类别上有重点有一般，不可“一窝蜂”、“一刀切”，过分讲究“整齐划一”、“齐步走”。

(2)学会“变粗为精”之法

工作切忌“一般化”，把主要力量放在做“特色饭”、炒“特色菜”上。好比到饭店就餐，一拿到菜单往往第一句话就问：“你们特色菜、招牌菜是什么？”服务员回答：“酸菜鱼”。“好！来一个。”就餐者干脆利落，首肯的是特色菜。过去，有个宜兴泥沙壶的经典事例就说明了特色的重要性。

李瑞环同志担任全国政协主席时，有一次参加政协港澳小组的讨论，他讲了一个茶山的故事，耐人寻味。

宜兴有种紫砂壶，用的时间长了，会累积一层陈年茶垢，在壶中形成茶山，长出茶山的壶，不放茶叶也有茶味。有位老太太家中有把上百年历史的老壶，她拿到市场上去卖，要价五钱银子。一位买主出价三两，说过会儿来取。老太太心想，这么一把旧壶三两银子，卖了高价。但里面太脏不好意思，于是把茶山给刮净了。买主回来一看茶山没了，掉头就走，五钱也不买了。李瑞环同志说：“香港那么小的地方，能够创造那么多世界第一，是因为香港有自己的特色，需要香港人理解并坚持它。如果像老太太那样妄洗茶山，就有可能丢掉特色，那时，香港的分量就轻了。”

看来特色这东西是不能轻易丢掉的，香港有香港的特色，澳门有澳门的特色，内地各省也是各有特色。作为企业的各个车间、班组，也是各有特色。比如某站客运甲班讲业务素质是“呱呱叫”，参加全站技术比武往往是前三名；乙班团结协作搞得好，谁家有个灾有个病什么的，大家争先恐后去帮忙；丙班服务用语标准，旅客心理摸得透，多次被报社采访报道。抓班组讲特色、讲创新、扬长项不可少，劳资部门不妨抓个“点”，培养个典型，让典型说话，以点带面。变粗为精有个“质”的问题，办事不能讲表面，图形式，“水过地皮湿”。一项重要工作开始时，大轰大嗡、人海战术；活动高潮过后，偃旗息鼓，草草收场，“外甥打灯笼——照旧(舅)”，这是抓基础、夯一线的大忌。班组建设的着眼点是扎实、踏实、实际、有效。

(3)练就“变虚为实”之功

主要是把上边讲的具体化，弄实在点儿，跟一线挂上号贴上边，看得见摸得着，真正能解决问题。上边精神是对全局讲的，面对是一条战线、一个大的领域。我们作为一个车间、一个班组就不同了，不能老拿着“放之四海而皆准”的原则说事，不能光重复那些什么时候也不会错，放到哪里都不会错的正确“空话”。

李瑞环曾说过：“我们领导同志既不能下‘臭棋’，也不能下‘废棋’。”何谓“臭棋”？就是拍板决策失误；何谓“废棋”？就是搞形式主义，劳民伤财之举。有的领导者、管理者平时对上边精神领会不透，对一线实际把握不准，凭主观臆想，做出一些“姥姥不疼，舅舅不爱”的事来。有一段话对此类现象进行了透彻剖析：形式是必要的，但形式不能往前走一步，走一步就是形式主义；真理是很好的，但真理不能往前走一步，再走一步就是谬误；感性是允许的，但感性不可往前走一步，再走一步即发“疯”；理性是明智的，理性也不能往前走一步，再走一步是犯傻。“洞房”再往前走一步就是“茅房”。班组建设亦是如此，有些形式和内容的关系问题，也应处之有度，恰到好处，防止走过、走偏。

应该说，变虚为实就是“顾上”与“顾下”的结合，顾下不顾上，是同上级相处的一大忌讳，会出现失方向丢目标的失误；只顾上不顾下，到头来也会失民心失根基，劳而无效，带来许多麻烦和后患。

从某种意义上讲，车间、班组的管理者应该成为“漏斗型”，上边大下边小，有加工的本事，具备去粗取精、去伪存真、变大为小的工夫。比如，你是东北人，喜欢吃宽粉条，那可把孔口做得大一些，淀粉漏到锅里，就加工成了宽粉条；假如你是南方人，爱吃细粉丝，就可把孔口做得特别小，淀粉到锅里自然就是粉丝了。不管怎么说，管理者都承担着"漏斗型"加工者的责任，应成为变大为小，变粗为精、变虚为实的"能工巧匠"。

117. 班组"三位一体"有向心力

有人讲，想成大事者，必须发扬合作精神。在团队建设中，"合作"这个词，扮演了一个极为重要的角度。如果没有周围人的协助和合作，任何人都无法取得持久性的成功。团队拥有合力之后，小环境中的每一个人都将因此倍增自己的成就。由此可见，团队工作环境的重要。

有人常说，这个班组挺棒，拉得出，冲得上，过得硬。仔细一分析，原来是班组这些人伙计搭得好。人们常讲：不怕活多，就怕工作环境不舒心。确实这样，环境好了，心情就会舒畅，干活就有劲，精力就专一，成效就大。用老百姓的话讲，就是舒心出活。

班组是个小"社会"，各种脾气、性格、经历的人应有尽有，但不管存在何种差异，都应该做到和谐相处。班组在千差万别的情况下，怎样才能和谐相处，相互沟通，大的原则不出格，七股八叉、疙里疙瘩的事能避免，能减少，这里就有讲究。

班组应做到"三位一体"。打个比方的话，班组是一台正常运转的发动机。发动机要想有较多的载重力，效能大，功能强，有三个要件不可少：框架、机器零件和润滑油。班组要正常运转也有三个要件：制度、素质和感情。制度好比机器骨架，一个框架结构；班组长和员工素质是机器零件质量，各部件质量要好，是精品；班组长和伙计之间的感情是润滑油，能起到润滑作用。

三个要件功能不同，作用不同，相互作用，相互联系，离了谁都玩不转。比如机器框架好，但个别零件质量差，"金玉在外，败絮其中"，不耐用，是废品，机器框架好也不顶事；框架结构好，零件也不错，但缺少润滑油，部件间"硬磨硬"，时间一长，就会出缝隙，造成"间隙"超标，那时好零件也会变成废零件，好框架也会变成散框架。框架作用也很重要，它本身是规范，是约束，你的班组伙计们素质不错，哥们感情也好，但缺乏一个好的制度作遵循，时间长了，也会"各吹各的号，各唱各的调，各放各的炮"，互不通气，互不服气，打内战，搞内耗，一盘散沙，各行其是，1－1＝0，大家找不着北，最后小团体全玩完。

一句名言讲："制度让想犯错的人犯不了错，素质让有机会犯错的人不愿意犯错，感情让人们不忍心看着同事出错。"应该说，制度是关键，素质是根本，感情是补充，"三位一体"有机结合，缺了什么都不成"机器"，不成整体，也就管不好这班组，什么凝聚力、向心力、战斗力，都无从谈起。

118. 搭好"四梁八柱"

俗话讲："一个好汉三个帮，一个篱笆三个桩"，"一两个人手大捂不过天来"。无论是车间干部还是班组长搞管理都不能要个人英雄主义，跳"光杆舞"，靠单打独斗在任何场合都是不能奏效的。"成在振臂一呼，应者云集；败在离心离德，孤家寡人"。这句话反映了拥有小核心的必要性。作为一个班组长，身边没有几个"顶梁柱"撑着，是成不了大气候的。

所谓"顶梁柱"，就是人们平常俗称的"小能人"、"小先生"、"业务尖子"、"主任苗子"、"土专家"、"二工长"一类的人物。班组管理可不能小看这些人物。他们上通主管，下联"哥们弟兄"，左右逢源，"外香内甜"。车间班组管理、安全质量上的大事小情，还有演练、迎检、家访谈心方面的组织牵头，都少不了他们掺和，也可以叫他们企业的"小管家"，对他们可不能轻视慢待，不然企业会吃亏！

(1)平时高看一眼

这些人选好了，班组组织基础就牢固，班组长就有了"左膀右臂"。既然"高看"，就有一个"看好"、"选好"的说法。

大家清楚，"顶梁柱"不可能是企业人力资源部门下令委派、提拔的，也不会是大家投票推选的，他们应该是"土生土长"、自然形成公认的，但又必须得到车间、班组管理者的点头认可。这里面起码有几个不成文的条条：

一是叫得响的业务技术高手。业务技术素质好，设备质量出了毛病，"敲敲打打"就能弄明白，遇见强手不示弱，碰见"二把刀"能帮一把，有了难题能说个"八九不离十"，搞个演练赛什么的，拿前三名不成问题。

二是点子多出手快的强手。点子多、反应快，能招呼人，能理清事，牵头解决技术上的难题不含糊，在伙计眼里拿得起、放得下、信得过。

三是会沟通、善协调的能手。会"上传下达"，"当头的"精神领会快，落实起来能到位；伙计的呼声能递上去，原汁原味不走样。同事纠纷、夫妻矛盾、邻里争执这些琐碎事儿，能解善调，"和稀泥"，常扮演"小政委"的角儿，用不着工长说话指派。

现在车间、班组战线长、管理范围广，工种多，头绪杂，班组长有几个这样的帮手，就省心省力多啦！班组作业范围大，现场的角角落落不可能都去遍，可派“顶梁柱”代劳，无形之中多了条“腿”；“当头的”某一方面业务不精，有的“顶梁柱”本身就是某工种的“业务通”，让他去找隐患是“人到病除”的事儿；有的“当头的”脾气倔、性子急，有时不宜直接出面，在这种情况下，找会办事的人适当模糊一下，问题就全解决啦！

(2)充分信任适当放权

有一份调查，运输站段中层平时只有四分之一的时间处理同职责相符的事，其余时间都在忙于开会、应付应酬，可以说工作主要精力严重“走偏”。

可以设想一下，如果我们车间干部、班组长把一些具体繁琐的管理事务交给“顶梁柱”去干，或者把“过程管理”适当授权于人，就可以腾出相当多的工夫，负重责，干大事，管理功能就会事半功倍，那时管理者的工作艺术就会大长一块！

哪些权力可以交给“顶梁柱”呢？这里面有两个因素要把握好。

首先，要看班组的规模，员工众多要管大事，员工较少要盯过程，管的人多面广，班组长“鞭长莫及”，这时需要抓重点、理关键，大事不可让小事拖累住，好多事要甩给“顶梁柱”，他们可能管得更好。

其次，要根据技术业务性质而定。有的车间、班组技术含量高，业务性强，管理者不可能面面精通，包打天下，有的技术演练、课题探讨、难点攻关、隐患排查、业务竞赛等工作的组织操办，可能“小先生”、“土专家”更能胜任，交给他们完全不用管，可能本身就是最大的信赖。

(3)激励方式多样化

“顶梁柱”为管理者理事、担责、解围，冲锋陷阵，立下了汗马功劳，“当头儿”的应对他们多鼓励、多激励、厚待他们。

一是运用多种场合点评。下属工作尽心尽力，表现可圈可点，应利用一切机会，多表扬、多鼓励，认可他们，为他们鼓劲、加油。比如点名会、交班会、总结会，要适时念叨念叨，吹吹“暖风”：“小张，最近为了迎检卖力不小，上边表扬我们工作有他的一份功劳”。“小赵，团结协作出了一把子力，班组伙计家里有困难，他的腿脚跑得很勤快。”简单几句话表明，班组长心里有他，他干的活班组长都看在眼里，“看得起他”。

二是管理上的事让他们多掺和。上级精神让他们早知道一步；有的会议让他们列席；有的措施要求制定宣布前，先征求他们的意见和建议。比如车间让班组制定春运安全措施，班组长可以给骨干小刘打招呼：“春运的安全措施我想了 4 条，不完整，你是这方面的专家，点子多，抽时间帮我想两条。”小刘看到班组长实心实意找自己帮忙，心里美滋滋的，一口应承下来："工长，没问题，明天一早交活，保证让你满意。”

三是随时表达呵护、关爱。管理者不仅敢将棘手、繁重的担子交给“顶梁柱”，还要适时关心体贴他们，表扬奖励他们，不可“又让马儿跑，又不让马儿吃草”

红三军团过草地时，因为断粮，彭德怀将军忍痛命令把自己最喜爱的大黑骡子和其他牲口全部杀掉让战士们充饥，表现了彭德怀爱大黑骡子，更爱战士们的高贵品质，反映了彭德怀与战士们同甘共苦的精神。

抗美援朝五次战役结束后，志愿军召开了一次很重要的会议，时为战地记者的张友林走进会议室，想给志愿军司令员兼政委彭德怀拍摄一个镜头。当举起相机对准他时，不料遭到彭老总的拒绝："我彭德怀有什么好照的？不要突出我个人，你省下胶卷给志愿军战士照嘛！”张友林受到批评，委屈地走出会场。

一天，彭德怀兴致勃勃地来到上甘岭阵地前沿视察，张友林闻讯后立即赶到阵地，见彭老总和战士们谈笑风生，表情轻松，他连忙取出相机准备拍照。彭老总一眼认出了自己批评过的张友林，笑着说："哦，又是你这个小记者，今天你随便吧！”张友林抓住时机按下了快门，拍下了这张照片。

四是发生失误主动担责。平时要造这种舆论：大胆干，有了功劳归你们，有了失误我担着。要有推功揽过的胸怀气度。“顶梁柱”有了困难、困惑时，及时帮助指导；面临困境时，随时出现在他们面前；受到歪风邪气打击时，敢于为他们撑腰打气。

119. 用经济杠杆“四两拨千斤”

没有规矩不成方圆，一个缺少奖惩之道的企业不可能说是管理有方，也不会是成功的企业。劳资干部一般都懂得这一点。奖惩体现在班组管理上本身就有经济杠杆的调向作用，这是一个风向标，可以在一线劳动力走向上起到引导调节的功效，这样，班组长管人用人的大障碍就清除了。

20 世纪 90 年代中期，某供电段接触网工收入“一拉平”，没有多少差别。这样做，主要是担心“不平衡”，害怕“稳定”上出问题。没想到，时间一长，事与愿违，反而出现了“不稳定”，有些接触网工出工不出力，出力不上杆，甚至闹着找领导，要求改职当门卫，干巡守员。段领导深入调查后，认为接触网工既是个技术活，也是个力气活。该段已组建十几年，创业时入段的老“知青”，已 40 多岁，年龄偏大，上网力不从心。当时铁路长期不招工，这批接触网工仍然是一线骨干力量，不可能全分流到辅导工种岗位。特别是各工种奖励标准十几年“一贯制”，收入档次没有拉开，干辅助工种也少拿不了十几块钱。

找到了原因，段领导经过研究，决定用收入杠杆调整员工上网意愿，责成劳资部门设立接触网工工龄津贴，工龄满 15 年月津贴 40 元；满 20 年月津贴为 60 元，吸引员工延长上杆的年限，用经济手段引导劳动力流向。段职代会还通过决议：门卫、巡守员月奖由 150 元减为 120 元，大小安全百日由 200 元减为 150 元；接触网工月奖增加到 200 元，大小安全百日奖为 240 元。

职代会决议、劳资部门津贴发放办法一公布，数月前出现的为改职“挤破头”、“踏破领导门槛”的现象一扫而光。

收入办法调整体现的是动态利益分配机制，热点工种减奖金，“冷门”系统加待遇，调控员工思想行为从改革着眼，改革从调控大家思想入手，向改革要稳定，向分配要稳定。大面积思想问题一出现，行之有效的办法是找“源头”，移“柴火”，解“扣子”。有人讲，这是“四两拨千斤”的作用，见到的是“一把钥匙打开千把锁”的效果，“颁布一个令，稳定一帮人”。

企业的奖励和惩罚方式我们平常遇到的主要有 6 种：

一是有奖有罚。一项中心任务，一个重要工作或举行一个规模较大时间较长的活动过后，肯定要总结讲评，谁表现好，谁一般，谁拉了后腿，会有个明白说法，给大家个交代。讲评完了随之而来的就是对好的表彰，差的扣罚，不能稀里糊涂，不明不白的过去。

二是有罚有奖。这种事一般发生在特殊情况下，比如有的地方发生了险性事故，原因是一系列违章造成的，相关责任者理应受到处理。可是在发生险性事故过程中，有的职工忠于职守，及时发现了险情，马上采取防范制止措施，减少了事故损失程度，把事端从重大、大事故的边缘拉了回来，对此则应予奖励。再比如有的站段因责任者主观失误导致火灾、爆炸、工伤的发生，有人见到后舍生忘死，奋力救助，免除了更大损失的发生。事情很清楚，事故肇事者应罚，救人危难者当奖。

三是先奖后罚。重要任务一般分几个阶段，环环相扣，每个阶段告一段落时，随时小结一下，对突出典型、示范“尖兵”，先给个“甜枣”，以加快推进后一个阶段工作进度，树个“样板”。任务最后终了庆功时，再正式说个说法，命名若干标兵。对拖后腿“懒驴”、“劣马”也不应客气，适当处罚，“以儆效尤”。

四是先罚后奖。某项工程进展缓慢，或一开始就出失误、遭受挫折，或当事人怠慢、拖拉、扯皮，出师不利，领导者则应当机立断，停工整顿问责，对情节严重的"鞭打"不含糊，"敲山震虎"，"杀鸡给猴看"。经过一段时日，工作出现转机或大功告成之日，再撤销或减免对上述人员处置，按最后实绩"论功行赏"。

五是奖中有罚。这一方法比较常见，一般指单位按年初签订的安全、效益、综合治理、成本节约等方面的责任状，考核验收评定，完成既定指标者，兑现奖励，个别"拉稀"的照章办理。还有的年终对管理干部的综合考核测评，超过 90 分者给予表彰，极个别不及格的宣布"诫勉"。

六是多奖少罚。日常奖励的把握，应有主有次，有重有轻，不可同等对待，"各奖两块现大洋"、"各打五十大板"的方法不可取。一般来讲，奖励的次数宜多，处罚的次数要少；奖励的气氛宜浓，处罚的声势宜小；奖励宜公开进行，惩罚宜个别进行；可奖可不奖者要奖，可罚可不罚者要免。

奖惩的方法有了，但也要注意实施的着眼点和奖罚的时效及功效：

其一，"一冒芽就掐尖"。无论正反事物都有一个发生、发展以至变得强盛的过程。比如歪风邪气一开始，不可能一开始就风大浪急，一般情况下，起始时是"微风细浪"、"蹑手蹑脚"，从人员讲也是一、两个人结伴而行，"吹冷风、冒冷气、泼冷水"，"干拔气门芯"的活，进而发展成三五成群，推波助澜、煽风点火，严重涣散人们的斗志和积极性。据说，近年来有一种叫黄顶菊的外来植物，一般跟随进口的粮食传进来，很不起眼，但生长、蔓衍极快，达到疯长的程度，而且会摧毁其他植物，要想彻底根除，起始阶段最佳。对歪风邪气也是一样。一开始就不可掉以轻心，"一冒头就掐尖"，不给它成长发作的机会；一旦它长成了参天大树，就"悔之晚矣"，若想除掉它，必须付出比原来多几十倍、几百倍的力量，也未必能完全如愿。

其二，奖罚不过天。奖罚要讲时效，善抓时机，实践证明，职工防止了事故，查出了故障、隐患，或有了小发明、小创造，你应该反应快、信息灵，长着一付耳聪目明的头脑，迅速作出决断，当天兑现奖励。职工中极个别"害群之马"，有什么"幺蛾子"，你立即予以警告、查处，他就不敢继续"放肆"。这种激励力、处置力，实施早晚不同，威力大小就不一样。"点炮就响"、"趁热打铁"就有震撼，不然的话，事过境迁，大家反应一淡漠，目的、初衷就达不到了。

其三，"枪打出头鸟"。职工中不良情绪的聚集、爆发，往往不是偶然的、不约而同的。一般都有个"挑头"的领军人物，这种人或明里挑起"事端"，煽动不满情绪，提出各种不同要求，让领导出面答复；或暗里出谋划策，找"枪手”做代言人。对这种现象，领导者应头脑冷静，一方面通过骨干密切关注动向，一方面详细了解有关人员的意见和要求，合理的马上答复解决，稳定人心，对“挑头”的可单独“谈话”，严肃指出其行为的严重性，着力“敲打”，同时通过其“熟知者”疏导情绪，消除幻想，放弃不良作为。否则，会陷入“法不责众”的误区。

其四，惩罚不漏管理者。“罚不及长”是一种错误做法。一般来讲，违章违纪的发生主体是职工，而根源则是领导者、管理者。应该说，发生失误或责任事故，直接责任者是现场作业职工，领导者则负有管理失察的间接责任。如果发生了问题，处理大会开得严肃隆重，事故直接责任者大会作检查，并受到记大过处理，免发 3 个月奖金，车间主任、支部书记则“毫发”未伤，间接责任者没有受到追究。大会过后，人们如何吸取教训。到底应该打几个人的板子，少打了板子也就意味着遗失了几条教训。人们当面不说，背后也会嘀嘀咕咕，难以心服口服。应该说，这个处理结果不公平，“摔了个跟头找回来半拉明白”，学费交得不值。

某车务段阎段长在中间站长例会上就事论理讲了一个“罚上立威”的道理，简直活灵活现、入木三分。他说，出了问题，我们应把包括领导班子成员在内的主要责任者一起处理，才能树立起制度的威严和管理的规范。如果出了事情，推卸责任，只处理几个不大不小的虾米，以后，可能就没人敬畏制度，问题发展会更加严重。

阎段长继续讲道，我们做一个比喻，要管理一群大象，让它们个个服气，怎么办？

我们开个会，大象下属们都在座，在这里你威严地说：“我这个人是有原则的，谁违反纪律，一定下狠手。”

正说着话，一回头，门口蹲着一只小蚂蚁，你一把抓过来，呵斥道：“哪个班组的？胆敢违反纪律，这还了得。”说着，捏起小蚂蚁，一巴掌给拍扁。大象会怕你吗？所有大象会捏着鼻子挡着嘴，嘲笑道：“吼吼，就这点本事。”如果我们管一群蚂蚁，让它们服气，怎么办？

开个会，蚂蚁都在座，你威严地说：“我这个人是有原则的，谁违反纪律，一定下狠手。”说着话，你抓过一头大象，二话不说，一巴掌给拍扁，你说蚂蚁会是什么反应？

在现场，蚂蚁会全体起立，伸着小拳头，高呼：“拥护领导从严管理。”

所以，碾死蚂蚁给大象看，获得的是嘲笑；碾死大象给蚂蚁看，才能获得威严。这个策略就是“罚上立威”。

据说，三国时曹操的马受惊，踏了青苗，按照军纪，随意踏坏百姓庄稼者应被砍头。但曹操踏青苗是因受马所累，曹操应负间接责任。结果，曹操当众割下一撮头发，权当知罪受罚。可见，古代将帅失误时负有间接责任也是要受罚的，何况现在呢！

其五，敢于拿自己"开刀"。发生在各国政坛上发生重大失误，政府官员引咎辞职的实例并不少见，接受其他处分的也不断见诸报端。但在企业里，如何把握好这个"度"，就有个境界和规定的说道：

一是出手要严。上世纪80年代中期，某铁路局一部室领导发现下属秘书科长誊写一重要文件时抄错了两处文字，立即严肃批评道："我们这种部门翻下了车掉不了道，现在出现这种重要差错就是事故"。部门领导随即扣除当事者两个月的奖金，个人的当月奖金也主动免发了。此事发生后，很快在部室内形成了工作严谨高效的风气。

二是公允适当。某工务段桥梁车间主任严格管理出了名，而且往往"重手"出击，发生问题，不管你是普通员工，还是工班长，甚至副主任也在所难免。有两次交给副主任的任务，都没有按时完成，并出了差错，主任当众宣布扣发副职500元奖金。但其作为正职，负有领导之责，如何发落，却不声不响，没有了下文。实际上这样的做法不可效仿。作为正职来讲，协助自己工作的副手受到处理，自己不应受到"有限"联挂吗？间接之责不可不究。不然会出现"严以律人，宽以待己"的说辞，给人留下话柄。

三是自觉而有"度"。下属发生问题，领导者与责任者共同担责，理所应当。作为领导者，这时姿态要高，旗帜要鲜明，主动申明所担之责，要求"自罚"，给大家一个好印象。从另一方面讲，间接责任同直接责任不可同日之语，毕竟领导者管理的事务多、范围广，不是具体操作实施者。具体如何处置，以不同情况而异，而且应报上一级决定。只要处理得合乎情理，区别对待，有分寸之感，下面都会理解。

120. 奖金分配凭实招

站段把考核奖、质量奖、验收奖、节能奖等划拨到车间、班组，就有一个再分配的问题。说起再分配来，确有一些不成文的道道和规矩。

一是印象分欠公道。单位划拨的各种单项奖是根据车间、部门总的工作量、质量状况确定的，二次分配是车间或班组对个人贡献大小、质量优劣、安全效率情况的具体认定。哪个好、哪个一般、哪个稍差，不能凭印象，也不能跟着感觉走，用"大概其"、"差不了多少"来应付，一、二个人说了算。这里面最忌讳的是有厚有薄、有偏有向，投脾气、性格相近的就高看一眼，倔脾气、“一根筋”，说话办事认“死理”，敢较真的就不得“烟”抽；办事乖巧，会说话，常在领导面前逢迎买好的得实惠，整天不吭不哈、埋头实干的老实“疙瘩”则沾不上边。这种考核偏向会形成管理“导向”，“会干不如会看的，会看的不如会拍的”，“领导在时放手干、领导不在甩手转”，作业挑肥拣瘦，干面子活；上班偷奸耍滑，常“溜边儿”。问题的发生根源是领导管理“粗放”，考核“失察”，让动机不纯者钻了空子，带坏了风气，这种管理方法实在不足取。

二是糊涂账害勤快人。二次分配要有依据，一是一、二是二，清楚明了，有账可查，“秃子头上的虱子——明摆着”。张三跑了几趟车，每趟节约了多少油；李四上了几棵杆，维修了几台变压器；王五检修了几辆车、本周查出了几个事故隐患；马六今天请事假几小时，上周加班几小时，等等，详详细细、明明白白。

这样做，有 3 个好处：一是“好记性赶不上赖笔头”，日常勤快点，当天的事当天记清，免得日积月累，事多遗忘造成误会，打不清的“嘴官司”；二是便于“凭据”考核，不讲人情面子，月底算总账时交由计工员处理，对事不对人，车间领导或班组长不掺和进去，免得招惹是非，留下“话把子”；三是平时单项考核有记载，为年终评先留存依据，免的到时领导凭空“点兵点将”，人为推优，缺乏说服力，让人家难以心服口服。

有一故事就说明了这个道理：唐高宗时，大臣卢承庆专门负责对官员进行政绩考核。被考核人中有一名粮草督运官，一次在运粮途中突遇暴风，粮食几乎全被吹光了。卢承庆便给这个运粮官“监运损粮考中下”的鉴定。谁知这位运粮官神态怡然，一副无所谓的样子，脚步轻盈地出了官府。卢承庆见此认为这位运粮官有雅量，马上将他召回，随后将评语改为“非力所能及考中中”。可是，这位运粮官仍然不喜不愧，也不感恩致谢。原来这位运粮官早先是粮库的混事儿，对政绩毫不在意，做事本来就松懈涣散，恰好粮草督办缺一名主管，暂时将他做了替补。没想到卢承庆本人恰是感情用事之人，办事、为官没有原则，二人可谓“志趣、性格相投”。于是，卢承庆大笔一挥，又将评语改为“宠辱不惊考上。”卢公凭自己的观感和情绪，便将一名官员的鉴定评语从六等升擢为一等，实可谓随心所欲。这种融合个人爱憎好恶、感情用事的做法，根本不可能反映官员的真实政绩，也失去了公正衡量官员的客观标准，势必产生“爱而不知其恶，憎而遂忘其善”的弊端。这样，最容易出现吹牛拍马者围在领导者左右，专拣领导喜欢的事情、话语来迎合领导的趣味和喜好。久而久之，领导者就会凭自己的意志来识别人，对他有好感的人便委以重任；而对与领导保持距离、印象不深的人，即使真有实绩，恐怕也不会得到应有的奖赏。

三是“一拉平”是大锅饭。大家知道，平均主义害苦人，平均主义是好人主义的变种和繁衍，其实质就是“害人主义”，对人对己对企业都没益处，误人误事不浅。

二次分配是针对具体人具体事的实绩讲的，不可能“一刀切”，不然的话，就失去了二次分配的原有之意，站段直接分到个人即可，何必要多费一道程序。“一拉平”说到底是“和事佬”作风，源于“好好先生”的一贯处事风格。

据说，汉末司马徽为“好好先生”首创者，司马徽从不论人长短。每当人们谈及某人某事，他总是说：“好、好”。一天，有位朋友问他近况如何，他回答：“好、好”。过了一会儿，朋友又告诉他说自己死了儿子。他仍说：“好、好”。于是朋友一气之下，拂袖而去。妻子责备司马徽说：“人家死了儿子，你怎么也说好呢？”他说：“你这话也说得好、好。”于是“好好先生”的名号就传开了。现在，有些“和事佬”同当年“好好先生”相比有过之而无不及。表面看，二次分配“一拉平”是图省事，实际上是只顾面子，免惹是非，在分配领域里“和稀泥”。殊不知，像均分蛋糕一样发奖金，切给你一块、我一块、他一块，最后“切”掉了大家的工作积极性、主动性，伤了实干多劳者的心，今后谁还会为企业多出力多干事呢！

四是倡导阳光操作。二次分配的奖金来路是正大光明的，分配给职工也是理直气壮。如果你偷偷摸摸地干，很可能有什么见不得阳光的事，要么你的分配办法不公正，要么你车间、班组“留有后手”，搞什么“小金库”一类的东西。许多车间、班组在分配上本来也没有不妥之处，但却因为日常事务繁杂，认为“肚里没病死不了人”，忽略了透明公开的原则，没有及时或者定期地给大家公示一下。好多事情就是这样，办法定得合理可行，必要的程序一项没拉，那些疑惑和传言自然就没有啦！就像金鱼缸法则讲得那样，鱼缸是透明的，可以看到鱼儿在里面自由自在地游玩，旁观者在欣赏之余就能获得一种满足感、愉悦感，感觉受到了尊重。

121. 考试考核严实并用最公平

不少单位都推行了平等竞争上岗的办法，这一办法是促进职工技术业务学习，推动职工整体素质提高的积极措施，是企业改革的大方向、大趋势，也是一个躲不开、饶不过的必由之路。为什么这么讲？大家知道，我们搞的是社会主义市场经济，面临的是竞争的社会，市场经济凭素质吃饭，凭本事拿钱。未来的竞争是素质的竞争，是人才的竞争。

竞争促使人类进步。企业若无适当的淘汰机制，常会因争争吵吵的蝇头小利而违反进化规则，在竞争的环境中遭到自然淘汰。淘汰制虽然残酷，但是，你必须去适应它。

前几年，某水电段采取竞争上岗的办法就是搞优胜劣汰，通过竞争体现分配的公正性，他们把职工级别分为高中低三个等级，采用理论考试、实作考试、考核的办法，让职工站在同一个起跑线上比试，“是骡子是马，拉出来遛遛”，考上什么等级拿什么奖金，半年一个循环，结果，凭本事吃饭，靠素质拿钱的竞争机制让大家心服口服，谁也不敢怠慢，谁也没有怨言。

不少单位在实行竞争上岗的过程中，也有不少议论，也需从各方面开展疏导工作。概括起来，主要有3个方面的情绪反映：

其一，“担心较真论”。有的职工讲，我们不搞这种较真的竞争上岗考试行不行？对这一问题应这么理解，上边的精神是打破平均主义、大锅饭，拉开收入差距，择优上岗，优胜劣汰。怎么择优？如果采取让领导点将的方法，谁是高级，谁是中级，谁是初级，谁谁待岗，这个办法可行吗？大家能不能认可，下来的能不能服气。我考虑肯定行不通，唯一的办法就是比划比划，“是骡子是马，拉出来溜溜”，打乒乓球还有擂台赛，足球赛还有甲A、甲B之争。在分数面前人人平等，大家都处在同一个起跑线上，比的是真本事，免的监考不严，靠真本事的考了80分，打小抄的考了100分，最后打不清的嘴官司。

值得一提的是个别职工对请外单位参与监考有点想法，认为太严格，不相信职工，不近情理。实际上，竞争上岗考试把好命题关、监考关、阅卷关是平等竞争的关键。我们好多职工的孩子参加过中考、高考，哪一次中考、高考是本学校的老师监考，就是中小学的期中、期末考试班主任监考也是不允许的。原因主要是怕本校老师抹不开情面，失去考试的严肃性，达不到预期目的。许多职工都有“望子成龙”的心理，你们平时是希望孩子拿回来的成绩单，是凭本事考来的100分，还是靠打“小抄”抄来的100分？大概都是前者，不是后者。实际上企业领导同家长的心情是相同的，家长的出发点是爱孩子不是害孩子；企业领导的出发点也是爱职工不是害职工。糊弄只能糊弄一时不能糊弄一世。我们今后面对的是无情竞争的社会，要靠本事吃饭不是靠糊弄吃饭。

其二，“复习吃力论”。有的职工认为自己年龄大，复习太吃力，记不住。说这话的大多是三十多岁、四十多岁的职工，这个年龄段同20多岁的比较，确实记忆力有差距。但是我们应该看到,各单位开展竞争上岗考试一般包括理论、实作、考核三个方面,而且实作占的比例比较大。年长的职工同年轻职工比,应该说,各有所长,各有优势。年轻人记忆力好,但实作经验不足;年长的记忆力差,理解能力不差,实作上可说是略胜小青年一筹。如果注意扬长避短,还是有优势有长项的。

说句实在话,这些年来相当一部分职工,无论是有组织的学习,还是自学,氛围上不够浓,积极性也差一点儿,干点儿现成活可以,但认真地经常地学点东西没有那个自觉性,惰性多了,思想上有点懒,不够艰苦。俗话说:算盘常拨拉、武术常踢打。而我们有些人动手能力可以,动脑子少,脑子懒。三、四十岁不应该说是老职工,为什么记忆力差,一背题就晕,关键是大脑开掘不够。

据报载,事业很有成就,做出重大发明创造的人,死去时大脑的消耗也只达到三分之一。发明相对论的天体物理学家爱因斯坦的大脑只开发了17%。当然,我们大脑的智商不能同爱因斯坦相比,但从人们大脑都具有巨大潜力这一点上还是相通的。有一句话讲:在大脑消耗上,你越吝啬,它越有限;你越慷慨,它越富有。脑子越用越灵。有的职工迎考复习时犯晕应该说是好现象、正常现象,说明大脑这个机器开动起来了,这是提高自身素质的前提条件,是参与竞争站稳脚跟的必要过程,这个阶段不可缺少。“万事开头难”,只要我们真正动脑了,增强素质就不难,就大有希望。

其三,“内容不适用论”。复习考试内容的难易程度,同本职业务的相关程度也应正确认识,观察分析的角度、高度应同所考等级的高低相吻合,过高或过低都不合适。特别是高级、中级试题范围,既应是应知必知的内容,也应掌握、了解相关的内容。不能以现在干活用不着,就认为不应学不应考。比如,我们许多职工都上过中学、中专,当时在学校里学过不少公式、原理、定理。现在走上工作岗位后是不是都用得着,恐怕不能说这个话。现在企业里助工考工程师,外语是必考课目,如果讲,我们现在很少同外国公司打交道,很少接触外文资料,考试外语是不是多此一举,我认为,这个话不能讲,应该说,现在用不着可以,但是当前不学不考就不可取;现在用不着,不等于将来用不着。有一句话:书到用时方恨少。还有一句话:“零存整取,宽打窄用”,实际上就是这个意思。

还有对员工的考核鉴定,应该实事求是,全面准确,“不可看一时一事,应看全部历史和工作。”切忌主观片面,但是在具体操作认定上,由于人们主观心理因素的影响和制约,往往难以正确全面地对所考核人员进行客观评价。这就带来一个问题,必须对考核测评的误区进行研究,并加以摒弃。

第一，以偏概全。“一叶障目，不见泰山”，测评人对被测评人员的某种优点或缺点特别欣赏或厌恶，从而影响到其整体工作的评定，作出很好或很差的评价，违背客观实在性。

第二，先入为主。这种现象主要反应在上级领导对本单位有关人员的考察了解上，第一个约见的谈话者提到的问题给人留下的印象深刻，如果下一步遇到与之相矛盾的见解和看法，也很难改变原有的烙印。这时，如果出现“恶人先告状”的现象，就会产生是非颠倒的结论。

第三，爱屋及乌。考核人员对被考核者原来印象颇佳，或曾得到“恩报”，交往甚密以至很谈得来，就会戴上有色眼镜，为被考核者罩上灿烂的光环，作出“甚佳”的评判。所谓“情人眼里出西施”、“一俊遮百丑”就有这样的含义。

第四，舍本求末。有的管理人员工作政绩突出，甚至为企业的安全、效益及发展立下了汗马功劳，确属不可多得的人才。但是，“直木先伐，甘井先竭”，“枪打出头鸟”的恶习，促使有的人将“不尊重领导”、“一根筋”、“牛脾气”等小节问题无限放大，吹毛求疵，误导有关人员对其进行公正公道的评价，甚至出现“好人不得好报”的结局。

第五，恩宠近臣。有的领导者考察干部视野狭窄，“小庭院里选骏马”，对亲近温顺唯命是从者恩宠有加，对富有主见者另眼相看，结果，唯唯诺诺溜须拍马的近臣捷足先登，“独当一面”、现场实干者坐上了“冷”板凳。

第六，以己度人。有的考核人员不能出以公心，常常自立标准，用一把尺子一个模子衡量被考核者，甚至在性格、爱好、职业、习惯上也容不得差异，“相同者，则认可；相反者，则排斥”。殊不知，“水至清则无鱼，人至察则无徒”，“清一色”的干部队伍，怎能形成最佳结构?!

第七，借风掀浪。有的管理人员工作不上心，一旦考核测评工作开展时，便来了兴趣，“或策划于密室，或点火于基层”，以反映问题、评价他人之名，行造谣惑众、混淆视听之实，兴风作浪，浑水摸鱼。对这种现象，领导者应头脑清醒，切莫被其牵着鼻子走。

122. 管理讲究合理适度

有两句俗言：“管理、管理、第一个字为管，第二个字为理，管得合理叫管理，管得不合理叫失理”。“管理、管理，只有理清楚了才能管好”。杂技演员走钢丝时，手中拿着一个平衡杆，演员是走还是停、左晃还是右摆，全靠这个杆掌握平衡，只有平衡适度，才能顺利到达终点。实际上，管理者手里也有一个平衡杆，管理适度才能达到目的。

(1)用制度管人，靠责任出效。

管理学有个苛希纳定律：如果实际管理人员比最佳人数多两倍，工作时间就要多两倍，工作成本就要多4倍；如果实际管理人员比最佳人数多3倍，工作时间就要多3倍，工作成本就要多6倍。为了说明这一定律，有人特别举例为证：

一家企业准备淘汰一批落后设备。

董事长说："这些设备不能扔，得找个地方存放。"于是，专门为它们建了一间仓库。

董事长说："防火防盗不是小事，应找个看门人。"于是，找了个看门人看管仓库。

董事长还说："看门人没有约束，玩忽职守怎么办？"于是又委派两个人，成立了计划部，一个人负责下达任务，一个人负责制订计划。

董事长接着说："我们应当随时了解他们工作的绩效。"

于是，又委派两个人，成立了监督部，一个人负责绩效考核，一个人负责写总结。

董事长又说："不能搞平均主义，收入应当拉开差距。"于是又委派两个人，成立了财务部，一个人负责计算工时，一个人负责发放工资。

最后，董事长说："管理没有层次，出了问题谁负责？"于是又委派4个人，成立了管理部。一个人负责计划部工作，一个人负责监督部工作，一个人负责财务部工作，一个人是总经理，对董事会负责。

一年之后，董事长总结说："去年仓库的管理成本为35万元，这个数字太大，你们在一周内必须想办法解决。"

于是，一周之后，看门人被解雇了。

接下来的情况大家可以想象的到，会是什么结局。

为了验证这个定律，管理大师杜拉克举过一个例子。他说，在小学低年级的算术入门书中，有这样一道应用题："两个人挖一条水沟要用2天时间，如果4个人合作，要用多少天完成？"小学生回答是"1天"。而杜拉克说，在实际的管理过程中，可能要"1天完成"，可能要"4天完成"，也可能"永远完不成"。

苛希纳定律告诫我们：鸡多不下蛋，人多瞎捣乱。换换说法，"猴多厮闹，人多死靠"，"三个和尚没水吃"。那么，责任人数量与责任人的责任感有什么内在的联系呢？

有位心理学家给出了一个答案，提出了“责任分散效应”的说法：完成一个任务，如果交给一个单独个人去完成，责任感会很强，反应积极，效率肯定较高；但是交给一个群体共同承担，群体中的每个个体的责任感则会衰减，压力和动力普遍下降，需要承担责任时甚至打“退堂鼓”。原因不言自明，因为前者独立承担责任，后者回避责任。“责任分散”的结果是人多不负责，责任不落实。

那么，如何消除这一现象呢？

一是责任细化。一般来讲，一个大型项目，一个较大的活动，大多是多部门、多工种协同动作共同完成的，“单枪匹马”，与别人互不搭界的个体工作较少见到。这就给领导者、管理者提出了一个课题责任明细。群体作业、综合性劳动也不能“大轰大嗡”、“一锅烩”，责任也可以划分，关键是管理者脑筋要动起来，善于压力传递，“千斤重担大家挑，人人肩上有指标”，“谁来干、怎么干、干到什么程度”，明码标责，“对号入座”。督导考核也要讲章法、定责任，解决“干了不白干，不干不能白不干；干好了不能白干好，干不好不能白干不好”的问题。上下形成互动，下边有了责任，压力自然增加，干起事来会出现一溜小跑的架势；管理者有了规范这把“尚方宝剑”，检查督导，奖优罚劣，管理成效就会倍增。当然，如果协同配合发生问题，管理者也不能逃脱协调责任，谁让你管着这“一亩三分地”呢！

二是用制度管人。常言道：“人管人，累死人；人治人，气死人”。可见，管理企业还是靠“法”治，不能用“人治”。有一句老话：“人过一百，形形色色”。人的思想、行为的多样性，决定了管人的难度。有个大夫出身的领导者曾发出感慨：“真想下辈子再当一名医生，因为医人的思想比医人的肉体难多啦。”

现在企业管理过程中，“人治”的现象并不少见。比如“杀鸡儆猴”就是一种比较典型的做法，我们并不否认这一做法在规章制度不健全或歪风邪气盛行的情况下具有一定的作用。但长此以往，其弊端就会显露出来。

起码它不符合企业管理制度化的潮流，缺少人性化管理的味道。人在工作中犯错，当罚则罚，该“训”则“训”，如果因渎职触犯法律，应依法办事。为了造成轰动效应，大动干戈，“升级加码”处理就会严之过度，将规章制度变成可伸可缩的“猴皮筋”，有“文革”遗风之嫌。那样的话，管理制度还有什么权威可言。

其方法副作用较大，本来“循规蹈矩”来自一种认同感和遵从性，但“杀鸡儆猴”则把员工推到对面，是逼迫强压的外力在起作用，人人自危，恐惧紧张，是一种被动服从的关系。时间一长，下属无法形成对领导的认同和信赖,上下级之间会造成难以弥补的隔阂和鸿沟。

另外,从实践上看短期会起到“敲山震虎”的作用。随着时间推移,此法则失去灵验,效力递减,因“猴子”见怪不怪,产生了抗药性。那时,你的“权宜之计”也就不得不刹车了。

所以,在管理企业过程中,此法还需慎用。

三是不可因人设事。生产组织管理讲究科学合理,因生产需求而定,以寻求企业效益最大化为出发点,人为事而设,而不是事因人而生。人员配备在满足企业正常运转的情况下,用人越少越好,如果碍于人情、关系等原因增加冗员,不仅会造成效率低下,还会出现连锁反应,影响联动机的整体运行,拖企业的后腿。

(2)智者之策包含用人适当。

世界上有没有“十八般武艺”都精通的“全才”和“全能冠军”呢?答案是否定的。实践还证明,没有适合所有用场的人或物,只要有某一方面的用场就可以了;人或物总是有一定长处的,甚至“垃圾都是放错地方的宝物”。所以,一只眼睛的人,可以使其瞄准,“一目了然”;五毒之石,可用来治溃疡。

古代有个“西邻五子”的寓言。西邻有5个儿子,西邻让老实勤奋的儿子种地,让机敏聪慧的做生意,安排双目失明的卜卦,驼背的儿子去搓麻,让腿有残疾的纺绳。结果,5个儿子各得其所,吃穿不愁。

在心理学上认为,每一种工作都有一个能力界限值,即安置工作要能位相匹,“是猴子就给它一棵树,是老虎就给它一座山”。这样,他们有什么本事能施展,人才不会浪费,情绪不会扭曲。现实工作中,心理异常者往往是有人具有烹饪大师的技能,却让他卖烧饼,“英雄无用武之地”;有的能力平平,却能攀附“高就”,“没有金刚钻,揽上了瓷器活”。“高不成,低不就”现象造成了管理效能低下和心绪不畅。

因此,领导者需要根据能力界限值的原则,把握能位相匹的分寸,做到因事择人,量才录用,才尽其力,事竟其功。

在能力相同时,能和位的对应往往有3种情况:

一是能位相宜。就是人的能级与职务、岗位大体一致,这时,领导者放心,就职者满意,工作环境和谐顺畅,管理效能和个人才智均可充分发挥。

二是能高位低。就是“大马拉小车”,余勇可贾,有劲没地方使。按常理讲,完成任务的质和量都不应存在任何问题,但事实并不这么简单,担当此任者,往往将剩余之力发泄在工作之外,过多地表现出自负甚至狂妄的一面,对领导及同僚时常进行抱怨。人们对其认可程度因此大大降低,工作效果也被负面影响抵消了。

三是能低位高。如果是能力稍低于工作岗位的要求，这并不是件坏事，这样会提升他学习工作的主动性积极性，将岗位标准当做“蹦一蹦，够得着”的目标，超常发挥自己的能力和才智。如果担子过重，形成猫腰爬陡坡的态势，则可能把人压倒压趴了，造成拔苗助长、无力回天的结果，对人才培养和工作进展都没好处。

能位相匹要因人因事而异，注重花费脑筋，摸索因事择人的规律。一般来讲，对知识、年龄、身体状况富有一定优势和潜能的，要体现能位相当或能稍小于位的配备方式，使岗位成为才能的“推进器”和“加油站”，加速人才的培养和锻造；相反，对各种条件并不占优、弹性不大的人，则应安排按部就班、相对稳定有序的位置，使其踏实尽力地务好本职即可。

(3)寻求合理、适中的期望值。

所谓期望值，就是人们对社会对他人的期望指数。人们的精神和物质需求，本身就是一种期望值。作为领导者、管理者，对下属的期望，应该允许，应该理解，尽量给予满足。对个人需求期待，不可过分过高，以免无法实现时，出现过度的失望情绪，给自己给工作带来伤害。

有一则寓言，可能会给我们一个希望得到的答案：

有两只老虎，一只在笼子里，一只在野地里。

在笼子里的老虎三餐无忧，在外面的老虎自由自在。两只老虎经常进行亲切的交谈。

笼子里的老虎总是羡慕外面老虎的自由，外面的老虎却羡慕笼子里老虎的安逸。一日，一只老虎对另一只老虎说：“咱们换一换。”另一只老虎同意了。

于是，笼子里的老虎走进了大自然，野地里的老虎走进了笼子。从笼子里走出来的老虎高高兴兴，在旷野里拼命地奔跑，走进笼子的老虎也十分快乐，它再不用为食物而发愁。

但不久，两只老虎都死了。

一只是饥饿而死，一只是忧郁而死。从笼子里中走出的老虎获得了自由，却没有同时获得捕食的本领；走进笼子的老虎获得了安逸，却没有获得在狭小空间生活的心境。

这一故事说明了一个深刻的道理：合适的才是最好的。那么，怎样找到一个基本可行又大致合适的期望值呢？

第一，引导下属自我评估。上级满足下属期望值的程度，取决于下属自身的条件和状况。领导者的一个重要职责就是引导人们正确审视自己，把握需求的分寸和程度。任何想法不可超越现实条件，量体裁衣、量力而行的常理什么时候都不会错。要求越高、期待越多,往往会失望越大。

第二,从对方角度看问题。首先,领导者、管理者要想一想、看一看,下属的期望值高不高,所提要求的依据是什么,人们的基本需求点处在什么位置?

有个故事阐释了这一道理:教授为一班学生讲授领导与管理的课程,他给其中四个同学出了一道题目,上面写着:"现在由你来领导本班,让大家全部自动走到教室外面。切记:要让大家心甘情愿!"

第一个同学不知道怎么办才好,无奈地回到座位。

第二个同学对全班同学说:"教授要我命令你们都出去,听到没有?"全班没有一个人走到教室外面。

第三个同学想了想后,说:"大家听着,现在教室要打扫,请各位离开!"但仍然有一部分人留在教室内,等待分配打扫的工作。

第四个同学看了纸片上的题目一眼后,笑着对大家说:"各位同学,午餐时间到了,现在下课。"

不到几秒钟,整间教室的人都走光了 。

实际上,下属也应扪心自问,所提要求同上级政策规定有无冲突,是否超越了企业领导的权力范围,自身要求如果满足后是否会妨碍左邻右舍?双方换位思考之后,往往会更清楚地了解对方的处境,对个人意图和想法主动自我调整,使两者意向趋于一致。

第三,学会忍耐和放弃。人们常常对自己安逸的生活、舒适的工作熟视无睹,与别人不适当攀比。殊不知,人世间的多元性多样性决定了每个人都有属于自己的位置,有自己的生存方式和快乐之道。别人的不可生搬硬套,自己的不应强加于人。你不可能什么都得到,你也不可能什么都适合去偿试。应学会放弃,懂得知足,找到一个属于自己的合理适中的期望值。

123. 客观评价"兵头"

人们把班组长称为"兵头将尾",说明其作用是独特的,不可替代的。有一句话讲:"宁为鸡头,不做凤尾"。说明班组长的位置还是让人高看一眼的。

对班组长的奖惩用好了有导向作用,因为奖惩是风向标。

一个有关考核奖惩的寓言给人诸多思考:

猎人养了几条猎狗,为了让它们能捕获更多猎物,猎人想出了一个好主意，凡是能够捕捉到兔子的，就可以得到骨头，捉不到兔子的，就没有饭吃，于是，猎狗们纷纷努力追兔子，因为谁都不想落得没饭吃的下场。然而，过了一段时间，问题出现了。

猎人发现，猎狗们只捉小兔子，而不去追捕大兔子。猎人问猎狗："为什么最近捉到的兔子越来越小？"猎狗们说："反正捉大兔子和捉小兔子得到的奖赏相同，我们何必费劲去捉大的呢？"猎人知道了猎狗们的想法后，便改变了奖赏的方式，他决定每过一段时间就统计一次猎狗捉到兔子的总重量，并按照重量给予猎狗相对的骨头数。

很快地，猎狗们捉到兔子的数量和重量都增加了，猎人很开心，但过了一段时间后，猎人发现，猎狗们捉兔子的数量又少了，而且越有经验的猎狗，捉兔子的数量下降得越厉害。

于是猎人又去问猎狗原因，猎狗们说："我们把最好的年龄段都奉献给您，但我们会越来越老，当我们捉不到兔子的时候，您还会给我们骨头吃吗？"猎人了解猎狗害怕的心理，于是又做了新的决定。他告诉猎狗们，只要它们捉到的兔子超过了一定的数量，将来即使捉不到兔子，也可以得到一定数量的骨头。猎狗们得到保障后都很高兴，便又开始努力去完成猎人的捕兔数量。

这时，有一只猎狗说："我们这么努力，但主人吃肉，我们只能啃骨头，我们何不把捉来的兔子自己吃了，为什么要听命于他呢？"于是，有些猎狗离开了猎人。猎人发现猎狗正一只只地离开他，而那些离开的猎狗开始像野狗一般，和自己的猎狗抢兔子。

情况变得越来越糟，猎人只好找来一条野狗，问它当狗的好处是什么，野狗说："猎狗替主人捉猎物，主人割去猎物的肉，只给猎狗几根骨头；当一只野狗，至少捉到猎物时，可以吃到美味的肉。"不过，它接着又说："但也不是所有野狗都有肉吃，大部分的野狗其实连骨头都没得舔。"

于是猎人进行了改革，使每条猎狗除了骨头外，也可以分配到兔肉，而且随着贡献多寡，食肉的比例也可以增加。就这样，在猎狗们与猎人的一起努力之下，将野狗们逼得叫苦连天，纷纷强烈要求重归猎狗队伍。

由此可见，奖惩里面有学问，举旗指向之人作用力很强，因为人们大都有趋向性，有从众心理，"到什么山上唱什么歌"，领导者日常举手投足、一笑一颦，都会造成有些人效仿，何况奖惩规则里牵涉到利益，人们极力追逐、探求也就不奇怪了。

日常领导者确定奖惩规则时有四条需倍加注意：

其一，干实事者不能亏。有些人属于"老黄牛"式人物，几十年如一日，勤勤恳恳，埋头苦干，“小车不倒只管推”、“猫腰拉车不松套”，如果一个企业形成浓厚勤奋踏实干事的风气，就会大有希望。领导者对这种人不能亏待，奖励了他们等于竖起一面旗帜，随后跟从的一批务实肯干之人。相反，那种卖乖掏巧、耍嘴皮子，干事“蜻蜓点水”、不肯扑下身子、苦活难活不凑边的人，丝毫不能让其占便宜。

其二，敢抓敢管的“魄力型”人物不能亏。铁路企业的性质，决定了管理者必须敢抓敢管敢为。特别是在安全管理方面，不可想象，如果手下多是胆小怕事的“和事佬”，安全上不走背字不“砸锅”才怪呢！敢发牌、不怕得罪人的无私无畏者，多多益善。有了这些人，才能多过安稳日子，才会赢得长治久安。对这些人丝毫不能亏待、慢待。那些“和事佬”在奖励方面只配做“冷板凳”。

其三，勇于开拓创新者不能亏。这些人都是“能工巧匠”，他们中的领导者，多为“栋梁之材”，管理一个企业，会搞活一个企业；管理一个车间，则能拯救一个车间。他们中的科技人员，属于“技术精英”，他们从来没有停止过开拓的脚步，没有忽略自己攻克技术难题的重任。说他们是企业兴旺发达的担当大任者，当之无愧。用高人不怕高成本，那些抱着旧框框、老套路、不求有功但求无过的混天度日者，在奖励取舍上是不可能同上述人员相提并论的。

其四，重事业有责任心的人不能亏。这些人是企业的骨干，企业的决策和指令能否落实、落实成效的大小同他的敬业精神密切相关。企业领导者应把他们当“回事儿”，放在重要的“受奖者”的盘子里，厚爱有加，热诚相待。平时有了他们，领导者可以多睡点“安稳觉”，腾出手来去干那些最要紧的事；关键时刻“磨盘压手”，他们可以鼎力相助，分忧解愁破难题。这些人应获得较高额度的奖励，得到发自内心的真诚激励，这样，企业就有了取之不竭、用之不尽的动力。与之相反，工作敷衍塞责、马马虎虎，甚至造成过失的人应得到相应惩处。美国前总统尼克松说过这样的话：“无论什么组织，最糟糕的事莫过于提供过多的安全感。那里的人会变得越来越懒散，效率越来越低，需要使用积极的激励办法来保持士气，但是偶尔在有明显的理由时，解除个把人的职务也能使部队振作起来。这种兴奋剂是任何组织都需要的。”他这些话表明，无论国家还是企业，奖惩的启发能动、行为约束和矫治惩戒作用是缺一不可的，关键是如何把握时机、“火候”和分寸，才能使其发挥最大效能。

有的班组长是富有争议之人，如何看待有争议之人？一个称职胜任木匠的故事给人以启迪。

古时候，在一个远方的国家，有两个非常杰出的木匠，他们的手艺都很好，难以分出高下。

有一天，国王突发奇想："到底哪一个才是最好的木匠呢？不如我来办一次比赛，然后封胜者为'全国第一的木匠'"。

于是，国王把两位木匠找来，为他们举办了一次比赛，限时三天，看谁刻的老鼠最逼真，谁就是全国第一的木匠；不但可以得到许多奖品，还可以得到册封。

在那三天里，两个木匠都不眠不休地工作，到第三天，他们把已雕好的老鼠献给国王，国王把大臣全部找来，一起做本次比赛的评审。

第一位木匠刻的老鼠栩栩如生、纤毫毕现，甚至连鼠须也会抽动。

第二位木匠刻的老鼠则只有老鼠的神态，却没有老鼠的形貌，远看勉强是一只老鼠，近看则只有三分像。胜负即分，国王和大臣一致认为第一个木匠获胜。但第二个木匠当庭抗议，他说："大王的评审不公平。"工匠说："要决定一只老鼠是不是像老鼠，应该由猫来决定，猫看老鼠的眼光比人还锐利呀！"

国王想想也有道理，就叫人到后宫带几只猫来，让猫来决定哪一只老鼠比较逼真。

没有想到，猫一放下来，都不约而同扑向那只看起来并不像老鼠的"老鼠"，啃咬、抢夺。而那只栩栩如生的老鼠却完全被冷落了。

事实摆在面前，国王只好把"全国第一"的称号给了第二个木匠。

事后，国王把第二个木匠找来，问他："你是用什么方法让猫以为你刻的是老鼠呢？"

木匠说："大王，其实很简单，我只不过是用鱼骨刻了只老鼠罢了！猫在乎的根本不是像与不像，而是腥味呀！"可见，老鼠也有形似和神似之分，那么，管理安全的真假"包公"也有辨别清楚的必要。有三类"包公"不得不察：

①"金玉在外，败絮其中"，业务不精，管理乏术，"身处作业中，不明违章处"的"二五眼"包公不得任用。

②"爱叫唤的猫不逮老鼠"，有的管理者，嘴上云山雾罩，夸夸其谈，"只听楼梯响，不见人下来"，不肯也不愿意沉到施工现场、作业场所，察误识弊，寻患纠偏。这样的人必须警惕。

③"挑肥拣瘦"，装模作样，关键处所不去，得罪人的事不做，异常天气懒得"动窝"，应付对付任务，凑足"发牌"数额，便"马放南山，刀枪入库"，这样的懒"包公"，不敢"恭维"。